主編◎汪文學

安順文庫

總目提要圖録

贵州出版集团
贵州人民出版社

圖書在版編目（CIP）數據

《安順文庫》總目提要圖録 / 汪文學主編 . -- 貴陽 : 貴州人民出版社 , 2023.4

ISBN 978-7-221-17614-1

Ⅰ . ①安… Ⅱ . ①汪… Ⅲ . ①古籍 – 内容提要 – 安順
Ⅳ . ① Z838

中國版本圖書館 CIP 數據核字 (2022) 第 256555 號

ANSHUN WENKU ZONGMU TIYAO TULU
《安順文庫》總目提要圖録

主編 / 汪文學
審訂 / 閆平凡

出 版 人：朱文迅
策劃編輯：劉澤海
責任編輯：劉澤海　黄 偉
裝幀設計：温力民
責任印製：尹曉蓓
出版發行：貴州出版集團　貴州人民出版社
地　　址：貴陽市觀山湖區會展東路貴陽國際會議展覽中心 D 區 D1 棟
印　　刷：深圳市新聯美術印刷有限公司
版　　次：2023 年 4 月第 1 版
印　　次：2023 年 4 月第 1 次印刷
開　　本：787 毫米 × 1092 毫米　1/16
印　　張：32.5
字　　數：385 千字
書　　號：ISBN 978-7-221-17614-1
定　　價：600.00 元

《安順文庫》工作委員會

主　任　楊昌鵬　尹恒斌　胡吉宏　劉　彤

副主任　程華恩　汪文學

成　員　吴　松　王洪勇　鄧　勇　王　華　石慶利　丁武光　杜應國　吴　羽

《安順文庫》編輯委員會

主　編　汪文學

副主編　閆平凡　劉澤海　丁武光　杜應國

成　員（以姓氏笔画为序）

王青青　王庭嬌　石　恪　石奕霏　吕　拯　吕　婷　吕燕平　伍薇薇　李　晨　李　曉　李世利　李擇紅

妙慶齡　周建梅　孟凡松　胡紅瑰　胡童杰　姜兆睿　姚曉英　馬文博　夏保國　柴其斌　徐　丹　徐雯雯

陳　麗　陳文杰　陳俊嵐　陳淑媛　陳婷婷　陳麗梅　孫家愉　黄　偉　梅培源　梁袁源　張　宇　張　帥

張丙武　張立新　張定貴　張厚林　張晋萍　張培軒　陽　歡　董　嫻　馮應清　温力民　楊　寒　蔡佩宏

蔣　莉　鄭　娟　劉　瑶　潘玉陶　鍾雲興　羅川川　羅筱霖

目録

凡例

一、收書範圍

《安順文庫》（第一輯）（以下簡稱《文庫》）爲彙集清代安順府所轄八屬之地：府親轄地（今西秀區）；郎岱（今六枝特區）、歸化（今紫雲縣）二廳；鎮寧、永寧（今關嶺縣）二州；普定、安平（今平壩區）、清鎮（今清鎮市）三縣範圍内一九四九年以前安順籍作者之著述及外籍作者與安順相关之著述。

二、版本選擇

（一）收録不同形態的版本，如（道光）《安平縣志》，有刻本、抄本、油印本，一并收録；如《河干問答》，有早期刻本、後期抄本、後期排印本，一并收録。

（二）對照版本，根據版本异同收録，如陳法《易箋》，乾隆三十年刻本與四庫全書本對勘，乾隆三十年刻本較四庫全書本多出六十多頁，四庫本并缺首卷《圖説》和《易論》等篇目，故兩本同收。

（三）有原刻本、有能收集到的批注本，亦一并收録。

三、編排順序

（一）個人著述編排於前，安順地區地方志著作編排於後。

（二）個人著述編排：第一，以編著者出生時代爲序，古籍排於前，近代著述排於後（大致以姚大榮爲分界）；第二，參照四部分類法——經、史、子、集順序，同一時代著者，有經學著作的列於前；無經學著作，則史學著作列於前，其次子學著作、集部著作。所以最早的經部文獻爲《重訂馬氏等音》（列入《四庫全書存目叢書》），《壺山集》排其次；陳法有《易箋》，排在第二，陳法其他著述係於其後；以此類推。自梅建《重訂馬氏等音》至丁澤安《學古講義摘録》。

（三）個人文集類，大致按照時代先後排序；但在歸并册數時，個别需要照顧册數篇幅，稍有參差。自陳祥士《玉螺山説集》至陳芳《帳花飛集》。

（四）非安順本籍所作有關安順著述，排列於個人文集之後。自常恩《安順府及黎平府稟稿》至涂步衢《宦黔紀略》。

四、提要内容與結構

（一）介紹作者，首次出現的著述，首先介紹作者生平、籍貫、主要經歷、著述總體情況；一人有多部著述者，从第二部起则省略以上概述内容。

（二）概述著述主要内容；

（三）對比版本或評述著作；

（四）説明《文庫》影印版本。

序一：作始也簡　將畢也巨

錢理群　杜應國

初聞編輯《安順文庫》之舉，欣喜之餘也不免有些疑慮。喜者自勿庸論，如此浩繁工程，居然有人來承頭主理，提上議程，焉非幸事、盛事?! 慮者，僻陋安順，蕞爾一域，先賢著述本就有限，况復歷經戰亂，毀於兵火者，散落亡佚者不知凡幾，僥幸留存的，也多分散於各類公私收藏，有的竟至音訊杳杳，欲搜尋卷帙，集腋成裘，談何易哉！是以自不免多了層擔心：「安順文庫」可成「庫」乎？然不久見到初編的書目，却大吃一驚，喜出望外。蓋因其搜羅到的前人著述遠超想象，不惟數量可觀，更有不少新發現，如易佩紳《安順書牘摘抄》、潘淳《橡林遺草》、潘憲武《笠山詩集》、潘恂《海嶽詩草》、任可澄《黔事零拾》、張元塤《還讀齋筆記》《還讀齋詩稿》、陳楙榮《鄉居文草》等等，皆鮮有所聞；全書計收作家、作品達數十人百餘部之多。巨帙鴻編，洋洋大觀，不亦快乎？其中，尤以從海内外收集到的姚大榮諸多手稿最顯珍貴，如《敦煌石室發現之叢殘藝文表微》《馬閣老洗寃録》《惜道味齋詞稿》《惜道味齋詩文存》《惜道味齋詩文彙稿》《寶拙齋詩存》《寶拙齋文存》《唐律講義》等等。内中之《馬閣老洗寃録》，曾於民國二十三年

（一九三四）鉛印面世，奈因該書主要爲晚明權臣馬士英辯誣翻案，爲士林所排拒，竟至成爲不是禁書的禁書，罕見流傳，以致連著名藏書家黄裳先生都以未能一見該書而抱憾，遑論還是手稿！足可稱奇人、奇緣、奇事。在安順歷史上，如此系統地搜集前人著述彙聚出版，尚屬首次，其用力之巨，搜羅之廣，所獲之豐，史無前例。這是安順文化史、學術史上的空前盛事！更是安順人文社會科學建設與發展的標志性建構，具有里程碑的意義。功莫大焉，善莫大焉。

貴州地處邊徼，自明永樂十一年（一四一三）建省後，六百多年間，一直是個積弱積貧的小省、窮省，素有「天無三日晴，地無三里平，人無三分銀」之説。然而，比省小、省窮更可嘆的，則是漢語教育與漢語寫作的貧乏。明以前的貴州，主要是少數民族聚居區，漢人及漢文化的影響幾無踪痕[一]。直至明洪武十四年（一三八一）朱元璋發動征南之役，引發了貴州歷史上規模最大、影響最爲深遠的移民開發潮，隨着大量駐屯官兵及其家眷的到來，爲滿足其子弟入學的需要，更爲了所謂「以教化正風俗」，加强對邊疆地區的穩固統治，明王朝開始在貴州各地廣置衛學，推行科舉制，將貴州無可阻礙地納入以儒學爲核心的漢文化發展圈内，自是漢語的教育與寫作方始漸次推展開來。因此其文化積澱、學術涵育都十分稀薄，以致明中葉以前，貴州的詩文著述，多見於因貶謫或仕宦而入黔的外籍人士，落籍本土的作者極爲鮮見。如清人莫友芝所言：「黔自明始有詩，萌芽於宣（德）正（統），條衍於景（泰）成（化）以來，而桐豫於隆（慶）萬（曆）。」[二]可悲的是，即使到晚明，黔詩雖有興隆之象，却罕爲外間所知，正如孔尚

〔一〕貴州歷史上雖有兩漢時期的三賢即舍人、盛覽、尹珍求學、治學、教學的記載，但漢以後，這股如涓涓細流般注入黔地的漢學却斷流、干涸，未見接續。

〔二〕莫友芝《雪鴻堂詩搜逸·序》。

任之言：「予嘗作《官梅堂詩序》，論十五國人才多寡之數，以十分爲率，於吴越得其五，齊魯燕趙中州得其三，秦晋巴蜀得其一，閩楚粤滇再得其一，而黔陽則全無；非全無也，有之而人不知，知之而不能采，采之而不能得，等於無耳！」〔一〕黔陽即指貴州。寥寥數語，適可謂黔人黔作的尷尬寫照！其實揆諸史實，至少在萬曆以後，黔人之詩已蔚然而興，其可指數者如孫應鰲、越其杰、謝三秀、楊文驄、潘潤、蔣勸善等等諸家，置諸當時詩壇，與那些名噪一時的大家巨子亦不遑多讓，有的如謝三秀，躋身於詩界翹楚也毫無愧色。但由於貴州的邊緣化地位以及學界、知識界根深蒂固的地緣歧視（貴州向被目爲不入教化的蠻荒之地），勃然興盛的貴州詩壇却被嚴重地忽略了，於是就只能落入孔尚任所説「有之而人不知……等於無耳」的窘境。

貴州如此，更無論安順矣。傾有明一朝，安順可知的詩文著述稀若星鳳，所見者多爲仕宦、羈旅之人的題咏。直至清乾（隆）嘉（慶）以後，安順方「鬱鬱乎文哉」，呈現出興旺氣象。即便如此，與貴陽、遵義兩地相比，猶有瞠乎其後之感，一如光緒間安順進士姚大榮在爲同鄉詩人封藴卿詩集作序時所云：

> 溯吾郡城之建，在明洪武辛酉、壬戌間，越今已五百餘年。雖巍科顯仕，代不乏人，而風雅寥落，著述寡聞；則較之貴陽、遵義等郡，有不逮焉。童山涸澤，不便舟車；故新書流播，罕及士之翹秀者。囿於見聞之陋，疲於事畜之艱，據八股爲長城，對申公擁王號，達而在上者，植根既薄又懸，不暇唱渭城。以故五百年間，宏正四杰，嘉隆七子，秀水新城，覃溪儀征，

〔一〕孔尚任《敝帚集·序》。

壇坫最盛，漸被陬澨，而我郡無一人焉。遥相應和者，即在本省先達君采、龍友、桐野、恪齋拈題鬥韵之日，揚觶角藝之時，亦無一人近焉。相左右者，「三杰」稱貴州奇男，而不産我鄉；「五鳳」亦黔士白眉，而只光他邑。〔一〕

說實話，時隔近百年之後再來讀到這樣的痛切陳詞，仍不免讓人心生慚惶而面有愧色。不過，細省之下，又覺姚氏之言似太過嚴苛，不無偏頗。即以內中所言之「五鳳」論，比姚氏稍早即名動京師而獲「北龍南鳳」之譽的何威鳳，何以不入姚氏法眼？更勿論康乾時期的理學名家陳法、著名詩人余上泗等輩，無論其文其詩，皆可稱黔中表表，何以也「目無餘子」？總之，從整體看，安順縱不能與貴陽、遵義相比，也不至如姚氏所言，幾乎一無所成，一無可取。顯然，這裏牽涉到一個對地方性的學術、文化該如何評價的問題，不可不爲之一辯。

明代安順是軍屯要地，駐屯官兵從衛指揮使以下到普通士兵皆爲世襲，由此形成嚴格的身份固化。所以，安順雖早在洪武年間即已置學，但在世襲制的蔭蔽和禁錮下，欲謀科舉之途也殊非易事。百户（正六品）以上的軍武之家，因有官職可襲，即使有後輩欲轉謀科舉之途，也往往要歷經好幾代人的努力，如潘克常家族、梅月家族、譚泮家族、陳法家族等，多在四五代之後方有中式之人。至於爲數衆多的軍屯兵士，維持生活尚且不易，欲謀科舉更是難上加難。是以安順的漢語著述非常薄弱，迄今所見者多在明中期也即弘（治）正（德）以後，如潘瑞［正德十一年（一五一六）

〔一〕引自《安順城記·藝文志》（第四册）第一五九五頁。內中所言「三杰」「五鳳」，姚氏有附記云：「黔西李恭勤公世杰、松桃楊勤勇公芳、廣順劉天乙先生青，世稱爲『貴州三奇男』。見陳康裕《郎潜隨筆》。清鎮戴禾莊粟珍、黔西張子佩琚、獨山莫子偲友芝、遵義鄭子尹珍、黎伯庸兆勳，湖南賀耦耕中丞目爲『黔中五鳳』。」見同書第一五九六頁。

舉人，傳著有《普定衛志》一卷」、汪大有［正德十一年（一五一六）舉人，著《普定衛志》，并有《宋元品藻》《陶亭集》等著述」、婁廣（生卒不詳，傳著有《景泰以下志稿》）等寥寥數人。逮至明末，始有較多個人著述出現，惜乎迭經戰亂以及未付板刻等原因，大多已經亡佚，如黄宇、黄棠、黄運昌、蔣勸善、譚先召、趙維坦等人，舊志記載均有作品見之於著録，惟其原作多已失傳，難覓踪迹。這也是此番《安順文庫》罕有明人著作的原因。

如果説，明代是安順漢語寫作的發軔期，那麽清代乾（隆）嘉（慶）時期則可説是其發展期，而進入道（光）咸（豐）以後的近代社會則是其繁榮期。方今所見的許多著述，不論本文庫已收未收的，大都出現在這一時期。大體而言，自梅建、譚瑞、陳法、余上泗諸輩而後，繼有吴寅邦、戴粟珍、王恩誥、丁澤安、郭石農、封蘊卿、段雲光、何威鳳、任焕奎、劉韞良、楊珍林、姚大榮、黄元操、楊恩元、任可澄、孫銘勳等等，聯翩而出，蔚然風行，成爲邊陲安順人文興盛的表徵。他們當中大多數人的作品，構成了本輯《安順文庫》的主體。

問題是，從學術角度看，這些搜羅到的著述究竟有多大的意義和價值？它們能够得到學術界的認可并占有一席之地嗎？由於多數作品都是初次問世，這裏自不可能妄加議論，貿然作答。但如果轉换視角，從評價角度、標準取捨等方面去看，竊認爲，至少有以下幾點是值得重視的：

首先，這些著述中的一部分，很早即已刊布并在當時的學術界獲得好評，如已收入《四庫全書》的梅建《重訂馬氏等音》、陳法《易箋》二書，其學術水準與學術價值自勿庸論。此外，陳法還刊行有詩文集多部，均在其生前身後廣獲好評，似也無須多言。刊於雍正間的譚瑞《霞莊詩集》，收詩七百餘首，時人有評曰：「長短今古，各體俱佳，風流瀟灑之概，忠厚淳樸之致，咸具於詩。」〔一〕藉此或可略窺其概。由常恩總纂，鄒漢勳、吴寅邦總修的咸豐《安順府志》，曾被梁啓超列爲全國名志之一，亦可見其水準之一斑。最值一説的是横跨清末和民國兩個朝代的姚大榮，這是一位被嚴重忽視的重量級學者，忽視的原因，主要是以往對他的著作知之甚少，見到的幾部著録也多只知其名而未識其書。現經編輯團隊窮搜羅掘，苦苦追尋，散處海内外公私收藏的姚氏論著，不論已刊未刊，印本稿本，終得彙聚一爐，堪稱完璧。其著述之豐，數量之巨（數百萬言），涵蓋之廣，堪稱安順六百年來學術史之第一人。所可嘆者，是其大量手稿未能梓行面世，故不爲學界所知；而刊行不多的幾本，如《馬閣老洗冤録》因頗多物議而事實上被束之高閣，僅其生前印成的《惜道味齋集》得以流傳。是書含文編二卷，詩一卷，黄裳《清代板刻一隅》有評曰：「此集所收多考訂文。計《石鼓文足征記》，繼俞理初後，舉二十一證以明石鼓故事。《禊帖辯妄記》，揭十七妄。又《跋王子安（勃）滕王閣序後》，并撰《王子安年譜序》，分紀年、時事、出處、撰著詩文等四格，條列詳明，最爲力作。」〔二〕可見其學術水準不低。除此而外，比姚氏稍長而實處同時代的王恩誥、郭臨江（石農）、何威鳳（東閣）諸人，以及稍後的楊恩元（覃生）、任可澄等，無論其詩其文，皆可稱一時之選，尤其郭、何二人，在安順文化史上可稱繼往開來，處於領袖地位，於黔省，也是很有影響的學者詩人。郭著有《濃花野館詩抄》《黎峨吟草》《圍爐絮語》等，何作有《何東閣詩草》《啖芋軒詩文稿》等，惜二人之作皆因亡佚（僅《續修安順府志輯稿》有部分輯録）而付闕如。惟新發現

〔一〕沈翼機《霞莊詩集·序二》。
〔二〕引自《黄裳集·古籍研究卷三·清代版刻一隅（彙編本）》，山東人民出版社二〇一九年版，第四三八頁。

的《何東閣遺著二種》，向未見於著録，或可稍補缺憾。至於主要活動在民國時期的楊恩元、任可澄二位，其才其學，皆可稱黔省翹楚，領袖群倫，足資衆望。尤其任可澄，半生游移於政學兩界，影響及於國中，未能專心治學，最後以主持集大成的《貴州通志》修纂問世而終結其學術生涯，實可嘉可嘆。任氏飽讀詩書，具大家之才，設若心無旁騖，潛心治學，必躋身國内第一流學者之列。

其次，更多人的著述，則是因爲没有印行或印行有限而不爲學界所知。此類著述，多年來散處於各類公私收藏中，即使是長期從事地方文化研究的本土學者也難得一見，因此自難容人置喙，更不敢妄議妄評。即便如此，作爲安順一地歷史文化的積澱和人文智慧的結晶，這些著述至少在總體上反映了安順學術、文化的基本面貌，同時也折射出當時偏居一隅的作者們與國内學術界的關聯，他們對位處中心地區的學術主流、學術思潮有無接觸或瞭解，以及有何回應等等，都是些頗值關注和研究的問題，也是其特殊的價值和意義之所在。需要提及的是，不少作者都曾有在外爲官的經歷，其眼界、學識，决非一般足不出鄉、出縣的冬烘先生可比。如明正德年間出任浙江按察僉事的汪大章，曾在紹興得見一《渭南文集》傳本，因發現漏訛甚多，乃囑郡守梁喬搜羅善本重刻，因成五十二卷的《渭南文集》善本，内有大章序，略述其顛末，因此世稱正德本或汪本。傅增湘《明正德本渭南文集跋》云：「此正德本爲汪大章官浙江按察僉事時所刻，蓋合詩文彙編以傳者也……觀其所言，似所據者殆合刻本、抄本而校輯以成是編也。全集五十二卷。」[二]可知大章之識見。再退而言之，這些長期鮮爲人知的著述此番通過文庫收録而披露於世，就爲學術界的瞭解、評判提

[二] 轉引自《安順城記·名紳列傳》（第六册），貴州人民出版社二〇二〇年版，第二〇四一頁。

供了機會，這本身就是極具意義的。

最後，還有一部分僅與安順有關的著述，因具有明顯的地域性，外界知之不多，却并不意味着無甚價值，尤其在全球化的背景之下來重加審視，自不難發現，恰恰是這類具有鮮明地域特徵的作品，實非一般的學術性著述可比，因其具有不可替代的價值。前已言及，安順因地處邊僻，歷代記述難見其踪，而此類地方著述，不僅可補大歷史敘事的不足，而且還爲安順歷史文化的發展、變遷，保存了一些真實的記録，爲我們追尋遠去的過往提供了寶貴的資訊，是安順歷史文化積澱的重要成果。當年魯迅編《會稽郡故書雜集》，就是有感於「典籍湮滅。舊聞故事，殆尟孑遺。後之作者，遂不能更理其緒」，「是故叙述名德，著其賢能，記注陵泉，傳其典實」〔一〕，以裨後人瞭解故鄉遠逝的人物風情。大名鼎鼎人才輩出的紹興尚須如此，何況僻壤之鄉的安順！檢點文庫所收諸書，屬於此類作品的有余上泗《蠻峒竹枝詞一百首》、劉韞良《牂柯苗族雜咏》、黄元操《貴州苗夷叢考》、常恩《道光二十六年至咸豐元年安順府及黎平府稟稿》、易佩紳《安順書牘摘抄》，以及釋如純《黔南會燈録》、張元塤《還讀齋筆記》、陳楙榮《鄉居文草》等等，都是非常難得的地方史資料，極具文獻價值。

更難得的是，《安順文庫》除搜羅以上各類成型的著作之外，還將推出第二輯，收録各種有關安順的零散資料，包括散處在各類史籍、筆記、游記、日記中的記述，以及安順本土人士所寫的各種散篇斷章等等。如此，前述如王恩誥、郭石農、何威鳳等諸人的零散之作，皆有機會收録，可補不少遺珠之憾。最重要的是，這些分散在各種文獻及大量個

〔一〕魯迅《會稽郡故書雜集》序。

人著述中的篇章，即使是專業的研究者都很難搜尋，一般作者、讀者更所知有限，倘能借此良機彙編成册，則不僅可免去查詢之苦，爲更多的作者、讀者提供檢索之便，更能在較寬廣的視域上全面展示安順的地域風貌和人文風采。僅據筆者所見，這部分文字數量同樣可觀，筆墨同樣精彩。我們在編纂《安順城記・藝文志》時，正是出於同樣的考慮，特意側重録入了民國時期的許多文章，但限於篇幅，還有大量文字不能收入。此番如能廣收博取，彙集一爐，其集大成之功，有益於鄉邦，更有益於後人，功德無量矣。

總體而言，安順的漢語寫作，無論就數量還是品質，都洋洋可觀，不容小覷，更不可妄自菲薄。況復以漢語寫作爲代表的漢文化，還只是安順文化的一部分，雖然不失爲最重要的部分，但從地方文化的構成看，安順作爲一個多民族地區，除了漢語寫作之外，還有豐富多彩的少數民族文化也是不容忽視的，在某種意義上，甚至可以説這才是更具安順特色的東西。

向論安順文化者，多只注目於表現耀眼的漢語寫作，并往往以之爲標杆而縱論其高低，這雖有一定道理，却并不全面。事實上，在我們這塊古老的土地上，各世居民族經過上千年的繁衍生息，都創造并傳承了各自燦爛的民族文化，其深厚的歷史積澱和紛繁的現象形態，鑄就了安順在漢文化之外别具一格、獨樹一幟的人文風情。雖然安順的幾大世居民族因爲没有文字，其歷史、文化的傳承只能依靠口耳相傳的語言方式轉述和繼承，因而多表現爲古歌、傳説、神話故事，以及儀式、謡諺等等。但正是在這類古歌、傳説中，沉澱着珍貴的遠古資訊和一個民族關於宇宙起源、生命誕生以及人類起源的想象或猜測。近年整理出版的苗族古歌《亞魯王》，被稱爲苗族的英雄史詩，一出版就震動了學術界。它那全靠口述却長達數萬行的體量，它所内蘊的苗人先祖關於創世、關於生命、關於人類的起源和繁衍等等的描述和想象，以及那種萬世一系、對先祖對故土家園的執念，那種超越此岸與彼岸、歷史與現實、過去和未來的靈智，堪稱恢弘而又奇詭，深邃而又玄奥。而正是這樣一些極富民族特色的文化，在我們所熟悉的漢文化之外，築起了另一個維係其民族滋養生息的精神世界，繽紛、精彩而又宏富。但在以往的地方文化研究中，由於種種原因，這些藴含深厚的民族文化似乎着力不够。儘管多年來，經過不少學者主要是地方民族學者的持續努力，我們在挖掘、整理各民族的歷史文化和民族民間文化方面做了不少工作，也取得了不菲的成績。但礙於語言阻隔（如《亞魯王》的搜集整理就包含有一個苗語轉譯漢語的環節），此項工作不能不主要依賴於本民族極爲有限的少數學者，力量太過單薄，因此系統性的整理和深入的研究都明顯不够，以至而今成爲地方文化研究方面較爲突出的一大短板。或許正是有鑒於此，此番《安順文庫》的編輯將民族古籍文獻也納入其中。據編輯部提供的方案，《安順文庫》擬出四輯，第一、二輯已如上述，主要是以漢語寫作爲主的地方著作及各種零散資料，第三輯爲民間契約文書，第四輯爲安順地方民族文獻資料。這是一個視野宏闊、意藴遥深的方案。因爲民族民間資料才是凸顯安順地域特色的文化地標，其内藴的深邃與豐厚，可能是我們擁有的最後一塊隱藏着各種意外與驚喜的「保留地」，有極大的開采價值和廣闊的研究空間，是安順文化不可分割的重要組成部分。按此設想，四大系統彙集一爐，基本形成了一個門類齊備、體裁豐富、内容充盈且結構合理的地方性知識體系，如此我們倡議多年也踐行多年的地方文化知識譜系建構，庶幾可見其端倪矣。在此基礎上，如再經過科學的歸納、總結，分門别類，沿深、廣度不斷地開掘、推進、拓展，那麽，安順學的建構也就呼之欲出，順理成章了。

此言「安順學」，决非故作驚人語的浮誇之詞，而是有一定的學理依據和學術支撑的。

首先，安順學的提出，是基於安順已有的知識體系特徵，嘗試將傳統的地方史、地方志研究，與現代的地方性知識和地域文化研究結合起來，適時地將之提升到學科建設的高度，爲地方性知識譜系的學科化建構作出更進一步的努力和富有成果的探索。

其次，在現代學科分類體系中，除了一些基礎性學科如歷史學、哲學、經濟學等等之外，還有無數的分支學科，而安順學就是這些林林總總的分支學科之一，歸屬於地方學的範疇之列。所謂地方學，則是在改革開放之後，隨着我國人文社會科學各個學科門類的快速發展而催生出來的一門新興學科，多以城市或地方命名，如長安學、北京學、洛陽學、泉州學、徽州學、南京學等等，學術界統名之曰「地方學」。「地方學是以一個特定地域爲研究對象的各類知識的總論，其核心要素是該地域的歷史文化知識，其研究内容包括歷史學、文學、政治學、社會學、人類學、經濟學等多個領域。」[一] 目前，國内學術界的地方學研究正處於方興未艾階段。據網上資料，二〇一七年，在北京聯合大學「北京學研究基地」召開了中國地方學研究聯合會工作會議，并成立了中國地方學研究聯席會學術委員會。會議決定，爲了推進中國的地方學學科建設，從二〇一八年開始編輯出版《地方學研究》輯刊（每年出版兩輯），以彙集地方學與地方文化研究成果，打造「中國地方學」特色品牌。據不完全統計，目前全國已有五十多家地方學研究機構。可以説，安順學的提出，適逢其會，既是時代的呼喚，也是我們地方文化界、學術界同仁多年來持續努力的必然走向，必然歸宿。

再次，作爲一門專門研究安順的學問，安順學的研究對象理所當然地應包括安順的自然、地理、民族、歷史、政治、

〔一〕徐曉虎《打造中國特色的地方學》，引自二〇二一年六月十三日「人民網」之「人民科技」。

經濟、文化、文學、藝術等諸多方面。因此，從學科特徵看，它具有綜合性、跨學科的特點，是由多學科交叉派生而出的一門邊緣性的分支學科，即地方學的分支之一。同時，作爲一門分支學科，安順學也應有其學科的獨立性，在研究對象、研究内容以及研究目的和研究方法等等方面，都應有明確的規範和界定。而這些，都是安順學學科建設的題中應有之義，有待於我們在今後的研究中逐步厘清、逐步完善。

最後，我們已有的學術積累和知識積累也爲安順學的建構提供了必要條件。除了即將次第編輯出版的《安順文庫》各輯外，此前已經出版的《安順城記》和大量有關地方文化的研究成果、文獻整理，包括涉及屯堡文化、民族文化、語言文化、民俗文化，以及圖像、藝術等諸多方面的研究課題、學術專著和非虚構寫作等等，已經初步形成了一種多層次、多學科的系統性研究，如再經過合理的組織和規範化的學科建設，分門别類，形成更富條理性、系統性和結構性的學科架構，在加强學術性提升和理論性概括的基礎上，寫出一批更富涵蓋性的專史專著，如安順民族史、安順經濟史、安順開發史、安順軍屯史、安順人口史、安順移民史、安順工商史、安順科舉史、安順藝術史、安順地戲史等等，那麽，安順學的建構就會得到有力的支撑，翹首可期了。

我們今天正處在一個特殊的歷史時期，一個社會轉型和文明嬗變相疊加、相推移的千年未有之巨變：一個全新的文明形態——智能時代已經降臨。在人工智慧、基因工程和互聯網等等尖端科學技術的加持和交互作用下，人類的認知能力以及對外部世界的利用和改變將達到無遠弗届、難以想象的地步。我們躬逢其盛，佇立於這個輝煌世紀的門口，倡言「安順學」的建構，搜集、整理那些前人著述和歷史散落的碎片，將有望在新技術的庇護下獲得永久性的儲存，爲歷史「備份」，爲未來「備份」。立足今天，走向明天，使優秀的傳統資源轉化爲現代建設的積極因素，爲安順一地的發展，爲安順文化的繁榮昌盛提供助力。同時，也爲後人的研究提供必備的學術資源和廣闊的拓展空間，以裨我們的安順學研究能以其成熟的學科姿態，在未來新時代的話語體系中，與繁茂多姿的地方學研究一起，「揚觶角藝」，并顯風采。果如此，一願足矣，與有榮焉！

援筆至此，想到即將面世的近二百册皇皇巨制，想到安順前賢們從一片荒蕪的歷史中走來，經過一代又一代的努力，經過數百年乃至上千年的積澱，終於成此巨制鴻篇。而我們將要承前啓後，擔起歷史的重責，爲安順學的建構再作努力，更上層樓，任重道遠，前路可期。言念及此，不覺想起光緒間安順進士黄桂鋆《入翰林留别安順學界》的一段話，神思激蕩，文采飛揚，對故鄉諸賢深寄厚望，姑借作本文收束并與諸君共勉：

> 吾邑諸君，隋珠在抱，卞玉頻遺。天乎？人乎？時也！數也！然而風積貴厚，雲興無端。諸君儲拔地之才，蓄摩天之翮；倘慮〔一〕得失，無與屈伸耳。僕心逐雲飛，空戀鱸魚之水；夢隨風到，偏輸鴻雁之歸。尺素難宣，寸丹如積。更冀天涯之贈，藉舒日升之情。

二〇二一年十二月二十七日草就，十二月三十日改定

是爲序。

〔一〕「慮」，原稿作「耒」，疑误，据文意改之。

序二：地域文獻與安順地方知識譜系的建構

汪文學

編纂《安順文庫》，從起意發凡、謀篇布局，到調查書目、搜羅文獻，最後撰著提要、編輯成書，前後歷時近三年。衆專家學者夜以繼日，焚膏繼晷，雖幾經周折，幸今大體完成，并將付梓。故草撰序言，略述兩個問題：一是編纂《安順文庫》的缘起，二是如何编纂《安順文庫》。

一

地方文獻作爲地域文化的載體，是地域人文傳統的物化形式。地方性知識秩序和文化譜系的構建，地域文化形象的塑造，其基礎和前提是文獻。搜集整理地方文獻，建構翔實可靠、豐富充實的地方文獻資料庫，是建立地方性知識秩序、構建地方性文化譜系和塑造地域文化形象的基礎性工作。

貴州地域人文傳統薄弱，地方性知識秩序混亂，地方性文化譜系斷裂。貴州、貴州人和貴州文化長期以來處於被忽略、輕視和描寫的地位，其根本原因在於「文獻不足徵」，因爲貴州的地方文獻没有得到有效的搜集、整理和傳承。地方文獻整理的滯后，必然出現人文傳統的「千年斷層」，從而導致地方性知識秩序的混亂和文化譜系的斷裂。由於地方文獻的大量散佚，體認和建構地域人文傳統缺乏必要的支撑，其文化形象就一直處在被忽略、輕視和描寫的地位。缺乏「我者」的自我描寫，必然陷入「他者」的描寫之中，其「被描寫」的邊緣地位就不可避免。在「被描寫」的過程中，因爲自身不能提供足够的文獻資料，「被描寫」的真實性、全面性和正確性會大打折扣。因此，要建構自我的人文傳統和塑造自我的文化形象，文獻支撑必不可少。

明清以來，域内外學者在面對貴州人文歷史時，文獻不足和典籍難稽幾乎是他們面臨的共同難題。如陳尚象《黔記序》説：

黔自我明建藩來不二百餘年乎，二祖之所創造，累朝之所覆育，皇祖與皇上之所覲文成化，亦既等之雄藩矣，民鼓舞於恬熙，士涵咏於詩書，亦既彬彬，質有其文矣。第游譚之士，尚往往以其意輕之，士大夫聞除目一下，輒厭薄不欲往，此寧獨以邊徼故？抑或以文獻尠少，興起爲難，故雖千載下猶未離於或人之見耳。

古代貴州由於「文獻尠少」，其人、其事、其功和其文皆湮没不傳，故「興起爲難」。即便「亦既彬彬，質有其文」，但因文獻不足徵，中土人士亦「往往以其意輕之」。文獻的搜集和整理於地域文化傳承之重要性，於兹可見。事實上，地以人重，人以文傳，文獻於地域人文傳統建構的重要性，丘禾實在《黔記序》中亦有明確的認識，他認爲「宇内往往少黔，其官於黔者，或不欲至，至則意旦夕代去」，黔籍文人「通籍後，往往籍其先世故里，視黔若將浼焉」，其根本原因就在於其地不重，其人亦受輕視。他説：

余居嘗每嘆之，嗟謂黔不足治乎？是越不章甫而蜀不雅化也；謂黔不足興乎？是陳良不産於楚而由余不生於戎也。有是哉？第地之重人也以山川，而人之重地也以文獻，黔自國朝始爲冠帶之國，文獻闕焉，地奈何得重？余間考鄉先輩，非無崛起於時者，旋就湮没，載稽故府牒及列郡乘，俱散漫磨滅不可讀，有無乘者，夫其湮没也，豈非無以表章之，而其散漫磨滅，且無乘也，又豈非黔士大夫之過也。

「人之重地也以文獻」，古代貴州「文獻缺焉」，所以「地奈何得重」。貴州「先輩非無崛起於時者」，但無人記録、搜集和整理相關文獻，聽其湮没，這的確如丘氏所説，是「黔士大夫之過」。這種意見亦見於汪士鐸《黔詩紀略序》，其云：

黔之爲省，夜郎、句町之前，其世不可考；後此爲牂牁、興古；又後此爲牂牁、夷、盤、費、思、裴諸州，又後此爲羅施鬼、大萬谷落；又後此爲府、州、縣如内地，此世之相積也。然必有網羅放失者，爲記纂山川物産之瑰麗、人士風謡之謳思喁于，而後前人之心思始賴以不朽。使數十百年間，曾無一爲之經紀者，則前哲嘔心劌肝之所寄，亦湮滅於箐林蠻荒之墟，不重可爲太息哉！……尹道真北學於許君，其邑里必有能以文學自見者，顧綿二千年無以藝鳴者，雖承學之士匙，毋亦搜輯而表章之者無其人與。

莫友芝在爲鄭珍《播雅》作序時，亦感慨文獻薈萃於地方文化傳承的重要性，他説：

吾獨惜尹、盛之後，楊氏興文之時，獨無一人薈萃當時人物文字以爲兹集先河，則使太白能來，子厚果易，而復有造就，亦將與《桃溪内外》同泯泯於碩酋積燹中也。後之覽者，能勿鄭重於斯編。

汪士鐸和莫友芝的推測是有理據的。貴州「尹、盛之後」，「必有能以文學自見者」，但因「搜輯而表章之者無其人」，故其人、其事、其文皆湮没不傳，貴州地域人文傳統亦因此而呈現出「千年斷層」現象。

整個貴州的情況是如此，而安順的情況則更突出。因此，我們編纂《安順文庫》，對歷史以來安順府屬八地的歷史文獻進行普查、搜集和整理，就是爲整理安順地方性知識，建立安順地方性知識秩序，構建安順地方性文化譜系，培育地方人士的地域認同、地域自覺和文化自信提供文獻支撑。

二

編纂《安順文庫》，對安順府屬八地的歷史文獻進行普查、搜集、整理和出版，是基於地域文化研究之需要。地域研究是當代人文社科研究領域的顯學。在當代人文社科研究領域，與地域結緣，或者在地域視野下開展學術研究，往往是許多學者開拓學術視野、拓展學術空間、尋求學術增長點、追求學科突圍的一個重要途徑。因此，地域研究亦就成爲當代人文社科研究領域裏的顯學。

就當代人文社科研究的發展趨勢和總體格局來看，以地域爲重點研究對象，從地域角度切入進行學術研究，或者説對地域研究最感興趣的，莫過於人類學、社會學、歷史學和文學。就歷史學而言，二十世紀的中國歷史學，其學術發展趨勢，呈現出兩個顯而易見的特點：一是「自上而下」的特點，二是「自整體而局部」的特點。所謂「自上而下」，即從長期以來主要關注上層政治秩序的研究，轉向對民間社會秩序的研究。民間政治、民間經濟、民間文化和民間生活等逐漸成爲歷史學家關注的重點領域。這是學術研究縱深發展的必然結果，亦是對既往學術研究進行認真反思後的必然選擇。所謂「自整體而局部」，即從過去長期以來主要關注國家整體史的研究，轉向對國家社會内部某些地理空間作深度的個案研究。相對於國家這個「大社會」而言，構成國家「大社會」的各個地域，亦是自成一體的「小社會」。「小社會」成爲當代史學研究的一個熱點領域，最近二十餘年史學研究的代表性成果，多半是出自於地域研究。所以，從整體的國家史研究向個別的地域史研究的轉向，是歷史學進行學科突圍、拓展學術空間和尋求學術增長點的必然選擇，且在地域研究中亦有從地域整體研究向地域政治、地域文化、地域經濟、地域意識和地域身份等方向縱深發展的趨勢。這種向地域研究縱深發展的趨勢，不僅可以豐富和充實整體的國史研究，而且還可以對既往的整體史研究進行反思和省察。事實上，當代中國史學的這兩大轉向，皆是朝着一個共同的目標演進，即無論是「自上而下」的發展，還是「自整體而局部」的轉向，皆指向地域研究。因此，由整體史研究轉向地域研究，是當代中國史學發展的顯著特點。

與歷史學「自整體而局部」的發展趨勢相反的是當代中國人類學和社會學呈現出「由局部而整體」的發展趨勢。早期中國人類學家和社會學家大多主要從事以村落爲單位的社區研究，產生了一批引人注目的重要研究成果，如費孝通的《江村經濟》，是其顯著代表。但是，一個顯而易見的事實是，當代人類學家和社會學家似乎不再滿足於僅做以村落爲中心的社區研究，而是由村落研究轉向走廊研究，繼而再到流域研究，有逐漸擴大經營空間和研究範圍的「野心」，呈現出「由局部而整體」的發展特點。

人類學家和社會學家擴展研究領域之「野心」，從村落研究走向走廊研究和流域研究，將來是否有及於國史研究的可能，目前尚難預料。其實，走廊研究和流域研究，是人類學家村落研究的自然延伸，從一個村落的研究，延伸到一條走廊或一個流域内具有相近自然、地理、氣候、植被、生態特徵，并且有經濟交换、人際往來的系列村落之研究，這是學術延伸研究和學理自然演進的結果。無論是走廊，還是流域，相對於國家「大社會」而言，都是「小社會」，仍是局部地域，皆相當於歷史學家關注的地域或區域。所以，引起我們興趣的是，歷史學與人類學或社會學的研究領域，在新時期有了一個共同的指向，即地域研究成爲它們的交集之處。歷史學是「自上而下」「自整體而局部」走向地域研究，人類學或社會學是「自局部而整體」走向地域研究。歷史人類學作爲歷史學與人類學之間的交叉學科，二者能够走到一起，且相互滲透，彼此影響，成爲一門備受學者廣泛關注的學科，應當與它們在論域上的交集有密切的關係。

自二十世紀八十年代以來，地域研究成爲人文社科學者普遍關注的重點領域，并且逐漸呈現出從地域研究向地域學研究發展的趨勢。構建地域學的學科意識逐漸顯現，以地域命名的「地域學」，如蜀學、湘學、徽學、閩學、嶺南學、桂學和黔學等先後産生。可以斷言，在當下及今後相當長一段時期，地域學研究是一門備受社會各界關注的顯學，亦是人文社會學科拓展學術空間、追求學術突圍和尋求學術增長點的重要選擇。

地域學術文化研究的基礎和前提是地方文獻。我們編纂《安順文庫》，整理安順地方文獻，就是爲研究安順地域文化和學術提供基礎資料。

三

編纂《安順文庫》，是爲推動安順地域文化學術研究，建立安順地域人文傳統，重構安順地域文化形象，構建安順學提供文獻支撑。

通過對地域學術文化的深入研究，梳理地域人文傳統，打造地域學術品牌，重建地域人文形象，是學者的一貫做法。過去我在開展「貴州地域文化精神研究」「貴州地域形象史研究」時，於此有過比較深入的思考。我認爲「貴州文化」「貴州精神」與「多彩貴州」是構成當代貴州精神文化體系的三個層面。「貴州精神」是靈魂，「多彩貴州」是形象，「貴州文化」是基石。「多彩貴州」因「貴州精神」而獲得靈魂，因「貴州文化」而獲得文化底藴；通過「貴州文化」研究提挈「貴州精神」，通過「多彩貴州」展現「貴州精神」。「貴州精神」因「貴州文化」而獲得傳統特質和文化内涵，因「多彩貴州」而得到形象展示和有效弘揚；「貴州文化」因「貴州精神」而獲得提升，因「多彩貴州」而獲得理解。提挈「貴州精神」，打造「多彩貴州」，弘揚「貴州文化」，三者之間緊密關聯，相互依存。無論是作爲靈魂的「貴州精神」，還是作爲形象的「多彩貴州」，皆需要以「貴州文化」作基石來支撑，豐富其内涵和底藴。没有「貴州文化」支撑的「貴州精神」，將是無根無據的「貴州精神」；没有「貴州文化」支撑的「多彩貴州」，將是没有文化底藴的「多彩貴州」。研究「貴州文化」的目標有二：一是詮釋「貴州精神」，探討「貴州精神」的歷史淵源和現實價值；二是支撑「多彩貴州」，豐富新時代下「多彩貴州」的豐富内涵。

通過研究貴州文化來構建黔學，是貴州文化研究者的學術目標。對於黔學的構建，我充滿信心，曾撰長文對其學術構成和學理依據進行充分論證。通過以國學爲參照系，以其他地域學爲比照，回答黔學是什么，黔學有什么，黔學能什么。我認爲有作爲研究對象的黔學、學術形態的黔學和學科門類的黔學。黔學的學術構成，包括黔學理論研究、黔學學源研究、黔學學緣研究和黔學應用研究等四個方面。黔學之所以能成爲「學」，自有其必要性與合理性。我認爲貴州建省的動機和區域構成，其「不邊不内」的地域區位，多山多石的地理特徵，因交通樞紐地位而形成的通道地域及通道文化，因「大雜居，小聚居」的民族分布格局而體現的「五方雜處，和而不同」的文化特徵，與國内其他地域和文化類型相比，皆具有顯著的特殊性。因其特殊性，故而具有獨立研究的價值。可以從文化類型學的角度研究它作爲一個文化類型的典型性，分析其各種文化事項之間的内在聯繫，以及在此之上的邏輯依據、歷史憑藉、精神價值和當代意義。從這個意義上看，黔學的建構具有學理上的必要性，它是具有學術價值和鮮明特色且不可替代的地域學。

對於安順學的構建，我同樣充滿信心。儘管没有細加考量，但幸有錢理群、杜應國兩位先生先期提出，并作了一定論證。他們認爲：「安順學是傳統基礎性學科之外的分支性學科，歸屬於地方學範疇之列。安順學的提出，是基於安順已有的知識體系特徵，嘗試將傳統的地方史、地方志研究，與現代的地方性知識和地域文化研究結合起來，適時地將之提升到學科建設的高度，爲地方性知識譜系的學科化建構作出更進一步的努力和富有成果的探索。」其所陳述的幾點理由，我完全認同。不過，安順學能否成爲「學」，其學理依據和學術構成，以及合法性、合理性與必要性等問題，仍須深入研究和認真論證。

總之，編纂《安順文庫》，其目的在於爲開展地域文化研究，傳承地域文脉提供文獻支撑。助力建立地方性知識秩序、構建地方性文化譜系和重建地域文化形象，爲構建「安順學」作出積極努力。

四

上文叙及編纂《安順文庫》的緣起，以下略説如何編纂《安順文庫》，具體情況可參閲《文庫》「凡例」。

編纂《安順文庫》，首先遇到的問題，便是入編文獻的時空界定。經再三斟酌，反復權衡，并參照其他地域文庫的編纂辦法，我們對於《安順文庫》入編文獻的時間界定，以一九四九年前安順籍作者之著作和外籍作者撰寫的與安順有直接關聯的著作爲限。關於入編文獻的空間界定，以清代安順府所轄八屬之地爲限，包括府親轄地（今西秀區），郎岱（今六枝特區）、歸化（今紫雲縣）二廳，鎮寧、永寧（今關嶺縣）二州，普定、安平（今平壩區）、清鎮（今清鎮市）三縣。我們認爲，《文庫》收録歷史文獻，當是經過時間過濾和歷史淘洗過的有價值的文獻，故以一九四九年爲時間節點。《文庫》收録歷史文獻，當尊重歷史，依據地域人文傳統，以歷史地域而非當代行政區域爲界，這樣更能體現一地之歷史文化發展和文脉傳承。所以，郎岱、清鎮二地，雖然現不再隸屬安順市，但在歷史上它是安順府屬地，故照例收録。

確定時空邊界後，接下來就是調查、搜尋此時空邊界範圍内的歷史文獻。我們主要依據《中國古籍總目》《民國時期總書目》、（民國）《貴州通志·藝文志》、（民國）《貴州通志·人物志》、《貴州省古籍聯合目録》《貴州古舊文獻提要目録》、（咸豐）《安順府志》、（民國）《續修安順府志輯稿》和安順府屬州縣地方志所載的目録、傳記爲基礎，參考新編方志人物志，進行調查統計，并在海内外公共圖書館、博物館、大專院校圖書館和私家收藏者中進行廣泛徵集。經過各方共同努力，苦心搜尋，共獲得五十位作者的著述一三九種。

編纂《安順文庫》，我們對一九四九年以前安順府所屬八地的歷史文獻作了全面的普查和搜尋。凡有綫索可追踪者，皆不遺餘力搜尋到手。其中不乏重要發現，如梅建《壺山集》（梅氏家藏）、陳祥士《玉螺山説集》（國家圖書館）、譚瑞《霞莊詩集》（復旦大學圖書館）、陳若疇《自遠集》（國家圖書館）、趙德昌《枕戈室吟草》（貴州省圖書館）等，皆爲海内孤本。陳法《塞外紀程》（貴州省博物館）、陳芳《帳花飛集》（安順市圖書館）、張元埧《還讀齋筆記》（貴州省圖書館）、陳梀榮《鄉居文草》（貴州大學圖書館）、章幹《章幹日記》（安順市檔案館）等，皆是珍稀稿本或抄本。尤其是搜尋得到著名收藏家羅維江先生收藏的三十餘册姚大榮著作稿本，殊爲珍貴。一些重要文獻的不同版本，亦盡力搜尋。如《馬氏等音》的兩個版本，雖同題爲康熙四十七年刻本，但版刻有差异。另外，（道光）《安平縣志》有三個版本，《河干問答》有五個版本，《明辯録》有三個版本，《易箋》有三個版本。

目前，我們已經搜集到各種公私書目載録和民間渠道可追踪的安順地方文獻近五成，并將之全部編入《文庫》，其他見於目録但未能搜尋到的文獻，編輯存目，附在全書之後。我們將持續開展搜輯整理工作，争取將現掌握綫索的所有文獻搜羅殆盡，以期爲研究安順地域文化提供更爲全面的文獻。

一部大型歷史文獻集成著作的編纂，是各方力量和集體智慧的結晶。以丁武光、杜應國先生爲代表的安順地方文化學者對編纂工作大力支持，在文獻搜集、提要撰寫和版式設計上付出諸多心血，貢獻了重要力量。著名學者錢理群先生爲本書撰寫序言，并通過其學生的幫助，爲我們搜集到現藏日本東京大學東洋文化研究所大木文庫的姚大榮著作《唐律講義》。著名收藏家羅維江先生，將他收藏的姚大榮著作稿本三十餘册，提供給《文庫》刊印。貴州大學閆平凡教授、貴州人民出版社劉澤海博士爲書目搜尋、文獻整理、體例安排、提要撰寫和版式設計做了最艱苦、細緻的工作，在此一并致謝。

二〇二三年二月十日

重訂馬氏等音

《重訂馬氏等音》二卷，清馬自援撰，梅建重訂。

馬自援，爲清吴三桂之將馬寶（馬三寶）次子，原籍陝西米脂，幼年隨父輾轉於雲貴等地，後長期居於雲南霑益地區。因吴三桂反清失敗，康熙二十年（一六八一），馬自援及父「親屬坐斬」。其書始作時間約爲清康熙十年（一六七一）。

梅建（一六四五—一七二二），字懷芝，號啖熊氏，貴州普定人。康熙二十一年（一六八二）辛酉科舉人。康熙三十五年（一六九六）任山西澤州府高平縣（今山西晋城高平市）知縣，後代澤州府知州，轉任江南泗州知州。康熙四十九年（一七一〇）引疾歸，康熙六十一年（一七二二）卒，祀鄉賢，葬於今安順市普定縣水塥梅家堰壩。

咸豐《安順府志》有《梅建傳》，著《壺中吟》《弃稿集》《常集》若干卷，今散佚不傳。其校刊《重訂馬氏等音》，列入《四庫全書存目叢書》。

康熙四十七年（一七〇八），《馬氏等音》由梅建校正刊行。在《等音序》中，梅氏言該書「得自霑益州明經張虞功之手」，雖「原集語意欠斟酌」，但亦有「創見」，故「删之增之且刊之」，「仍名之曰《馬氏等音》」。《重訂馬氏等音》分内外集，各一卷，「其内外集者，内乃正學，外以備考核」。「内集」講授方法和技巧，瞭解該書體例，便於讀者學習；「外集」闡釋馬氏等韵原理，陳述其韵學思想。梅建厘清《馬氏等音》，删繁就簡、端本正源，一則修改抄本在謄钞過程中的謬誤之處，二則在不違反時音的前提下，校正部分聲韵母下字及聲調，使列字更符合音理淵源。

在《等音序》中，梅氏言：「蓋有等韵而後有反切，若第知反切而不知等韵，口一誤呼，訛其位即訛其音，縱或偶中而茫無所據，心何以安，得非逐流失源耶？夫學貴有本，吾儕所可自信者無他，事事求其心之所安而已。」蓋述其於等韵學之關切。又有署名璩萬鑑輯編《等音新集》，璩氏自稱其韵學得自梅建，其序曰：「邑尹習安梅公口授邑城中楊一修，修授其侄池，池授沙壁村李維楨，楨授其侄元一，元一授之余。」或以爲可見梅氏傳授等韵之狀。從梅建《重訂馬氏等音内外集》與《等音新集》前後編相較，結合璩氏序言，以爲「等音新集後编」之韵圖是梅建從馬自援《等音》中删訂而成的所謂「梅公之韵」，而「等音新集前編」的韵圖是璩萬鑑與武如璧進一步考訂

重訂馬氏等音內集

習安梅建晱熊氏較正

必讀三章

必讀者以凡學等音之人止須讀此三章即可全會也

縱讀韻首章第一

此章乃直讀五音十三韻圖內各音見母下之字即韻首也只列平聲而上去入全四聲之韻首俱未列以舉一平聲而上去入全即在內矣〇角音一行不必讀援按角音與徵音之字盡同但出口後旋閉口與混呼爲少異耳故不必讀也如直讀

「梅公之韵」後的成果。此觀點未爲定論，但可見梅氏等音學之流傳與影響。

《四庫總目提要》稱「此本爲康熙戊子宣城梅建所刊」，此説誤，蓋因對《等音序》中「宣城誕生公」句未加詳審而望文生義所致。以爲「建《序》惟稱得自霑益州明經張聖功，亦不知自援何許人」，而梅氏《序》則爲「張虞功」，當以梅氏《序》爲是。

完本《馬氏等音》今已不傳，主要版本除梅氏校刊《重訂馬氏等音》外，尚有兩種，其一爲中國科學院圖書館藏抄本《馬氏等音》，該本最爲簡略，開頭僅「題識」「必讀三章」以及「分五音歌」等數條口訣，末尾附有「切字法」「又古异切法」之簡要説明。其二爲清初雲南學者高奣映所編《等音聲位合匯》。高氏與馬氏爲同時代人，該版本理應最貼近原書，但又與同期林本裕的《聲位》合彙，雜糅一處，眉目不清。相較之下，梅建《重訂馬氏等音》，内容完整、圖表井然、條理詳悉、文無滯礙，當屬《等音》研究之重要文本。

《重訂馬氏等音》有美國哈佛大學燕京圖書館藏清康熙四十七年（一七〇八）刊本，與《四庫全書存目叢書》所收北京大學圖書館藏同樣標注康熙四十七年（一七〇八）刊本，此二本又有差异。第一，哈佛燕京圖書館藏《重訂馬氏等音》「内外集目録」，内集在前，外集在後；《四庫全書存目叢書·經部》所收北京大學圖書館藏清康熙四十七年（一七〇八）刻本《重訂馬氏等音》「内外集目録」，外集在前，内集在後。内外集編排順序或者由於裝訂順序的差异而産生，但目録之差异當是改版所致，則此二本中當一爲初刻本，一爲重刻本。第二，最明顯的是《内集》中宮商角徵羽五音二十五韵圖的版式差异。宮商角徵羽五音韵圖中每一韵圖的内容由三行説明與二十一母（每母一

宮音平聲十三韻圖

合口呼本圖皆喉音其分屬小五音註于各母之上

宮角調 按喉音及合口呼為宮音平聲屬角是乃宮音中之角故曰宮角調

橫讀成韻 直讀分母

五音	母	一	二	三	四	五	六	七	八	九	十	十一	十二	十三
喉音屬宮角之宮音	見	光	官	公	裩	□	乖	□	規	戈	闗	孤	骨	瓜
	溪	䍣	寬	空	坤	□	咼	□	窺	科	□	枯	□	誇
	疑	□	□	□	□	□	□	□	□	□	□	□	□	□
舌音屬宮角之徵音	端	□	端	東	敦	□	□	□	堆	多	□	都	□	□
	透	□	湍	通	吞	□	□	□	推	拖	□	稌	□	□
	泥	□	□	□	□	□	□	□	□	□	□	□	□	□

行）組成，計二十四行。哈佛燕京圖書館藏本自第六頁後半頁起爲韵圖内容，由全書半頁九行改爲半頁十二行，從而每一韵圖分布在兩個半頁中，即從第六頁後半頁至第三十一頁前半頁，計二十五頁。而《四庫全書存目叢書》所收北京大學圖書館藏同樣標注康熙四十七年（一七〇八）刻本《内集》中，宫商角徵羽五音韵圖則從第七頁起，依然是半頁九行，宫商角徵羽五音二十五韵圖的部分與全書版式保持一致。由於每一韵圖爲二十四行，故韵圖的分布就不够整齊，從而《内集》中宫商角徵羽五音韵圖的版面明顯多於哈佛大學燕京圖書館藏本，即由第七頁至第四十頁止，計三十四頁，多出九頁。國家圖書館所藏亦標注「清康熙四十七年（一七〇八）刻本」韵圖部分、中國科學院圖書館藏抄本《馬氏等音》韵圖部分與哈佛燕京圖書館藏本韵圖部分同，亦爲半頁十二行。《重訂馬氏等音·内集》中宫商角徵羽五音韵圖部分，由整齊與不整齊導致的版式差异，當是重刻改版的原因，那麼由此可斷《續修四庫全書》所收北京大學圖書館藏同樣標注康熙四十七年（一七〇八）刻本韵圖爲初刻本，而哈佛大學燕京圖書館藏本以及國家圖書館藏本雖然亦標注「清康熙四十七年（一七〇八）刻本」，其當爲重刻改版本。

今據《四庫全書存目叢書·經部》所收北京大學圖書館藏清康熙四十七年（一七〇八）刻本、美國哈佛大學燕京圖書館藏清康熙四十七年（一七〇八）刻本影印。中國科學院圖書館藏馬自援《馬氏等音》抄本，雖然簡略，存以對照，可見梅氏重訂之功，故一并收録。

（梅培源）

宮音平聲十三韻圖

合口呼本圖皆喉音其分屬小五音註于各母之上

宮角調

按喉音及合口呼爲宮音平聲屬角是乃宮音中之角故曰宮角調

橫讀成韻　直讀分母

		一	二	三	四	五	六	七	八	九	十	十一	十二	十三
喉音屬宮角之宮音	見	光	官	公	裩	□	乖	□	規	戈	國	孤	骨	瓜
	溪	觥	寬	空	坤	□	咼	□	窺	科	□	枯	□	誇
	疑	□	□	□	□	□	□	□	□	□	□	□	□	□
舌音屬宮角之徵音	端	□	端	東	敦	□	□	□	堆	多	□	都	□	□
	透	□	湍	通	吞	□	□	□	推	拖	□	稌	□	□
	泥	□	□	□	□	□	□	□	□	□	□	□	□	□
唇音屬宮角之羽音	邦	幫	般	綳	□	包	□	□	□	波	□	逋	□	□
	滂	□	潘	夆	歕	□	□	□	□	坡	□	鋪	□	□
	明	□	□	□	□	□	□	□	□	□	□	□	□	□

唇音屬宮角之羽音

邦	幫	般	綳	□	包	□	□	□	波	□	逋	□	□
滂	□	潘	夆	歕	□	□	□	□	坡	□	鋪	□	□
明	□	□	□	□	□	□	□	□	□	□	□	□	□

齒音屬宮角之商音

精	□	鑽	騣	尊	□	□	鄒	嗺	□	□	租	□	□
清	□	攛	悤	村	□	□	□	崔	脞	□	粗	□	□
心	□	酸	鬆	孫	□	□	□	雖	梭	□	蘇	疎	□

牙音屬宮角之角音

照	莊	專	中	諄	□	□	□	錐	□	□	株	諸	撾
穿	瘡	穿	衝	春	□	[illegible]	□	吹	□	□	樞	□	□
審	雙	拴	舂	□	□	蓑	□	□	□	□	舒	好	□

壺山集

《壺山集》九卷，清梅建撰。

康熙四十七年（一七〇八），梅建侄廷杰、廷標集梅建文稿而刊之。梅建《壺山集序》謂：「邑南有懸壺山，《志》所載即汝南費市掾從壺公入山學仙事。余不及與壺公游，而志則在山矣，乃以『壺山』名其集。」

《壺山集》有「祝文」「告諭」「啓」「尺牘（兩卷）」「記・序・傳」「辯・説」「編聯」「祭文」共九卷，記録梅建主政高平十三年間的施政理念及思想主張。在施政方面，他曾六告城隍以明心志，不懼强權，秉公執法，建社學、創書院以育士子，清積弊、除

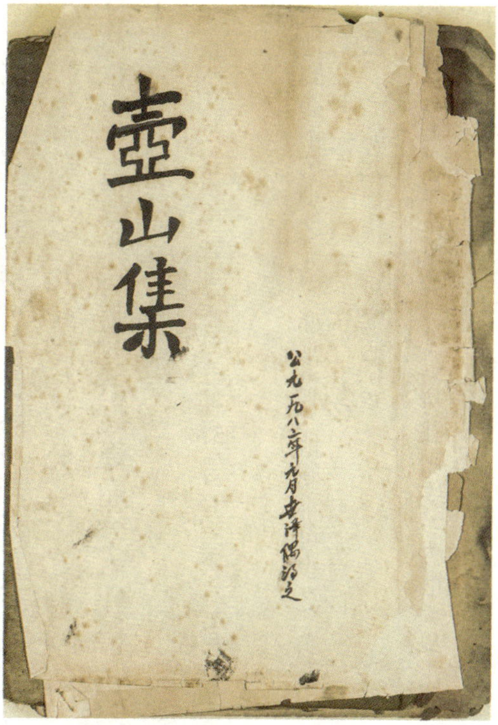

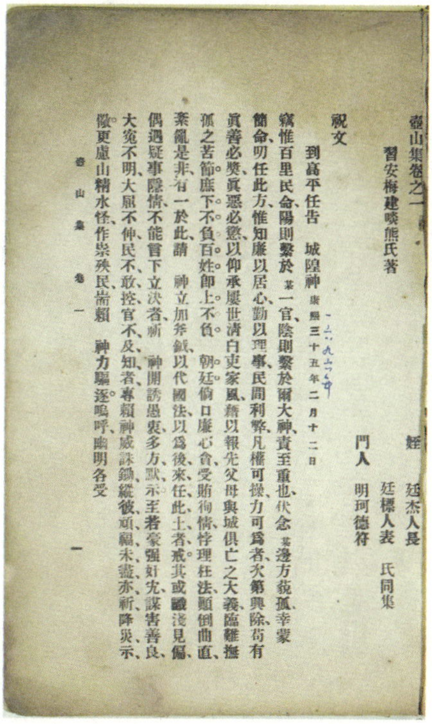

壺山集卷之一

習安梅建喚熊氏著

姪　廷杰人長　廷標人表　氏同集

門人　明珂德符

祝文

到高平任告　城隍神 康熙三十五年二月十二日

竊惟百里民命、陽則繫於某一官、陰則繫於爾大神、責至重也、伏念某邊方菰孤、幸蒙簡命、叨任此方、惟知廉以居心、勤以理事、民間利弊、凡權可操、力可爲者、次第興除、苟有眞善必奬、眞惡必懲、以仰承屢世清白吏家風、藉以報先父母與城俱亡之大義、臨難撫孤之苦節。庶下不負百姓、上不負朝廷。倘口廉心貪、受賄徇情、悖理枉法、顚倒曲直、紊亂是非、有一於此、請　神立加斧鉞、以代國法、以爲後來任此土者戒。其或識淺見偏、偶遇疑事隱情、不能嘗下立決者、祈　神開誘愚衷、多方默示、至者豪强奸宄、謀害善良、大寃不明、大屈不伸、民不敢控、官不及知者、專賴神威誅鋤、縱彼頑黠、未盡亦祈降災示、懲。更慮山精水怪、作祟殃民、端賴　神力驅逐。嗚呼、幽明各受

壺山集　卷一　一

惡習以安萬民。在思想方面「以程是宗」，重内聖之學，成人成仁成大人，以有限生命而成無限圓滿。如《示諸侄》説：「聖狂之分，只在敬肆。『敬』無他，『怕不是』三字而已。」又説：「世間惟爲善樂，讀書樂次之，農工商賈各職一業以自食其力亦無不樂。此外雖有樂處，吾不知也。」「人縱不能爲天地間必不可少之人，亦當爲天地間不可少之人，不當爲天地間可有可無之人，更斷斷不可爲天地間可無必不可有之人。」如此種種，可窺心迹。

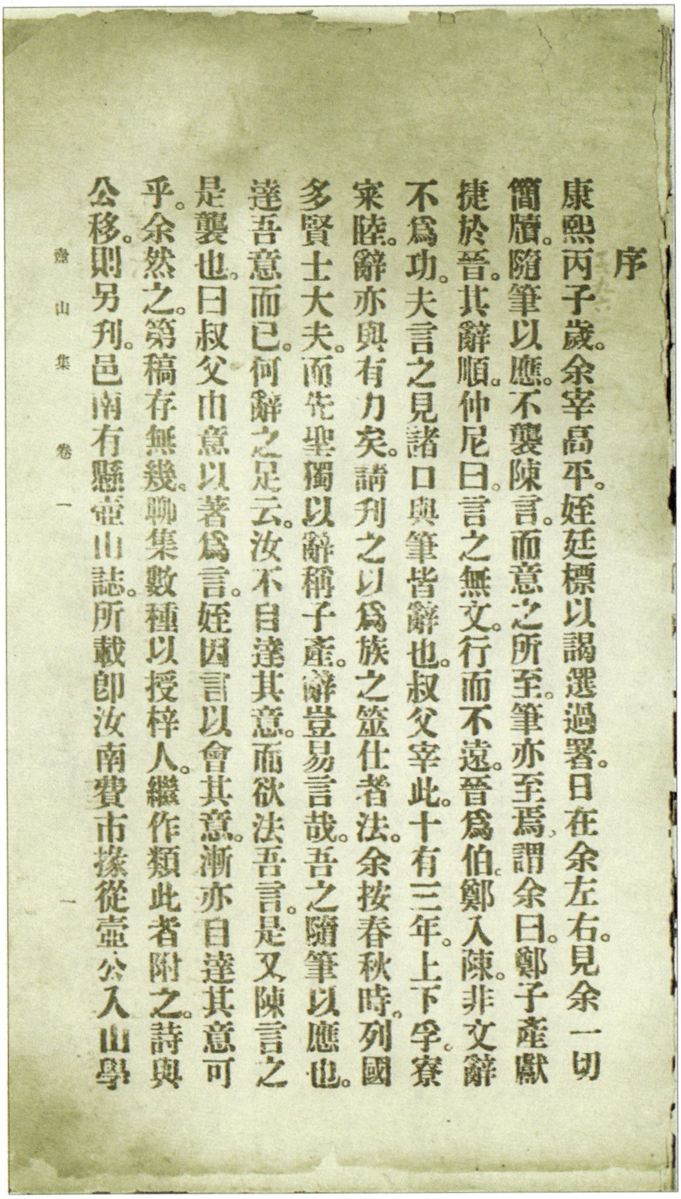
序

康熙丙子歲。余宰高平。姪廷標以謁選過署。日在余左右。見余一切簡牘隨筆以應。不襲陳言。而意之所至。筆亦至焉。謂余曰。鄭子產獻捷於晉。其辭順。仲尼曰。言之無文。行而不遠。晉爲伯。鄭入陳。非文辭不爲功。夫言之見諸口與筆皆辭也。叔父宰此十有三年。上下孚寮寀睦。辭亦與有力矣。請刋之以爲族之筮仕者法。余按春秋時。列國多賢士大夫。而先聖獨以辭稱子產。辭豈易言哉。吾之隨筆以應也。達吾意而已。何辭之足云。汝不自達其意。而欲法吾言。是又陳言之是襲也。曰叔父由意以著爲言。姪因言以會其意。漸亦自達其意可乎。余然之。第稿存無幾。聊集數種以授梓人。繼作類此者附之。詩與公移。則另刋。邑南有懸壺山誌所載即汝南費市掾從壺公入山學

壺山集　卷一　一

梅建伉俠好交，與貴筑劉子章、青岩周起渭交厚，三人同肝共膽，莫逆於心。亦与侍郎田雯、内閣大學士汪灝、武英殿大學士李天馥、進士劉青藜等頗有交情。書後附「詩集」一卷，由姻弟劉子章作序。劉氏以爲梅建詩作「昌

明條暢」，「如披肝瀝膽，如揭日月，衝口數百言，滔滔不竭，如决江河，如順風揚帆」「入之深者出之淺，蘊之窿者霖之沛」。

《壺山集》書版藏於普定水堢梅家堰壩之藏書樓。咸同年間，藏書樓毀於兵燹，所藏書版俱無片存。幸族中尚留一册，惜已非完璧。後安順梅氏第十九世孫梅德銚偶得一册，對照手中抄本，補殘就缺，「以復十之七八」。民國廿七年（一九三八）重刊，梅德銚作《重刊壺山序》，并叙前事。二〇一一年，中華梅氏文化研究會又以民國重刊《壺山集》爲底本整理，與清道光年間安順梅有心《卒歲樓詩文集》合爲一集，名爲《黔南二梅詩文集》。

民國廿七年（一九三八）梅德銚重刊《壺山集》，今存兩册，有殘缺，一爲興義梅嶺雪所藏，一爲普定梅世澤所藏；中華梅氏文化研究會《黔南二梅詩文集》中，《壺山集》部分，卷二「稿諭」缺《勸民》兩篇，卷六《張列婦傳》殘缺不全，卷七《辯・説》中《仕而優則學辯》等八篇只存篇目。

《續修四庫全書總目提要》著録《壺山集》九卷，韓承鐸所撰提要稱梅建「文多崇程子之學」。柯愈春《清人詩文集總目提要》著録其書。柯目所録多爲親見或查有其書者，并於各書下注明該書的藏址，但此《壺山集》下并未注明藏址。

今據梅世澤藏民國廿七年（一九三八）梅德銚重刊《壺山集》爲底本影印。

（梅培源）

易箋

《易箋》八卷，清陳法撰。

陳法（一六九一—一七六六），字世垂，號聖泉，晚號定齋，安平（今平壩）白雲莊人。生於康熙三十年（一六九一）末，康熙五十二年（一七一三）進士，開平壩進士之先，後歷任順天鄉試同考官、京師會試同考官。雍正初，特旨舉翰林才堪部務者，改刑部郎中，數年後，授直隸順天府知府，山東登州府知府。乾隆時，調直隸大名道，後爲鍾山辨解，謫十六軍台。晚年歸故里，於貴山書院講學二十餘年。乾隆三十一年（一七六六）卒，年七十有五。

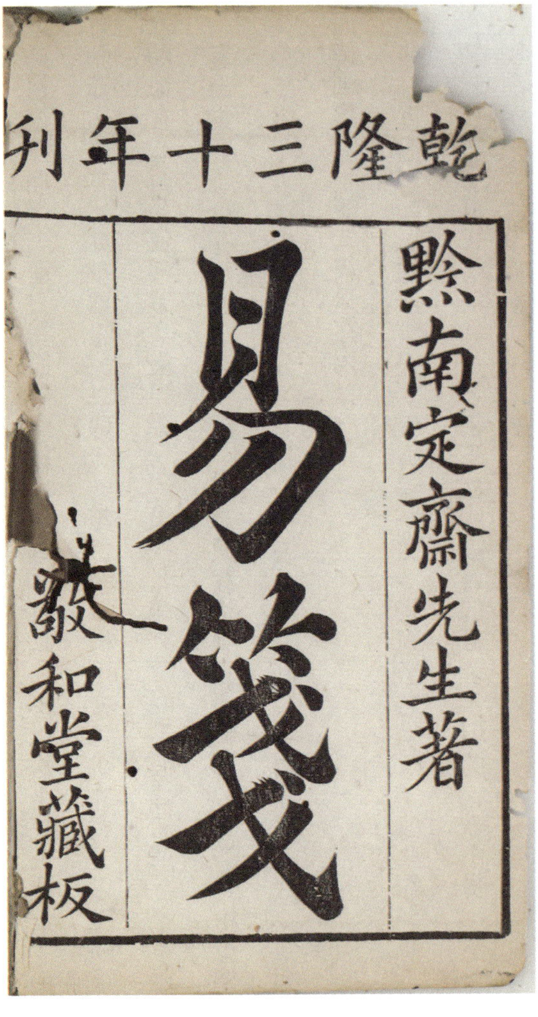

法以四駱駝負書數萬卷，赴第十六軍臺，日著書。居二年，成《易箋》八卷。其書於《程傳》《朱義》多所發明，亦有與之异義者。自序「不欲如前人株守師法，黨同伐异之所爲也」。其駁來知德錯綜只説尤詳盡。其於每卦經文，劃分四截：首《彖辭》，次《彖傳》，次《爻辭》，次《爻傳》，而《大象》别爲一條於後。《繫辭》上下，據《史》《漢》改爲《大傳》上下，非鄭非王，不漢不宋。其論《雜卦》傳，謂「《序卦》，六十四卦皆相連，如繩之貫錢，不能紊。然卦本二卦反對，《序卦》則逐卦相承，如《屯》《蒙》反對，《需》《訟》反對，《蒙》固承《屯》，《訟》固承《需》，而《需》亦承《蒙》，故曰《序卦》。《雜卦》則只以卦反對，言參差其序見義，故曰『雜』，既取反對，則二卦不宜相間隔。自古以《易》爲卜筮之書，故其傳寫多誤。古人之文，惟詩歌協韵，《彖傳》《爻傳》多協韵，亦有不盡協者，不牽文以就韵也。今惟以卦相從，首《乾》《坤》，三十卦而至《咸》《恒》，是卦雖雜，仍不失文王首尾之序。首《乾》《坤》，宜終《坎》《離》；首《咸》《恒》，宜終《既濟》《未濟》。」《四庫全書總目》經部著録，《提要》云：「其書大旨以爲《易》專言人事，故《彖爻》之辭，未嘗言天地雷風諸象，亦并不言陰陽。考《震》《彖》言『震驚百里』，即《象》『震雷』諸卦；《彖》言『利涉大川』，即《象》『坎水』。法所云《彖辭》不言《象》者，未爲盡合。然其持論之大，則切實不支。」莫友芝評其「漸得凡例若干條，旁推交通，妙義環起，（中略）專精極矣」。

今據乾隆三十年（一七六五）刻本與文淵閣四庫全書本對勘，乾隆三十年（一七六五）刻本較四庫全書本多六十餘頁，四庫本并缺首卷《圖説》和《易論》等篇目。《黔南叢書》所收《易箋》又録唐鑒《學案》、陳田《小傳》、莫友芝《題跋》等内容，三個版本之内容、版式皆有不同，故三本同收。

（閆平凡、羅川川）

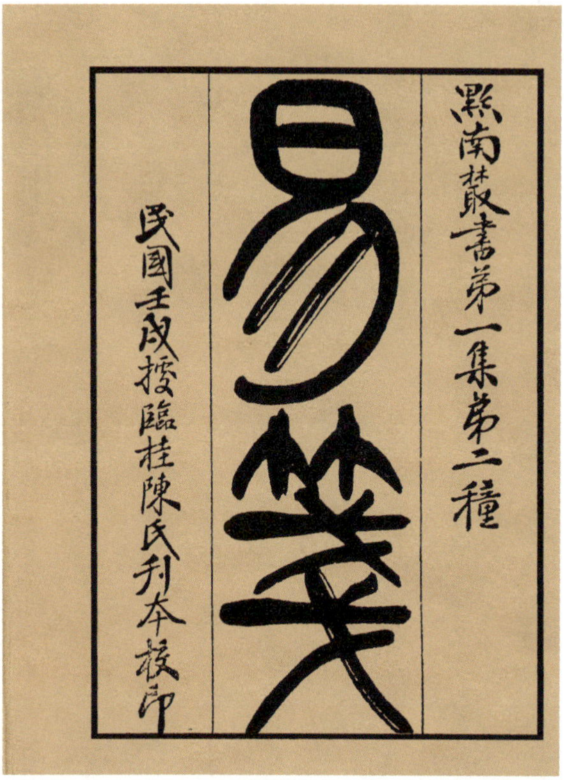
黔南叢書第一集第二種
易箋
民國壬戌授臨桂陳氏刊本校印

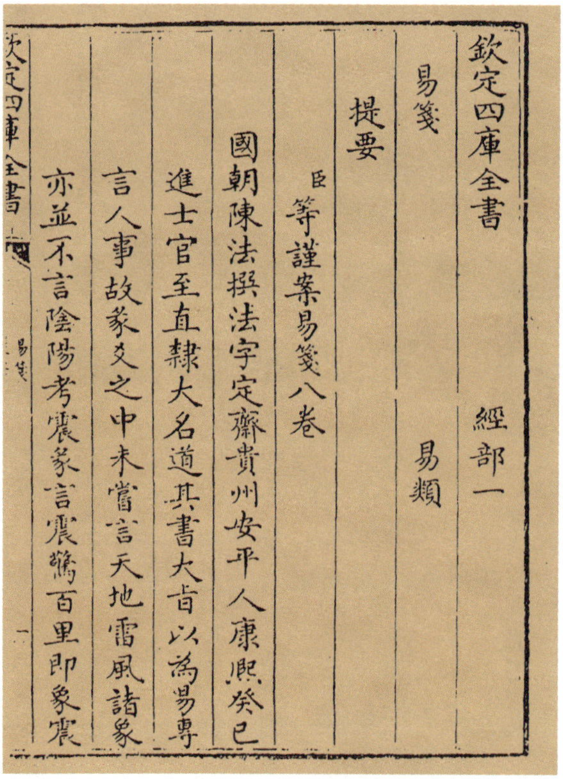
欽定四庫全書　經部一
易箋　易類
提要
臣等謹案易箋八卷
國朝陳法撰法字定齋貴州安平人康熙癸巳
進士官至直隷大名道其書大旨以為易專
言人事故彖爻之中未嘗言天地雷風諸象
亦並不言陰陽考震象言震驚百里即象震
欽定四庫全書　易箋　一

猶存集

《猶存集》八卷，又題《定齋先生猶存集》，清陳法撰。

書中《祠堂戒約》一篇云：「吾家自五世祖以明經起家，詩書之澤，垂裕後昆。」知陳氏以入黔始祖陳旺爲一世祖，旺隨征南將軍傅友德出征雲南，以武功授昭信校尉，爲平壩衛左所百户，屯田戍守，是爲正六品官職。陳氏四代單傳，至五世而多子，故法云其五世祖以明經起家。

陳氏一族，崇儒重教，法謂：「善乎，董生之言曰：『民非刑罰之所能勝，要在以教化堤防之而已』。」（《重修安平縣學記》）以教傳化，

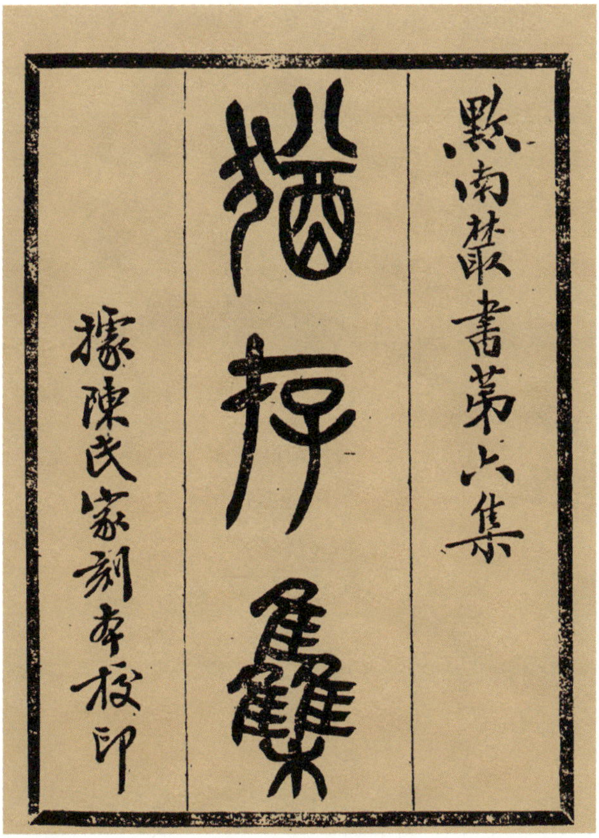

謂教可以「敦行誼以爲風俗之本」。其《黔論》一文，不足千字，滿紙灼見，桑梓情深。謂黔人有陋、隘、傲之弊病，當「博之以經史」，予以教化開明。

陳法篤志理學，繼家族「詩書之澤」，工文辭，善詩文，爲文情懇意切，常撰勸世之文以矯頹風敗俗，著述頗豐。其《猶存集》八卷，是書體式凡十餘種，收奏章、檄札、書啓、序文等，計一百七十六篇，以檄文爲主，序文次之。其文篇幅不一，或百言或千言，内容關乎民生，涵蓋水利、祭祀、社會規範、人情世故等。楊恩元説：「定齋先生之文，和平安雅，一代元音，允推先路之導，譬彼伐柯，其則不遠。」（《重刊〈猶存集〉跋》）

現存有貴州省圖書館藏著録爲「清嘉慶四年刻本」者。今考其行款、版式，皆與清道光丙申（一八三六）刻本同，貴州省圖書館藏本無卷首頁及陳若疇所撰刊刻緣起文，書内有部分朱筆圈點。考目録首列陳若疇職銜有「嘉慶己未」（一七九九）語，貴州省圖書館藏著録爲「清嘉慶四年刻本」或因此而題。《黔南叢書》本卷末有楊恩元跋語。

今據貴州省圖書館藏清嘉慶四年（一七九九）刻本、道光丙申（一八三六）本、《黔南叢書》本影印。

（王庭嬌、鍾雲興）

定齋先生猶存集卷之一

孫男若嶹編　任邱褚龍祥校

奏章　稟

代勸農使請建立農壇碑記

請建立農壇碑記以光大典以垂永久事欽惟我
皇上重農務本敬天勤民每歲親耕籍田又飭令
各省建立先農壇工料地畝農夫工食皆動用正
項銀兩禮隆物備誠曠古未有之盛典是以時和
歲豐民安物阜臣歷任巡農所至州縣必先謁農
壇瞻拜並諭各地方官不時修葺掃除固已廟貌
維新祀事修潔足以妥神靈而迎善氣臣又思自

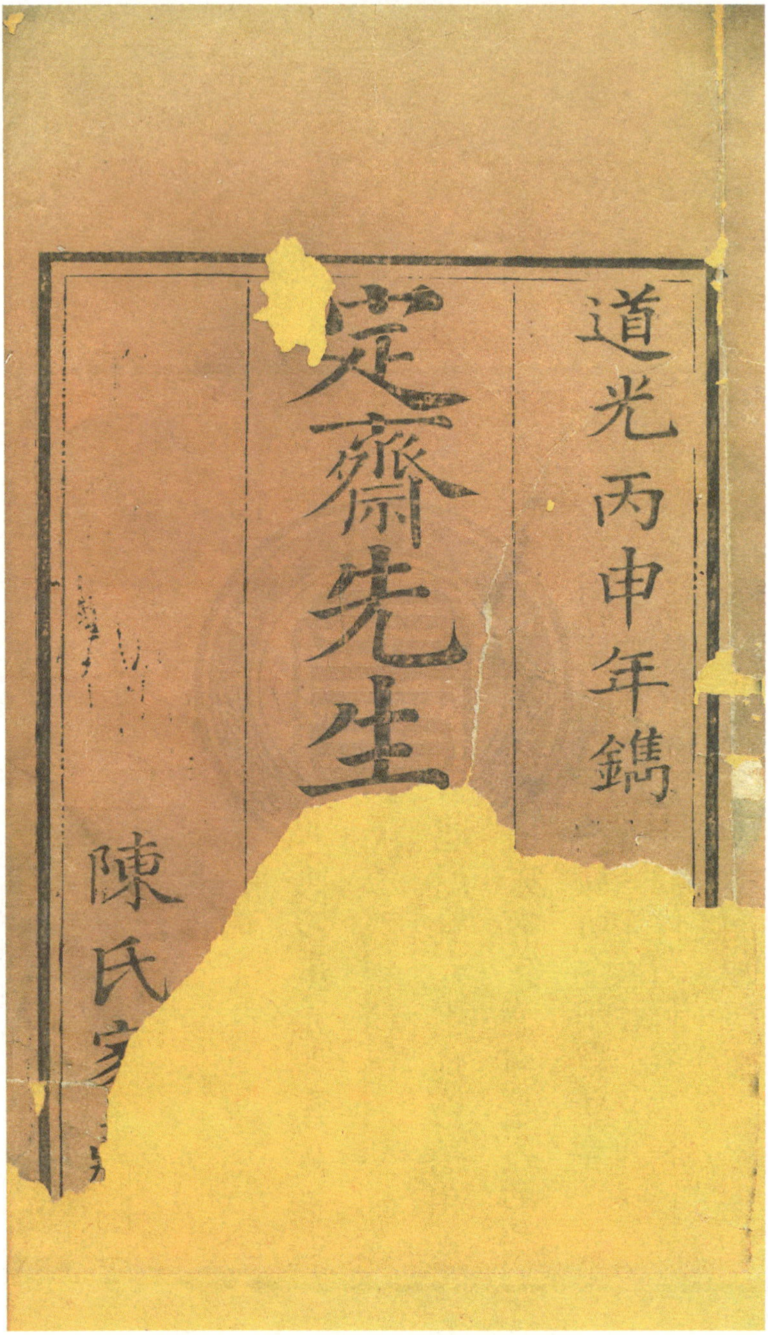
道光丙申年鐫
定齋先生
陳氏家

定齋先生猶存集

康熙癸巳進士貴州安平縣崇祀鄉賢祠陳法聖泉氏晚號定齋著

嘉慶己未科進士湖北黃岡縣知縣第十孫男若疇聞之氏編次

直隸任邱縣增廣生門下再晚學生褚龍祥麟宇氏師側校勘

總目

河干問答

《河干問答》，不分卷，清陳法撰。

乾隆初，陳法歷任山東運河道護理、東河總督等職，此書爲其任職期間所著，約成書於乾隆七年（一七四二），首刊於道光八年（一八二八）十月。法之孫陳若疇序稱：法有《易箋》録入《四庫全書》，又著《明辯録》《河干問答》《醒心集》行世，且久經刊刻布散於世，惟《河干問答》未及付梓。其於嘉慶廿四年（一八一九）得有知者相傳，而陳氏子孫則「日久失傳」。後陳氏子孫欲索觀此書，若疇便至黔中（今貴陽）抄録此本。其云：「先生於乾隆初年歷任山東運河道護理、東河總督，調任淮揚道親視堤工，爲籌度，乃成此書。」此書在乾隆甲子年（一七八四）或乾隆乙丑年（一七四五）曾呈御覽，遂行於世。

《河干問答》乃陳法親視堤工、考證河務後，寫出的治理黄河、淮河、運河水道之策論。書收《論河南徙之害》《論二瀆（指黄淮）交流之害》《論河不能分》《論河决之由》《論河工補偏救弊之難》《論河道宜變通》《論運道宜變通》《論漕運宜調劑》《辯惑論》《論開河不能築堤》《論經理東南之策》《論河工書牘》十二篇。

咸豐五年（一八五五）黄河改道北流，是黄河和治黄史上的重大事件，改道早有前兆，陳法於此有詳盡分析，指出人工改河所費有限，而由於黃河改道而淮水暢泄所帶來的好處多達二十二條。其言「縷列紙上，如數掌紋，人人知爲害有如是者」。分析黃河泛濫決口原因，認爲欲絶水患，則河道、運道皆宜變通，并從順應自然的觀點，提出宜改黃河水道北流及改山東境内漕運爲海運的主張。時至今日，陳法的治河思想仍然爲水利學者重視與研究，仍有現實意義。

《論二瀆交流之害》認爲借清刷黄，對黄河無利而有害。其言：「因黄性湍急，故能刷沙。清水合之，其性反緩，其衝沙也無力。」这樣「不惟不能助黄，反而牵制之。且沙见清水而沉，是不惟不能刷之，而反停淤之」。因此「海口之不能日深，未必不受淮之累也」。借清刷黄是明清兩代治河的主要措施，而陳法據黄、淮的水沙條件，論述二瀆交流之害，於今亦爲一重要課題。

《河干問答》今存有道光八年（一八二八）陳氏刻本、民國抄本、《黔南叢書》别集本。道光陳氏刻本卷末附有史斌附記語、瓮安蕭庭芝跋語。民國抄本係红格稿紙，半頁十二行，行二十四字，多有乙正字。《黔南叢書》别集本有淩惕安《重刊河干問答序》、朱啟鈐識語等。

今據道光八年（一八二八）陳氏刻本、民國抄本、《黔南叢書》别集本影印，三本同收。

（鍾雲興）

道光戊子年鐫
河干問答
陳氏藏板

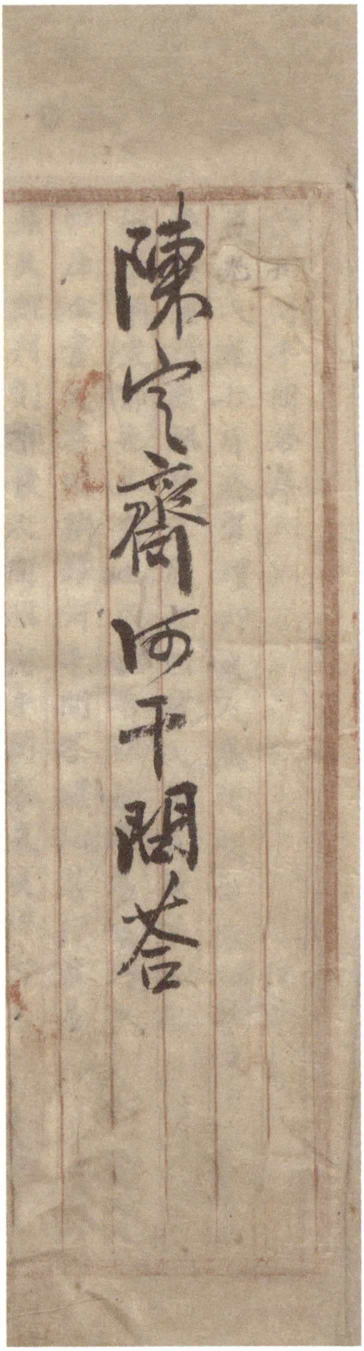

黔南叢書別集之一

河干問答

據獨山莫氏寫本校印

重刊河干問答序

余既感於安平陳定齋先生之風義爲刻塞外紀程一書復涉想及於河干問答顧黔中久經變亂圖籍灰刧幾經層累曲折始於江都莫君經農許得其先德郘亭先生手勘寫本繼於陳氏譜牒中見其孫若疇初刊序文知此書曾於道光八年刻於京師其後貴陽黃氏藏書佚出道光刻本居然具在適紫江朱桂辛丈自北平錄示其存素堂入藏圖書河渠之部目錄且曰河干問答在平狂求不得故鄉想可蹤跡余因以莫氏寫本影

序　一　黔南叢書

河工書牘

《河工書牘》不分卷，清陳法撰。

《河工書牘》約成書於乾隆七年（一七四二），此爲陳法論述治理黃河之專書，爲朱啟鈐所輯。朱氏《河干問答》識語曰：「啟鈐既以《河干問答》刊入《黔南叢書》，復增輯定齋《河工書牘》，玆獲是篇，爰以刊之卷首，俾世之尚論陳先生者，匪特於經義之外得明河工原委，而風節行誼施於朋友者，亦得有所互證焉。」有《井利奏》（《猶存集》卷一）、《代都御史奏安山湖情形》（《猶存集》卷一）、《復〈裁總河折〉稿》、《畿

輔溝洫議一》《溝洫議二》《河干偶答》《總河白公壽序》《上唐制軍》《復關中中丞陳榕門》《與李象先》《與陳榕門》等篇。

此書牘雖有出自《猶存集》者，但相互校勘，文字有差异。如《猶存集》收《井利奏》篇有「瑞雪甘霖，屢次降沛。所在有社」文字，《河工書牘》作「瑞雪甘霖，屢次降沛，所在有秋」，《校勘記》曰：「此句《河工書牘》作『所在有秋』，難判正誤，存此俟考。」今按：當以《河工書牘》所記「所在有秋」爲是。有秋，指秋收，收穫。《尚書・盤庚》：「若農服田力穡，乃亦有秋。」正與「瑞雪甘霖，屢次降沛，所在有秋」文義合。《猶存集》或誤。兩者互校，可見其文獻價值。

今據《黔南叢書》别集本影印。

（閆平凡）

定齋河工書牘目錄

黔南叢書別集

塞外紀程

《塞外紀程》一卷，清陳法撰。

乾隆十一年（一七四六）丙寅春，河工濱海穿防，河督白鍾山爲御史糾彈繫獄，陳法聞之，不忍獨令其受禍，因自引咎，奉旨「下部議」，革職，發軍臺效力。法從容就道，以四駱駝載書自隨，築土屋以居，日著書自娛，慨然有終焉之志。法見軍臺無井，示其地，掘之，得泉而甘，人號「陳公井」。越明年，子慶升呈《懇爲父贖罪》，得旨還歸故里。

《塞外紀程》詳記其往還軍臺之程，可供後世瞭解當時京都往返第十六軍臺之交通，於探索該路段之交通地理極具價值；所附詩叙其居臺之所見聞，反映軍臺生活場景及其獨特環境；抒發雖孤處絶域，仍有屈厄而安之節、超然物外之情。在此居難處困之境，仍保持隨遇而安之心，安之若素，潛心治學，完成多部著作，如《易箋》之大作，爲世人所嘆服。

民國年間貴陽凌惕安在爲陳法《塞外紀程》作序時説：「蓋其謀國之忠，待人之恕，赴義之勇，律己之嚴，胥於此行，見之滔滔。茲世安得尚有斯人哉！」

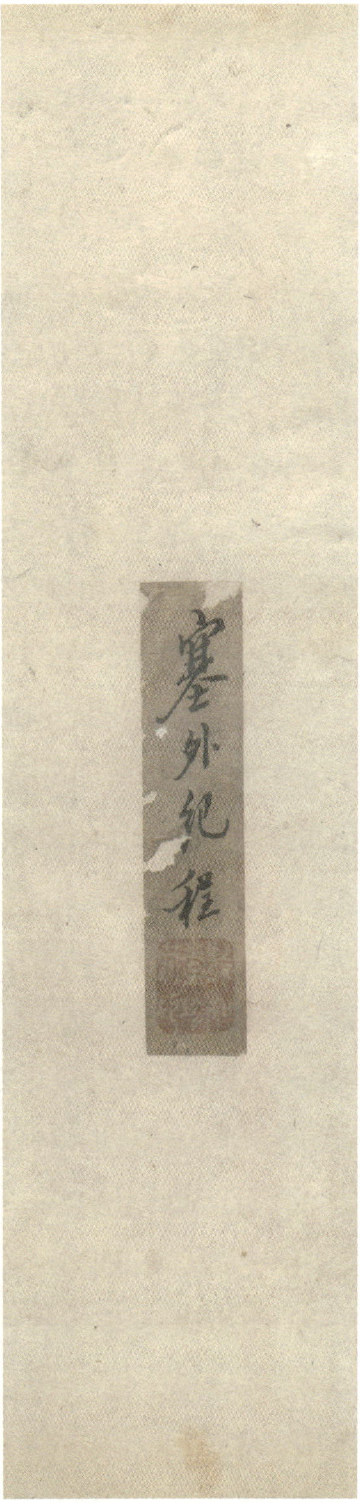

是書現存稿本、淩氏刻本及《黔南叢書》影印本。稿本爲作者草書，裝裱爲一册。内附曹經沅、袁思韠、周之冕、余詔、張兆周、殷崇德識語，陳法元孫陳銛跋；另附法之《謹録爲義僕龔晋設筵斷語》，屬其後人存之以觀後驗；又附與陳文恭寄函、爲白氏辯解之引咎詞；又附詩九首：《奉旨回籍題壁》五首、《軍臺土室落成》四首，後附往返軍台之紀程，末附天水安維峻題跋，湘西唐樹楠、楚南黄元龍題記。《黔南叢書》影印本先附其傳，後録民國二十二年（一九三三）貴陽淩惕安序，再記其往還軍臺之路，其所附詩較之稿本另增《由臺次入張家口五首》，總十四首，後附民國二十二年（一九三三）陳楷跋。

稿本與刻本有异處，可相互參照。一爲文字差异：如稿本「十四日，四十里至昌平州；二十五里，至南口」，刻本作「十四日，四十里至昌平州，即雇肩輿而行；二十五里，至南口。」刻本增「即雇肩輿而行」。一爲内容有誤：如稿本「二十七日，四十里，至腰站。又五十里，至八臺」，刻本作「二十七日，過沙拉樸棱河」，今按：因

「過沙拉樸棱河」於稿本中爲補充内容，是二十六日行程，而刻本將其刻入二十七日之行程。可見稿本之文獻價值與學術價值。

今據稿本、凌氏刻本和《黔南叢書》本影印。

（閆平凡、張丙武）

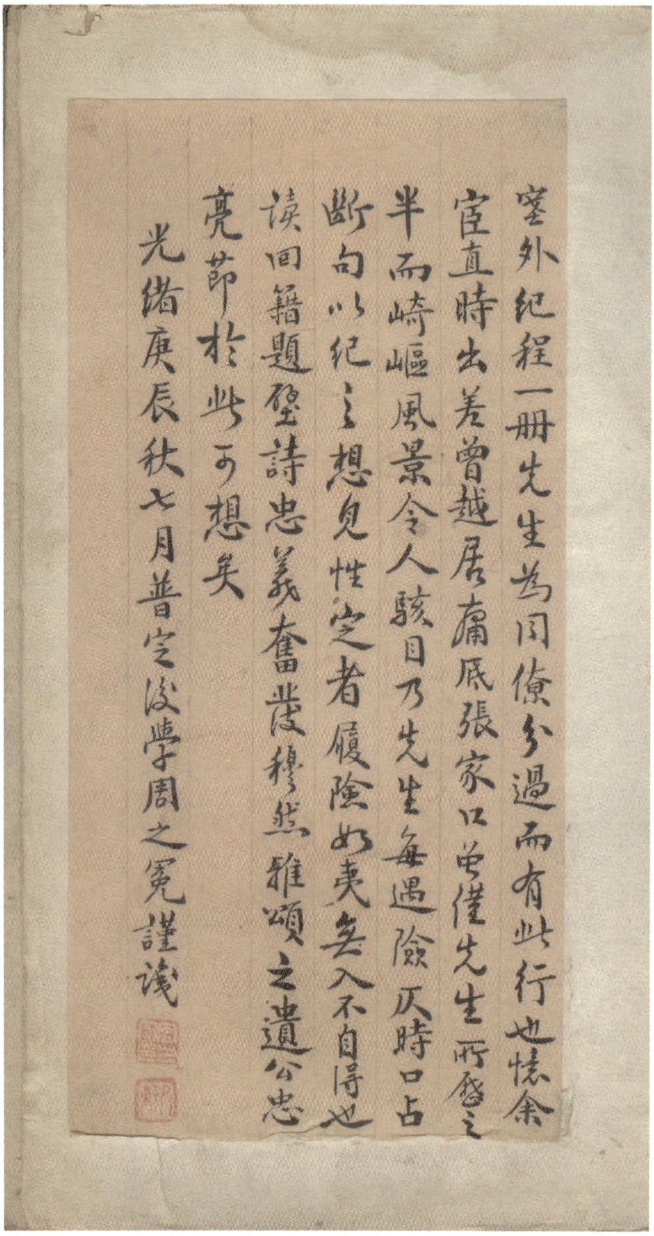
塞外紀程一册先生為同僚分過而有此行也憶余
宦直時出差曾越居庸抵張家口並偕先生所歷之
半而崎嶇風景令人駭目乃先生每遇險仄時口占
斷句以紀之想見性定者履險如夷無入不自得也
讀回籍題壁詩忠義奮發穆然雅頌之遺公忠
亮節於此可想矣
光緒庚辰秋七月普定後學周之冕謹識

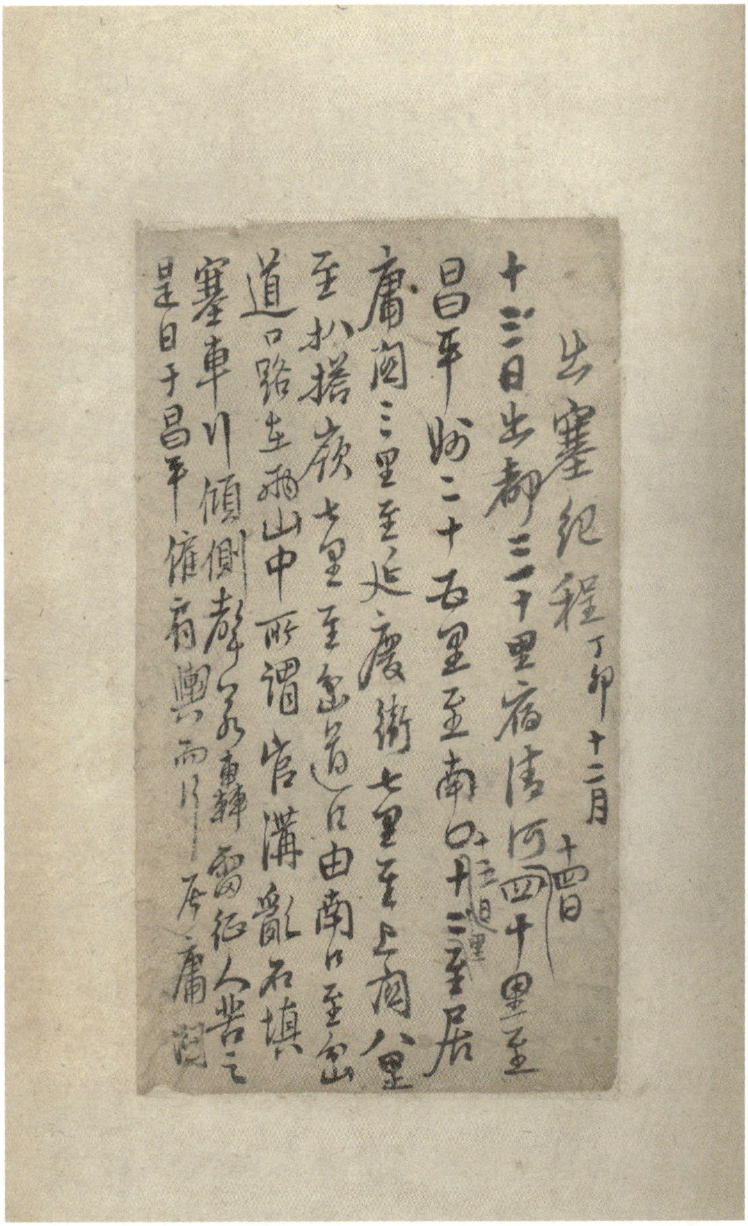

出塞紀程　丁卯十二月

十三日出都三十里宿清河　十四日四十里至昌平州二十五里至南口　十五日十三里至居庸關三里至延慶衛七里至上關八里至八搭嶺七里至岔道　自南口至岔道口路出兩山中所謂官溝亂石填塞車則傾側聲如雷轟行人苦之是日于昌平僱肩輿而行……至庸關

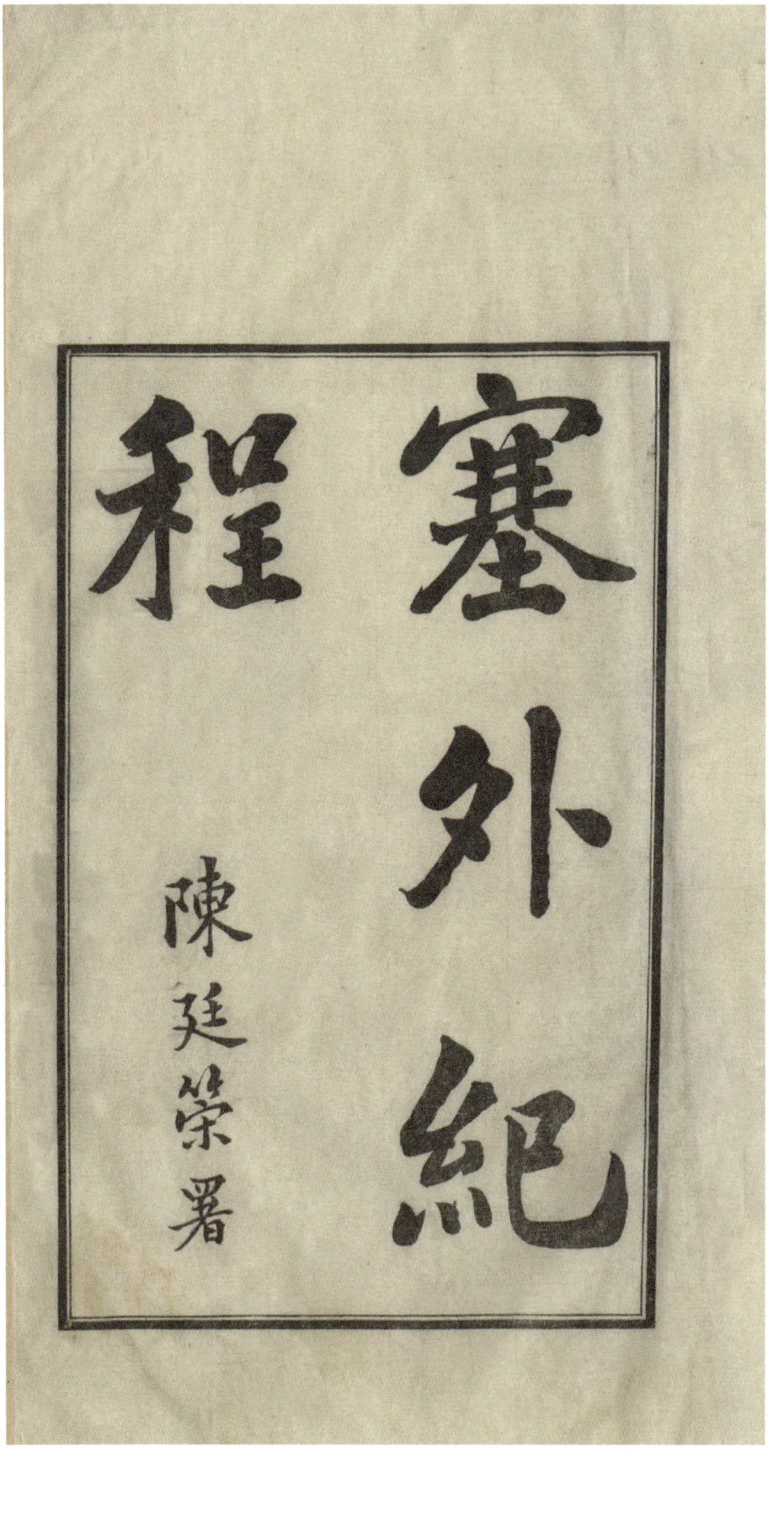
塞外紀程

陳廷榮署

醒心集

《醒心集》二卷，清陳法撰。

陳法回黔，主講貴山書院，以先儒之句，字詞讀講，闡發義理，故而醒心，彙成是書。又稱《制義醒心集》，或題《定齋先生醒心集》，凡三十篇。所謂制義者，因皇帝詔令稱「制」，科舉考試中以經義來試士子係皇帝詔令而行，故又稱制義，或謂時藝、制藝、八比、署文，即俗所謂八股文。陳法於貴山書院課諸生，雖做制義之文，亦從《四書》《五經》中摘出文句，闡發其中之道理，以此教示學生研習儒學，作爲書院月課教材。

湯令釗曰：「定齋先生文，體會入微，發攄透徹，使聖賢之心明白曉暢，如聽洙泗間大聲而疾呼。每讀一篇，令人猛省，謂之醒心。」嘉慶十六年（一八一一）冬，鮑桂星於楚得觀此文，認爲「先生直舉心得，發爲文章，明白真切，期於砭愚訂頑，令讀者有所興起」。

是書以「學而時習」開篇，定齋認爲，此章爲學工夫效驗，自始學以至成德，一以貫之，指示親切。其云：「是從古學問一條入處真血脉，所苦世俗累人。因循兩字，耽擱一生。」陳預曰：「後人讀先生之文，心先生之心，并其所以砥礪立名，進德取友者，而師之則庶乎進矣。」

今據嘉慶十七年（一八一二）刻本影印。

（陽歡）

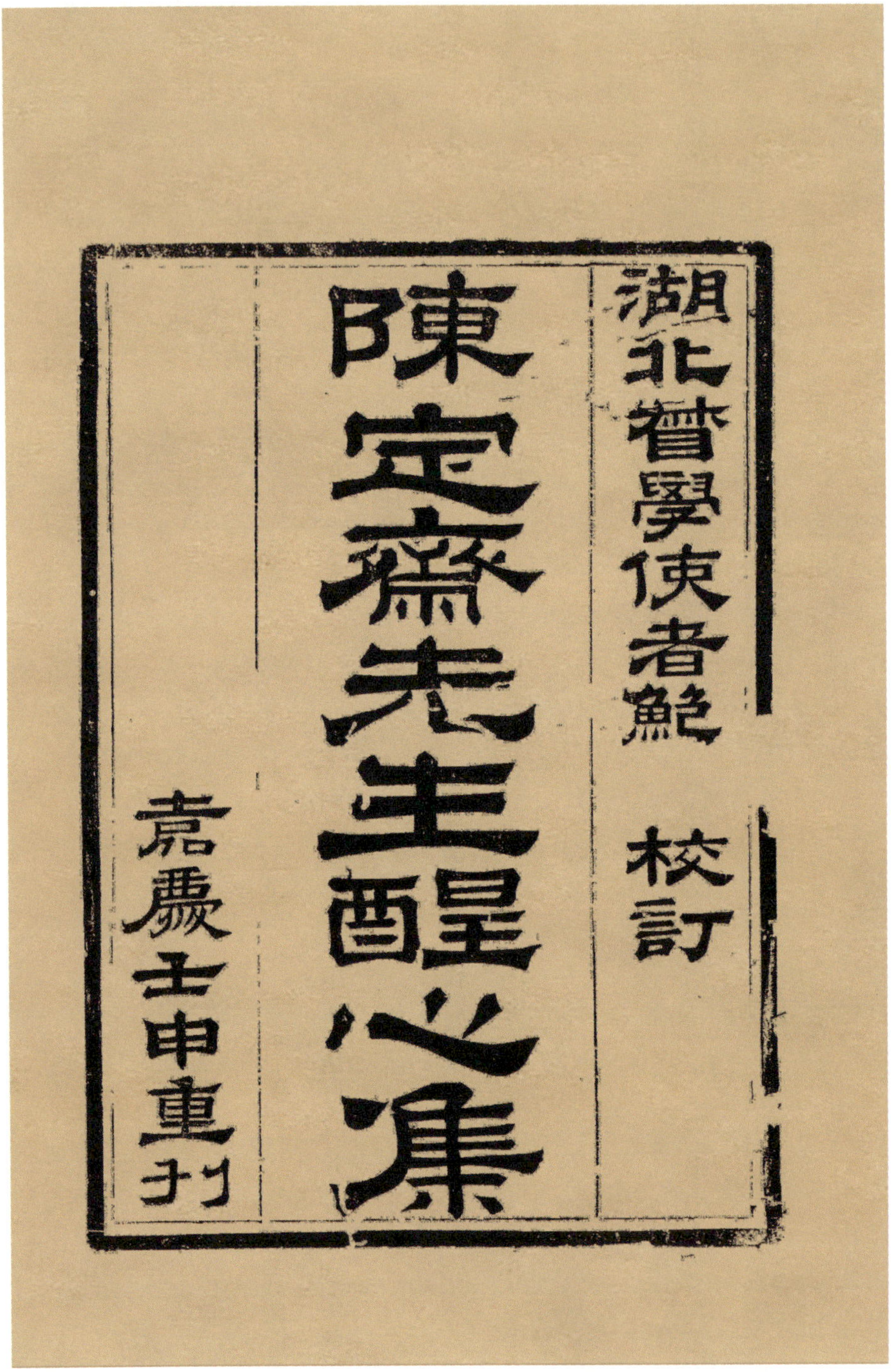

湖北督學使者鮑　校訂

陳定齋先生醒心集

嘉慶壬申重刊

醒心集

安平　陳法　聖泉

學而時習　全章

君子自得之學可及人而非爲人也夫學至於說則自得矣可與朋樂而非以求人知也又何愠乎今夫學也者內之求自得於己外之兼成乎物而絕無爲人之念參於其間者也是故學所以學爲君子也遽爲君子也乎古之人有先我而爲君子者焉吾從而師之今之人有先我而爲君子者焉吾從而師之讀

二比沈發透徹字字精當

其書也聽其言也何其先得我心也久之而從容諷詠之餘乃

明辯録

《明辯録》一卷，清陳法撰。

陳法晚號定齋，世稱定齋先生，其學本程朱，辨嚴義利，自官翰林以及外任監司，皆不負所學，以見於行，實心實政，流傳而不朽。丁憂回黔後，主講貴山書院，期間著《明辯録》以教子弟。

是書共十篇，分別是《論象山認心爲理之非》《論象山復本心之非》《論象山之學异於孟子》《論象山之學合乎禪宗》《論象山教人之法》《論象山辟禪之非》《論象山輪對五札》《良知辯》《致良知辯》《格致論》。

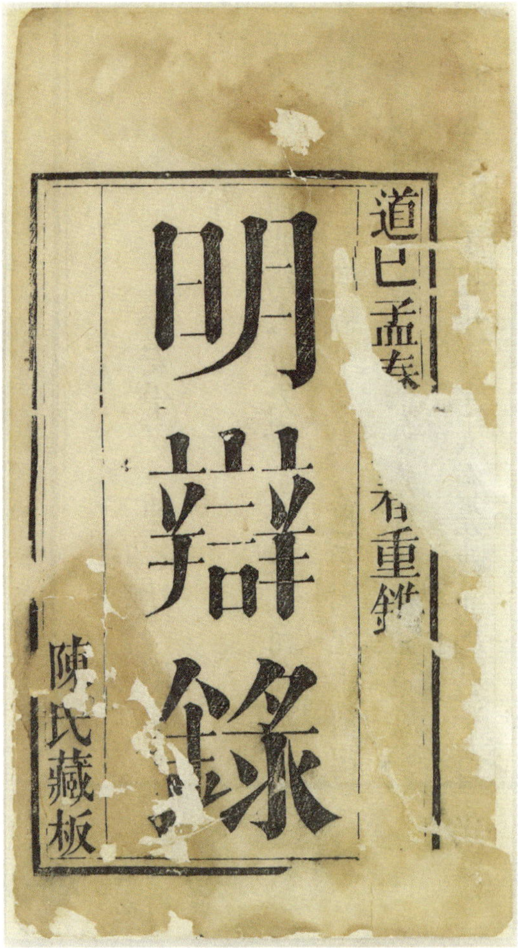

陳法論象山，云「象山議論，頗宗無垢。宜其所見之合也」。論陽明，以「釋氏之所以爲釋，老氏之所以爲老，皆是道也」之言，斷其直下承當，後人毋庸更費分疏。至於闡發「格致」之學，辯王、陸之學與朱子之不同處，力斥象山、陽明之學爲外儒内釋。目的在於發明《大學》而補證《傳》文的義旨。對陸象山和王陽明的心學進行批判，一時影響巨大。

其引導諸生「潛心正學，嚴詆异端」，教育諸生不論爲學還是作人，「均要明於是非之理，嚴於義利之辯」，「去乎外誘之私，充其本然之善」，「知善之當爲，惡之當去」，以「智、仁、勇之達德」，以「學、問、思、辨、行」之功而達道。以爲這是直身行事，作人爲學之根本。

貴陽陳田《黔詩紀略後編》評論陳法云：「吾黔理學，有明以孫文恭（應鰲）、李同野（渭）爲開先。孫李之學時有出入，惟定齋祈響紫陽，粹然一出於正。

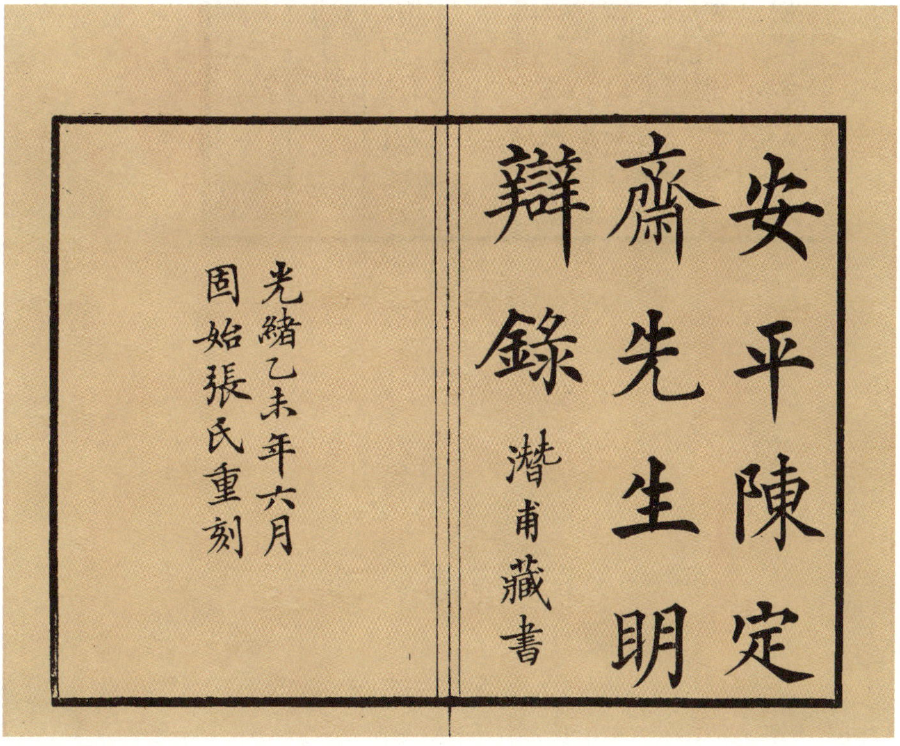

主講貴山書院二十年，申明學約於科舉俗學之弊，諄諄致戒。」

今據清乾隆三十五年（一七七〇）山右荆如棠刻本、道光陳氏刻本與光緒二十一年（一八九五）固始張氏刻敬宦叢書本影印。

（陽歡）

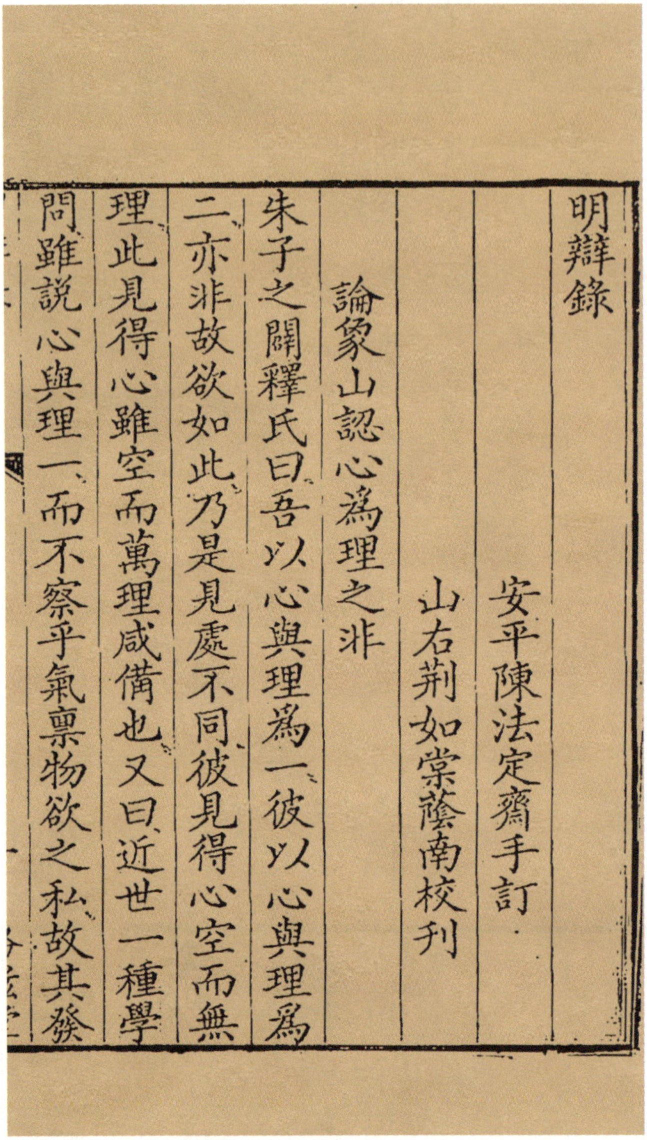
明辯録

安平陳法定齋手訂

山右荆如棠蔭南校刊

論象山認心爲理之非

朱子之闢釋氏曰吾以心與理爲一彼以心與理爲二亦非故欲如此乃是見處不同彼見得心空而無理此見得心雖空而萬理咸備也又曰近世一種學問雖說心與理一而不察乎氣稟物欲之私故其發

內心齋詩稿

《內心齋詩稿》十一卷，清陳法撰。

陳法之詩詞作品有《應制集》《近侍集》《假裝集》《還朝集》《歸山集》《應詔集》《出守集》《游覽集》《宦游集》《出塞集》《後南游集》。從「還朝」「歸山」「應詔」「游覽」等詩集名，可見陳法在不同時期的人生經歷和心路歷程。這些詩集由其孫陳若疇合集爲《內心齋詩稿》。陳法從在外爲官至回歸鄉里幾十載創作的詩歌詞賦，大體完備於此。

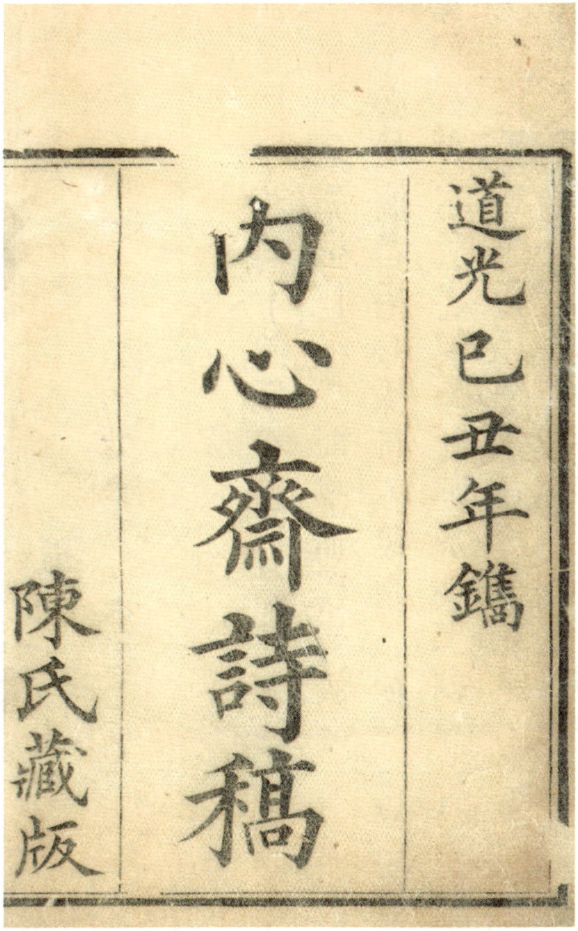

卷一《應制集》爲雍正三年（一七二五）以前作於京師之賦、頌、紀事詩。以下各卷均按年代排列，《近侍集》爲康熙五十二年（一七一三）至五十九年（一七二〇）居京師時所作；《俶裝集》爲康熙六十年（一七二一）至六十一年（一七二二）請假回籍所作，《還朝集》爲雍正元年（一七二三）重返京師所作；《歸山集》爲在京供職二年至雍正三年（一七二五）又復請假回籍所作；《應詔集》爲雍正八年（一七三〇）應詔赴京所作；《出守集》

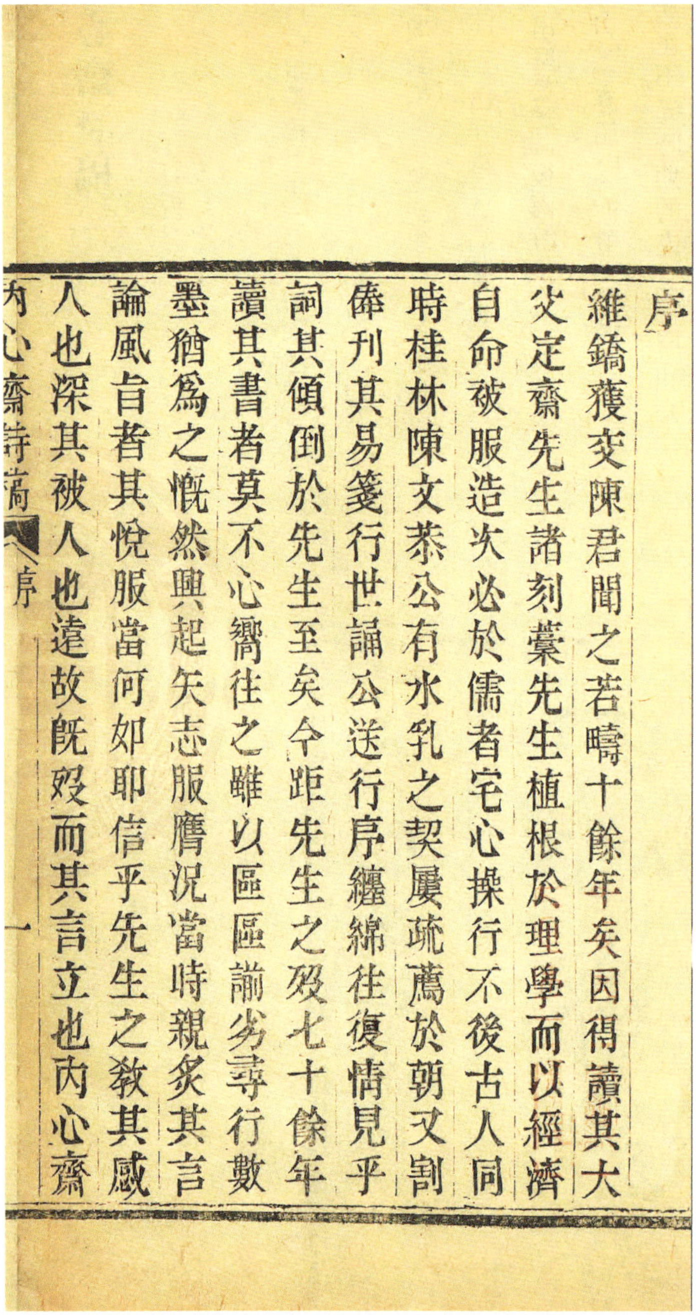
序

維鎬獲交陳君聞之若疇十餘年矣因得讀其大父定齋先生諸刻藁先生植根於理學而以經濟自命被服造次必於儒者宅心操行不後古人同時桂林陳文恭公有水乳之契屢疏薦於朝又剖俸刊其易箋行世誦公送行序纏綿往復情見乎詞其傾倒於先生至矣今距先生之歿七十餘年讀其書者莫不心嚮往之雖以區區譾劣尋行數墨猶爲之慨然興起矢志服膺況當時親炙其言論風旨者其悅服當何如耶信乎先生之教其感人也深其被人也遠故既歿而其言立也內心齋

內心齋詩稿　序　一

爲雍正八年（一七三〇）出授直隸順德府所作；《游覽集》爲雍正十一年（一七三三）解組出游江南，便中歸黔所作；《宦游集》爲自乾隆元年（一七三六）至十二年（一七四七）十二年間先後出授山東登州府、山東運河道、安

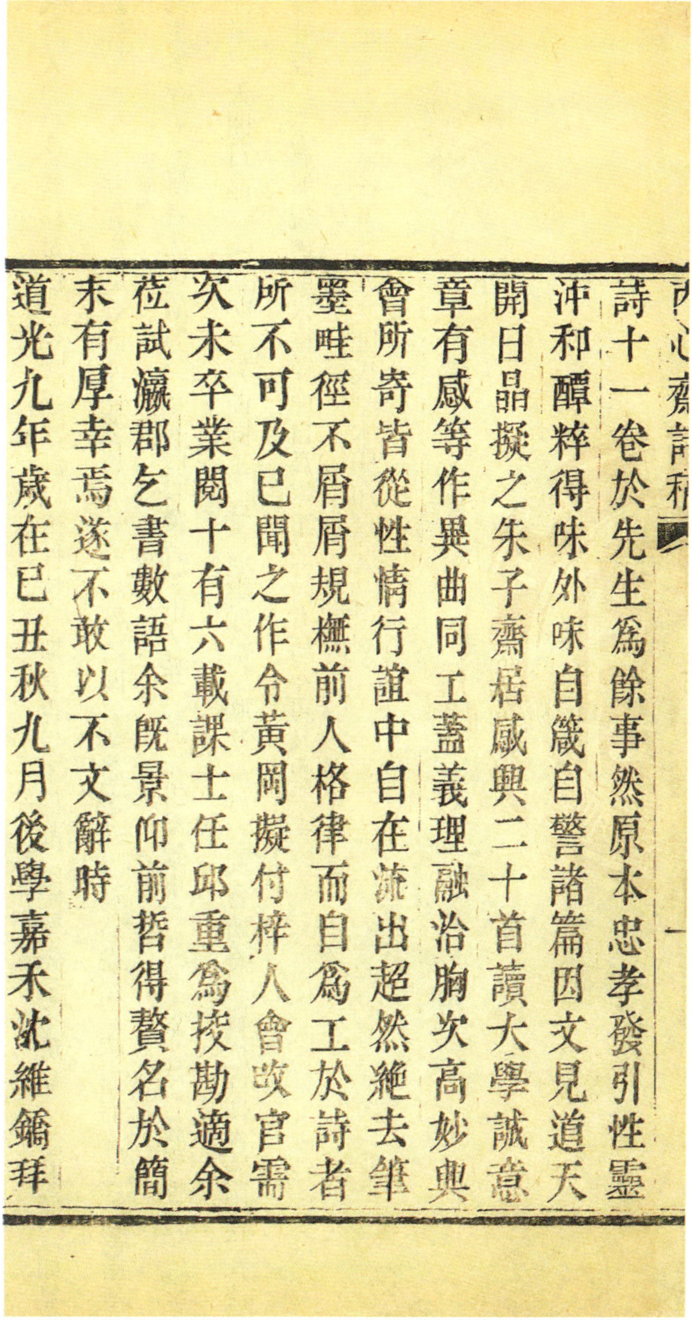
内心齋詩稿 一

詩十一卷於先生爲餘事然原本忠孝發引性靈沖和醇粹得味外味自箴自警諸篇因文見道天開日晶擬之朱子齋居感興二十首讀大學誠意章有感等作異曲同工蓋義理融洽胸次高妙興會所寄皆從性情行誼中自在流出超然絶去筆墨畦徑不屑屑規橅前人格律而自爲工於詩者所不可及已聞之作令黄岡擬付梓人會改官需次未卒業閱十有六載課士任邱重爲按勘適余莅試瀛郡乞書數語余既景仰前哲得贅名於簡末有厚幸焉遂不敢以不文辭時

道光九年歲在己丑秋九月後學嘉禾沈維鐈拜

徽盧風道、江南淮陰道等地所作；《出塞集》爲調任直隸大名道後，獲譴出塞所作。《後南游集》爲賜還歸里，復游楚南吴門所作。該書卷前有嘉慶十八年（一八一三）鮑桂星序，道光九年（一八二九）沈維鐈序，有桂林陳弘謀《送定齋先生序》，阿縣張甄陶《祭定齋先生文》，并録（道光）《安平縣志·陳法傳》。卷末有嘉慶十八年（一八一三）其孫陳若疇跋。

清代詩人、學者鮑桂星曰：「嗟乎！詩以道性情，斯言也豈不信哉！定齋先生不可見，讀其詩，如見先生焉，豈惟如見先生之貌，并先生之心而亦見之焉？」「詞翰之間，筆墨之外，森然盎然，躍露而洋溢，單辭雙語，無不有定齋先生者存。」學者沈維鐈曰：「《内心齋詩》十一卷，於先生爲餘事，然原本忠孝，發引性靈，冲和醇粹。」「因文見道，天開日晶，（中略）异曲同工，蓋義理融洽，胸次高妙，興會所寄，皆從性情行誼中自在流出，超然絶去筆墨畦徑，不屑屑規撫前人格律而自爲，工於詩者所不可及也。」

今據道光九年（一八二九）陳氏刻本影印。

（閆平凡）

定齋制藝

《定齋制藝》一卷，又名《敬和堂文稿》，清陳法撰。

陳法，號定齋，幼時與從兄弟一同學文，年十二應童子試，弱冠成進士，入京師詞館。凡數十年，探究先儒理學及經史子集，間或與同館諸公爲詩、古文詞，絶不言及時文。後入講貴山書院，作文逾數十篇，其弟陳浩於兒輩暨諸孫處得，合爲一集，曰「敬和堂文稿」。

《定齋制藝》講義二十餘篇（咸豐《安順府志》作二百餘篇），作爲書院月課教材，以課士子諸生，培育一代黔中士子。陳法手訂範文，示學子作文規則方法。意在力挽科考之頽風，陳説時文之利弊。可謂苦口婆心，「情詞懇款」，「仁義周匝，沁人心脾」。其爲文，往往援筆立就，以爲人之所見有深淺，只能直抒所見，更難一時苦思求工，然其義融滙胸中，故傾斜而出。其於題意，自無堅不破，無微不徹，又時包涵史事，針砭异學，故議論宏偉，波瀾壯闊。蓋其變化從心，華實并茂，故可傳世，亦可售世。朱近堂評其文曰：「求之先輩，則精義同歸；合之時宜，則聲情穩愜。」可謂知言矣。

書末附《貴山書院學約》，原刊《猶存集》第八集，此處係附録。與《猶存集》所收略有差异。今據刻本影印。

（陽歡）

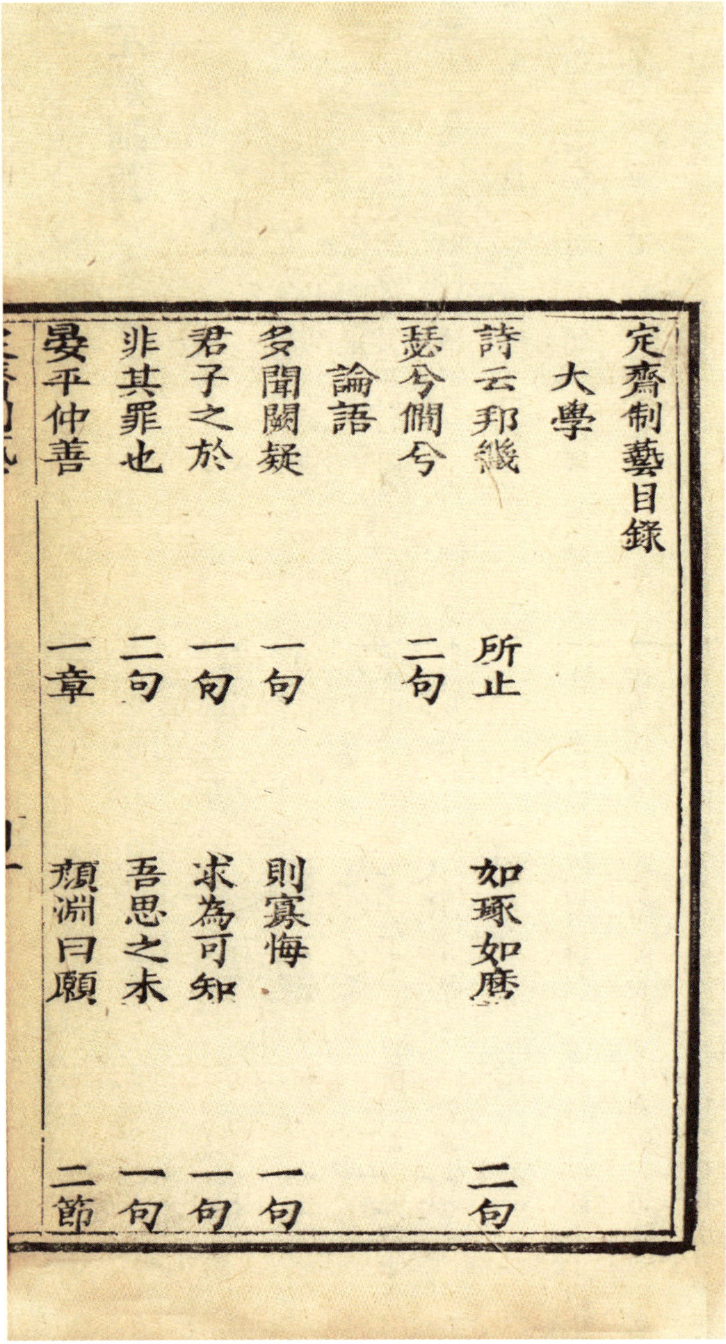
定齋制藝目録

大學

詩云邦畿所止　如琢如磨二句

瑟兮僩兮二句

論語

多聞闕疑一句　則寡悔一句

君子之於一句　求為可知一句

非其罪也二句　吾思之未一句

晏平仲善一章　顏淵曰願二節

詩云邦畿千里惟民所止詩云緡蠻黃鳥止於丘隅子曰

於止知其所止

兩釋所止皆於詩得之矣夫事物各有所當止而止在於知民也鳥也元鳥之詩所爲與黃鳥而共咏也且理之至當者更千古而不易亦凡物所不能外惟其不易也任舉一事而如或示之惟其莫外也任舉一物而如或遇之矣經言明新之止於至善也而復繼之曰知止夫止亦豈難知者哉不獨在上之風聲端其表正即草野編氓亦共玆日用使泛泛焉而無所準也則上無以爲教而下無以爲學故雖其止之有至有不至而所止

周易或問

《周易或問》六卷，清文雲衢撰。

文雲衢，字天駿，以字行。貴州清鎮人，祖籍湖南。同治六年（一八六七）舉人，同治七年（一八六八）入京，供職刑部，著有《省齋詩鈔》《周易或問》《樂易山房制藝》等。

據楊樹《文雲衢傳》、民國《貴州通志·人物志》所載：其先世湖南人，祖某游幕來黔，學優贍，二十餘歲以清鎮籍游泮，佐都匀府吴乃安幕，積勞得教職。黎培敬督學，補行歷届考試，天駿攝三教官，一歲送考十七次，以資得部郎。光緒二年（一八七六），時在四川任職的丁寶楨奏請天駿入四川鹽局幫辦。天駿行動必遵先儒，遇水旱傾囊賑灾，夏菽軒被誣則慷慨上書，作官清廉，爲人仗義有節，因政績卓著，以

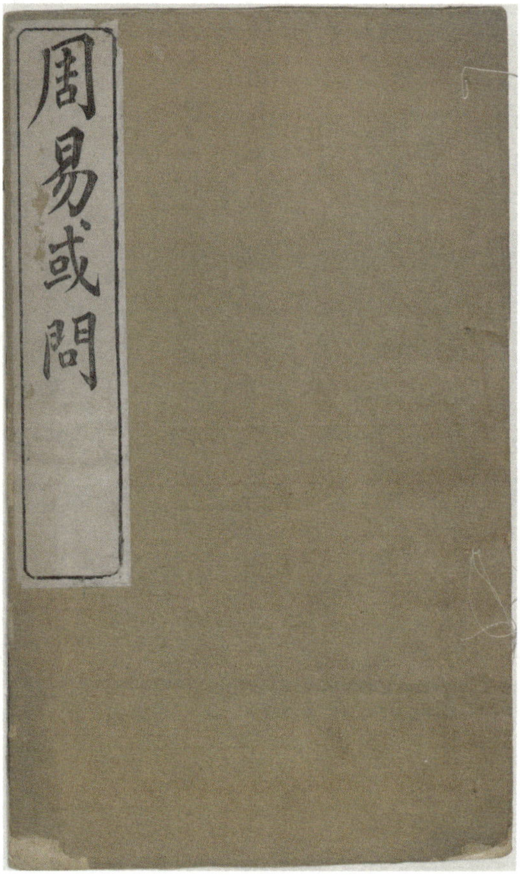

道員試用，後因病歿於局。

《周易或問》六卷，卷一總論上下經篇義、六十四卦名義、理象數時君臣八宮之義以及占例。卷二至卷五爲卦象，卷六爲系辭。全書采用問答形式，旁采衆說，時參己意。撰於同治七年（一八六八）北上在京師停留期間，是其讀《御纂周易折中》及其他有關周易注釋本十七種所作讀書筆記。審定《傳》《義》，旁采衆論，間參己説，不敢改易經文和穿鑿傳會，而取其切於入倫日用。其於爻辰卦氣納甲逸象，一切紛紜之説，辨析之不稍假借，重點闡發孔子所言「五十以學易，可無大過」之旨。其云：《周易》一書「窮天地徹幽，明萬事萬物，穿鑿傳會精至神，莫能凝講其妙，機古今魁儒碩士之才力聰明，尚有求之終身而未得者」。又説「今講易者陷入非義者多，以吉凶悔吝之説通其志、斷其疑，使之寡過焉」。認爲讀《易》，切勿求其高深，而在乎切近。

今據光緒十一年（一八八五）黔南家塾刻本影印。

（鍾雲興）

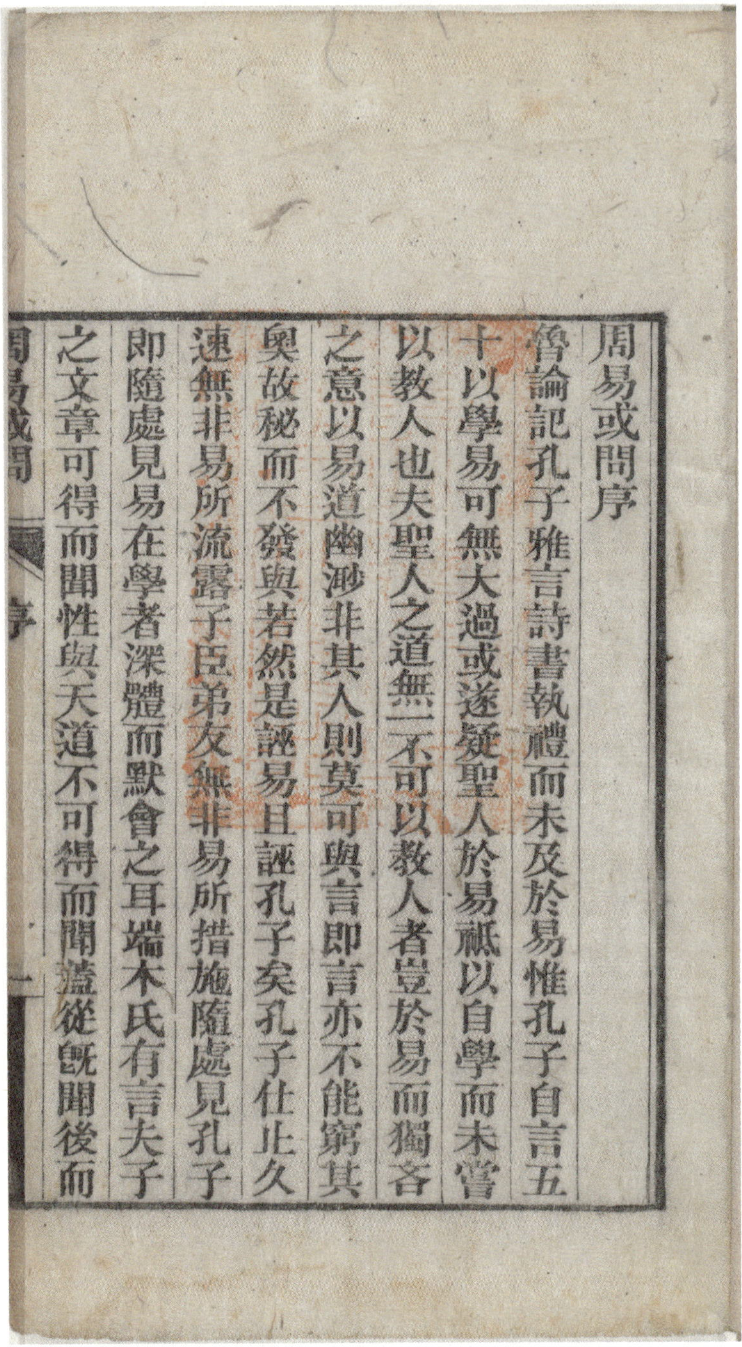

周易或問序

魯論記孔子雅言詩書執禮而未及於易惟孔子自言五十以學易可無大過或遂疑聖人於易祗以自學而未嘗以教人也夫聖人之道無一不可以教人者豈於易而獨吝之意以易道幽渺非其人則莫可與言即言亦不能窮其奧故秘而不發與若然是誣易且誣孔子矣孔子仕止久速無非易所流露子臣弟友無非易所措施隨處見孔子即隨處見易在學者深體而默會之耳端木氏有言夫子之文章可得而聞性與天道不可得而聞蓋從既聞後而

周易或問　序　一

周易或問目錄

黔南文天駿雲衢甫

卷一

省齋詩鈔

《省齋詩鈔》四卷，清文雲衢撰。

《省齋詩鈔》前有桂陽夏菽軒、嫠川申雲根序各一篇，全集分爲《黔山草》《春明草》《西行草》《岷江草》四卷，書後記録資助此書刊刻人員臺賬。其詩以咏懷詩、唱和詩爲主。常咏壯麗之景色，或雪、花、樹等自然景物。在寫景中抒情，氣勢宏偉恣肆，如《西林渡懷古》《咏貴陽大灣八景》；唱和詩多爲與莫芷升、王澤民、楊珍林、夏菽軒、徐藕舟、李仲先等友人之往來記録，間雜宴游詩，如《和夏菽軒觀察游雲峰寺韵》《春日宴德水部西園》等；此外作者亦以詩歌寫社會現象，關注民生，如《水灾感賦二十二韵》《哀陳節婦》。其詩情景互融，給人以壯闊之感。

在文學上，申雲根贊嘆其「以穎异之才，沉心書史」。丁寶楨評價其詩：「無吟風弄月之辭，有上下古今之識。」

天駿卒後，其門人夏壽田、羅光濟、周燫等人將其詩作輯爲六卷，并集資校刊，付印時訂爲四卷。其中除與夏菽軒唱和較多外，多爲與黔中名流如莫芷升、楊珍林、唐鄂生、丁寶楨等應酬之作。

今據光緒丁酉（一八九七）四川鹽局刻本影印。

（閆平凡）

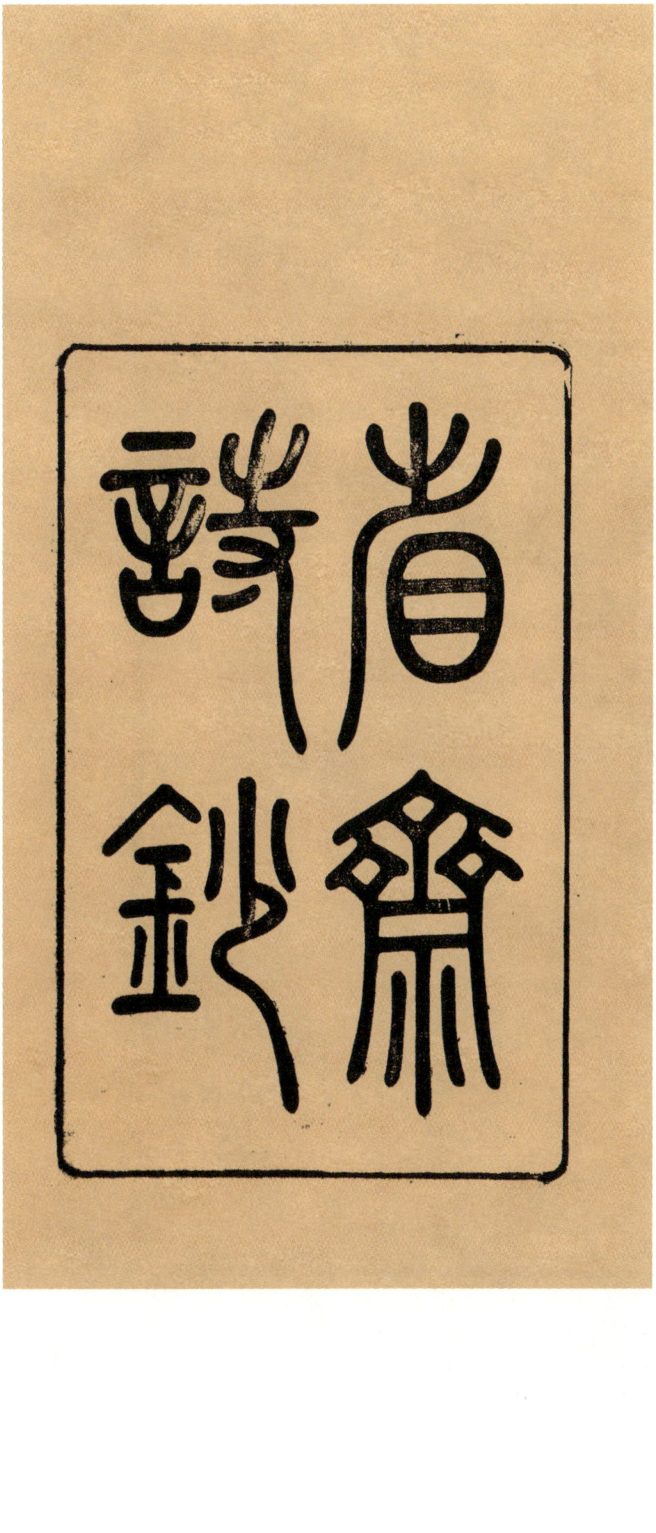
省齋詩鈔

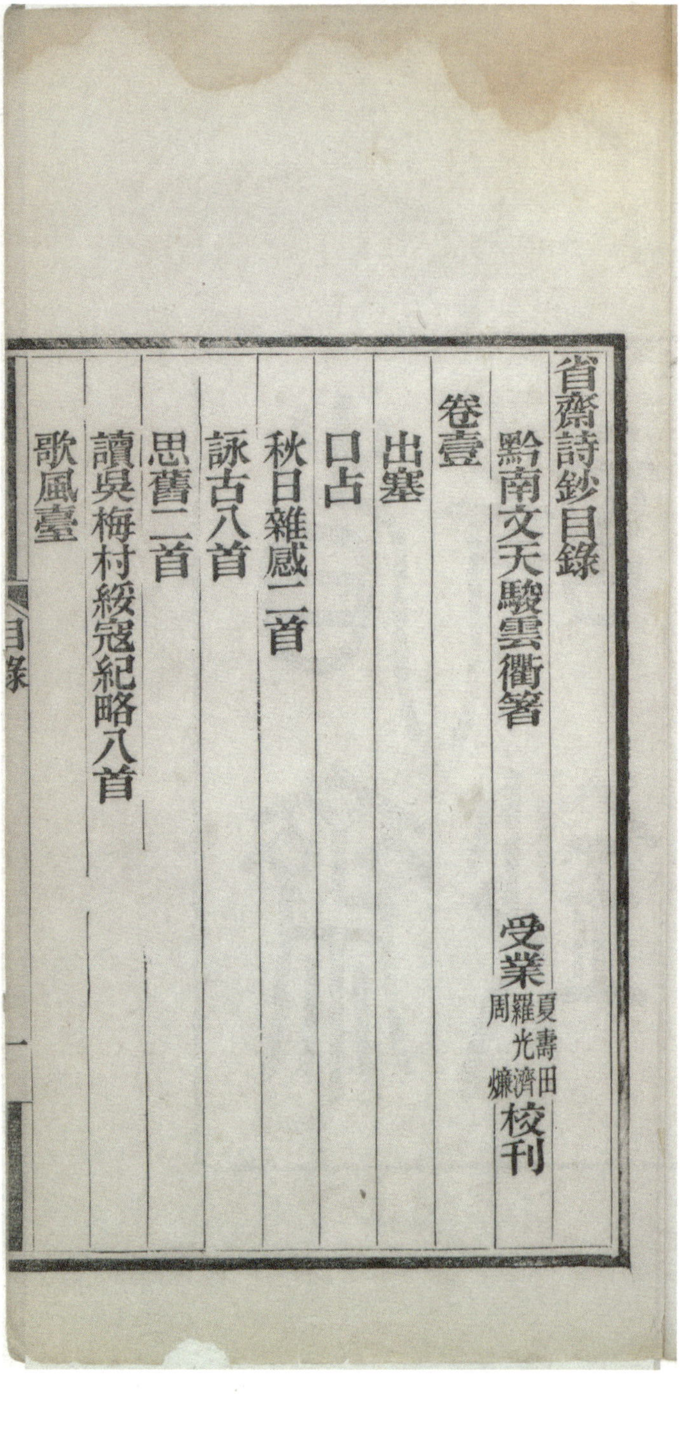

省齋詩鈔目錄

黔南文天駿雲衢箸　受業夏壽田羅光濟周嫌校刊

卷壹

自得齋易學

《自得齋易學》十卷，清丁澤安撰。

丁澤安，字勉初，號六梅居士，清鎮人。同治丁卯（一八六七）舉於鄉，光緒丙子（一八七六）考取内閣中書，庚辰（一八八〇）大挑一等，以知縣用，分發湖南署常寧縣知縣。丁亥（一八八七）以憂歸，遂不出。究心經學，尤邃於《易》，主講貴山書院、學古書院，著《自得齋易學》十卷，内含《易學節解》五卷，《易學三編》三卷，《易學附圖》一卷，《易學彙説》一卷。其著有《自得齋易書》四種，其中《易學節解》五卷收録於《續修四庫全書》，或稱又有《學古講義摘録》一卷、《自得齋老學編》兩卷。清光緒三十二年（一九〇六）朝廷嘉其所學，特予内閣侍讀銜，民國初年卒，享年八十七歲。

《易學節解》博采兼收，旁通曲暢，或謂上自漢晋下迄元明，二千年的易學淵源，皆可覽見。對於各家，但取其是，不辨其非。《易學三編》包括「圖書第一」「蓍卦第二」「三易第三」，共三部分，三十七個問題。《易學附圖》即《三編》之附圖，和《三編》互補長短。

今據清光緒壬午（一八八二）刻本影印。

（閆平凡）

自得齋易學總序

夫易之爲書道備三才法兼十聖源遠而流長矣而河圖則其星宿海也孔子雅言不及於易而言易必本於圖探其源也至周易而上則有連山歸藏見於周官包犧之後繼以神農黃帝著於大傳而考世譜等書神農一曰連山氏黃帝一曰歸藏氏則三易不數夏殷可知以夏殷自有夏時坤乾特不出連山歸藏外耳合觀傳說雖無三易明文實具三易卦義則易固全書也夫自源及流者通志定業斷疑而易之用於以達也自流溯源者窮理盡性至命而易之體於以明也故學易者有若觀水必千支萬派使各分明然後由分而合則有所謂後天之學焉有所謂先天之學焉此先儒之說也有所爲連山之易焉有所

易學三編　卷一　總序

自得齋老學編

《自得齋老學編》二卷，清丁澤安撰。

《自得齋老學編》上卷以《河圖天地之心説》起，終於《黔中易象説》，下卷以《後天衍義》起，終於《一貫宗傳》，前有序文，後有跋文。刻本題「貴陽丁澤安勉初甫著」。按此書題名爲《自得齋老學編》，非指老子之學，其中内容爲易學要義，「老學」爲其自稱，丁氏著此書時，已八十三歲，距其去世僅四年，按其年齡、學識，正合「老學」之義。

書以易學内容爲主，且爲丁氏易學研究深入之作，丁氏自序稱：「《易學》一書匆匆付梓，而缺略猶多，自戊申（一九〇八）杜門而後，至今己未（一九一九），年已八十有三矣，每有心得，輒筆記之，久而成帙，似足以補前説之所未備。原序兼他經言之，兹編專取有關於易學者，以類相從，而終以《一貫》一篇。」此書共計四十六篇，文後加附録，以咏、詩、識、論、辯誤等爲名，接續討論，篇名多爲説、衍義，其餘有論、考、解、自述等。具體内容涉及天文、地理、曆法等。於天文地理，如爲補闕《黔志》而作的《黔志天文地理補遺序》，論述交食現象的《太極數爲交食用説》以及推測交食時間的《求朔望交食簡易法》等；曆法有《元日義》《古易即古曆説》等；亦

有學術性較强，專門論解易學内容之作，如《三易補》《補天説》《讀三墳説》《易學衍義》《八爻卦圖極則》等。然此書最大之特點即是將易解與黔地貫通，以易説闡釋黔地祥瑞，提出「反易圖」説，以爲黔省正與反易圖合，在《考黔省與反易圖合説》中説：「尤莫如反易一圖，此圖古所未有也。然即今觀之，殆不可少，蓋取之於《連山》，本之以《歸藏》，實述而非作不圖，與黔省適合也。」於由此可見丁澤安作爲黔地文人的爲黔之心、愛黔之情。

今據民國八年（一九一九）自得齋刻本影印。

（妙慶齡）

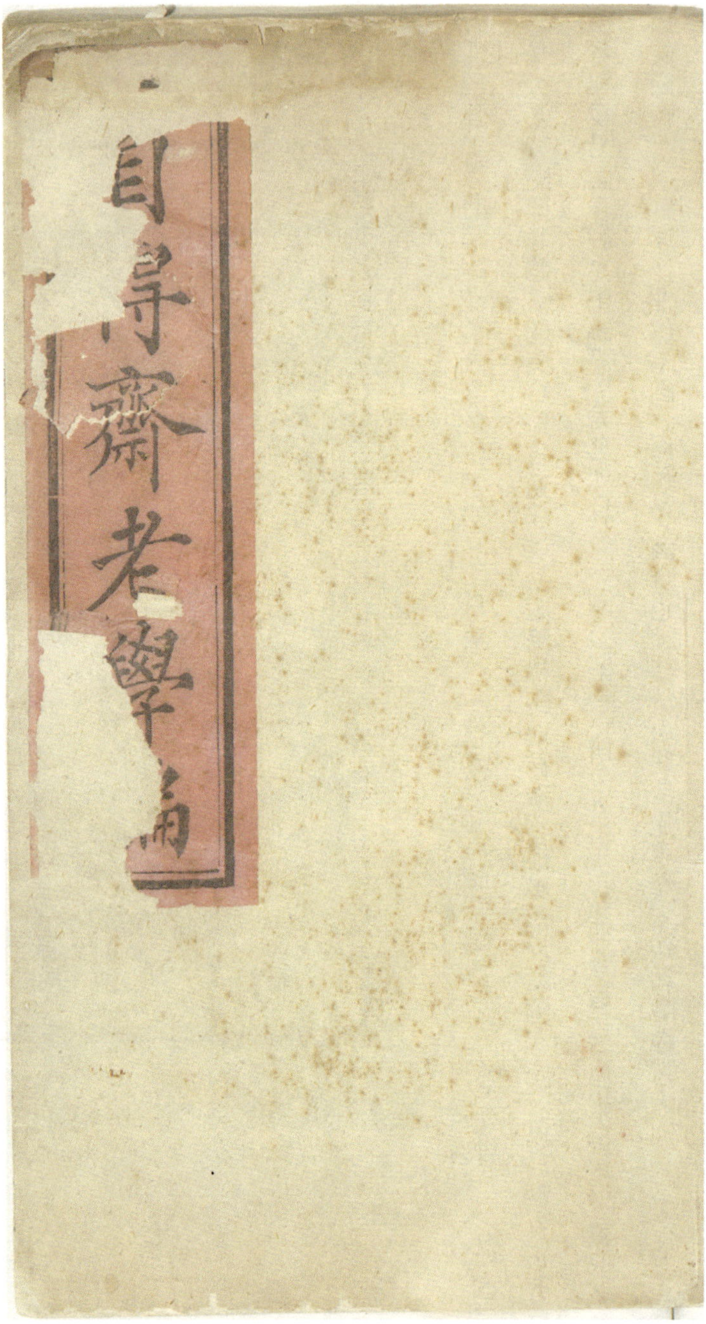
齋老學

學古講義摘録

《學古講義摘録》，清丁澤安撰。

同治十三年（一八八七）澤安丁父憂回黔，入講貴山書院、學古書院多年，以「平昔講説所及或間有心得」，而掇集成書，以作教材。

《清代貴州名賢像傳》評價丁澤安：「奉程朱爲准的，精思妙契，獨得古人之祕。嘗病學人言理者或遺於物，博物者或疏於理。故四子六經皆有論説，而尤邃於易象圖書，周官禮制。發先儒之發未發。丁氏嘗曰：『余生平究心經學，詩學、禮記、春秋俱略有説，可以補充先儒之説未備，然非全力也。』」

丁究心經學，其書有《關雎論辨》等七篇、《人心惟危節》等十三篇、《春秋》二篇、《禮記》一篇、《學庸》十七篇，另附有《論學一則》和《河圖洛書賦》《聖泉賦》《游聖泉記》三篇，多係發明「正學」之旨。涉及《詩經》《書經》《春秋》《禮記》《大學》《中庸》等經典。

今據光緒二十七年（一九〇一）刻本影印。

（鍾雲興）

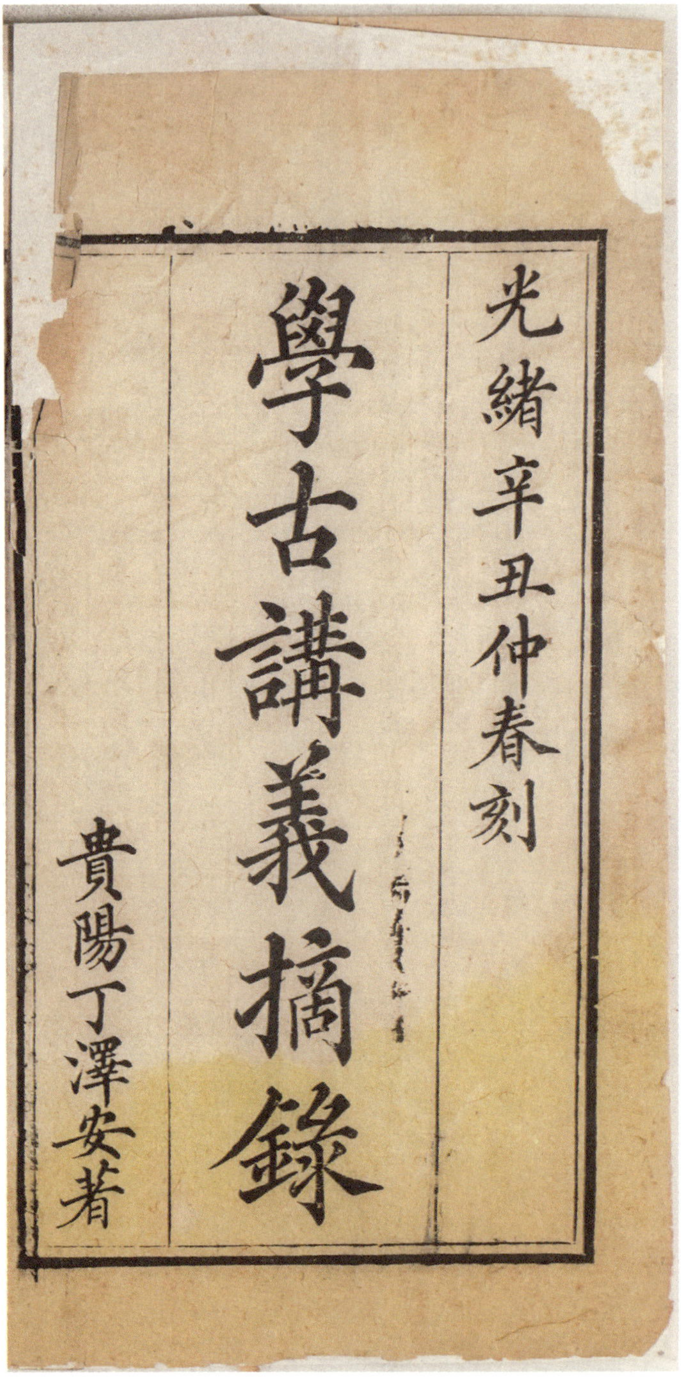

光緒辛丑仲春刻

學古講義摘錄

貴陽丁澤安著

學古講義摘錄

詩經

關雎論辨

關雎之詩夫子特言其樂而不淫哀而不傷哀樂之中和位育之功能胥於關雎徵之矣說者以麟趾爲關雎之應騶虞爲鵲巢之應而實則皆本於關雎也此房中之樂用之鄉人用之邦國而夫子特明之以見聖人性情之正起化之由耳至詩爲何人作訖無定論鄭孔皆以爲后妃思得賢女從小序也究非毛義小序所謂不淫其色者以文王言則可以后妃言則不可程子既嘗非之朱子亦曾辨之而後人猶有據小序以爲說者今更詳之稱后妃者乃後世追尊之辭耳記言文王之爲世子復言武王率而行之不

玉螺山説集

《玉螺山説集》五卷，清陳祥士撰。

陳祥士（一六三一—一七〇一），字賢裔，號希聲，釋名徹咏，貴州平壩人。先世江南江都人，明洪武中從征雲南，以軍功授昭信校尉，遂入籍平壩，九世襲平壩衛左所百户，至曾祖陳琳以下五世皆爲縣令。父陳位，字我立，明選貢生，官廣西宜山知縣。祥士於清順治中選拔貢，官四川慶符知縣，以能聲著，請養歸里，事兩尊人盡孝，以耕讀爲業。年三十六遂喜方外游，於色空心佛之旨自證自悟。及至再度被征從軍，補工部營繕司主事，轉兵部武庫員外郎。五十後解組歸，不復出，遂重葺玉螺山之恒庵，修心静土，深佛海門。自號希聲和尚，衲衣僧帽，跨一驢，隨一童，涉昆華，登雞足，又眺岷峨離堆之勝，觀珠厓象浦之奇，歸里遂將所作詩輯爲一册，題曰《玉螺山集》，旋刻行於世。

本書爲重刻本。清道光二十四年（一八四四），祥士五世孫陳培於安徽宣城以《玉螺山説集》整理付梓。如其序中所言，該書之所以擬稱「説集」，「蓋如禪家之偈，不欲以詩名也」。而玉螺山者，其孫陳法云：「吾祖希聲先生隱居之所也。山形峆岈，繚曲而深，有螺之象。或曰，山罅吐泉，有螺乘之，色白形橢，厥

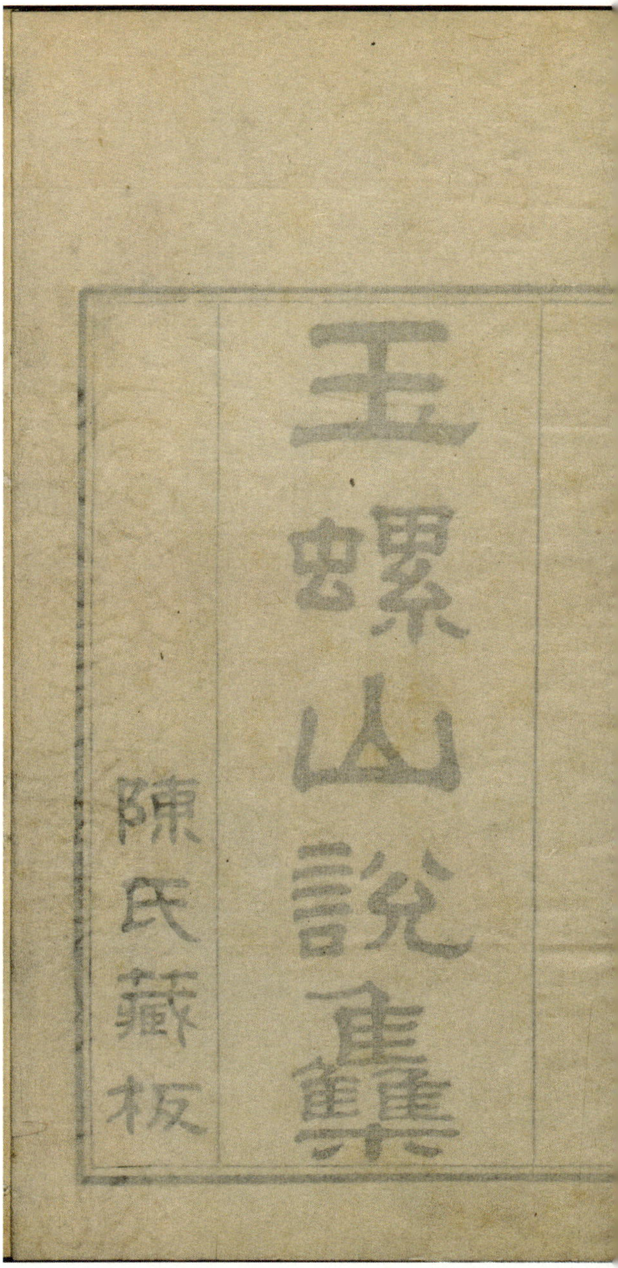

名肇稱」。全書五卷，以類編排：首卷爲五、七古，卷二爲五律，卷三爲七律，卷四爲五、七絶，末卷終以歌、詞。分二册裝訂。署「東溪大慈衲徹咏希聲著、同里佛放居士譚瑞霞莊及溪雲臺居士宋安全次梅選」。有譚瑞、趙燦垣、朱綱、禮申信、周雯、陳培等六人序，成都張翰華跋。該書之所以刊行，緣於陳培父陳若疇。自稱嘉慶二十三年（一八一八）「先君子令黄岡，從兄輩自安平來，因索禪師著述乃出是集於故紙中，零星散亂，令人抄録成册。久欲付梓未果」。若疇爲乾隆己未（一七七五）進士，官湖北遠安、黄岡知縣，後改教諭。時隔二十有年，陳培「承先父未竟之志」，「考定訛脱，校訂精審，授付梓」。

《玉螺山説集》流布不廣，但影響深遠。民國初年，宣城本亦難覓，陳氏族中雇人抄録一部存世。民國《平壩縣志·藝文志》著録《玉螺山詩集》二卷。民國二十年（一九三一）文通書局印本《黔南陳氏族譜》即以注明：《玉螺山詩集》原名《玉螺山説集》。論及該詩集，後世多有評價。或稱祥士之詩，辭韵清逸，境自幽深，語銜真趣，文綴哲思。同里至交譚瑞云：「蓋論詩如論禪。希公夙具妙悟，故於禪能參最上乘，自於詩不落第二義。」「欲使世人知公非僧其僧，乃儒其僧也。」今本每册首頁鈐印「紫江朱氏存素堂所藏圖書」，亦見《紫江朱氏存素堂所藏黔南文獻目録》，蓋原爲朱啟鈐所藏。

《黔詩紀略後編》録其詩一首，并記祥士著有《玉螺山詩鈔》，或有謂「稿本存貴州省博物館」者，詢之省博，未見此書。

今據國家圖書館藏道光二十四年（一八四四）宣城刻本影印。

（丁武光）

序

希聲和尚者平邑之鄉先生陳子賢裔也家本舊族生而穎慧長好讀書後以明經入仕授蜀慶符令以能聲著繼而請養歸里事兩尊人盡孝耕田供職之外無他慕焉年三十六遂喜方外遊於色空心佛之旨自證自悟了無疑義從此閉關靜坐斷飲除葷居然在家頭陀也嘗語予曰惟待高堂事盡兒女債畢即薙髮入山矣居無何公被徵從軍既佐理於冬官又分曹於司馬才優肆應隨其所任無不咄嗟克辦如是者數年解組而還公曰黃粱再夢矣滄桑再閱矣吾笑吾吾益笑吾矣

霞莊詩集

《霞莊詩集》四卷，清譚瑞撰。

譚瑞（一六四三—一七〇六）（志載不詳。以卷四癸未《六十初度》推算），字霞莊，貴州平壩槎頭堡人。康熙五年（一六六六）丙午科舉人，十二年（一六七三）揀選雲南華竹縣（今元謀縣）知縣，晋司馬（見道光《安平縣志》）。一説升曲靖知府（见民國《平壩縣志》）。譚氏爲安平名門世家，入黔始祖譚桂高於明洪武二十二年（一三八九）奉調征南平滇，留駐平壩衛東鄉，萬曆朝始，科甲遂興，仕宦屢傳。譚瑞父先召，崇禎十五年（一六四〇）貴州解元，官四川叙永知府，明清易代後拂衣歸里，多有善舉，入鄉賢。曾著有《平壩衛志》若干卷，惜已佚。子廷愷，字松園，由舉人官學正，著有《松園詩集》。譚瑞离官後寓居鄉里「砢園」，好交游。與白云庄陳氏三世姻戚：其姊適陳祥士；女嫁祥士子恭錫，生三子：法、浩、澄；子廷愷女則嫁陳法。故與陳氏有通家之好。

《霞莊詩集》刊於雍正十一年（一七三三），扉頁題「名家鑒定世德堂鐫版」。全書爲譚瑞一生所撰各體詩總彙，按不同時段所輯詩稿合集刊出：卷一收《峨雪齋集》二十首、《餘駿鳴》三十九首、《且卧集》九首，

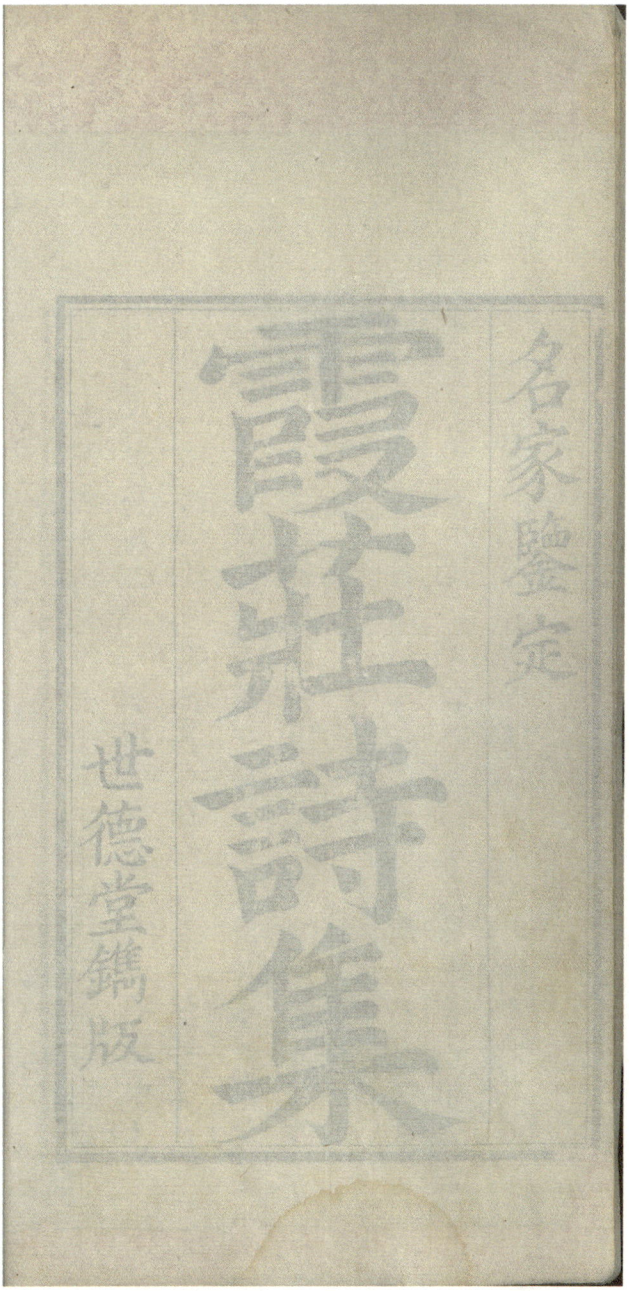

卷二收《華竹草》五十一首、《鹿峰詩》二十五首、《夔桐集》七十六首，卷三收《尋秋前集》八十二首、《尋秋後集》七十四首、《潕游草》四十七首、《平州游草》三十一首，卷四收《砢園集》二百五十二首。計七百六首。如其子廷愷《序》中所言：「先君子詩集，一生心血。」丙戌歲（一七〇六）染恙沉疴，病勢漸劇，「特呼愷以詩稿囑，蓋恐身後散落」，遂「輯諸稿成帙，珍藏篋中」。譚瑞逝後，廷愷求得曾先後出任貴州學政的孫勷、沈翼機、張大受爲本書贈序，并姻家王道、同里舉人王櫺序一并刊出。

德州孫勷评曰：「集中詩備各體，有目共睹，自無庸予之揚扢。獨是處士往矣，名園泉石，清峭獨存；一卷冰雪，風流未墜。」海昌沈翼機道：「稿中長短今古，各體俱佳，風流瀟灑之概、忠厚淳樸之致，咸具於詩。讀其詩，如見其人，乃益知孝廉之家學淵源，由來久矣。」嘉定張大受謂：「展而讀之，不惟寒暑來往，山川登臨暨草木禽魚之寄興，蓋其孝弟之性、姻戚朋友之誼，肫然紙墨間，下至奴婢勞逸生死，不能忘情，豈非古君子、長者之行見於言與。」王橒曰：「黔之先以詩名者，有周草亭、王訓、王無近、楊山子，近有王丹書、吴大身、宋次梅、周桐埜諸君子，或賡歌於廊廟，或寄傲於林泉。霞莊先生獨能掩映前後，使詩道中興，出處不同而同歸於大雅，余何幸而遇此寶物哉。」

《霞莊詩集》由雍正間世德堂鎸版刊出，爲本省罕有的清早期善本。然流布不廣，故《黔詩紀略》前、後編皆未著録。道光《安平縣志》僅見書名。民國《貴州通志・藝文志》作《霞莊集》，謂出自《安順府志》，誤。目之所及，未見別出，疑爲海内孤本。今本每册首頁有「吴興劉氏嘉業堂藏書印」（朱方）、「劉承幹字貞一號翰怡」（白方）二印，蓋經劉氏嘉業堂所藏（未見《嘉業堂藏書志》著録），後歸復旦大學圖書館。

今據復旦大學圖書館雍正間世德堂刊本影印。

（丁武光）

往予眎學黔中行部至安平山川鬱盤林壑幽及箐嵐峒翠間有葯房磵户竹樹臨流之勝士人云是爲處士譚公硐圜徘徊吟眺嚮往其人者久之今年處士之子廷愷孫鏕同舉於鄉七月以公車至京師手處士詩集謁予屬序予把卷循詠不啻如使黔之日從軺車中望明瑟之素業景高人之幽棲矣集中詩備各體有目共睹自無庸予之揚扢獨是處士往矣名園泉石清峭獨存一卷氷雪風流未墜祖父之詩卷長留皆子若孫之孝思不匱也爲書數語於集首以歸之康熙癸巳相月中浣德州孫勷譔

自遠集

《自遠集》二卷，清陳若疇撰。

陳若疇，字箕範，號聞之，乾隆甲寅（一七九四）科順天鄉試，己未（一七九九）進士，官湖北遠安、黄岡知縣，清廉勤慎。刊行《河干問答》《猶存集》，陳法著述得以廣泛流布。道光五年（一八二五）陳若疇、陳若藻兩兄弟捐置貴州會館新館，供貴州舉子赴京食宿之需。

民國《平壩縣志》記陳氏著有《聞之時文鈔》，今未見。僅見《自遠集》行世。《自遠集》爲試帖應制體，八十四首，「集生童日與講解，因成應制詩」，「以示岡邑諸生」，是爲科舉「試帖詩」所作範本。集中以「賦得」爲題，是古代詩詞創作方式之一，凡摘取古人成句爲題之詩，題首冠以「賦得」二字。或在指定、限定題目上加「賦得」二字。

乾隆二十二年（一七五七）朝廷功令試詩，試帖詩學勃興。試帖詩自唐以來，文人官僚學習，以備應制賡和之用。清代异於前代者，爲翰林官員仍有館課常試，故試帖，釋褐通籍後仍須不斷研練，通稱館閣體或院體詩，异於八股文之中式即弃。功令試詩，亦在朝野引發試帖詩選、蒙學詩法之編纂和刊刻，《自遠集》逢其時。《自

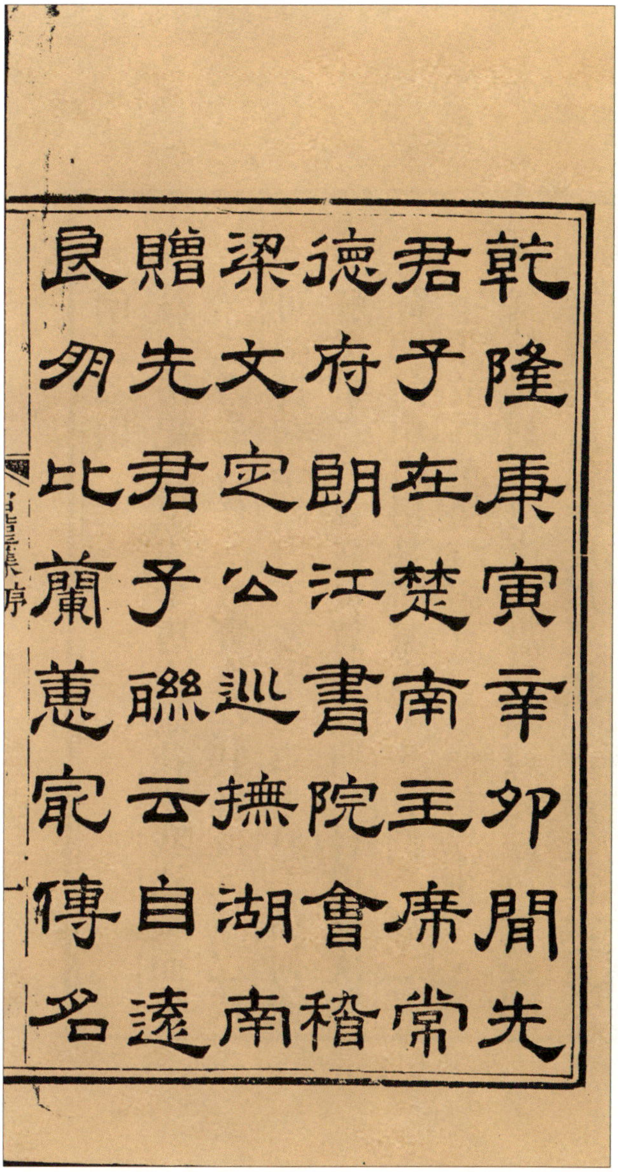

遠集》之刊刻還在於「茲集仿紀曉嵐先生《唐人試律說》《我法集》而作」，蓋因若疇未通籍前，設帳於紀文達公家，又與紀家爲姻親（《閱微草堂筆記·姑妄聽之》卷一第六則：「陳來章先生，余姻家也。」按：來章爲若疇父陳慶升字，故有此仿作。

試帖之修辭要求與一般詩體不同，紀昀《與陳梅詑編修書》曰：「試帖爲詩之支流，然非深於詩者，試帖必不工。猶之不能行、草，則楷字無生韵；不能寫意，則鈎勒皆俗格。」試帖詩作其體制之要在於扣題與結題，扣題決定章法，結題決定頌美或干求之意。其從辨體、審題、命意、布格、琢句、煉氣煉神之步驟中培養技巧與能力。《自遠集》所選詩作，爲「示初學」，「爲取便初學」掌握試帖功夫而作。其詩作中引經據典，亦見其博學。今本每册首頁鈐印「紫江朱氏存素堂所藏圖書」，亦見《紫江朱氏存素堂所藏黔南文獻目録》，蓋原爲朱啟鈐所藏。

今據國家圖書館藏清嘉慶二十一年（一八一六）刻本影印。

（冒平凡）

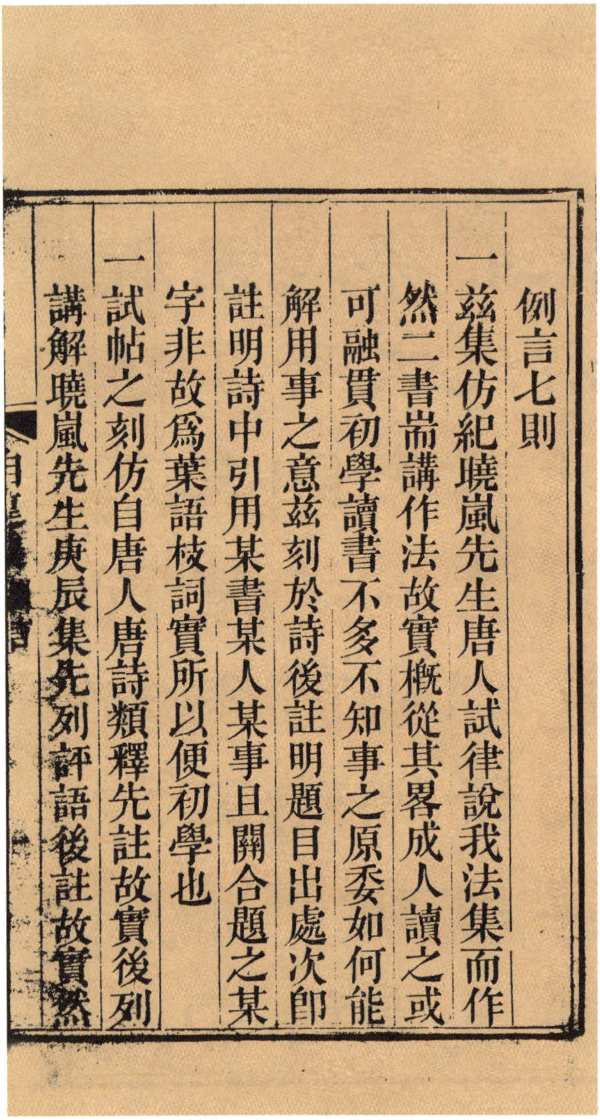
例言七則
一茲集仿紀曉嵐先生唐人試律說我法集而作然二書耑講作法故實概從其畧成人讀之或可融貫初學讀書不多不知事之原委如何能解用事之意茲刻於詩後註明題目出處次即註明詩中引用某書某人某事且闡合題之某字非故爲葉語枝詞實所以便初學也
一試帖之刻仿自唐人唐詩類釋先註故實後列講解曉嵐先生庚辰集先列評語後註故實然

玉芳亭詩集

《玉芳亭詩集》，不分卷，清陳淑秀撰。

陳淑秀（一七五四—一七八三），女，字昭陽，一字玉芳，清貴州安平（今平壩）人，清朝直隸兵備道陳法之第四女，工科給事中陳慶升之妹，諸生周承元之妻。善詩，著有《玉芳亭詩集》。現存《月季花》等十餘篇，收在《國朝閨閣詩鈔》。道光《正始集》稱淑秀「雅擅詩名，實爲黔中翹楚」。

陳淑秀的詩作，現存《擬古》《送春》《思鄉》《暮春》《看菊有感》《秋月》《降桃花》《淮陰道中》《落花》《月季花》《燈籠》《偶成》《采菱歌》等十餘首。

關於陳淑秀生平記載甚少，民國二十一年（一九三二）

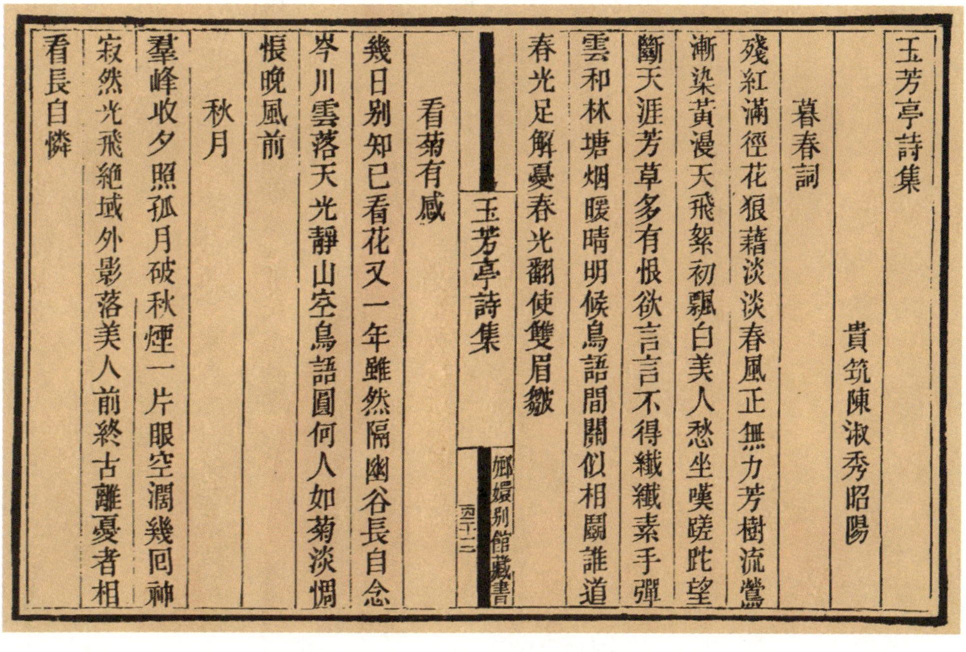
玉芳亭詩集

貴筑陳淑秀昭陽

暮春詞

殘紅滿徑花狼藉淡淡春風正無力芳樹流鶯漸染黃漫天飛絮初飄白美人愁坐嘆蹉跎望斷天涯芳草多有恨欲言言不得纖纖素手彈雲和林塘烟暖晴明候鳥語間關似相闘誰道春光足解憂春光翻使雙眉皺

玉芳亭詩集　四十二　嫏嬛別館藏書

看菊有感

幾日別知已看花又一年雖然隔幽谷長自念岑川雲落天光靜山空鳥語圓何人如菊淡惆悵晚風前

秋月

羣峰收夕照孤月破秋煙一片眼空濶幾回神寂然光飛絕域外影落美人前終古離憂者相看長自憐

五月二十一日《新黔日報》發表《介紹一位女詩人》一文，言：「這位詩人，清康熙時人，是貴州省安平的有名學者陳定齋先生之女，名淑秀，字昭陽，號玉芳，（中略）她的丈夫叫周承元，只知道是個秀才，是哪裏的人和作些什麽事都無從考據。」二〇〇四年陳德遠撰文《貴州清代第一個女詩人——陳淑秀身世小考》（《貴州文史叢刊》），依道光《安平縣志·選舉志》所載「周承元，嘉慶九年（一八〇四）歲貢」，認爲其或爲陳法孫女。今檢《擷芳集》作「陳氏遺詩」（參胡文楷《歷代婦女著作考》），有謝廷薰《陳氏遺詩序略》曰：「陳氏，貴州貴筑縣人，原任直隸兵備道陳公名法字定齋公季女，方八歲，定齋公課以小學五經，十三歲教以李杜韓蘇諸家詩。氏潛心力學，出筆清腴秀麗，風雅宜人，定齋公顧而色喜，因有『絮沾嬌女臨池筆，衣汙曾孫繞膝飴』之句」，又曰：「十九歲，於歸周公名儒之子承元，承元性靈聰敏，嗜好詩詞，其時所得師資者，杭公世駿，陶公愈隆，皆其父儒公同年也。」謝《序》所記周儒，龍里人，雍正年間舉人，曾任連州知州。謝氏爲定齋弟子，所記可信。

其詩散見在《黔詩紀略後編》卷二十九《國朝女士》和《平壩縣志·女系紀事·藝文》裏，多以春、花、秋、月爲題，或托物言情，或借景抒懷，語言宛轉，鋪陳細膩，充分反映出女性特有的深沉、含蓄的情思，表現其愁、恨、憂、嘆自己身世的傷感，頗存易安遺風。「黔陽翹楚」之名，陳淑秀當之無愧。

今據《國朝閨閣詩鈔》《國朝閨秀正始集》二書所録影印。

（徐丹）

厂石禪師語録

《厂石禪師語録》二卷，清性朗等編。

厂石（一六四三—一七一七），法名如聖，厂石乃其字，俗姓程，習安伍村人。爲貴州西部臨濟禪宗著名禪師。其妙悟禪機，修持謹嚴，聚徒説法，六坐道場（石霞、圓通、香山、玉真、雙柏、飛虹），創立、修復寺廟，爲安順飛虹寺中興之祖，弘教傳佛於一方。習安名士梅廷楨《厂石語録》序云：「上人幼習儒書，以童身皈依象教，洞悉内典，戒律精嚴。合郡緇流，奉其鈴鐸久矣。」可謂貴州佛教聖僧，備受推崇，聲名遠播。

厂石幼年體弱多病，父母寄名於圓通寺，厂石見佛即笑，衆人皆感其佛緣匪淺，遂出家爲僧。四歲披剃，弱冠游滇，與名僧參禪問答，印證禪機。佛學修爲與文學修養俱高，「平日上堂、示衆、山居、語揭并雜咏，言言透宗，讀者無不擊節嘆賞」（劉璺郁《厂石語録》序）。可見其佛學造詣深厚，聞者贊嘆欣賞。然其對隨口妙詞、揭詩揭語毫不在意，隨作隨弃，幸得門人私自記下，輯爲語録。語録對佛學教義、自然物象、世間塵事、孩童教化均有涉及。

厂石禪師刻苦參禪，佛性自如，崇尚本心，又惟其本分，淡泊自甘，不求聞達。劉璺郁序文贊厂石「是誠不求名而名反彰者，不獨彰於一時，而且傳諸後世者也」。厂石禪師語録展示其佛學品性之精華，垂教於後世禪學。

語録現有三種版本。一是民國《續修安順府志・安順志・人物志》收録《厂石禪師事略附語録》。事略述及厂石生平經歷、游學修行、參悟佛理；附録爲厂石禪師語録（嗣法門人性朗等編），目録爲卷首、源啓、凡例、説明、卷一、卷二。卷首附梅廷楨、劉壂郁、杜臻所作序。二是《黔靈叢書》之《續黔僧語録・厂石

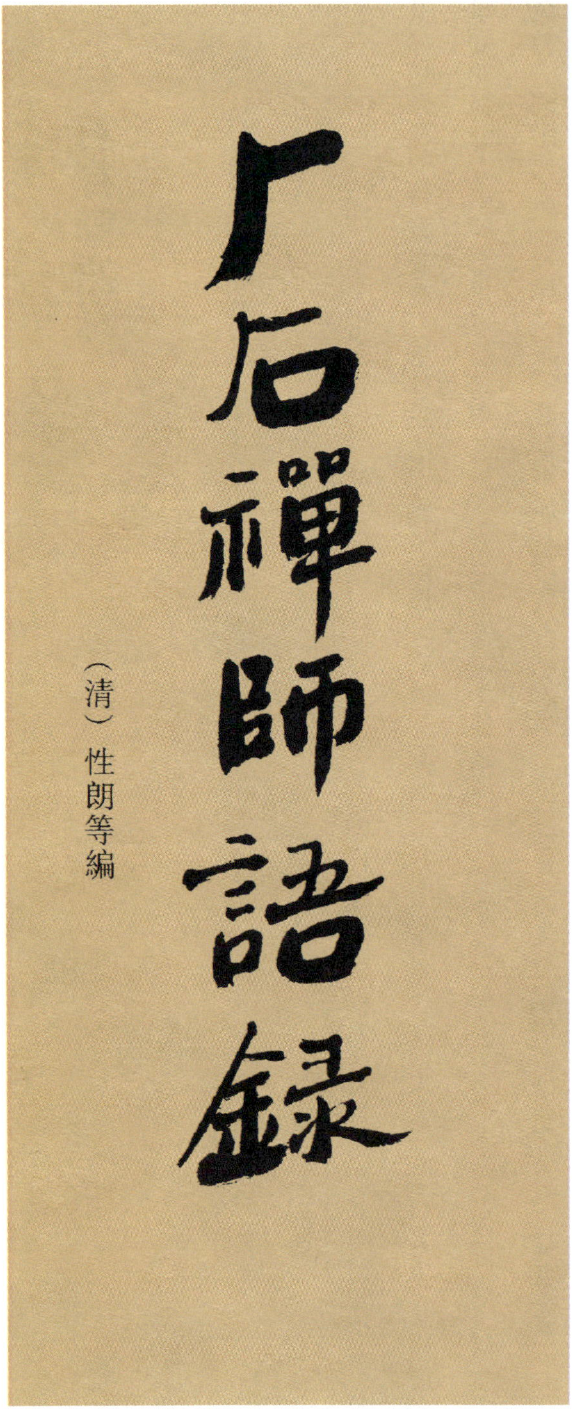

厂石禪師語録

嗣法門人性朗等編

卷首

序一

釋氏之入中國也，原以悟性命、了生死、斷塵緣爲最上乘；是以百八念珠，爲心猿之鐵鎖，而幢幡鐘磬，又以開憒而振聾也。佛教漸衰，溯流忘源，釋門多有口誦四十二章，胸熟五千四十八卷，而西來大意，未能效其分毫；甚且逐市利、染愛欲，六根五體，了無清净，此吾儒眉公先生所以有濟院之譏也！安郡石霞山厂石上人則不然。上人幼習儒書，以童身皈依象教，洞悉内典，戒律精嚴，合郡緇流，奉其鈴鐸久矣。年來以城市紛擾，倦於酬酢，别構精舍於石霞之顛。大溪前流，一山獨坐。雖渺小方丈之地，而位置井井，袈裟所布，可作八百里觀。上人日趺坐其中，鍵關禁足，默證潛思，空諸所有，拈花作偈，竪指揚眉，無非接物利生之機也。衆門人亦皆三年精研，梵行嚴持。東坡云：「溪聲便是廣長舌，山色無非清净身。」不是過也。昨出其語録示予，予雖門外漢，固不能悉其精微，然常涉獵名經，略參公案，頗窺大禪師語録》，性朗等編，樂光彦點校。目録爲前言、事略、卷首（序一、序二）、卷一、卷二、後記。前言爲樂光彦作，簡述厂石生平事迹、個性品格及刊印緣由；事略本於《續修安順府志輯稿》所輯之行實；卷首二序與《續修安順府志輯稿》二序相同；卷一、卷二與《續修安順府志輯稿》大致相同。後記指出一九八三年版《續修安順府志·安順志》中序三、源啓、凡例、説明均從《黔南會燈録》而來，「與厂石語録毫不關涉」，故「予以删除」。三是民国《續修安順府志輯稿·藝文志》（二〇一二年版）卷八收録《厂石聖禪師語録》（嗣法門人性朗等編），目次爲卷首、卷一、卷二。卷首附梅廷楨序、劉壂郁序，卷一有上堂、小參、示衆，卷二有機緣、頌古、法語、世揭、雜揭、碑序、分燈、法派、行實、自題像贊，文後附録《黔南會燈録》序、源啓、凡例、説明。該版本把《續修安順府志·安順志》之厂石事略放至卷二之行實，并認爲序三實爲《黔南會燈録》序，故將之與源啓、凡例、説明并爲文後附録。較之三種版本，二〇一二年《續修安順府志輯稿·藝文志》之《厂石禪師》爲最早，既保留厂石語録原貌，又有其他人述及其事迹、行狀之素材，亦可以此及彼，以窺其時禪宗佛法概况。

今據《續修安順府志訪稿·藝文志》所收抄本《厂石禪師語録》并《黔靈叢書》之《續黔僧語録·厂石禪師語録》影印。

（伍薇薇）

善一純禪師語録

《善一純禪師語録》三卷，《續録》一卷，善一如純禪師輯。

書中所載「行實」曰：師字善一，諱如純。黔習安張氏子，母陳氏。十七歲在法海寺禮靈光老宿披剃。閲兩載，遇本師權和尚。到寺一見器之，便示參「萬法歸一」話，依雲鷲山頂相和尚具足。參天台月峰和尚開示作工夫訣要，大有得力，奈緣不就。復上松歸參權，權專囑師於行務中體究。師愈自誓夜不用被，限一覺便起，於中省入多回，只是不得本參話頭破。一日擔柴稍暇，在殿後花臺上經行。次見蜂采菊花，忽如人將物築胸一下，不覺身心渾然。片時方蘇，通身汗下，從此發明個事。疾走白權，權即印證。日後師又忽自翻察此事，原來是不了之局。方見得古人道「大事已明，如喪考妣」之話不差也。由是自加鞭策，後得力、得意處又不記其回數也。權寂後，師復志外游。十載自浙回，挂笠天台。有法叔古源扣尚命師開法天龍，次遷松歸三載，復住天龍，輯《黔南會燈録》一部刊送入藏。

其書牌記爲「信女危門王氏（中略）同刻，海鹽陳子蘭書，楞嚴夏維寧，倪爾繩同鐫，康熙丁亥季夏穀旦，嘉興楞嚴寺般若堂藏板」，署「侍者學正録」，卷首收序，卷一收住天龍山普德禪寺語録、住松歸山普光禪寺語録，卷二收復住天龍山普德禪寺語録、小參，卷三收示衆、機緣、拈古、頌古、雜著、佛事、行實，續録收上堂、小參、示衆、機緣、拈古、頌古、雜著、佛事。

今據明《嘉興大藏經》所收及《黔靈叢書》之《續黔僧語録·善一純禪師語録》影印。

（梁袁源）

醉嗣破山明明嗣天童悟其源清流潔根大叢茂夫復何言易曰大車載有攸往此予所以深有望乎純公者故為之叙

禾州普明逸樵超嶼撰

善一純禪師語錄卷第一

侍者學正錄

住天龍山普德禪寺

山門萬仞壁立慎終如始八字打開不勞彈指

佛殿雲門要打丹霞便燒趙州絕間有他從上古錐錐是剿絕為人爭奈翻成愛憎純上座則不然若欲建化門庭何妨互相恭敬展具便拜

伽藍堂我無你不立你無我不成大家出隻手扶起破沙盆

據室斬釘截鐵盤根錯節直遏生蛇化龍不教避遁

成道

上堂拈帖云者箇便是天龍大衆九溪極越向不思議海中流出底一段與風將來流徧天下於中恐有未見未聞者煩誰那宜過拈法座云三世諸佛在此牽枝引蔓歷代祖師在此揚沙撒土新長老到來凝合徹底掀翻不留朕跡免使貽驢趁隊怎奈值便將宜只得將錯就錯遂陞拈香云此瓣香端為祝延聖壽萬歲萬歲萬萬歲此瓣香奉為諸上殿下臣統千秋并本省文武尊官高增祿位此瓣香自松歸花擘之後復經百城煙水徧歷諸方受盡侮辱喫盡艱辛今日歸來深棲寄迹詎意法叔古源和尚不容推脫乎將天龍半座勉逼人天衆前無可廻避此是第一回拈出爇向爐中端申供養松歸堂上傳臨濟正宗三十四世上善下椎先師老和尚用酬法乳之恩歛衣敷座維那白椎竟乃云若論觀第一義諦早是虛空裏掘洞好肉上剜瘡欺謾赤子誑惑閭閻自古自今名不得狀不得且道一是甚麼觀是何物所以純上座終不為人眼裏添釘直得風行草偃水到渠成把斷要津不通凡聖千差坐斷有無不立直下令人人頭頂青天個個腳踏實地無向無背無欠無餘

到者裏三搭不回底由是自頁換着便轉又是平地喫交正恁麼時還知天龍為人落處麼良久曰四海浪平龍睡穩九天雲淨鶴飛高後舉三聖道我逢人則出出則不為人興化道我逢人則不出出則便為人師云二大老各喧宇宙道重古今因甚麼一個藏頭露尾一個露尾藏頭引得後代兒孫個個錯認打死據今論量好各與三十拄杖何故天龍門下令不虛行

上堂世尊住世為一大事因緣也似小兒患天弔達磨西來直指人心見性成佛猶將丹紫畫迷城所以惹得狸奴白牯抱屈生瞋露柱燈籠含冤冷笑且道他笑個甚麼人人手持足運個個鼻直眼橫穿時著衣饑時喫飯折旋俯仰運用施為一一天真一一明妙更說甚麼三七思惟久默斯要咄千峰勢到嶽邊止萬派聲歸海上消

臘八日上堂僧問霜寒露冷月白風清正當是時釋迦成道即不問明星現處作麼生師云有眼皆見進云見後如何師云打失鼻孔進云謝師答話師云也是承虛接響乃云霜寒露冷月白風清正當是時雪山午夜一天星盡大地衆生同見同明同證如來消甚德稍更[illegible]甚麼妄想執着所以不能證得釋迦老子無端特地[illegible]分證陷平人脫賺後代兒孫個個錯認定盤星喝一喝下座

上堂打柳出坡打板過堂會則神通妙用不會則業識忙忙咄切莫壓良為賤卓拄杖一下云鳧脛短兮鶴脛長

叙事上堂世尊住世五時說法近來諸方三日一小參五日一陞座天龍這裏則不然半月半月一上堂既佛法本來不二因甚却有兩般主張且道分別在甚麼處良久云多虛不如少實

黔南會燈録

《黔南會燈録》八卷，《續録》一卷，清善一如純禪師輯。

史稱善一如純禪師「本郡（貴州習安，今安順）張氏子，母陳氏，在法海寺，扎靈光老宿披剃，依頂相和尚具足。參善權和尚印證。復志追赫，自浙歸里，住天龍山。次遷松歸，復住天龍」。

是書緣起，據純禪師在「源啓」中所述：予行脚東南，經諸大刹，每於休夏之際，批閱傳燈。見古今尊宿名目，多在江浙諸省。唯黔中未見片言點墨，不禁掩卷而嘆曰：「聖賢不擇地而生，佛法遍一切處，何吾黔中之獨無也？是人以地囿

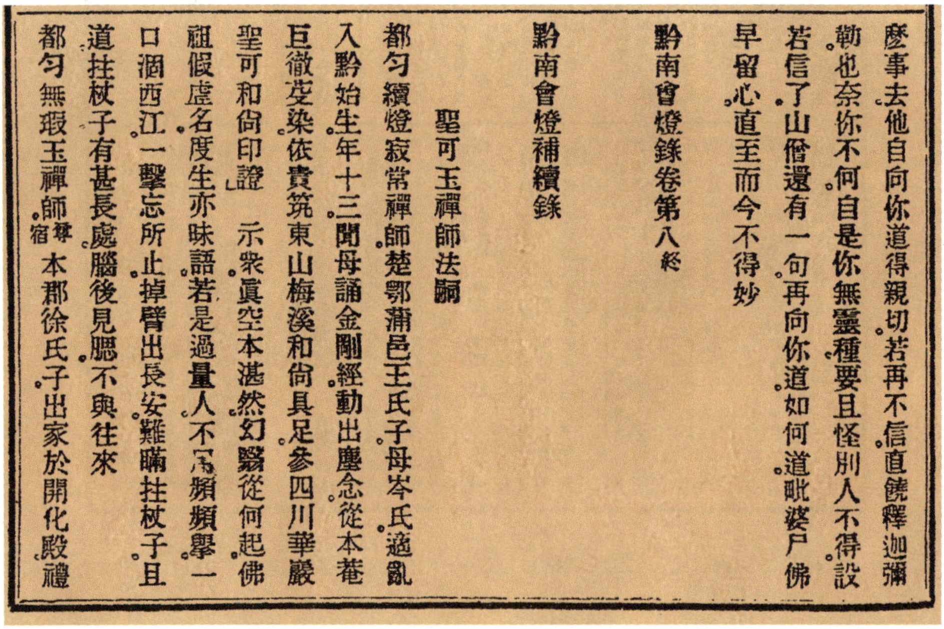
麼事去他自向你道得親切若再不信直饒釋迦彌
勒也奈你不何自是你無靈種要且怪別人不得設
若信了山僧還有一句再向你道如何道毗婆尸佛
早留心直至而今不得妙

黔南會燈錄卷第八終

黔南會燈補續錄

聖可玉禪師法嗣

都勻續燈寂常禪師楚鄂蒲邑王氏子母岑氏適亂
入黔始生年十三聞母誦金剛經動出塵念從本菴
巨徹芟染依貴筑東山梅溪和尚具足參四川華嚴
聖可和尚印證　示衆真空本湛然幻翳從何起佛
祖假虛名度生亦昧語若是過量人不爲頻頻學一
口涸西江一擊忘所止掉臂出長安難瞞拄杖子且
道拄杖子有甚長處腦後見腮不與往來
都勻無瑕玉禪師尊宿本郡徐氏子出家於開化殿禮

耶？抑佛法有遍耶？」其抱此念，不憚寒暑，躬歷諸郡，費十數年心力，彙收黔地各家語録，綴以己見，編輯成書，名曰《黔南會燈録》。

是書共八卷，卷首載序文、源啓、凡例。餘下各卷收入黔南禪僧之傳承，有部分禪僧則於名下另載籍貫、姓氏、出家及悟道因緣等内容，相當於簡略的僧傳。其後乃是各僧語録。是書編撰體例，與中原傳統略有不同，純禪師在「凡例」中自述道：「撰集規式，古例止收上堂、小參、示衆、機緣、拈頌、法語等類，其雜著、空名不載。惟黔地遠人稀，弗能效例，凡在苦心力行之内，無論有録無録雜著，一概并收，庶存名以備後考。非敢奉情濫贅。」可見因黔地僧人稀少，故不得不將雜著甚至空名都收入，

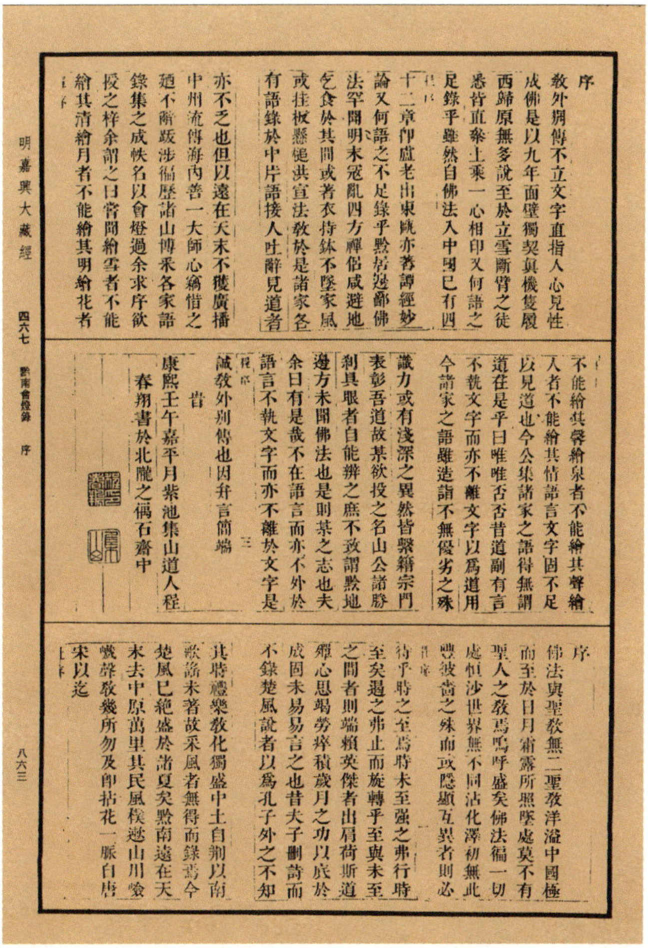
序
教外别傳不立文字直指人心見性成佛是以九年面壁獨契真機隻履西歸原無多説至於立雪斷臂之徒悉皆直黍上乘一心相印又何語之足録乎雖然自佛法入中國已有四十二章仰處老出東既亦著譚經妙論又何語之不足録乎黔居遐鄙佛法罕聞明末寇亂四方禪侣咸避地乞食於其間或著衣持鉢不墜家風或挂板懸椎洪宣法教於是諸家各有語録於中片語接人吐辭見道者亦不乏也但以遠在天末不獲廣播中州流傳海内普一大師心竊惜之迺不辭跋涉徧歷諸山博采各家語録集之成帙名以會燈過余求序欲授之梓余謂之曰嘗聞繪雪者不能繪其清繪月者不能繪其明繪花者不能繪其馨繪泉者不能繪其聲繪人者不能繪其情語言文字固不足以見道也今公集諸家之語得無謂道在是乎曰唯唯否否昔道副有言不執文字而亦不離文字以爲道用今諸家之語雖造詣不無優劣之殊識力或有淺深之異然皆槃籍宗門表彰吾道故某欲授之名山公諸黔刹具眼者自能辨之庶不致謂黔地邊方未聞佛法也是則某之志也夫余曰有是哉不在語言而亦不外於語言不執文字而亦不離於文字是誠教外别傳也因弁言簡端

昔康熙壬午嘉平月紫池集山道人程春翔書於北隴之徧石齋中

序
佛法與聖教無二聖教洋溢中國極而至於日月霜露所照墜處莫不有聖人之教焉嗚呼盛矣佛法徧一切處恒沙世界無不同沾化澤初無此豐彼嗇之殊而或隱顯互異者則必待乎時之至焉時未至强之弗行時至矣遏之弗止而旋轉乎至與未至之間者則端賴英傑者出肩荷斯道殫心思竭勞瘁積歲月之功以底於成固未易易言之也昔夫子删詩而不録楚風説者以爲孔子外之不知其時禮樂教化獨盛中土自荆以南歌謡未著故采風者無得而録焉今楚風已絶盛於諸夏矣黔南遠在天末去中原萬里其民風樸遬山川嶮巇辟教幾所勿及即拈花一脈自唐宋以迄

明嘉興大藏經　四六七　黔南會燈録　序　八六三

方能成書。以收録明清川、黔、滇等禪家語録爲特色，爲研究西南地區佛教文化之重要典籍。卷首有清康熙四十一年（一七〇二）十二月程春翔序、翌年八月杜臻序及自序、凡例、目録。卷尾續補編者機緣、語要，追補破山海明之法孫續燈寂常、無瑕性玉及壁林門之法嗣竺崖心性，爲後人補録。本書所録，以臨濟宗天童圓悟之法嗣破山海明之法系最多，臨濟宗漢月法藏法系、曹洞宗雲門法系及不詳法系者若干名。以上諸家以四川人居多，亦兼及雲南及其他地方之人士，共一百一十六位禪師。

是書僧傳，載有僧人籍貫，可供學者研究佛教地理之用。除穎秀悟、聖符越禪師籍貫無考，無涯太、衡岳規爲楚籍，福圓滿爲南直隸籍外，餘者皆爲蜀人。又有出家、披剃圓具、行脚參方、悟道等因緣，可以概見當時僧人生活。

是書收入明《嘉興大藏經》及《續藏經》第一輯第二編。

今據明《嘉興大藏經》及《續藏經》所收二本影印。

（梁袁源）

貴陽高峰了塵和尚事迹

《貴陽高峰了塵和尚事迹》十卷，持覺等輯。

了塵和尚（一八五一—一九一四），俗姓張，法號園洲，字了塵。貴陽金華翁井人，少孤，入里塾。穎悟异常童，尤好佛家言。年十五，母將爲議婚，師曰：非吾志也。遂禮碧峰披剃。入蜀，在合江法王寺參果山法師受具足戒，承臨濟正宗。其後雲游江南，廣參博習。在金陵時，與老宿楊仁山居士契，遍閱大藏，演討佛學，德業精進。光緒元年（一八七五），歸貴陽。初，辟地築茅於北郊六廣關，從事農禪，而皈依者衆。行願説法，深得邦人信仰；繼則開法於東

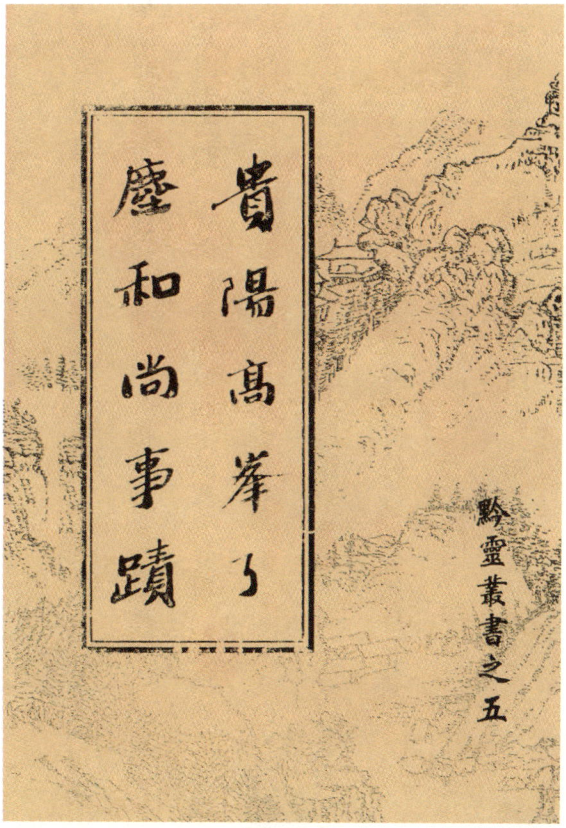

郊九華宫，傳戒説佛，信衆雲集。

咸同年間，平壩知縣趙文煒誠邀主持平壩高峰山萬華寺。高峰山萬華寺地處滇黔要道，原係西南佛學弘法道場，始建於元末明初。了塵住持高峰山萬華寺，多方策劃捐助而中興。再建高峰寺山門、接引殿、金剛樓、大雄寶殿、法堂、玉佛閣、韋馱殿、靈官堂、半山亭及兩厢僧房，共四十六間；寺内供奉佛像四十餘尊；終得廟貌焕然，勝地重興，上人成爲中興第一代。功德深爲平壩、安順萬衆敬仰。光緒十五年（一八八九）、十六年（一八九〇），貴陽大旱，饑民無數。鄉紳設粥廠以賑灾民，衆推上人董理其事，上人經理有方，活人無算，公正嚴明，衆皆欽服。宣統元年（一九〇九），與空月親赴南京，重金取回日本版《大正藏經》一部，藏於高峰寺，係鎮寺之寶。

民國初年，任貴州佛教總會會長，著述頗富，有《了塵語録》十卷，《俗語對韵》一卷。民國三年（一九一四），上人圓寂於貴陽九華宫，世壽六十有四。弟子奉靈骨於平壩高峰山萬華禪寺。在四十九年的學佛弘法生涯中，了塵著述頗豐，他獨特卓絶的宗教體驗和智慧藉此彰顯。弟子持覺、正西、正超等整理其歿後遺著，彙輯爲《貴陽高峰了塵和尚事迹》十卷，每卷一册，其第六、九兩卷又分上、下册，總十二册（今存十一册），民國五年（一九一六）由貴陽文通書局代爲刊行，惜第一册發排時被人携出，竟無法追回，殊令學人扼腕。全書分贊佛、贊法、闡法、勸戒、禽言勸戒、幻戲（憤激詩、山居詩）等類，審其内容，主要爲説法偈句，詩詞韵文，兼有少量論説雜文，故民國《貴州通志·藝文志》「子部釋家類」，同書《人物志》方外本傳，以及聶樹楷《聱園文剩·了塵大師傳略》均作《了塵語録》十卷入録。其餘著作可考者，尚有《俗語對韵》《博古心傳》兩書。前者仿《笠翁對韵》之例，分類記載貴陽方言，爲吾黔莫友芝《聲韵考略》《韵學源流》，以及傅壽彤《古音類表》之後，又一重要地方韵學著作，足以與姚華《書適·黔語》媲美，頗有民俗學價值。惜未能刊行，鈔本大都殘缺。後者述佛教經、律、論三藏，解説秘義，文字之外，另輔以圖。圖文并茂，相互闡釋。有民國六年（一九一七）文通書局鉛印本，合裝一册。

今據民國六年（一九一七）文通書局鉛印本與黔靈叢書之五《貴陽高峰了塵和尚事迹》影印。

（姚曉英）

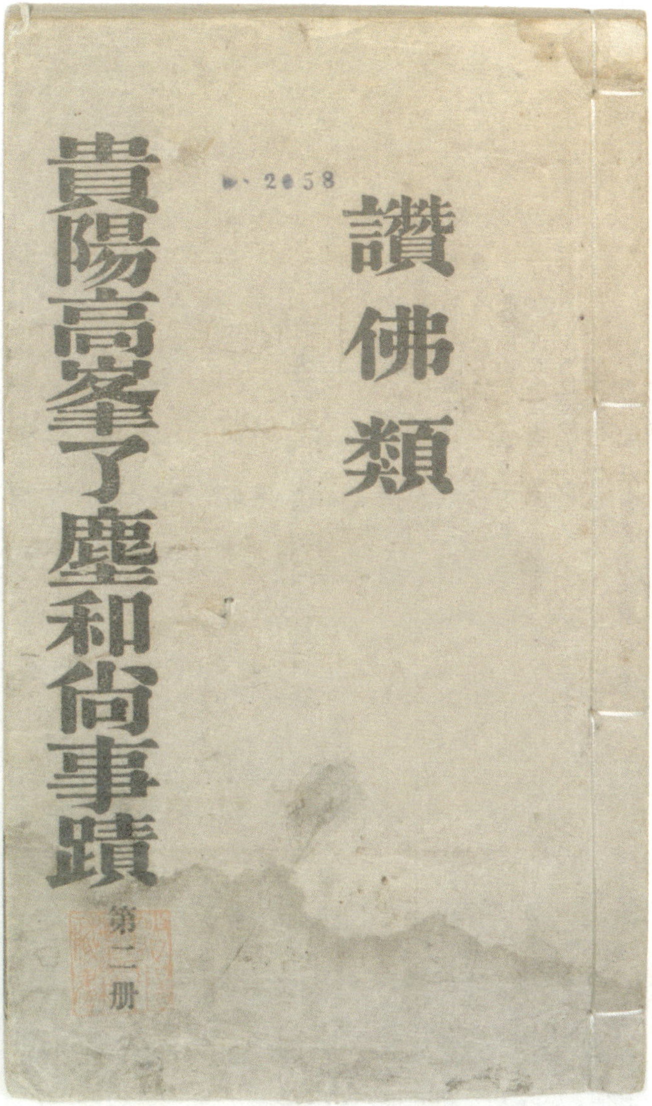

貴陽高峰山了塵和尚事蹟目録

學鈎詩集

《學鈎詩集》，或稱《學鈎集》，潘珍撰。

潘珍（生卒年不詳），原名軫，字席待，一字殿衡，號璞岩，晚號平山，清鎮麥項（亦作「巷」）人。舉康熙二十六年（一六八七）丁卯科副榜，官湄潭、施秉教諭，遷清浪衛教授。工書法，傅汝懷謂其字真樸淡遠，深得韋柳之神，與滇南周於禮齊名；善爲詩，著有《學鈎詩集》《璞岩集》。

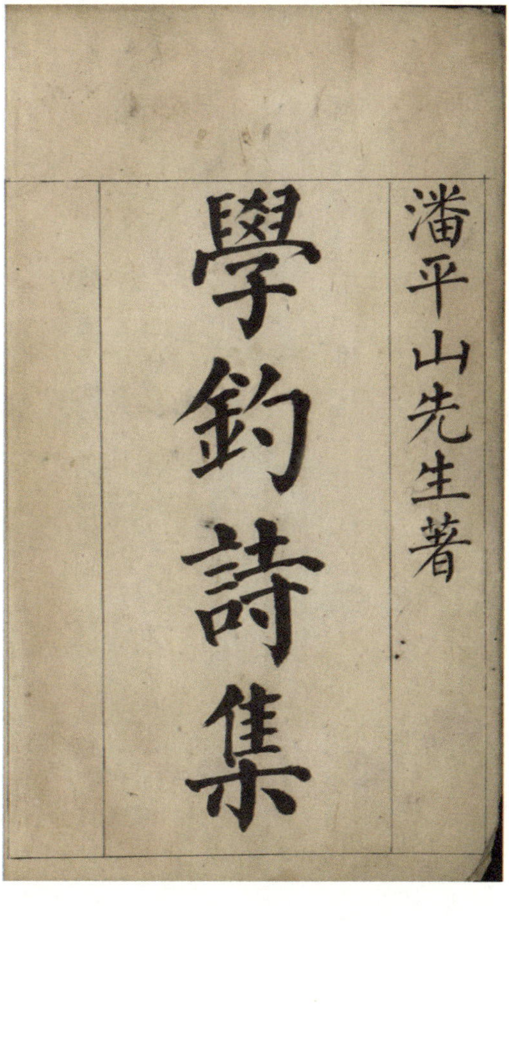

黔中潘氏爲世家，本爲江浙望族，明代移民入黔，而分貴陽曹官潘氏與清鎮麥項潘氏，兩支一祖同宗，

皆以詩世其家，并稱「二潘」。珍與曹官潘氏三世詩人潘德徵同輩。道光二十三年（一八四三），曹官潘氏九世詩人潘元煒檢校潘氏《八世詩集》，將潘珍《學釣集》，與其子元亮公《橡林草》，其曾孫笠山公《笠山集》、厚田公《海岳游草》彙總，遂成潘氏兩支的詩合集《潘氏八世詩集》。

據《續修四庫提要》著録，《學釣集》附《璞岩集》，原有光緒初家刻本，「是二集輯詩凡數百首，皆珍所自選訂，而由其後人付梓者。其詩雖稍嫌粗疏，而無堆砌之病，率自天然，不務雕劘，故別饒風致」。《清人詩文集總目提要》又據以著録，惜此刻本今不知所踪。考之傅汝懷《序》，傅玉書《黔風鳴盛録》搜集珍詩，僅得七律二首；逮玉書子汝懷繼先志，求得珍此二遺集，約千餘首，從中選録七十餘篇入《黔風演》，珍之詩始爲世所知。今所見清刻四卷本《黔風演》（貴州省圖書館、貴州省博物館藏）皆不載珍詩，則或有別本。現存《學釣詩集》有貴州省圖書館藏原金沙潘氏家藏《潘氏八世詩集》本和國家圖書館藏《黔陽潘氏七世詩》本，皆爲抄本。八世本卷首有傅汝懷《序》及潘元煒《潘平山先生傳略》，存各體詩一百四十餘首，然自《舟中絶句》以下四十三首實爲其子潘淳詩所誤入者；六世本存詩二十餘首，近三分之一不見於八世本。

今據《潘氏八世詩集》本所收補配七世本影印。

（孫家愉）

學釣集

貴陽潘　珍璞巖著

族弟孫元煒校録

五言古

潾陽署學篆一載藉寓西齋頗覺自適偶爾寄興五首

有客寓屏山所業治經史西齋幽徑深兩行羅桃李起眼天地寬官閒心應喜風清月朗時長吟情不已

頻年苦行役門逕任荒蕪田舍羞不治分身作庖夫要能從所好樂事何處無琴書愜幽獨率性安其愚

橡林遺草

《橡林遺草》，或稱《橡林詩集》，潘淳撰。

潘淳（一六七七—一七四九），字元亮，一字潛谷，號南垞，貴州清鎮人，潘珍子，與曹官潘氏之潘奕、潘快同輩。康熙五十年（一七一一）以平遠籍舉於鄉，遂爲平遠人。康熙五十四年（一七一五）進士，改庶吉士，授檢討，世稱潘太史。著有《橡林遺草》《春明草》等集。

世居清鎮的潘氏，世稱「麥項潘氏」，這一族由江南遷來，從明代潘鸞起，至清代嘉慶潘憲武、潘恂止，八世均有詩集。其中成就最顯著的是潘淳。道光年間，潘元煒輯同族三世詩集：《學鈞集》（一世潘珍，字席待），《橡林遺草》（二世潘淳，字元亮），《笠山詩集》（三世潘憲武，字立山），《海岳詩草》（三世潘恂，字厚田），合編爲《潘氏詩集》。《清史稿·文苑列傳》載，學士陳一吾以古文自豪，淳以詩與之相頡頏，輦下因有「潘詩陳筆」之譽。後以言罷歸，客死東萊宮爾勸滇南官邸。淳與平溪田榕爲同歲生，談笑最契，《碧山堂詩鈔》中多存二人唱和問答之作，所謂「一官同濩落，兩鬢各風霜。賴有相尋夢，論詩共草堂」是也。田榕謂：淳「以郭景純俊上之才，挾劉越石清剛之氣，夙夕稱詩，又專主少陵，力追所謂沉鬱而頓挫者。故其所作，悉自胸次蟠屈而出，格高調遒，有奇氣而不戾於正聲。以視時流，摹聲雕字以爲工，駢花儷葉以爲麗，甚或横騖别驅，及聱牙佶吻、自詡博且奥者，皆其所不屑也。先生詩作必有爲，不肯苟，雖作亦不欲存稿，存者亦不欲輕出示人，故其詩流傳絶少。」其詩英挺遒逸，聲采高華，意氣軒昂，多骯髒抑塞之意，與田榕有异曲同工之妙。傅玉書謂：「周漁璜、潘元亮、田南村三家，大抵皆源於顔、謝，偏而不全，且風格在唐初、中之間而未躋於盛。」道光《大定府志》言：「貴、大之間稱詩者，周起渭之後，以淳爲最。」傅玉書、傅汝懷編《黔風》諸集，多選録潘淳詩。

《橡林詩集》有三種版本：

一，六卷本（刻本）。道光《貴陽府志・藝文略》、民國《貴州通志・藝文志》據《黔詩紀略後編》所著録的六卷本，卷前有田榕、宫爾勸、吴直序。田榕《序》言：「今先生嗣君鐸猶子鑒，搜之篋衍，訪之一二友人所傳鈔，共得詩若干首，厘爲四卷。」據《黔南叢書》第十集，此爲木刻

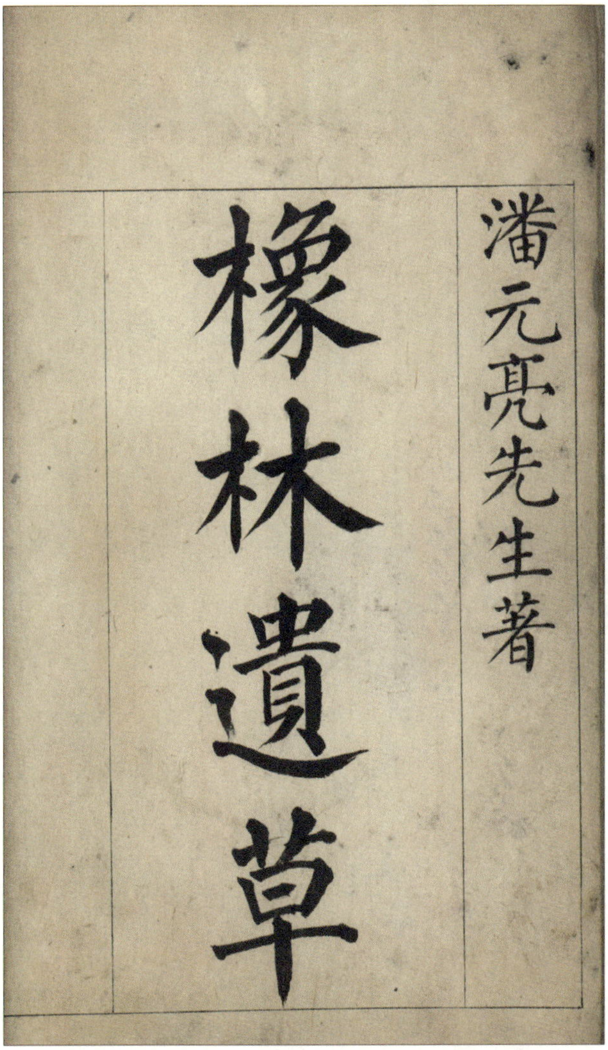

本。二，六卷本（稿本）。《續修四庫提要》《清人詩文集總目提要》卷十九所載四卷本。《續修四庫提要》謂：「此集乃其子鐸等輯，前有田榮（榕）序，乾隆間刻。」是其猶見此刻本也。三，不分卷的抄本，即貴州省圖書館藏原金沙潘氏家藏《潘氏八世詩集》本和國家圖書館藏《黔陽潘氏七世詩》本是也。八世本存詩近三百首，於現存黔中潘氏諸詩集中存詩最多；七世本存詩不過四十餘首，然十之六七不見於八世本。

今據《潘氏八世詩集》本所收補配七世本影印，附以《全黔詩萃》與《黔詩紀略後編》所收相對照。

（孫家愉）

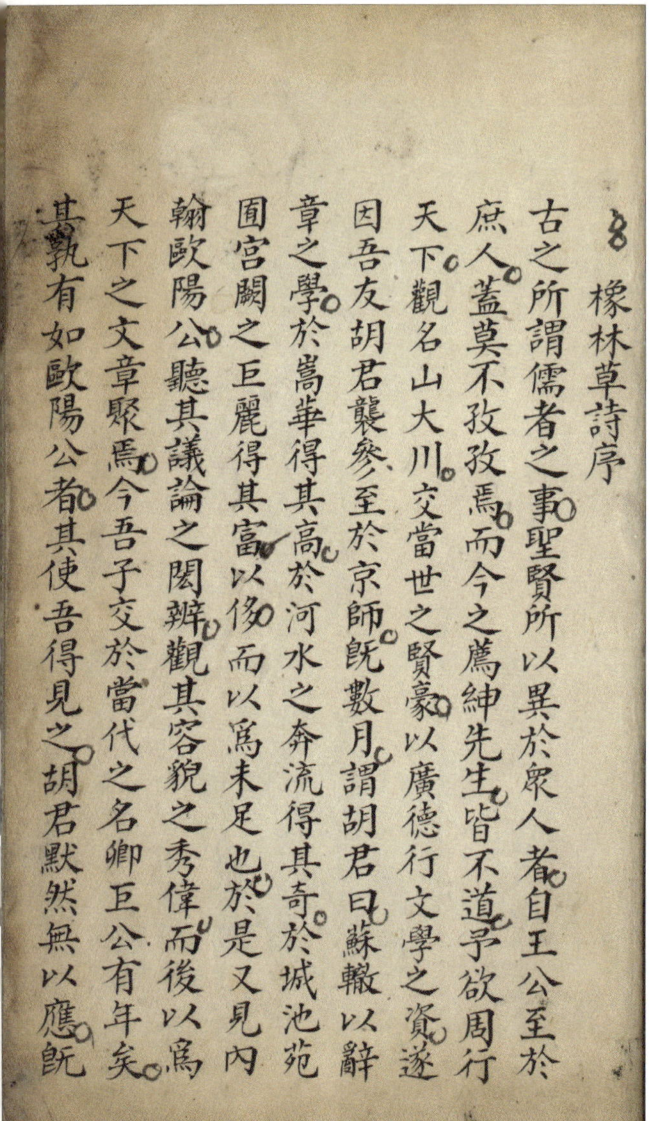
橡林草詩序

古之所謂儒者之事聖賢所以異於衆人者自王公至於庶人蓋莫不孜孜焉而今之薦紳先生皆不道予欲周行天下觀名山大川交當世之賢豪以廣德行文學之資遂因吾友胡君襲參至於京師既數月謂胡君曰蘇轍以辭章之學於嵩華得其高於河水之奔流得其奇於城池苑囿宮闕之巨麗得其富以侈而以爲未足也於是又見內翰歐陽公聽其議論之閎辯觀其容貌之秀偉而後以爲天下之文章聚焉今吾子交於當代之名卿巨公有年矣其孰有如歐陽公者其使吾得見之胡君默然無以應既

笠山詩集

《笠山詩集》，或稱《笠山詩稿》《笠山集》，一卷，潘憲武撰。

潘憲武（生卒年不詳），字笠山。笠山生而聰穎，勤治經史，善古文辭，能詩。乾隆四十四年（一七八〇）舉進士。曾任湖北施南、咸豐知縣，所在能勤政愛民。致仕還家後，嘗講學於貴陽文昌宫，又到大定主持萬松書院。著有《笠山詩集》若干卷，後散佚。《潘氏八世集》中所收的詩，是郭心齋在笠山的門人處獲得的一卷殘本，經傅確園訂正後鈔存，僅有詩十四首，仍用原集名。這十幾首詩所寫的題材，多是生活瑣事，如《游西山寺》《登瓊州古樓》《舟次黔陽》等，有幽閑清淡氣象。

《續修四庫提要》據貴陽潘氏藏抄本著録，謂：「其詩温厚敦實，無疾言，所作初頗不自收拾，散佚甚多，兹所存者，僅其殘餘。吟稿益復稍加裁芟，故篇什極少，然萃聚精華，汰剔糟粕，正足見其構集謹嚴，不沾沾以巨制博才富之名也。」今此抄本不明去向，現存貴州省圖書館藏原金沙潘氏家藏《潘氏八世詩集》本和國家圖書館藏《黔陽潘氏七世詩》本。八世本存詩不過十餘首；七世本存詩亦僅五首，然猶可補八世本之殘。

今據《潘氏八世詩集》本所收補配七世本影印。

（孫家愉）

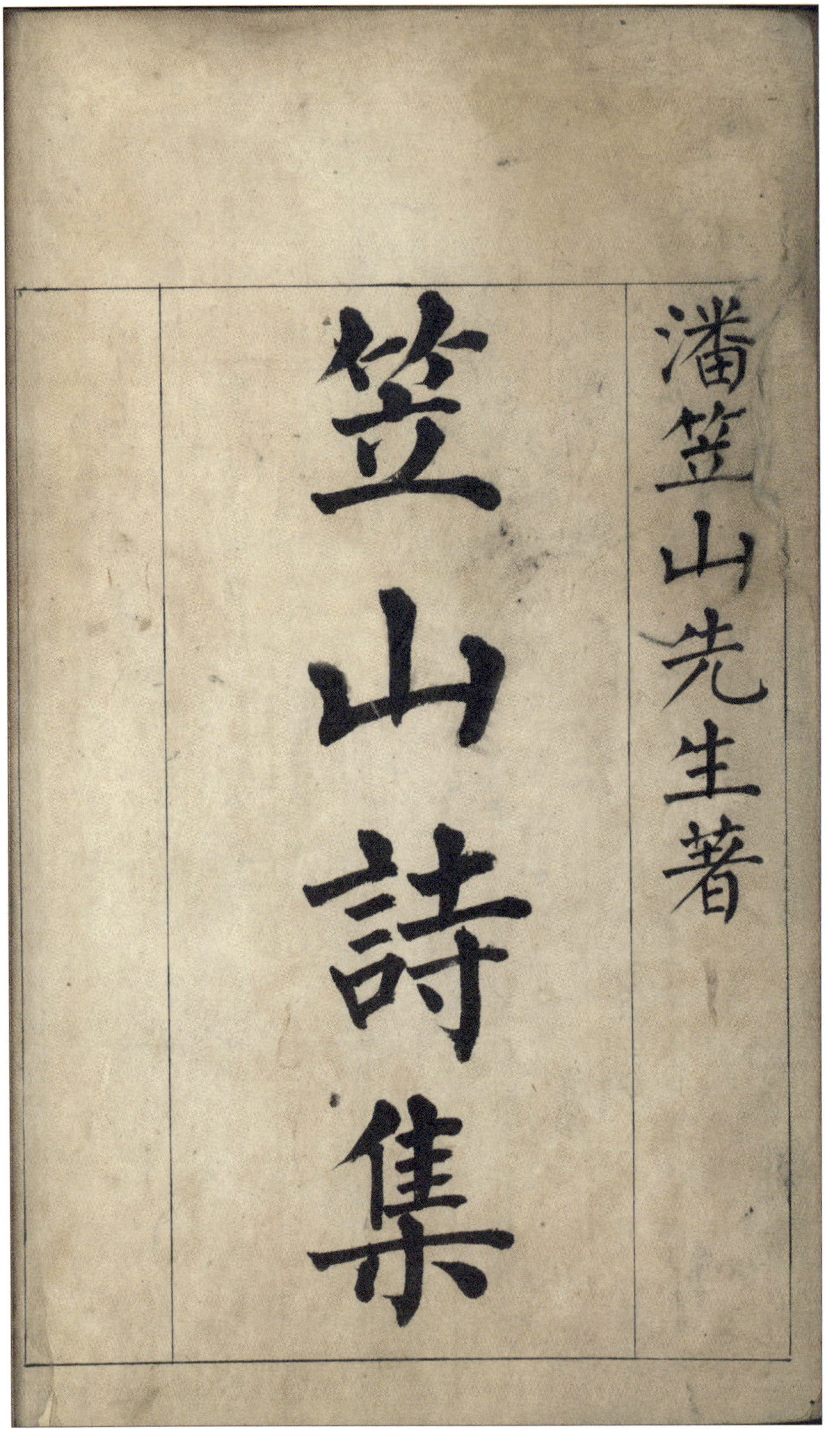
潘笠山先生著

笠山詩集

笠山集

貴筑潘憲武笠山著　　族曾孫元煒校錄

五言古

雨夜

秋雨何緜緜。凉風助蕭瑟。四壁蛩螿聲。亦若共凄切。幽人夜不寐。愁思祗自結。欲遣嗟莫由。悠悠向誰說。短檠光可篝。清尊味且冽。獨藉望古心。醉歌恍相接。

尤節女詩

有生苦多欲。聖主因以漓。靡靡遂成風。力挽將何施。試觀

海岳游草

《海岳游草》一卷，潘恂撰。

潘恂（生卒年不詳），字厚田，潘珍曾孫，與潘憲武同世，貴州清鎮人。登乾隆丙午（一七八六）賢書，選福建沙縣知縣，著有《海岳游草詩文集》。道光《貴陽府志·藝文略》著録爲一卷。潘元煒《厚田先生詩小序》説：「先生諱恂，字厚田。平山先生之曾孫也。祖諱洪，雍正庚子舉人。父諱鑒，清鎮縣學生。先生登乾隆丙午賢書，選福建沙縣知縣。著有《海岳游草》，因毁於火，存者絶少。今僅於先生友人蔡佩周處獲七律一首，載入集中，餘俟補録。子任常、任乾。任常庠生。平山公之裔，惟先生能繼書香云。」

現存貴州省圖書館藏原金沙潘氏家藏《潘氏八世詩集》本和國家圖書館藏《黔陽潘氏七世詩》本。今此兩本皆僅存七律《蔡君佩周過署作此留之》一首，吉光片羽，彌足珍貴。

今據《潘氏八世詩集》本所收補配七世本影印。

（孫家愉）

海岳遊草

[illegible]先生著

。潘厚田先生傳畧

先生諱恂、字厚田、平山公之曾孫也。祖諱洪、雍正庚子舉（按：雍正元庚子年康熙五十九年乃庚子，疑雍正是康熙之誤）人、父諱鑑、清鎮縣學庠生、先生登乾隆丙午賢書。選福建沙縣知縣、生平著有海岳遊草詩文集、因燬於火、存者絶少。今僅於先生門人處。獲七律一首。載入集中。餘俟查出補録。子汝洙、庠生、平山公之裔。惟先生子能繼書香云。

族曾孫元煒謹識

黔中二子詩

《黔中二子詩》一卷，又名《黔中兩孝廉詩合編》，清戴粟珍、史勝書撰。

戴粟珍，字禾莊，貴州清鎮人，以貴筑學籍中道光十九年（一八三九）己亥舉人，與史勝書學詩黔西知州吳蘭雪之門，時有「二妙」「二俊」之譽。《黔中二子詩》，今存戴著《對床聽雨詩屋詩鈔》一卷、補遺一卷、《南歸草》一卷。

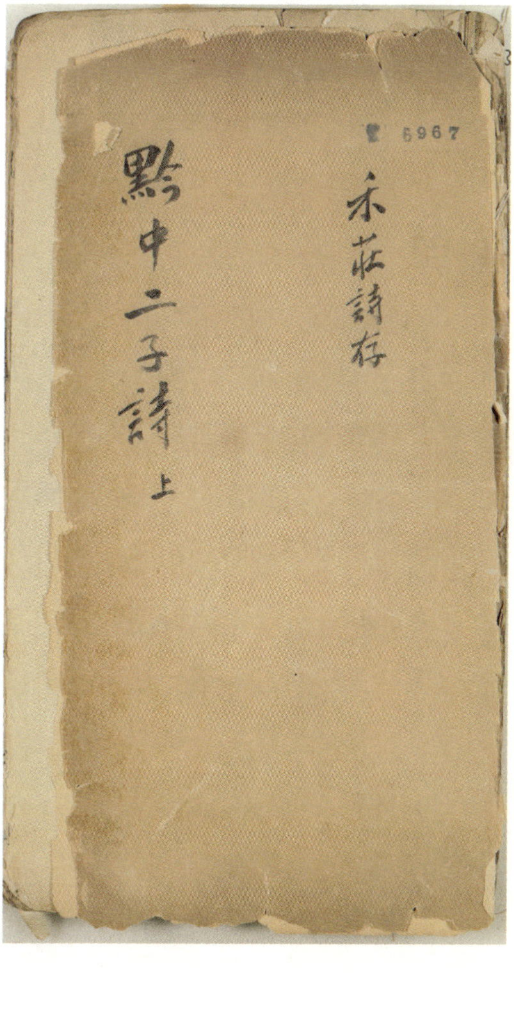

史勝書字荻洲，貴州黔西人，清道光十五年（一八三五）乙未舉人，喜交游，年四十客死遼城，著有《秋燈畫獲草堂詩鈔》一卷。史勝書表兄楊學煊稱荻洲詩「多豪情高致，仿李空同，爲吳澈翁所賞」。

爲表達對亡友之哀思，吳德清曾致信楊學煊，向其索取史勝書、戴粟珍詩作進京付梓。道光二十九年（一八四九），詩稿刊刻完成。楊學煊得見吳德清刻板，發現前寄之作尚有遺失，又將戴粟珍自訂原稿與此相參證，在已成的《禾莊詩存》外補刊《禾莊詩存補遺》一册、《南歸草》一册。目前所見《黔中二子詩》牌記中有「湛溪吴德清訂京都原板」字樣，又《禾莊詩存補遺》記曰：「丁未（道光二十七年，一八四七）秋，吴湛溪（吴德清）比部郵寄書來，索禾莊、荻洲詩至京爲之校訂。己酉（道光二十九年，一八四九）刊成。而丁未道光二十七年（一八四七）余所寄禾莊詩稿數册中尚有遺失。癸丑（咸豐三年，一八五三），吾兒輩璐枝、琇枝公車南旋携板來黔。余因取禾莊自訂原稿補所遺漏者檢付剞刷，爲《補遺》一册、《南歸草》一册。爰書數語，以記始末云。咸豐甲寅（四年，一八五四）三月楊學煊春谷氏書。」陳田云：「史戴詩，其友吴湛溪（吴德清）爲刻於都中，再刻於黔。」（陳田《黔詩紀略後編》）當分别指吴德清於北京和楊學煊於貴州的這兩次刊刻。

本書存一册，均爲戴氏詩作三種，黔西楊學煊稱其詩「詩善言情，劍氣珠光，得梅村餘韵」。戴氏作詩，不拘詩歌體裁，雜言詩、五律、七律、七律組詩、五言長詩、七言長詩皆有，尤擅五言長詩與七言長詩，多有佳作。頗有太白風韵，常常大開大闔，以奇幻想像構建仙界圖景，頗有李太白《夢游天姥吟留别》之氣韵，如《月下醉歌》；又頗具民歌風味，如《南明河漁父詞》，琅琅上口，讀來逸趣横生。偏愛老竹、枯藤等帶有濃重沉鬱色調的意象，有冷感與沉感，却并無暮氣。偏愛雪、梅等有凛冬氣質之物，有不少贊梅賞雪之作，盛赞寒梅傲雪，其中亦可窺見其錚錚風骨。

又有封面題《對床聽雨詩屋詩钞》者，版式、内容與《黔中二子詩》同，有姚東之序，并有批注。

今據清道光己酉（一八四九）京都刻本與題《對床聽雨詩屋詩钞》本影印。

（陳淑媛）

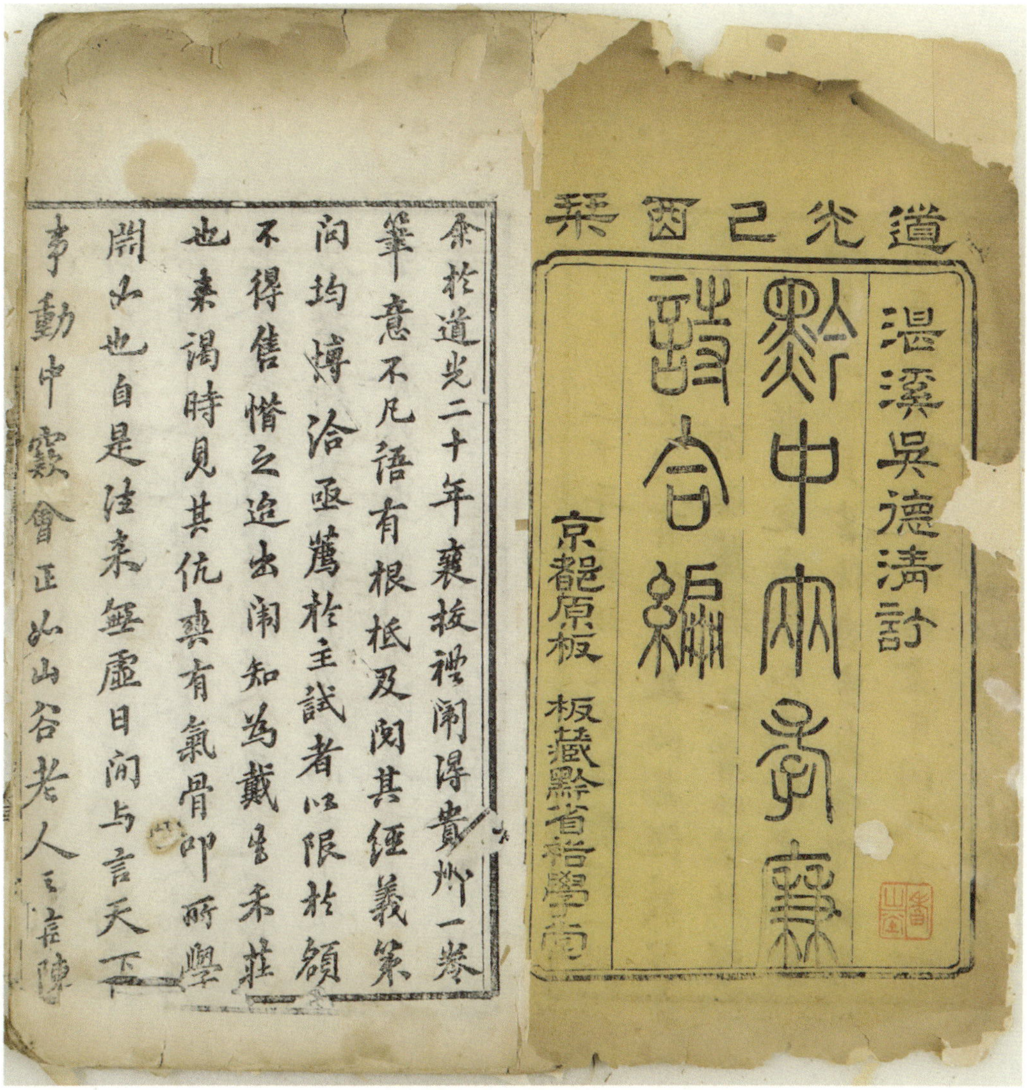

道光己酉栞

湄溪吳德清訂

黔中兩子詩合編

京都原板　板藏黔省楷學齋

余於道光二十年襄校禮闈得貴州一卷筆意不凡語有根柢及閱其經義策問均博洽亟薦於主試者以限於額不得售惜之迨出闈知為戴生禾莊也来謁時見其伉爽有氣骨即所學開山也自是往来無虚日間与言天下事動中窾會正如山谷老人王言陳

澡雪堂詩集

《澡雪堂詩集》五卷，清楊樹撰。

《澡雪堂詩集》收詩共二百九十四首。楊樹作詩，頗爲謹慎，自言少時經莫庭芝點評，「全卷無一完善之作」，乃至詩作不肯輕易示人。宣統元年（一九〇九），方將一生所作結集并寫序，其時已六十九歲。當年補授甘凉道，上任後患病不治。其自序稱其詩僅有四卷，各有專名，在籍時曰《庶梢集》，游幕時曰《萍踪集》，官内閣時曰《對薇集》，游滇後再入京時曰《焦桐集》。民國七年（一九一八），楊恩元又將其於山右所作詩數十首附入，另爲一卷，共五卷，貴陽文通書局刊印。

楊樹詩作，絶非序中所謂「俗詩」，所謂「外觀有耀，中實無物，入耳鏗鏘，咀嚼寡味」，實際則是詩中有物，有情，生活意趣濃厚，值得細細品讀。楊氏之詩，以寫景叙事爲主，如《西溪》《游青原山》《再過贛州》《牧童詞》等，亦有少量送别詩，如《贛州志别》等。

今據民國七年（一九一八）貴陽文通書局鉛印本影印。

（張厚林）

戊午年印

澡雪堂詩集

計詩集五卷

澡雪堂文集

《澡雪堂文集》七卷，清楊樹撰。

楊樹（一八四一—一九〇九），字珍林，安順人。其父楊春發，樂善好施，捐修安順府文廟、縣文廟、鳳儀書院、花山石塔等，咸豐六年（一八五七），以教諭之職死難於施秉任上，時楊樹十六歲。同治六年（一八六七），楊樹舉於鄉，師從莫庭芝。同治十年（一八七一），遵籌餉令，報捐内閣中書，自此赴京。光緒年間歷任澤州、蒲州、太原知府等。宣統元年（一九〇九），補授甘肅省甘凉道，到任僅數日，患病不治，卒於蘭州任所。楊樹爲官，有政聲，於澤州，鄉紳贈匾「德媲關西」；於蒲州，匾曰「政治清平」；在太原任，獲旨褒獎「心地直爽，寧正不阿，誠信孚人，政平訟理」。著有《澡雪堂詩集》《澡雪堂文集》《求有心得齋札記》《松窗小志》《皇朝謚法表》，自訂《楊珍林年譜》等。

楊樹善文辭，任内閣中書，作《賀立太子表》，京内官宦文人相傳誦，并呈御覽。其文自然暢達，以細節見長，多直白平叙，不繁引典故，較同期人之文章，較爲簡約易懂。《請澄利清源疏》《培植人才疏》兩篇，針對清末故步自封的官場，提出意見。以爲「開國之初，從龍之彦，多係英豪」，然今「求其厚重少文、練達公事者雖無不乏人，要甚少矣」。此外，文集還收録有傳記類文章《莫先生傳》《劉青溪墓志叙》等。今據民國七年（一九一八）貴陽文通書局鉛印本影印。

（張厚林）

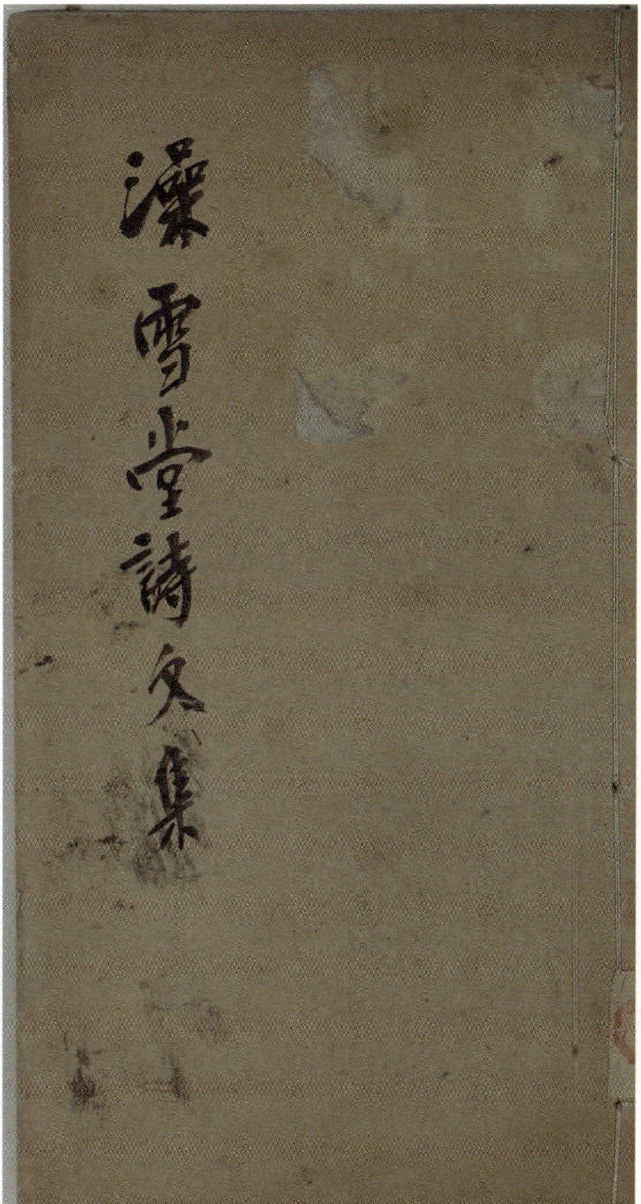

澡雪堂文

戊午年印

澡雪堂文集

計文集七卷

澡雪堂文目錄

澡雪堂文　目錄　一

貴陽文通書局代印

三八九

皇朝謚法表

《皇朝謚法表》十卷，清楊樹撰。

此或爲楊樹任侍讀或御史期間所撰。其序云：《謚法考》一書始於鮑子，先雜采諸家，後徐沅青、翁海琰兩家有增輯。《皇朝謚法表》成書於光緒末，乃因鮑康之書體例未能統一，楊樹統一體例，仿史表之例，以朝代爲經，謚號爲緯，重加排比，所載謚號斷至光緒二十八年（一九〇二）春夏間。清代文化專制極嚴，反映在謚法上，是各書只録公謚，不録私謚。

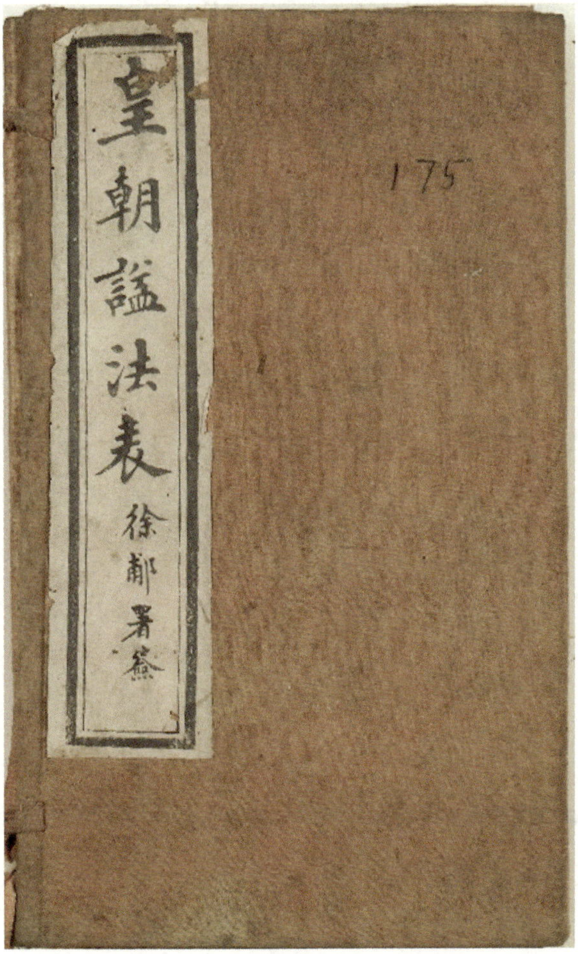

該書校訂者朱彭壽在《安樂康平室隨筆》卷四中，又補記光緒、宣統二朝所有得謚之人。若將二者合看，則是

一份清代臣謚全表。《謚法續考》可補楊樹《皇朝謚法表》遺漏之處。

今據光緒二十八年（一九〇二）刻本影印。

（張厚林）

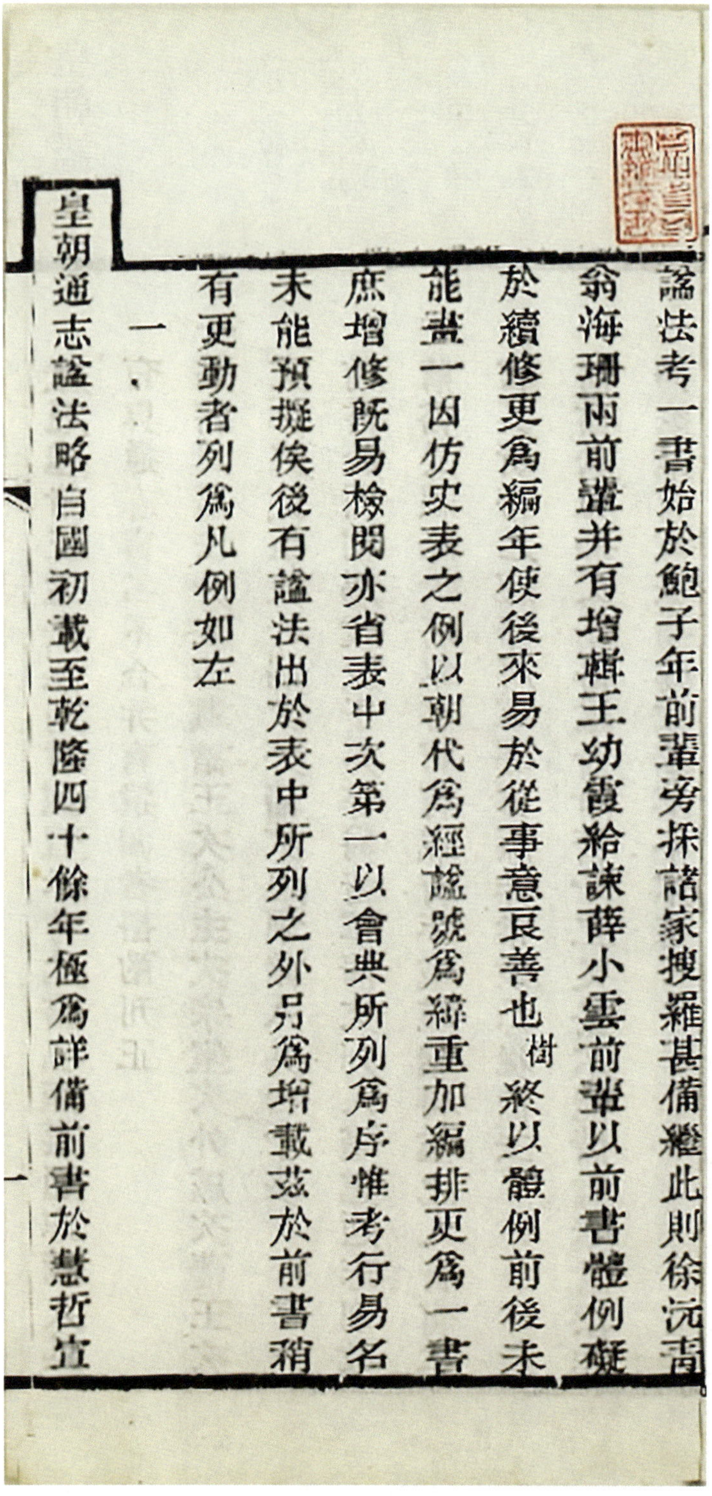
謚法考一書始於鮑子年前輩旁探諸家搜羅甚備繼此則徐沅青翁海珊兩前輩并有增輯王幼霞給諫薛小雲前輩以前書體例礙於續修更爲編年使後來易於從事意良善也樹終以體例前後未能盡一因仿史表之例以朝代爲經謚號爲緯重加編排更爲一書庶增修既易檢閲亦省表中次第一以會典所列爲序惟考行易名未能預擬俟後有謚法出於表中所列之外另爲增載茲於前書稍有更動者列爲凡例如左

一、皇朝通志謚法略自國初載至乾隆四十餘年極爲詳備前書於慧哲宣

求有心得齋札記

《求有心得齋札記》三卷，清楊樹撰。

楊樹自云，其暮年瀏覽各載籍，隨筆多録，久而成帙者也。楊樹逝世，其子恩元遵其遺志，輯爲此作。上卷和中卷係楊樹厘定并抄録成章，下卷爲其子恩元整理。此札記爲楊樹或讀史或經事有所感而記之，長則數百字，短則十餘字，均直陳所思所慮。其中多體現中國傳統士大夫「修齊治平」的思想，同時對於晚清之家庭傳統、社會文化等與西方文明之碰撞，多有思考。

今據清光緒三十年（一九〇四）刻本影印。

（張厚林）

遺作叢

求有心得齋札記

安順楊　樹珍林

謹案求有心得齋札記三卷　先君暮年瀏覽各載籍隨筆迻錄久而成帙者也宣統己酉冬　先君棄養蘭州前閱月猶手不輟書意以備遺忘資揣摩雅不欲附著作之林也今年春恩元承乏貴州文獻徵輯館創爲季刊闢遺作一欄登錄鄉先輩未刊著述館內同仁屢促以此札記付印用特稍加詮次釐爲三卷夫差爲闔閭報勾踐以下本在自跋之後釐　先君鈔畢二卷自跋已續有所錄未加釐定遽成絕筆今以續錄各則爲下卷次自跋之前俾聯貫也慨自清祚告終歐風東漸一二妄人以新學相鼓導線裝書籍擯盡投諸藩溷淺學之士靡然從風上焉者遊談無根大方貽笑下焉者胸懷鄙倍不辨之無卒之蕩禮滅倫人心好逞外侮頻臨國幾不守有識者每慜然憂之夫名言至理聖賢經驗之談後生篤守百世不惑何新舊之謂禮義廉恥古人所頂針砭今世足啓膏肓道德之崇尚彼歐美各邦無不然舉此一端可概其餘聖經賢傳知終無廢棄之日也茲編雖不敢溢美侈謂名言然立身涉世可資考鏡是亦學道者之一助乎錄竟並誌其顛末如此時民國丁丑四月男恩元敬識

上卷

易納乾坤以篤父子書道堯舜以正君臣詩首關雎以引夫婦春秋譏彝隱桓宋穆宣鄭莊段衛州吁完以睦

楊珍林自訂年譜

《楊珍林自訂年譜》一卷，楊樹於光緒二十九年（一九〇三）自訂，後陸續增補，宣統元年（一九〇九）十月十八日後，楊氏病重，後由其子恩元補訂。

據《年譜》載，楊珍林生於道光二十一年（一八四一）八月十五日。乳名汝成，後因病改名樹，幼時在其家附近書院就學，同治二年（一八六三）從師莫庭芝講求古學，同年中舉。同治七年（一八六八）入京任職，後游歷贛州。光緒間歷任侍讀、御史、山西蒲州知府、澤州知府、太原知府、代行山西按察使、代理山西提學使等職。宣統元年（一九〇九）卒於蘭州，葬於八里屯，享年六十九歲。《年譜》按照編年順序記載其一生經歷及其家族大事。書中記載安順楊氏由山西遷河南，後又遷至安徽，明初以指揮使入黔，康熙中以守備居安順。

自序記載其著述三十餘卷，《皇朝謚法表》四卷，《内閣撰擬文》一卷，《重訂内閣票擬簽支程式》八卷，《松窗小志》三卷，《自定年譜》一卷。又有手繕書約百卷，《古文讀本》三十二卷，《古詩選》四卷，《紀評蘇詩》八卷，李太白、杜子美、唐後主、陸務觀、陳後山、陳簡齋詩各二卷，虞伯生、劉静修詩各一卷，《古録》八卷，《唐詩選本》八卷，《晋書钞雋》四卷。《年譜》内容繁多，除個人家事外，還記録當時的社會情況，是研究清末歷史不可多得的材料。

今據民國十二年（一九二三）貴陽文通書局鉛印本影印。

（張厚林）

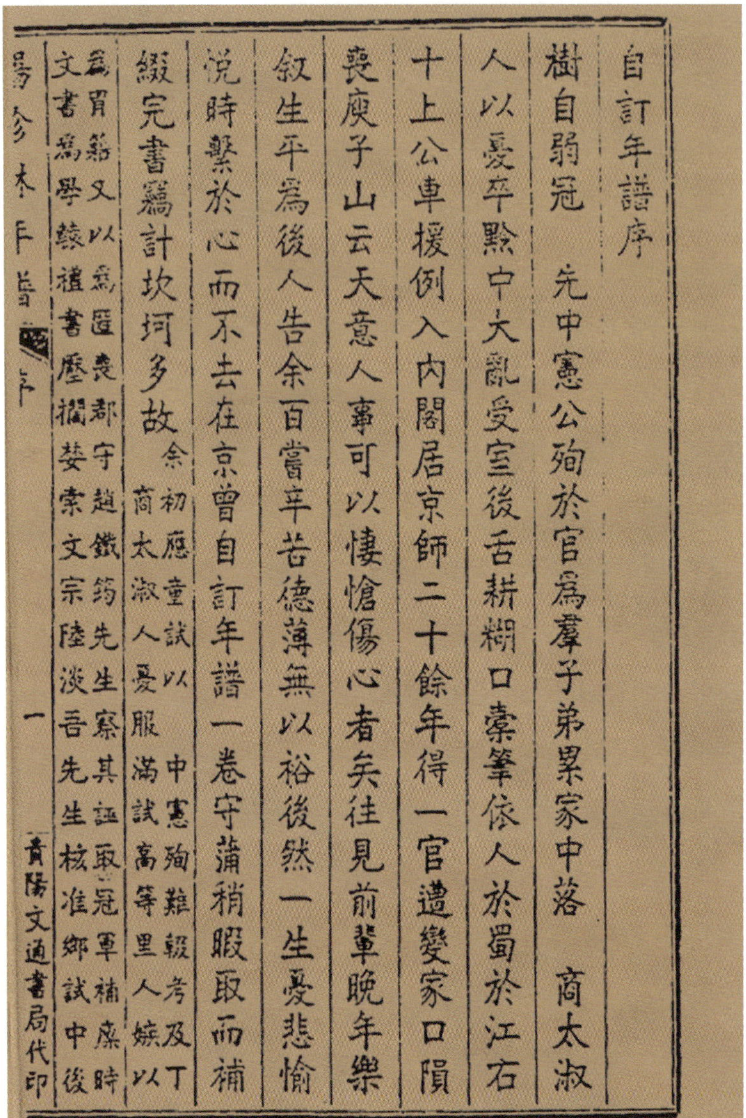

自訂年譜序

樹自弱冠　先中憲公殉於官爲羣子弟累家中落　商太淑人以憂卒黔中大亂受室後舌耕糊口橐筆依人於蜀於江右十上公車援例入内閣居京師二十餘年得一官遭變家口隕喪庚子山云天意人事可以悽愴傷心者矣往見前輩晚年樂敘生平爲後人告余百嘗辛苦德薄無以裕後然一生憂悲愉悅時繫於心而不去在京曾自訂年譜一卷守蒲稍暇取而補綴完書竊計坎坷多故余初應童試以中憲殉難叙考及丁商太淑人憂服滿試高等里人嫉以爲買籍又以爲匿喪郡守趙鐵笏先生察其誣取冠軍補廩時文書爲學臻禮書歷掄棻索文宗陸淡吾先生核准鄉試中後

陽紛本年譜序　一

貴陽文通書局代印

所至録

《所至録》八卷，并有周夔詩文一卷，未題卷數，清盧戊原、吴寅邦等編纂。卷七松桃卷、卷八銅仁卷，題銅仁涂殿颺、畢節周振采編次。

盧戊原，生平經歷不詳。吴寅邦（一八〇五—一八七五？），字虎臣，或作字清臣，永寧州人。嘉慶十年（一八〇五）生，道光丁酉（一八三七）拔貢。歷主安順、清鎮、貞豐等地書院講席，修《安順府志》，辦理保甲，井井有條，刊有詩禮家課、訓蒙五字經。奉養其母，孺慕不衰。晚年選授銅仁府教授，歸家後，偕郡人建立尚節堂，凡有義舉，以身倡之，行年七十餘。涂殿颺、周振事迹不詳。

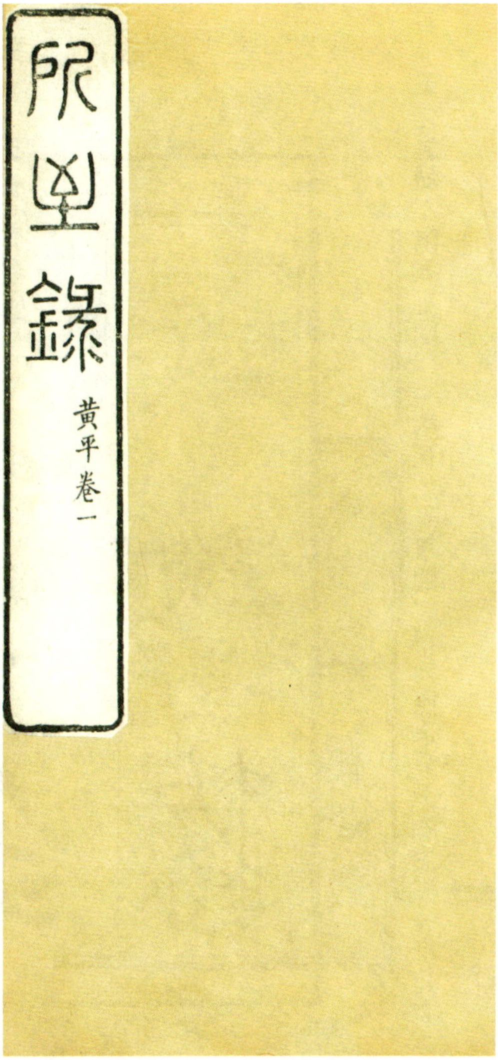

是書爲頌體，以稱頌地方官員善政爲主，亦是官員與地方文人唱和的一種形式。内録永寧、黄平、郎岱、鎮寧、平遠、松桃、銅仁等地吟咏周夔爲官事迹詩文，末附周竹樓（夔）詩文。夔留心經濟，所至有聲。初宰永寧，刊行

《所至録》。

周夔，江蘇吴縣人。由監生於道光三十年（一八五〇）選貴州永寧州知州，咸豐元年（一八五一）調黄平州，咸豐四年（一八五四）捐輸軍餉，并勸修黄平州城。咸豐五年（一八五五）郎岱、鎮寧不靖，夔偵得養馬寨集其衆，偕署平遠州知州沈世良帶勇越山而入，前後截擊，獲勝。克平桐梓、鎮遠等處，奏獎以知府留於貴州補用。咸豐九年（一八五九）署安順府知府。咸豐十年（一八六〇）偕參將全興督兵由關嶺進剿永寧，州城克復。領軍進擊化廳城，陷入重圍，力竭死之。事聞，得旨照道員例議恤，并准建立專

咸豐甲寅冬日
所至録
翰墨林合刊

祠，尋賜恤如例，賞騎都尉世職。

書首刻有八幅版畫，題曰「治永八册」，圖雙面連式，其中多山水題材，《中國古代版畫史綱》謂其「繪鎸顯粗糙，但尚可一觀」。書中收録彭於蕃、邵梅村、石竹生、王承齋等人詩文。楊茂材《序》稱：「《所至録》者，我剌史竹樓周公隨其所至而録之者也。方公之至永也，未期月而見之頌禱者，已悉具於和磨碑詩也。」又如其録「治永八册」，鄧廣文綜其要以二十端，所謂「凡有所至無不可録，極其所至必有可録，公之志也」。

今見《所至録》版本有三種，一種爲咸豐四年（一八五四）翰墨林刻本，另一種亦爲咸豐四年（一八五四）翰墨林刻本，其區別有二：一是各卷編排次序不同，二是卷五缺，爲殘本。另有光緒壬辰（一八五二）晚香堂藏板一種，封面有史謙題籤，楊茂材序後又有劉書年、黄圖南、莫友芝等三叙。

今據咸豐四年（一八五四）翰墨林刻本、咸豐四年（一八五四）翰墨林刻本（殘本）并光緒壬辰（一八五二）晚香堂刻本影印。

（張丙武）

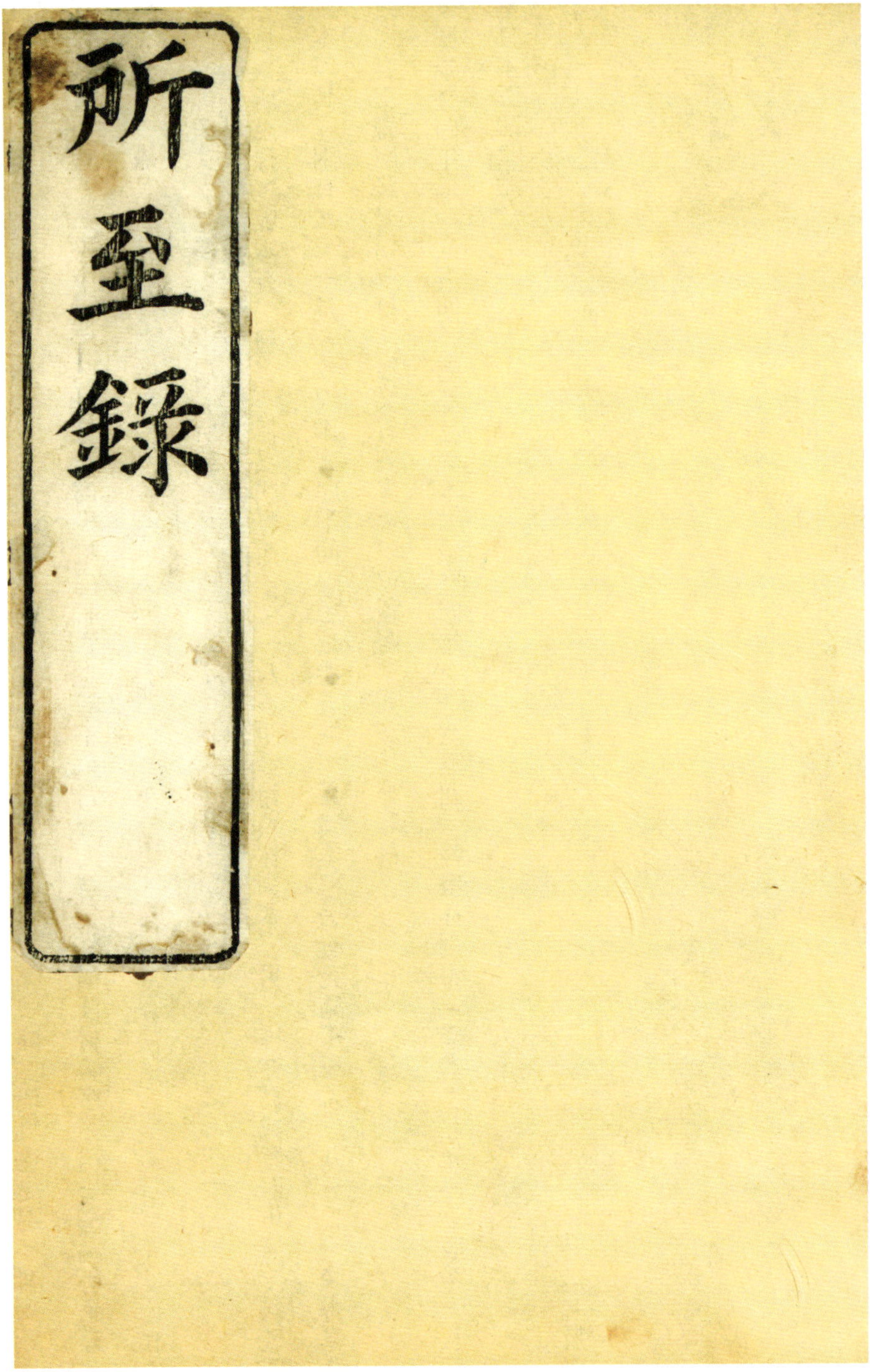
所至錄

枕戈室吟草

《枕戈室吟草》，清趙德昌撰。

趙德昌（一八三一—一八九九），字達庵，號望雲。安順府郎岱廳人。咸豐五年（一八五五），滇督恒春赴黔平亂，德昌乃投其麾下，作戰勇猛，獲恒春賞識，擢爲參將。後隨春回滇平亂，時亂熾盛，恒春無力回天，自盡。德昌率部返黔，轉戰黔境，爲「咸同之亂」時貴州平亂之著名將領。先後敗潘玉杰部，解平越之圍，克普安、安南、興義等縣。同治二年（一八六三）因解省城貴陽之困，名噪一時。德昌有勇有謀，軍功無數，累官至提督。其通韵律，善書畫，其《秋夜遣懷》詩曰：「風静空山月近寺，今宵閑暇一無事。呼童磨墨兩三池，待我酒酣寫大字。」同治六年（一八六七），解甲回鄉，遠離官場争鬥，更無俗務羈絆，閑雲野鶴，放浪形骸，終日以酬唱自娱，以書畫養性，飲酒賦詩，至六十一歲去世。其榜書聞名一時，爲世所珍。其詩集《枕戈室吟草》，廣受贊譽。

是書（民國）《貴州通志·人物志》作《枕戈室詩草》，謂出自《訪册》。《貴州省志·文物志》亦作《枕戈室詩草》，或有作《枕戈室詩钞》者。趙氏有摩崖石刻留存，其中如貴陽東山碑刻詩、《新修圖雲關盡忠樓記》等，與《枕戈室詩草》所收録相校稍有差异。

現存抄本藏於貴州省博物館，鈐有「臣德昌印」「達庵」「望雲」三印，且内中文字，有數處改動，可推測爲德昌所集。是否爲德昌親鈔，則不得而知。此抄本輯詩一百六十三首，既有軍旅所作，亦有詩友唱和。抄本有眉批十數條，點評德昌詩，多有褒揚。因未署名，首頁有印章「淩惕安印」「筍香室」，可知爲淩惕安藏書，扉頁有「進士」等字。

今據貴州省圖書館藏抄本影印。

（張厚林）

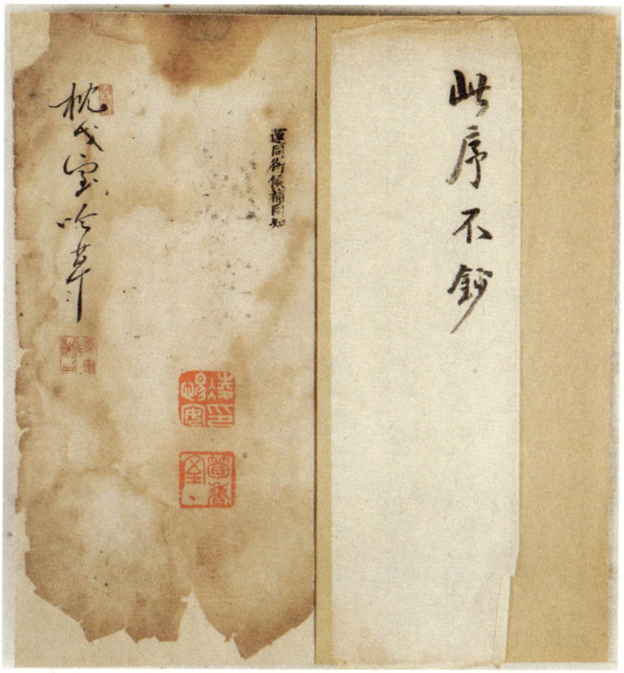
此序不鈔

道同銜候補同知

枕戈室吟草

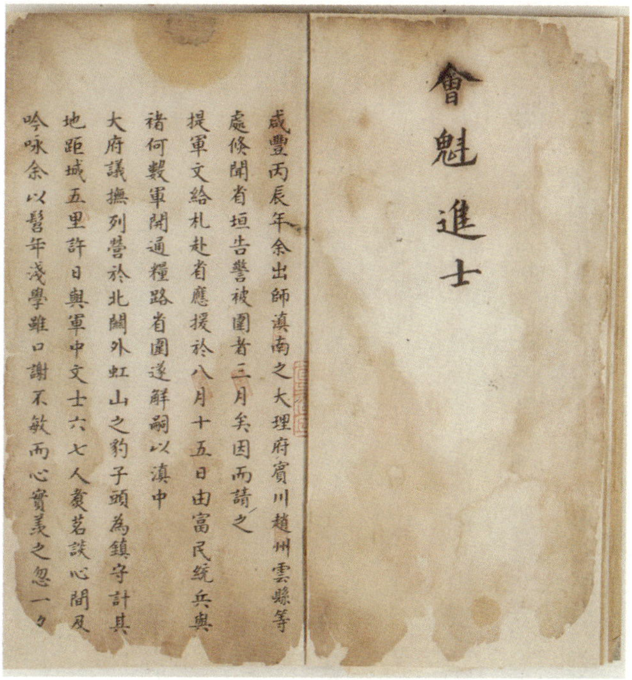
會魁進士

咸豐丙辰年余出師滇南之大理府賓川趙州雲縣等處條聞省垣告警被圍者三月矣因而請之提軍文給札赴省應援於八月十五日由富民統兵與褚何數軍開通糧路省圍遂解嗣以滇中大府議撫列營於北關外虹山之豹子頭爲鎮守計其地距城五里許日與軍中文士六七人煮茗談心間及吟咏余以髫年淺學雖口謝不敏而心實羨之忽一夕

張日晸行述

《張日晸行述》，清張軸新、張轓新撰。

張軸新，道光二十六年（一八四六）丙午科舉人，官瀘州知州；張轓新，同治八年（一八六九）補行己未辛酉壬戌科舉人，候選知府。

張日晸（一七九一—一八五〇），字東升，號曉瞻，晚號松廬，貴州清鎮人。清嘉慶十五年（一八一〇）舉人，二十二年（一八一七）進士。授翰林院庶吉士，任文淵閣校理、武英殿提調、國史館纂修，鄉試正考官、大考同考官等。後歷任四川敘州知府、成都府知府、建昌兵備道、四川按察使、浙江鹽運使、湖北按察使、四川按察使。又任四川、河南布政使，雲南巡撫等。道光二十九年（一八四九）捐銀修清鎮城北梯青塔，二級塔基正面嵌刻其親筆撰寫的《新建梯青塔記》；道光三十年（一八五〇）病逝於雲南巡撫任上。著有《庶常集》二卷、《編修集》一卷，皆不傳。

《張日晸行述》是由張日晸之子張軸新、張轓新編撰的關於張日晸生平履歷及爲官治家等事的記録。開篇記載日晸進士出身後的主要官職，載有日晸家世譜系、入黔時間、京察等級與地方爲官事迹。記載日晸對長輩的奉養和外放爲官時治家之理念，其中載其奉養太夫人事迹較爲詳細；記録日晸爲政政績，如「壬辰秋，移任成都，叙人扶

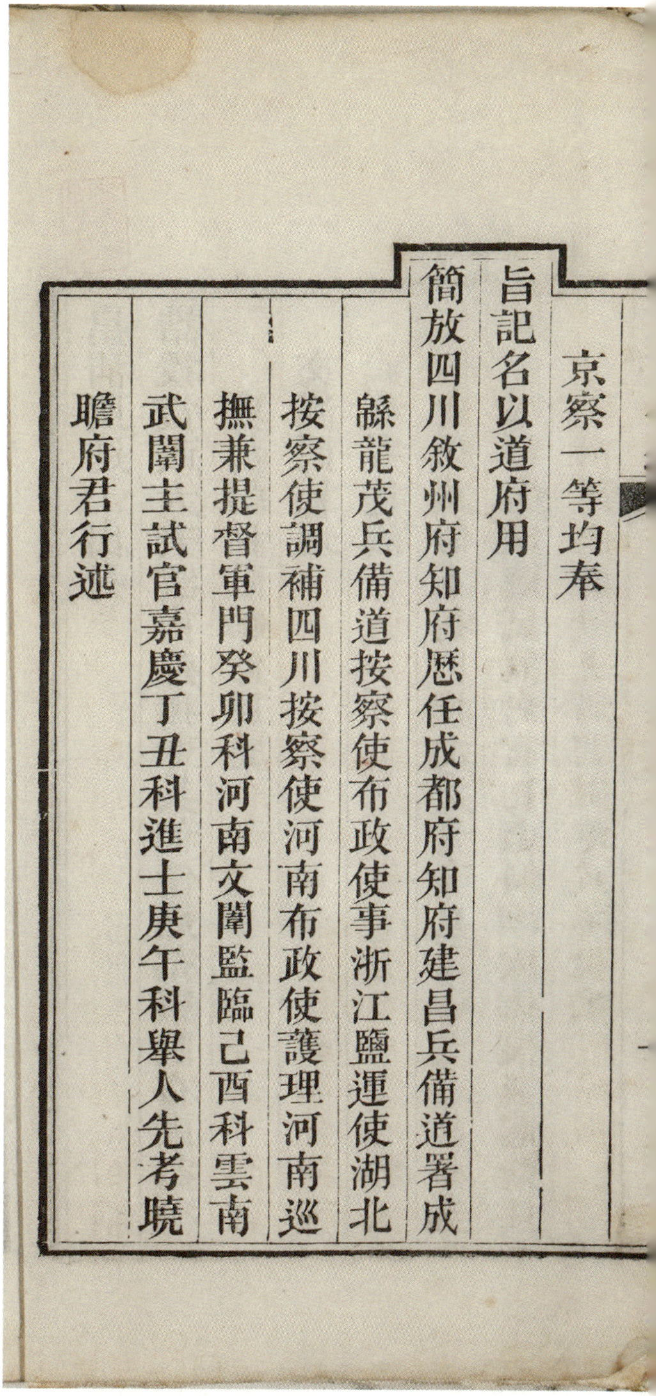
京察一等均奉
旨記名以道府用
簡放四川敘州府知府歷任成都府知府建昌兵備道署成
緜龍茂兵備道按察使布政使事浙江鹽運使湖北
按察使調補四川按察使河南布政使護理河南巡
撫兼提督軍門癸卯科河南文闈監臨己酉科雲南
武闈主試官嘉慶丁丑科進士庚午科舉人先考曉
瞻府君行述

老携幼卧轍攀留，泣拜道旁不忍去」。如審案訴訟，「與民相對，必和顔温語以導之，使得盡情伸訴，從不輕加苛責，以爲若本良民耳，一遭笞撻，敗其廉耻，遂玷終身，將何以自全乎」；如出任府試考官，查驗點名、監考、閲卷等事迹，體現其重視文教，愛惜人才。還載有日晸聖前答對。

是書同治十一年（一八七二）刊本藏於貴州省圖書館，書後載有「同治三年，清鎮縣城淪陷，清芬閣藏書焚掠無存，行篋中敬携底本，兹謹增叙重刊，以補家乘。十一年秋七月男軸新、輶新敬識於成都寓齋，孫紹煦、紹杰、紹焜、紹燾、紹焯恭校」。咸豐《安順府志》卷三十八、《全黔國故頌》卷八載有此篇，與此相校，皆非完本。其中《安順府志》記有「己卯假歸，迎太夫人就養京邸」，當是「庚辰假歸」，蓋涉上文「己卯散館」之言，因刪節而誤。

今據貴州省圖書館藏同治十一年（一八七二）刊本影印。

（張帥）

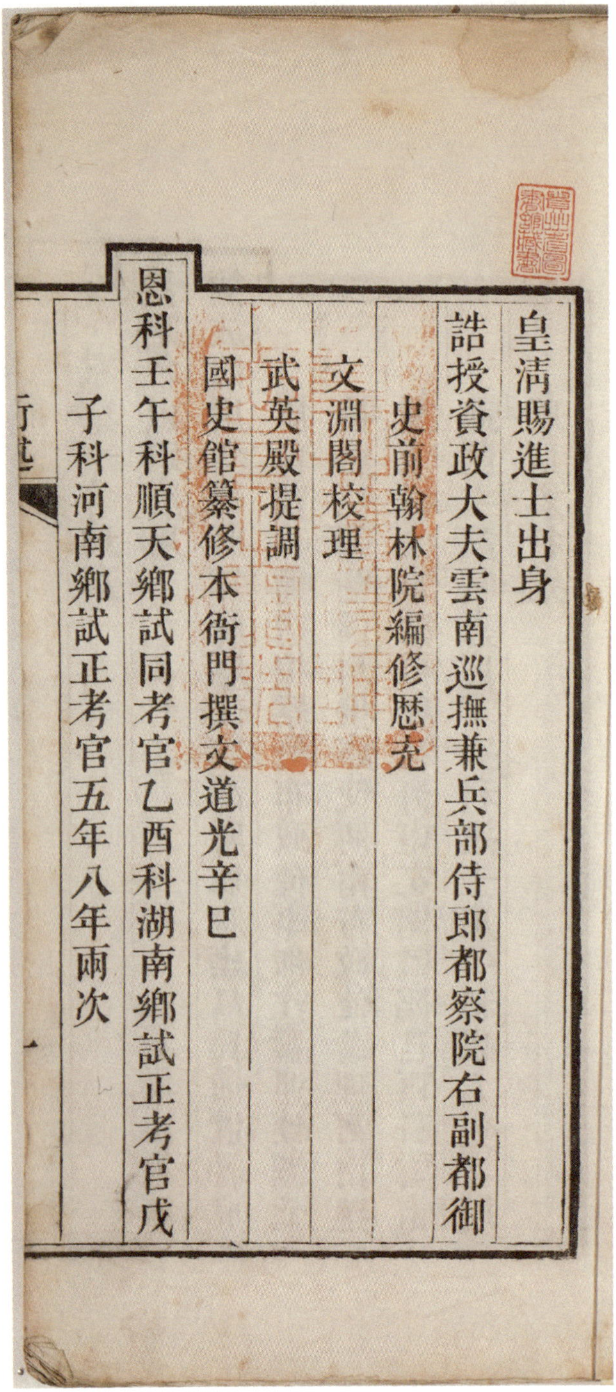
皇清賜進士出身
誥授資政大夫雲南巡撫兼兵部侍郎都察院右副都御
史前翰林院編修歴充
文淵閣校理
武英殿提調
國史館纂修本衙門撰文道光辛巳
恩科壬午科順天鄉試同考官乙酉科湖南鄉試正考官戊
子科河南鄉試正考官五年八年兩次

帳花飛集

《帳花飛集》，清陳芳撰。

陳芳（生卒年不詳），字馨門，安順人。其妻葉氏，名韞貞，於清光緒十年（一八八四）卒，年四十。民國《續修安順府志初稿》卷五《烈女志》有黄元操撰傳。葉氏婦德甚厚，孝順翁姑。陳芳爲一介寒儒，家境困窘。葉氏典當首飾衣物維持生計，而不告知陳芳。翁病重，葉氏割左腿肉烹飪爲羹湯進奉。陳芳爲此等愚孝痛心，作《帳花飛集》以記其事。

《帳花飛集》卷首有清孝廉顧履中序，述及葉氏婚後「調羹湯以事翁姑」，贊譽其「典簪珥衣物以佑之，彼其心惟求一家之和順，不計一己之榮枯」。拔貢楊文彬亦作序盛贊葉氏爲賢配，二人伉儷情深。書前附有陳芳爲其妻葉氏所作的奠文，叙述葉氏賢良端淑，勤儉持家，「含辛茹苦，能甘貧賤。一錢不輕用，一物不亂抛」「半生勞苦，未得一日安享」。葉氏逝後陳芳悲痛不已：「嗚呼孺人何遽舍余而長逝耶」。故撰詩輯爲《帳花飛集》，懷念葉氏昔日音容及叙自身悲痛之情。集中收有挽聯：「未知生樂，焉知死悲，只餘我放聲一哭；若念兒孤，定念夫苦，可憐卿抱痛九原。」

集中詩題多注明時間，如《寄托臘月初十日作》《哭内臘月十二日作》《正月初九日作》等，多爲思念妻子的深情之作，情調感傷，文筆細膩，令人讀之潸然泪下。如「腸斷泪已枯，卿可知未知」（《七七日正月初六日作》）。「日哀思卿卿不見，夜來魂夢夢難成」（《正月初九日作》）。「默默痴情求大士，人間可與再生緣」（《附呈悲懷詩六首其一》）。詩作中有自注，記其家世、生活，亦有涉及人物者，如挽孫竹雅觀察、郭春帆題像據詞等。集後另附五章録呈，收録陳芳其餘之作，範圍廣泛，詩篇仍多展現陳芳本人情感寄托，有抒情、咏物、送

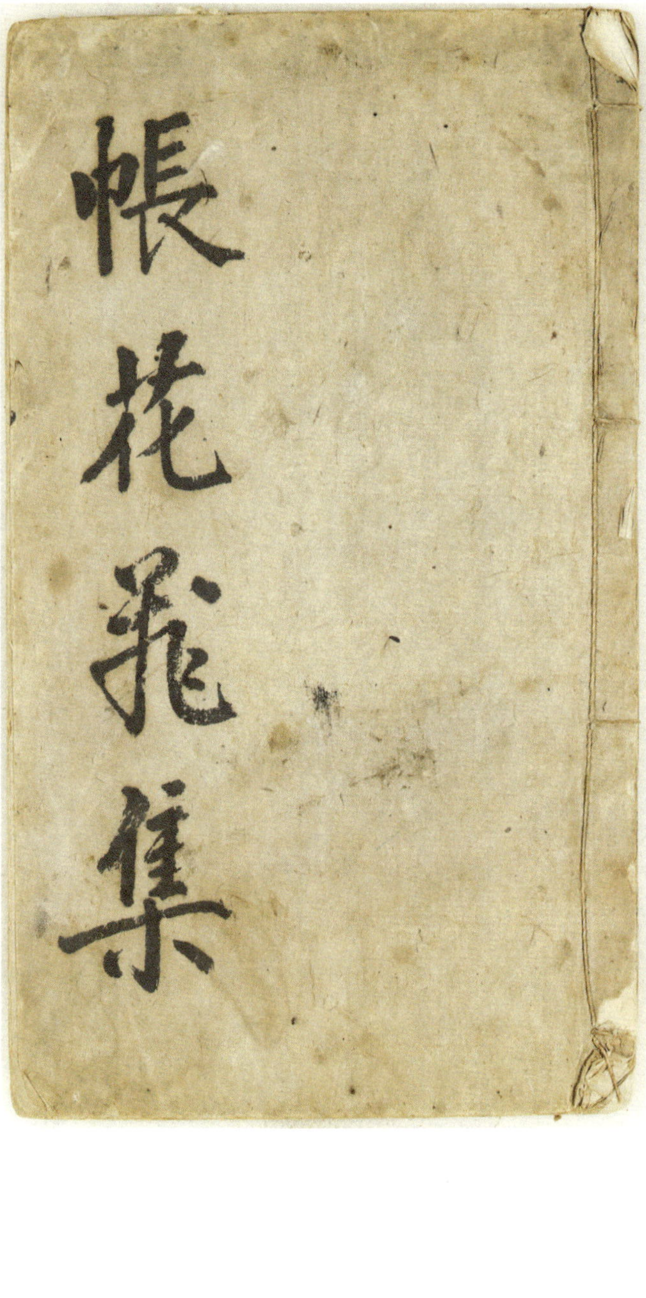

別之作。

民國《續修安順府志初稿・列女志》「陳芳妻葉氏」作《悵花飛集》（《續修安順府志輯稿》同），蓋因悵、帳形近而誤，作《帳花飛集》爲是。

今據安順市圖書館藏抄本影印。

（伍薇薇）

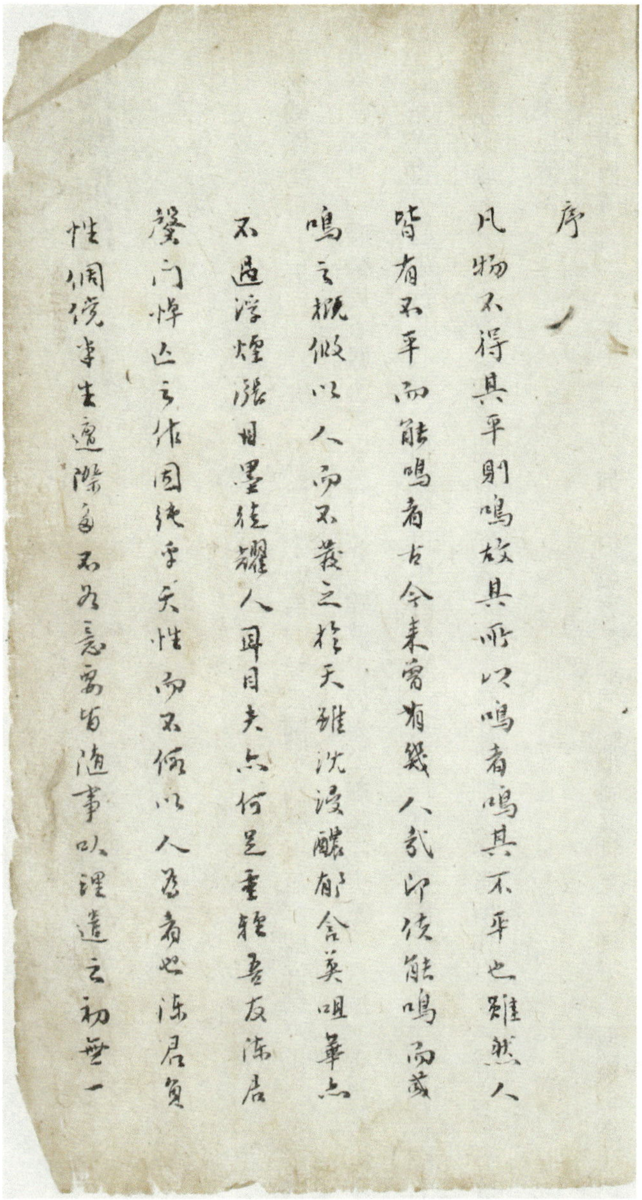
序

凡物不得其平則鳴故其所以鳴者鳴其不平也雖然人皆有不平而能鳴者古今來曾有幾人哉即使能鳴而藏鳴之概假以人而不發之於天雖沈浸醲郁含英咀華亦不過浮煙漲墨徒耀人耳目夫亦何足重輕吾友陳君發門悍之作固純乎天性而不係以人為者也陳君負性倜儻半生遭際多不如意要皆隨事以理遣之初無一

何翰伯遺著二種

何威鳳（一八五三—一九一八），字翰伯，號東閣，别號七癖，即好琴、棋、書、畫、詩、酒、花成癖之意。李鴻章曾言：「邇來見威鳳所書字體，技巧嫻熟，得力於歐陽率更三十六法，實爲今世不可多得之人也。」天將降大任於斯人也，必先苦其心志，何威鳳以生計艱難，只能佇立在書館外諦聽，但其後聞名遐邇，有南鳳北龍之譽，可見其才華過人。早年有《何東閣詩草》若干卷，後在京都及各省所作詩文不詳卷數。晚年有《啖芋軒詩文稿》六卷，今未見傳本。

《何翰伯遺著》二種，包含《何翰伯遺著》《何翰伯雜文抄》二種。《何翰伯遺著》有《七襄解》《詩串夷載路傳箋義孰長説》《杜牧之不善用其才論》《唐孔陸兩經師優劣論》《擬郭象莊子序》《書後漢書黨錮傳、宋道學傳後》，末有無題名詩四首。《何翰伯雜文抄》有《宦途偶録》《恒衛即從大陸即作》《防河議》諸篇。從「孰長説」「優劣論」等題名可見翰伯之爲文、爲人風格。

今以貴州省博物館藏稿本影印。

（閆平凡）

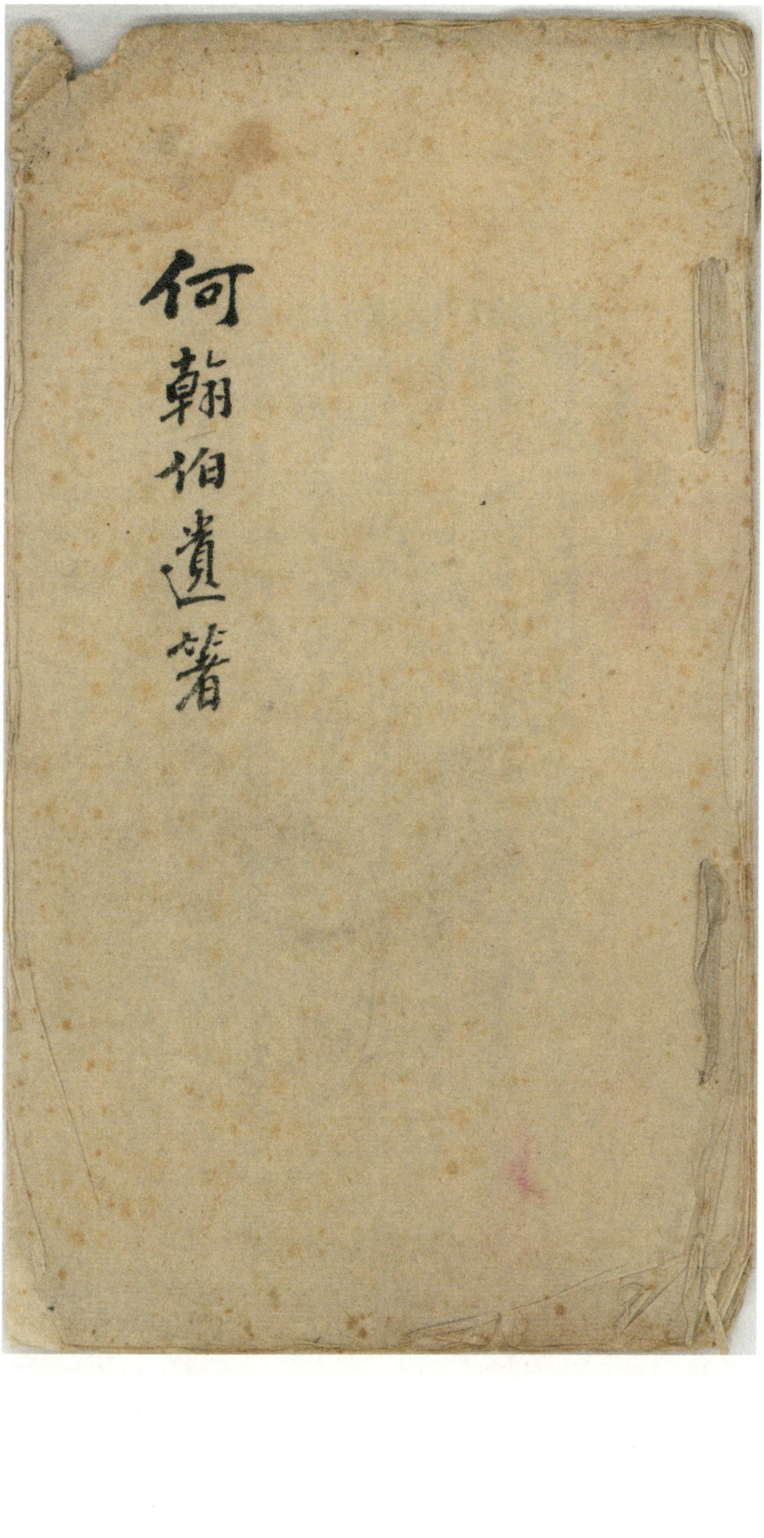
何翰伯遺著

七襄解

說經之難〻於無證據。倉斯馬鄭之不作。寥〻一二義。蓋千秋載。
詩七襄、傳與箋畧同。云反也。駕也。皆謂星之更其肆也。孔穎達伸
其義、則為之說曰、此諸星無牛女言其貌。箕斗言其用。七襄再述其
辭。長庚無所說、參差不同、皆作者逞其置詞、使成文理、潤色而已。
無義例。果襄字無義。毛鄭僅以反駕為說、無從星立文反駕
之義。自來解經者數氏。皆恪守不敢違。未知天文家之說。孔氏以
以言潤色成文耳。孔氏於說經直多顢頇。若此無乃點。殊不知古人
下字皆有妙處。穎達數一筆抹煞、可謂酷於秦火。詩無達詁。
請以臆說之曰。此蓋詩人呼天而訴之實情也。上文言酒漿佩璲

宦遊偶錄

客有仰懷先哲抗志前賢羨倚馬之奇才陋雕蟲之小技韓吏部文章日月習伺髫齡董江都經緯天人行宜壯歲試草得蒙鄉薦乙科攀第一之枝看花重赴禮闈丑歲併盈之佛此幸登鑾掖同矜宋豔班香竊願效鴻猷遠比臯謨禹烈也不料蓬萊頂上凡骨難容遂來枳棘叢中仙班忽別懷昔日揮毫灑翰幾忘瓊島之榮到今朝履薄臨深

安順黎平府公牘

《安順黎平府公牘》，不分卷，清常恩撰。常恩（一八二五—一八七五），字沛霖，長白人，鑲白旗忠順佐領下人。初以筆帖式任職朝廷户部。道光二十六年（一八四六）末選授安順知府，二十七年（一八四七）三月到任，是年臘月轉任黎平知府，二十九年（一八四九）正月回任，咸豐元年（一八五一）因母病故扶柩歸里，離任回籍。《安順黎平府公牘》收入常恩任安順、黎平知府五年所存書牘，共十二輯，分列爲《道光二十六年京發黔省、二十七年安順府書稟稿》《道光二十七年五月至冬月底安順府書稟稿》《道光二十七、二十八年安順、

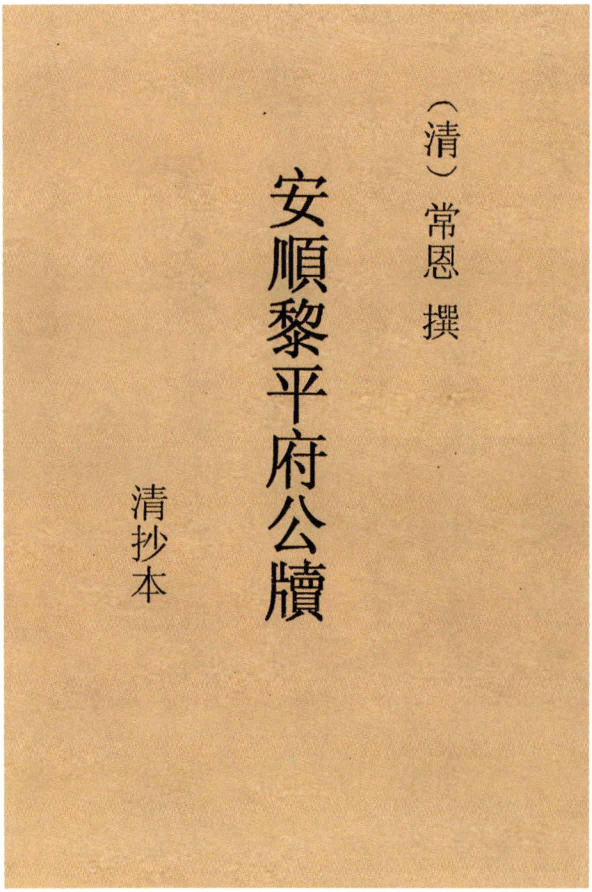

黎平府告示稿》《道光二十九、三十年、咸豐元年安順府告示稿》《道光二十七年安順府堂事稿》《道光二十七、二十八年黎平府堂事稿》《道光二十八年黎平府書稟稿（上、下函）》《道光二十九年安順府書稟稿（上、下函）》《道光三十年安順府書稟稿（上、下函）》《咸豐元年安順府書稟稿（上、下函）》，較爲完整地保存了「府」一級地方官五年的政務文牘、司法判牘和地方文告，其中書稟稿以千二百餘函計，堂事稿逾二百，告示稿七十餘件，構成了清晚期一個中下級地方官較爲完整的理政文案系列。

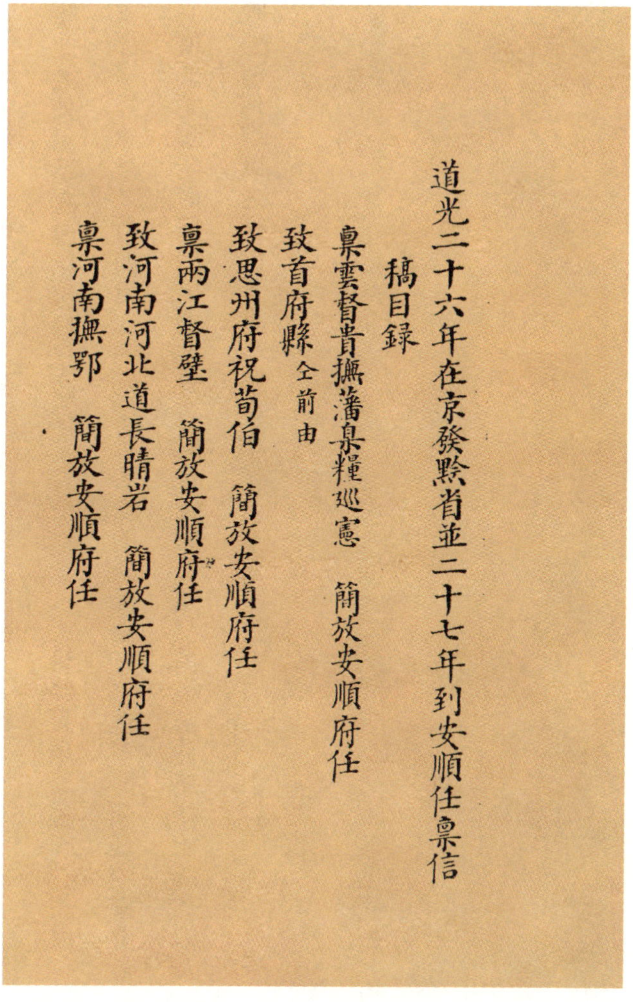
道光二十六年在京發黔省並二十七年到安順任稟信
稿目録
稟雲督貴撫藩臬糧巡憲　簡放安順府任
致首府縣仝前由
致思州府祝萄伯　簡放安順府任
稟兩江督壁　簡放安順府任
致河南河北道長晴岩　簡放安順府任
稟河南撫鄂　簡放安順府任

《安順黎平府公牘》所涉内容庞杂，大致可歸納爲郡况民情、征糧課税、文化事宜、治亂平訟、官場禮儀等。以征糧課税爲例，從大量的書稟及案牘文告中，可以瞭解到清代道咸時期安順的社會經濟及商貿狀貌。在道光三十年（一八五〇）四月「稟雲南撫憲張曉瞻」中，常恩記有「安郡一區，端賴税務源流藉資敷衍，自南省水患後，又值楚匪滋事，道路梗塞，商賈甚稀，課項微不敷解，盡屬挪借焙補」等 ，凡此种种，大抵可見其时安順對外商貿及税收的状况， 一旦天灾人禍發生，商路不暢，收支必然吃緊。再以平訟治亂爲例，最能反映安順、黎平兩地狀況的是數量不菲的堂事稿，其中又以土地案和涉匪案最具代表性。從道光二十八年（一八四八）正月至十一月，發生涉匪案十二起，經常恩親自調查核實，大部分是因利益衝突，誣以匪名，逐予推翻。常恩府篆安順、黎平兩地，重教化，興學校。尤以創修《安順府志》最具代表性。從道光二十九年（一八四九）六月之後的書稟稿及告示稿可知，常恩對此作了周密籌劃、精心安排，延聘湖南鄒君叔勣主修，設局崇真寺，派拔貢吴寅邦總理局事。經其不懈努力，咸豐元年（一八五一）終得志成。除此之外，還有包括整修學政试院（考棚）、維修管理紫雲梅花書院、安平治平書院等諸多文化事宜。常恩京發安郡，無論是之前的身在朝廷還是之後的就任地方，離不開朝廷中樞要員和地方封疆大吏的提携。他性情謙和儒雅，禮儀尤顯全面周到。與地方各級官員的疏通，禮儀函件充持始終，涉及一個數量不菲的群體。從一個側面縱向反映了清代道咸之交的社會政治生活。

今據清抄本影印。

（丁武光）

安順書牘摘鈔

《安順書牘摘鈔》三卷，清易佩紳撰。

易佩紳（一八二六——一九〇六），字笏山，一字子笏，湖南龍陽人。生於清宣宗道光六年（一八二六），初以優貢生考充八旗官學教習，咸豐八年（一八五八）中式順天鄉試舉人，十一年（一八六一）經湖南巡撫駱秉章奏調召募果健營楚勇，留防湖南禦剿粵逆。同治元年（一八六二）奉調越境湖北克服來鳳縣城，因功著以知縣，遇缺即選，并賞加同知銜。是年二月統帶果健營入川克復太平縣城等。八月調援陝西補用，賞加道銜。旋因救援漢中失利革職。五年（一八六六），奉旨開復原官銜，發往貴州。七年（一八六八）克服荊竹園等處，奉旨以候補道員仍留貴州，九年（一八七〇）攝理安順知府，同年去職。光緒二年（一八七六）委署貴東道。十年（一八八四），移援臺灣。十三年（一八八七），遷江蘇布政使，未幾引退。居杭州，主龍池書院講席。三十二年（一九〇六）卒。著有《函樓文鈔》九卷、《函樓詩鈔》十六卷等。

《安順書牘摘鈔》以易佩紳攝理安順知府期間的書牘類編而成，成於清光緒四年（一八七八），所記不過在官六月諸事，以同治九年（一八七〇）六月下旬到任始至十一月中旬（間有閏十月）離任終。全書分三卷，計三十篇。

卷一書爲稟稿十篇，主要陳述安郡軍務民情，一應調度事務；卷二爲告示稿八篇，以關防、勸諭、招安諸事爲主；卷三爲書信稿十二篇，多以郡事上呈下達，另有家書二封。成書時佩紳已離任安郡八年，如自叙所言：「在官六閲月，庶富未能謀，惟空空托之於教；大利未能興，惟草草借客兵以除一大害。事後追思，常以負民爲疚。然當其時勞苦憂患，固不敢自謂尚有餘力矣。文字之可見者，粗迹耳。故篋中猶存書牘稿若干篇，不忍盡弃。今摘鈔之。」所謂「借客兵以除一大害」，指其配合援黔川軍平服烏速龍及六合團變亂的情形。閲其全書，主要篇什均以此展開，尤以合圍、攻克烏速龍，擒獲僞皇帝沐洪春（舊志又作沐玉龍、沐逢春）、僞后童氏、僞吏部天官邵秉銓等前後過程最爲詳盡。佩紳上下斡旋，商秉懇款，請兵助剿，親身調度。一應軍情民事，布劃周詳。依民國《續修安順府志輯稿》所記，烏速龍及六合團變亂起於本土，愈演愈烈，竟長達十二年。其間兵禍連連，歲無寧日。佩紳之前經歷任官府或剿或撫，民變漸有削减，但「餘匪尚熾」。佩紳到任，借川軍達字營合力圍剿，以烏速龍一戰平之。

縱觀全書，《安順書牘摘鈔》對當時安順郡况進行了多方調查，作了大量記録，以「軍事無章，則民事難舉」概之。易佩紳認爲「民事之要，無外乎整綱紀，申教化，除苛暴，問疾苦。安未變之善良，以感已變之頑梗」。「盡心民事，則軍事自松」。這些主張，在書中多有反映，一定程度上表現了易佩紳的治民思想。所記軍事民政事項，對瞭解清代咸同時期安順社會狀况有一定的參考價值。

今據清光緒四年（一八七八）十一月刊本影印。

（丁武光）

安順書牘摘鈔敘目

同治九年庚午佩紳以貴州候補道攝理安順府夏六月下旬視事冬十一月中旬去計在官六閱月庶富未能謀惟空空託之於教大利未能興惟草草借客兵以除一大害事後追思常以負民爲疚然當其時勞苦憂患固不敢自謂尚有餘力矣文字之可見者粗迹耳故篋中猶存書牘稿若干篇不忍盡棄今摘鈔之各以類編爲三卷光緒四年戊寅冬十一月易佩紳自敘

卷之一

陳地方情形籌民事軍事

橡繭圖說

《橡繭圖說》二卷，清劉祖憲撰。

劉祖憲（一七七四—一八三一），字爲憲，一字仲矩，福建閩清人。乾隆五十九年（一七九四）舉人，大挑得貴州通判，歷署永從、龍里、婺川、普安等縣，道光四年（一八二四）七月任安平知縣，咸豐《安順府志》卷三十二《職官志五》記載，其「惻怛慈惠，公正廉明，富民教民，皆實心實政，爲縣第一賢宰」。道光時安平縣社會穩定，祖憲到任後扶助農桑，振興教育，各種善政并舉。道光十一年（一八三一）卒，祀名宦鄉賢。著有道光《安平縣志》五卷、《論語紀聞》八卷。

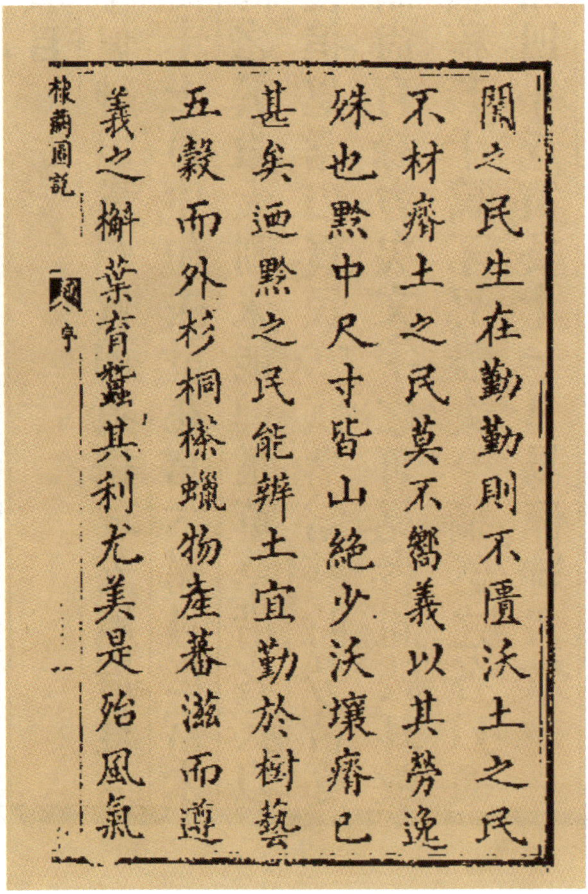
閩之民生在勤勤則不匱沃土之民
不材瘠土之民莫不嚮義以其勞逸
殊也黔中尺寸皆山絕少沃壤瘠已
甚矣迺黔之民能辨土宜勤於樹藝
五穀而外杉桐桼蠟物產蕃滋而遵
義之槲葉育蠶其利尤美是殆風氣

橡繭圖說　序　一

劉祖憲踏勘縣情，見齊伯等地多生橡樹（青㭎），山區農民惟知燒炭，深惜之，自捐俸銀購橡種，聘遵義工師來安平教民種樹，養蠶織繭。道光甲申（一八二四），以大府趙篴樓制軍、程鶴樵中丞、吴荷屋方伯飭屬吏勸民種橡育蠶，乃仿樓璹《耕織圖》作《橡繭圖説》（此爲我國最早講述放養柞蠶技術之書）。此書之前有山東巡撫衙門於乾隆八年（一七四三）奉清廷命撰寫的《養山蠶成法》；其後有道光十七年（一八三七）鄭珍編纂的《樗繭譜》和光緒二十八年（一九〇二）王元原編著的《野蠶録》等。《橡繭圖説》自辨橡種橡至上機成綢，詳寫種、養、織四十一法，各配一圖，并在城鄉教習推廣，給從業者免税之利。其書明白易懂，使百姓知種橡養蠶之法。於是鄉人樂於從事，獲利頗豐，生活得以改善。後種樹養蠶蔚爲風氣，「得利數倍於薪炭」。咸同時此業凋敝。

今據清道光七年（一八二七）自刻本影印。

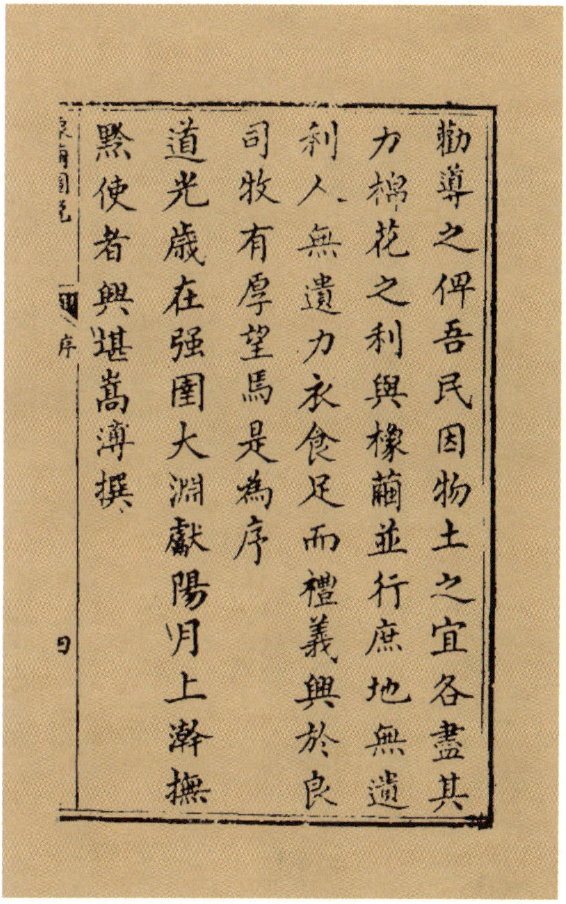
勸導之俾吾民因物土之宜各盡其力樗花之利與橡繭並行庶地無遺利人無遺力衣食足而禮義興於良司牧有厚望焉是為序

道光歲在强圉大淵獻陽月上澣撫黔使者興堪嵩溥撰

（張帥）

貴州安順府知府沈公行狀

《貴州安順府知府沈公行狀》，不分卷，清譚廷獻撰。

譚廷獻（一八三二—一九〇一），字仲修，號復堂。仁和（今屬杭州市）人，同治丁卯（一八六七）中舉，先入福建學使徐樹藩幕，後署秀水縣教諭，之後歷任安徽歙縣、合肥、宿松等縣知縣。後去官歸隱，以詩詞文賦爲樂，尤以詞見長，通古今治亂典故，生平好聚書、刻書，精於鑒别校勘，藏書數萬卷，且著述頗豐。輯有《復堂詞録》，刊《半廠叢書》。著《復堂日記》，考版本源流，題識藏書題跋之類。另有《復堂類集》《詞辨》《篋中詞》等。張之洞任湖北學政，於武昌創辦經心書院，晚年受聘入書院任主講，年八旬辭歸故里。

譚廷獻撰《貴州安順府知府沈公行狀》，成於同治九年（一八七〇），刊行時間不詳。乃爲其大父同科中舉前輩沈丙瑩而作。沈丙瑩（一八一〇—一八七〇），字晶如，晚號菁士，浙江湖州府歸安縣人，民國《安順續修府志輯稿》「安順知府年表」記爲「沈炳瑩」。《行狀》叙沈氏生平，稱沈丙瑩幼穎异，日誦千言即通大義。食貧苦學無膏火，夜間映月讀書於寺廟，暗誦經籍之聲曾驚僧人起床。道光十二年（一八〇七）中舉，道光二十五年（一八二〇）成進士。歷任刑部四川司行走、陝西司主事、廣西司員外郎、江蘇司郎中及都察院山西道御察史。後外放貴州，歷任銅仁知府、貴陽署理知府、安順知府等職。同治三年（一八六四）於官場失意中離貴州返浙江故里。

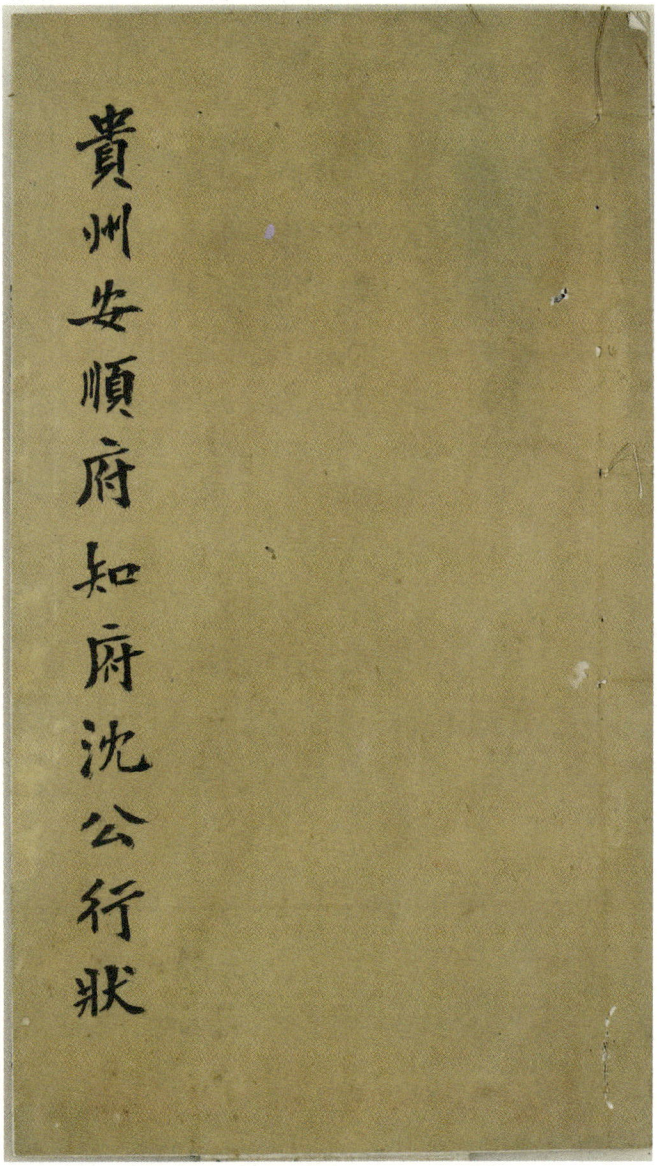

沈丙瑩於刑部各省司就職之際，鋭意讀《律》，審案時長於「辭、色、氣、耳、目」之「五聽」，尤虛衷戒自熹，明辨冤案而讓人素服。其生性不近權貴，爲官清廉。於山西道監察御史任上，稽查中倉吏時，嚴辭拒受饋贈百金，致使積弊以息，風氣得改。咸豐四年（一八五四），有貴州楊龍喜之變，是時「賊接踵起」，「郡邑多事地最僻遠，京朝官視爲畏途」。此時沈丙瑩受命外放貴州，他「寄孥京邸，孑身就道，數月始達大吏」。先後主鞫獄，「治防守文書」，其「治事勤敏，如京曹時加之應變」。後「補安順知府，以籌防

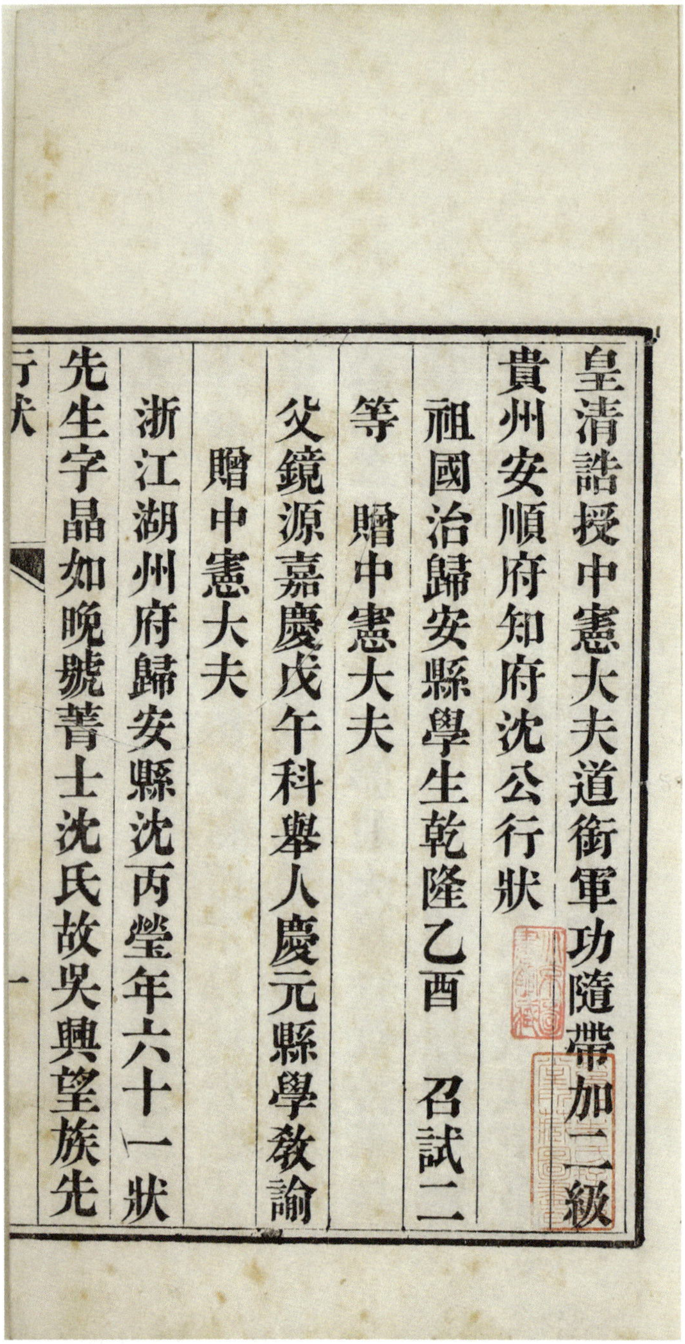
皇清誥授中憲大夫道銜軍功隨帶加二級
貴州安順府知府沈公行狀
祖國治歸安縣學生乾隆乙酉　召試二
等　贈中憲大夫
父鏡源嘉慶戊午科舉人慶元縣學教諭
贈中憲大夫
浙江湖州府歸安縣沈丙瑩年六十一狀
先生字晶如晚號菁士沈氏故吳興望族先
行狀　一

功，加道銜」。咸豐十年（一八六〇）十月，署銅仁府事，時「苗陷鎮遠後遂爲孔道，亂旋起旋滅，人心易動」。其「鎮以靜謐，亦勤折獄，抑强扶弱，稱神明吏」。是時，銅仁所屬縣多有民變，其招募三千人守城，大膽使用團練之首領李丕基平亂獲勝。同治二年（一八六三），署貴陽府，「時貴州實事日亟，吏治益頹廢」，其「請墾荒以集流亡，禁賣牛以濟耕」。該年十月，貴陽城被圍，其「二鼓登陴，終夜扞掫」。「晝夜不得休息」。「月鬢髮皆白」。同治三年八月，復調銅仁。同治四年（一八六五）春挈家歸里。六年（一八六七）主講詁經精舍獻爲監院。七年（一八六八）歸主湖州愛山書院。八年（一八六九）兼主雙林蓉湖書院，德清青溪書院。九年（一八七〇）夏，因奔波勞碌於太湖漊港治理，最終過勞致疾，醫治無效而終，享年六十有一。

今據貴州省圖書館藏清刊本影印。

（潘玉陶）

宦黔紀略

《宦黔紀略》，不分卷，清涂步衢撰。

涂步衢（一八六〇—？），字康甫，江西奉新人，光緒二十年（一八九四）甲午恩科張謇同榜進士。光緒二十五年（一八九九）七月赴任永寧州知州，甫下車，亟振文風，慮生童見聞不廣，捐廉二百購書貯院，聽人觀覽。是時議停科舉，即辦文武學堂，厚以膏火。公餘到校親授算術，講演不倦。又恐經費不充，清理公客田租，得四百餘石。力行義舉，重修節孝祠，溝通百丈泉，并建花江石碉。上峰以其廉能，調署仁懷廳。官永寧州（今關嶺）、仁懷廳同知。均有政聲。

《宦黔紀略》記録撰者在永寧州、仁懷廳内所辦實迹。一、整修一條管道，每年增産穀子一萬石，引水到關嶺門口，居民汲飲稱便，又能防禦火災。二、過去豁免租穀的荒田，全部復墾，恢復租額。三、永寧州城内飲水困難，揭石成渠，鑿石爲梘，引來渠水，使居民四時飲水不竭。四、除賑灾、平糶外，積穀六七百石備荒。五、增修學舍，可容納學生五六十人。六、添設學堂。七、購買天算、輿圖等書籍數千卷發給學堂。八、修建石碉、關門、圓拱石橋等。九、從乾隆以來的積案，一律結清。十、買藥發給患者。十一、使下情上達，在衙門外設一甑（狀如瓶），可投書其中。十二、訓練團防，購買槍械，「剪除會匪」。

是書乃涂氏卸任歸田後述其心迹之作，如《自序》所言：「以百姓之心爲心，以百姓之事爲事而已。」

今據清光緒三十三年（一九〇七）刻本影印。

（王青青）

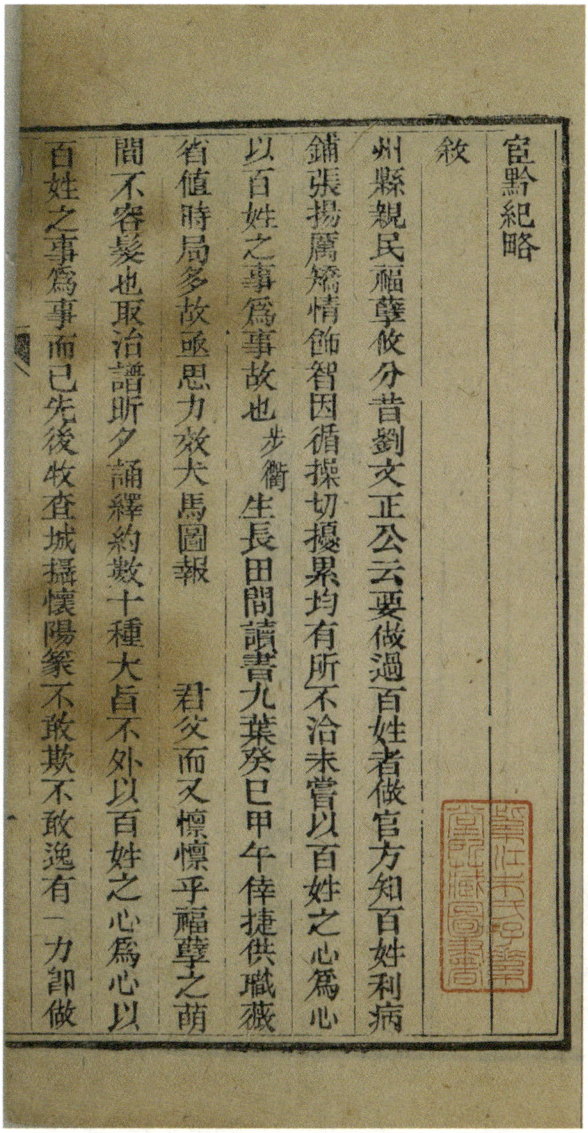

宦黔紀略

敘

州縣親民福孽攸分昔劉文正公云要做過百姓者做官方知百姓利病鋪張揚厲矯情飾智因循操切擾累均有所不洽未嘗以百姓之心爲心以百姓之事爲事故也步衢生長田間讀書九葉癸巳甲午倖捷供職黔省值時局多故亟思力效犬馬圖報　君父而又懔懔乎福孽之萌閭不容髮也取治譜昕夕誦繹約數十種大旨不外以百姓之心爲心以百姓之事爲事而已先後牧查城攝懷陽篆不敢欺不敢逸有一力即做

宦黔紀略

永甯州任內舉辦實蹟

一興修水利自大水寨起至楊家寨止計二十五里舊有渠溝咸同時壅穨田成荒土或種洋藥籌欵修復灌溉歲可增京石穀一萬石上下引水到關嶺門口居民吸飲甚便并足以禦火災

一墾荒復額光緒十一年間崔牧暕任內稟奏

奏准豁免荒田二百二十五分捐廉全數開墾徵解復額

一盤引山泉每逢秋冬水涸城內汲飲缺乏查有後山杉木洞距城里許

本書與世界史綱之比較

《本書與世界史綱之比較》，稿本，一册，清姚大榮撰。

姚大榮（一八五九—一九三九），字儷桓，號芷澧，清貴州安順人。光緒九年（一八八三）進士。歷官内閣中書，起居注主事，刑部主事，學部圖書局行走，大理院推事，兼充法律館纂修、禮學館顧問等。辛亥革命後任平政院紀録科主任書記官等，住北京，後遷居天津，專事著述。有《墨緣彙觀撰人考》《惜道味齋事集》《馬閣老洗冤録》《木蘭從軍時地表微》《西王母國故》等。其中《墨緣彙觀撰人考》《寶穰室收藏書畫志略》《董北苑書法表微》《辨吴漁山與王石穀絶交事》等，均爲書畫史論著，頗能表現他不囿成見、勇於探索的學風。一九三九年四月二十一日在天津英租界去世。一九六三年十一月二十日，其後人題曰 *Mrs. Anna Yao Tang.* 將其手稿捐贈給美國國會圖書館（每册封面背題：*Gift Mrs. Anna Yao Tang*，*Nov. 20*，一九六三」），分置十個資料夾，計有十九種。

《本書與世界史綱之比較》述其所作相較於英國韋爾斯《世界史綱》之异同，其云：「究心累月，益信前此流傳西史之底藴，不過如是。經過無量數博士碩儒之搜討研究，其最後之成績，亦僅止此曰史綱者，提要鉤玄之義，往往與余書所考有殊途同歸之旨趣。」「西方古史資料闕乏，遠非中國古史之比。中國古史，除司馬遷所記五帝三代本紀，雜钞經傳，魯莽滅裂，名不副實外，上古世界一統，文化一元。雖無統整之記録，流傳後世，其要聞軼事千端萬緒散見群籍。」「西方古史則异是，即如希臘名賢赫魯度陀（*HERODOTUS*）（西元前四八四生，前四二八殁）（今譯希羅多德）。雖號稱歷史之父，然其所及知者，僅在其有生以前二三百年間事，溯而上之，則傳聞不實。」

書中又見大榮標注：「中西古史，子統一破裂以後，二千七百年來，始各自分途，不相聞問，其前殊不然也。吾書對於中西古史，處處備有頂門針，此針一下，七竅百脉，無不貫通。」據其書中記載和其文意，大榮所言皆爲中西古史之對照，考述時間事件，簡述中西各自發展。大榮在書中認爲，世界大破裂前采用華胥氏所作文字，又每每提及西王母國，通篇可見其對於《世界文化史源提要》和《世界史綱》的對照，體現他對上古時代的獨特觀點和看法。此書對於瞭解大榮之《上古三代治理西域史鈎沉》有大補益，又對於瞭解大榮對中西古史看法非常關鍵。又或可成爲時代觀點研究的參照，對於史前研究或可提供新思路。

《本書與世界史綱之比較》，民國十八年（一九二九）稿本，一册。半頁九行二十五字左右。朱印竪欄黄紙，四周雙邊，白口，單魚尾。版心下印「乾元亨」三字，無頁碼題名。框高十七點三厘米、寬十一點六厘米，全書高二十四厘米、寬十四點五厘米。封面朱筆書「疊、查、存」三字，頁一額題「本書與世界史鋼之比較」，下無署名。毛筆墨書，字迹較草，天頭地趺行間滿布增補批改文字。此書開卷云：「民國十六年（一九二七），歲在丁卯，滬上商務書館譯印英國韋爾斯《世界史綱》。出版之初，閲其目次，核與余書無甚關係，時方從事寫定，未暇省覽。己巳歲（民國十八年）杪余書完成，憶及韋書，或可備參證。」批注：「《史綱》略於远古而詳於近古，本書則詳於远古而略於近古，迥不相侔。」此乃撰此書之緣由。其中所記「余書」應指姚氏《世界文化史源提要》，亦即稿本《上古三代治理西域史鈎沉》，有鉛印本行世。今據民國十八年（一九二九）稿本影印。

（閆平凡、張帥）

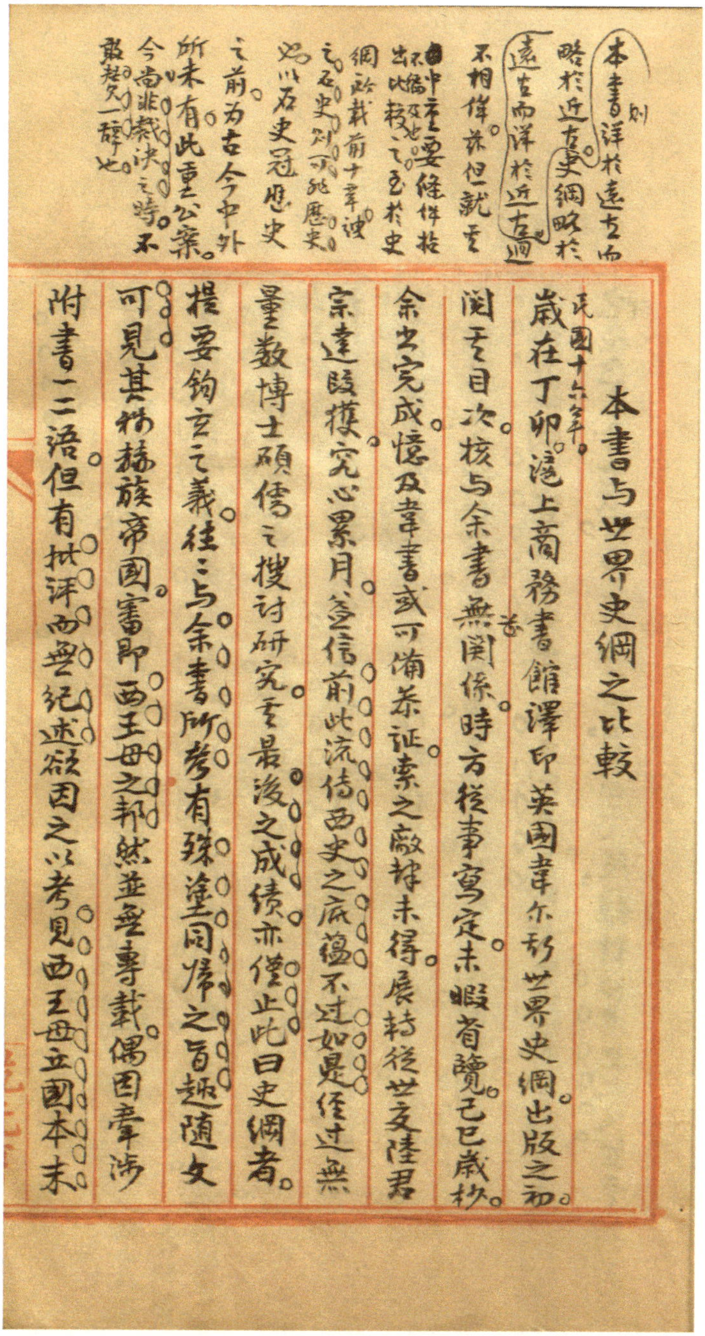

本書則詳於遠古而略於近古。史綱略於遠古而詳於近古。適不相侔。亦但就其綱所載前十章。彼由中古至要條件指出。不備及也。比較之。至於史之各史則純歷史。以各史冠歷史之前。為古今中外所未有。此重大公案。今尚非裁決之時。不敢贅一辭也。

本書与世界史綱之比較

民國十六年。歲在丁卯。滬上商務書館譯印英國韋爾斯世界史綱出版之初。閱其目次。核与余書無關係。時方從事寫定未暇看讀。己巳歲杪。余書完成。憶及韋書或可備參証。索之敝肆未得。展轉從世交陸君宗達假獲究心累月。遂信前此流傳西史之底蘊不過如是。往過無量數博士碩儒之搜討研究。其最後之成績亦僅止此曰史綱者。提要鈎玄之義。往往与余書所考有殊塗同歸之旨趣。隨文可見。其於赫族帝國。實即西王母之邦。然並無專載。偶因韋涉附書一二語。但有批評西史紀述。茲因之以考見西王母立國本末

世界文化史源稿

《世界文化史源稿》，稿本，一册，清姚大榮撰。

是書收有《世界文化史源爲今後鑒往知來主要作品》《讀書考古須善應世變》《爲禹貢學會百君子述禹迹》等，其主旨亦同《世界文化史源》（又曰《西王母國故》），其《讀書考古須善應世變》言：「吾書至癸酉（一九三三）畢功，比年以來，猶逐日加以修省。」蓋謂其《西王母國故》。

是書半頁九行約二十三字。朱印竪欄黄紙，四周雙邊，白口，無魚尾，無頁碼題名。框高十六點七厘米、寬十一點二厘米，全書高二十三點六厘米、寬十三點八厘米。封面題「惜道味齋詩文匯稿」，右紅硬筆注「此册中各稿已録入《世界文化史源》正書」。開卷即題：「《世界文化史源》爲今後鑒往知來之主要作品。」全文毛筆墨書工整，有墨筆眉批及行間修改。

今據稿本影印。

（梁袁源）

两般秋雨菴随筆云。宋劉十功字子明。隐居不仕。賜號高尚先生。嘗壬子常書曰。常人以嗜欲殺身。以貨財殺子孫。以政事殺民。以學術殺天下後世。此數語奇闢。魔附柏梘禪室楹語云。尤西堂有畏友曰湯卿謀。名傳楹。吳縣人。嘗言人生不可不儲三副眼淚。一副哭天下大事不可為。一副哭文章不遇識者。一副哭從來淪落不偶佳人。金壇史梧岡竟書為座右銘。

世界文化史源為今後鑒往知來主要之作品

余著此書。發端於光緒丙子。創稿則始自壬辰。心欲求通。讀書太少。奮志十五年之久。乃敢涉筆。積四十餘年稽譔之勤。至乙亥之春。始告完成。易稿七八次。其名稱屢易而未遽確定。最後署其端曰西王母國。故本以紀實。或謂過於古雅。難以通俗。名曰華胥學（Hittiteology）。又嫌過於新奇。難以喻衆。既欲名實相副。觀者易曉。則莫若直稱世界文化史源為宜。而附著古雅新奇者於下方。俾閱者分途注意。非贅文也。近今所謂世界。隆古則稱天下。統大九州言也。上穆天子傳。得不以為小說家言乎。倘進而議堯典山海經。則更覺別有天地非人間矣。此非貫徹世界地理沿革歷史系統。未足與議也。

右論考求世界文化史源須從研究禹貢穆天子傳入手。

世界破裂其關鍵全在東西周之際。孔子欲為東周。非徒時勢使然。實因失地太廣。恢復難期。保東周足以定紛亂之局。以辨名定名分號召天下。人心所歸。全盛可復覩也。不侫創通西王母國故。於羣經微言大義多所發明。惟春秋二百四十二年間之書法。非思議所及。無從推勘。然必有春秋經而後

惜道味齋詩文雜綴

《惜道味齋詩文雜綴》，稿本，一册，清姚大榮撰。

《惜道味齋詩文雜綴》收有《重刊洵美堂詩集跋》《列井吟爲明季安廬副使蔡如蘅暨妾王月作》《續烈井吟并序》《楊公文驄應謚忠毅蔡公如蘅應謚忠憫議》《馬閣老洗冤録提要》《自題寶穰室偕老小影》《寶穰室偕老小影記》《記孔廟升爲大祀緣起》《學部代奏法部主事姚大榮呈請升孔廟爲大祀疏》《國子丞徐坊覆議孔廟應升大祀説貼》《歐美漫游日記題詞》《唐有二李商隱》《唐有二竇泉》《跋人海記（查慎行）馬閣老洗冤録史料黄澍》等詩文。

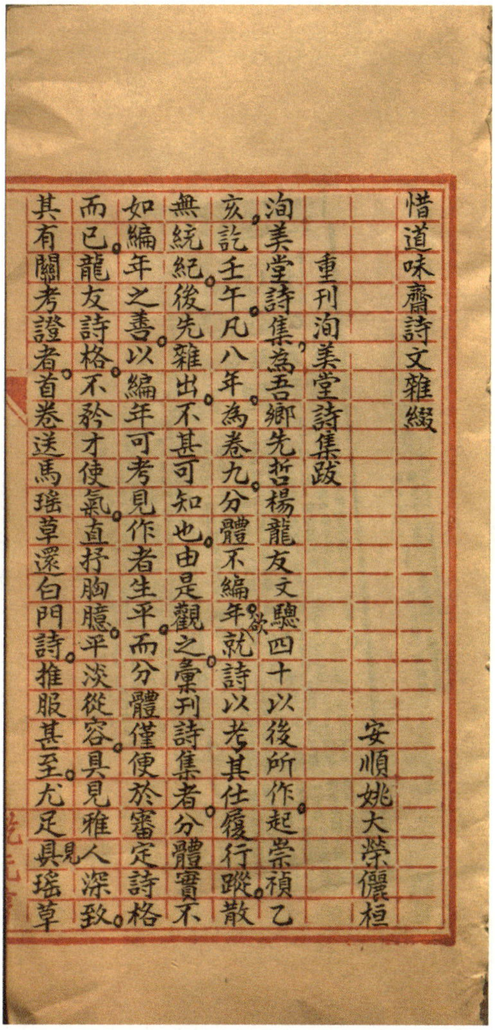
惜道味齋詩文雜綴

重刊洵美堂詩集跋　　安順姚大榮儷桓

洵美堂詩集爲吾鄉先哲楊龍友文驄四十以後所作起崇禎乙亥訖壬午凡八年爲卷九分體不編年就詩以考其仕履行蹤散無統紀後先雜出不甚可知也由是觀之彙刊詩集者分體實不如編年之善以編年可考見作者生平而分體僅便於審定詩格而已龍友詩格不矜才使氣直抒胸臆平淡從容具見雅人深致其有關考證者首卷送馬瑶草還白門詩推服甚至尤足具見瑶草

如《重刊洵美堂詩集跋》稱：「彙刊詩集者，分體實不如編年之善。以編年可考見作者生平，而分體僅便於審定詩格而已」，這是對整理文集中編排體例的闡述；另一方面還有重要歷史史料的記載。如歷史上關於孔廟祭祀不斷升格的過程，尤其是文廟舊爲中祀，後在光緒三十二年（一九〇六）升大祀，僅見《清朝續文獻通考》記有「學部據本部主事姚大榮請，升爲大祀，同郊天焉」。其中過程、細節未見記載。而稿本《惜道味齋詩文雜綴》有《國子丞徐坊覆議孔廟應升大祀説貼》《記孔廟升爲大祀緣起》等篇對這一歷史事件的深入記述，具有重要史料價值。《跋人海記》記載《馬閣老洗冤録》相關史料「黄澍」等考證條目，對於閱讀《馬閣老洗冤録》有較大幫助。書中篇目與大榮其他著述有所補益，可爲瞭解大榮著述提供便利。其書涉及廣泛，可見大榮學識之淵博。

該書稿本半頁九行二十五字。朱印扁方格黄紙，四周雙邊，白口，單魚尾。版心下印「乾元亨」三字，無頁碼題名。框高十七點六厘米、寬十一點五厘米，全書高二十三點八厘米、寬十四點五厘米。封面題「惜道味齋詩文雜綴」。另有同樣稿紙簽條題「此册爲老人晚歲所録，有（以）與他册重間見，宜審分刊」。頁一額題「惜道味齋詩文雜綴」，下署「安順姚大榮儷桓」。框上有眉批，每行六字，毛筆墨書，正楷工整。

今據稿本影印。

（張帥）

惜道味齋雜綴

《惜道味齋雜綴》，稿本，一册，清姚大榮撰。

《惜道味齋雜綴》收有《書王夢樓納書楹王茗堂四夢曲譜序後》《書納書楹曲譜後》《書朱刻穆天子傳後》《广書畫說鈐乙巳丙午間作，後多改定》《跋陆天池南西厢記》《跋李日華南西厢記》《跋董解元西厢記》《樸學與文學之别》《跋朱存理鐵綱珊瑚》《跋夢溪筆談》《貸與借字義各别》《向搨志疑》《另有改定本辨明史馬士英傳誣罔失實明史以馬士英列奸臣傳》《右論馬阮合傳應分析研究》《右論目馬士英爲奸臣始終出自叛臣左良玉黄澍之誣蠛》《右論士英之起用與大鋮之起用各自殊途，其表現各殊，不應相提并論》《右論士英擁立福王持正效忠觀於處置大悲即見梗概》《右論士英知兵見於江北歷年戰功驅流寇複郡邑禽叛將絕非庸瑣》《右論士英絕無挾持弘光之迹觀於王坤仍得優游内廷知其不因私怨而幹公義》等書。

書内收有一份夾條「另有馬閣老洗冤録」，一份剪報「反對考古家發掘古墓戴傳賢爲地下人呼籲甲戌二月三十日北平晨報」「因研究而掘墓不宜泛禁蔡元培昨函復戴」。册末頁記有「貴陽獨獅子街九號淩惕安」，此爲淩氏民國時期通信地址，姚大榮或與淩惕安有書信往來。

乾隆中純皇第五次南巡。浙中官吏曾延夢樓先期填造新劇九折。選諸伶藝最精者在西湖行宮奏演。先寫黃綾底本恭呈御覽。輒蒙褒賞。賜予頻仍。事見梁廷枏曲話。

惜道味齋雜綴

安順姚大榮儷桓

書王夢樓納書楹玉茗堂四夢曲譜序後

大榮案夢樓罷官自滇歸。買僮教之度曲。行無遠近。必以歌伶一部自隨。其辨論音律。窮極要眇。客至張樂共聽。窮朝暮不倦。海內求書者歲有饋遺。率費於聲伎。客去樂散。默然禪定。夜坐胷未嘗貼席。持佛戒。日食蔬果而已。如是數十年乃卒。語見姚惜抱所作墓志。然則夢樓之於音律。是誠真知篤好。積之有得者矣。其為懷庭作序。推為古今絕業。時大榮頗有才氣，好逞博辨，喜作翻案文字。書内各篇，皆有新意。卷三有《避暑山莊詞》（并序）一篇，觀其命意遣辭，隱欲敵王闓運《圓明園詞》，雖才思翰藻，不逮王氏，抑亦可傳之作也。又有《石鼓歌》（并序）一篇，長至五百九十七言，自詡考定石鼓出崔浩之手，爲自來所未有，頗矜創獲，或謂有意張皇，仍不免文士陋習。

是書稿本半頁九行約二十三字。朱印竪欄黄紙四周雙邊，白口，單魚尾。版心無頁碼題字。框高十七點四厘米、寬十一點九厘米；全書高二十三點八厘米、寬十四點三厘米；封面題「惜道味齋雜綴，前三十一頁最重要，當另録出」。頁一額題「惜道味齋雜綴」，下署「安順姚大榮儷桓」。框上有眉批每行六至八字，毛筆墨書，前草後工，筆迹不一，所收多爲序跋筆記。鈐印有「姚印大榮」，白文方印；「芷澧」，朱文方印。

今據稿本影印。

（張帥）

書之價值矣。俟五百年而後定乎。

書納書楹曲譜後

龔定菴續集云。金伶德輝以字行。遂其名矣。吳人。乾隆中吳中葉先生以善為聲老海內。海內多新聲。葉掃而律之。納于吭。大凡江左歌者有二。一曰清曲。一曰劇曲。清曲為雅燕。劇為狎游。至嚴不相犯。葉之藝。能知雅樂俗樂之關鍵。分別銖黍而通於本。自稱宋後一人。而邑洞庭鈕非石侍香祕為第一弟子。德輝解書。以書受鈕而不以歌。一夕歌。鈕寸而律之納于吭。則大不服。鈕曰。毋。曰吾不知劇。若吾所知殆非汝所知也。即欲於劇外歌某聲。當中腰支某尺寸。手容當中某寸。足容當

上古三代治理西域史鈎沉 上册

《上古三代治理西域史鈎沉》上册，稿本，一册，清姚大榮撰。

書首有甲寅仲冬既望姚大榮序，其云：「印度西藏間有小國名哲孟雄者，周遭僅七十餘里。本爲藏番郡落，藏既内屬，哲亦比之古之附庸，附貢中朝。光緒中，英人謀與藏通商，開埠獨吉嶺。道必經哲境，遂力争以爲哲本印屬小國。總署函致駐英公署，使争之。公署集衆議，各抒所見，擇當以報。新化鄒代鈞，叔績先生文孫也，以輿地名家，充使屬隨員，承星公使命暨參贊馬格里之托，援古證今，元元本本，考據哲非印屬以上。總文案方培容尼之曰：此大事，豈書生所知。（中略）即據鄒稿譯覆英外部。議遂定（語見近人清代野記）。愚以爲，鄒君所争者，不過現今哲孟雄一隅地耳，主權所在，地雖尺寸，無割讓理。今不讓，後猶可援據收回，否則萬劫不復。」此爲作者著書之緣由。

是書有《群經中多譯音字即爾雅可推》（歲陽歲陰西來説，據花之安《自西徂東》之《史學瑣談》）、《中國人種西來説太迷謬》《廓特奈亨臺必非黄帝》《廓特奈亨臺爲重黎之後，楚之始祖季連證》《廓特奈亨臺與楚有不可思議之關係》《三苗所居之彭蠡即黑海洞庭即里海鈎沉》《洞庭湖考》《巴克譯爲百姓即謂苗民不得以爲中國百姓》

《廓特奈亨臺師巴克民族東徙即小雅投界有北堯典分北》《三苗五宅三居之事證》《巴克民族東徙居於葉尼塞河濱者爲拓跋魏先世所自出居於西藏北境者爲河關以西諸羌所自出皆三苗也》（引海寧王國維《流沙墜簡補遺考釋》）、《禹貢雍州黑水三危南海鈎沉》（文中「鈎沉」作「考」字）等篇。

大榮此書所載篇章，内容涉及音韵、考據、地理諸方面，又册中剪報引用許地山《最近的印度》《外國古董》（原文「骨」作古字）、《中美同盟論》等，可考大榮涉獵之廣，亦爲瞭解大榮學術源流之重要史料，可爲清季民初黔人文華之典範。

該書半頁十行二十至三十字。緑色印竪欄黄紙，四周單邊，上下黑（緑）口，單魚尾。版心印「惜道味齋鈔本」，無頁碼。框高十七點五厘米、寬十三點三厘米，全書高二十七點五厘米、寬十七點四厘米。封面題「上古三代治理西域鈎沉」，正文額題「上古三代治理西域史鈎沉，惜道味齋叢書」，「史」字爲後加，下署「安順姚大榮儷桓」，框外又題「西王母國故鈎沉，一曰赫胥學知津」。正文前有姚大榮《上古三代治理西域鈎沉序》。此書實即《世界文化史源》一書舊名，封面有國會圖書館英文簽題作 *The Origin of World Culture I*. 有鉛印本行世。毛筆墨書，字迹前工後草，天頭地趺行間滿布增補批改文字。

篇題上册爲整理者題。

今據稿本影印。

（梁袁源）

中國地大物博。待土地人民者。苟駕馭得宜。則可以鞭笞天下。此言擇織。辛亥中國以外者窺之熟矣。西距離中國愈遠者。窺之愈深。其著制勝者。則其巧另布置。不如之於遠取西遠取之術乃爲妙。明知中國建置最古。根深蒂固。不可動搖。言德慧術智之人。林則徐、麻則之。二朱可遠施。曹武之術。慢其多數年少氣盛之人。在不深閱世故之流。大醉心洋華。強讀遠取以弋取當代新色。貨利之輩。胸無定見。惟怪叙聞。利用之則自操同化之權。著其枝葉以次攘其本實。則如推枯拉朽。著之於舉。藉窺破此旨。始信孫新之偉人無非强鄰之鷹犬。

民國之偉人無非强鄰之鷹犬。教育之權。落於慧黠者之手。彼商賈性知牟利。牟利必善投機。投機事業。惟務巧速。不尚拙遲。教育之事。以務本樸實为主。務本崇實。此拙遲之所以巧速也。不言教育而惟巧速是務。直倡亂而已矣。

上古三代治理西域鈎沈序

印度西羌間有小國名哲孟雄者。周遭僅七十餘里。本爲羌番部落。羌既內屬。哲亦比于古之附庸附貢。中朝光緒中英人謀与羌通商。開埠獨吉嶺。道必經哲境。遂力爭以为哲本印度小國。總署函致駐英公使爭之。公使集衆議。各抒所見。擇一當以報。新化鄒代鈞。敍績先生文孫也。以輿地名家充使署隨員。承公量使命暨參贊馬格里之托。援古證今。元元本本。考援哲非印度以上總文案方培容尼之曰。此大事。豈書生所知。彼徒援海國圖志瀛寰志略等妄騰臆說。中國古書蓋不足恃也。英既欲之。不如与之便。馬韙英人然

馮定遠鈍吟雜錄云。讀書須從上讀下。先看後人書。於古人好處便不相入

矣。其全體同化者。惟西河以西流沙以東一域。其同化者半數而弱。將同化而未能者半數而强。而既与同化者雜居（勢不得不委曲遷就以冀其同化。）則兩海之間水澤以南一域是也。其三域地廣人稀。在唐虞之際尚無所考見。惟渠搜一種（或包有印度波斯諸國在內）居於蔥嶺左右。雖自立國。介在雍州內部。而与我不同化。既無庸改土歸流。則亦儕之西戎之列。其山川物產亦并略之焉。此則禹貢畫分雍州之旨趣也。當時華夏人民生聚于西域者。惟在兩海之間水澤以南之一域。故地中海之為西海。黑海之為彭蠡。裏海之為洞庭。蔥嶺之為地脊。既与貢賦物產無關。禹貢亦概

上古三代治理西域史鈎沉　下册

《上古三代治理西域史鈎沉》下册，稿本，一册，清姚大榮撰。

本書正文起始曰：「姜，二帝用師，以相濟也。」其文與上册結尾論三位之地文字末句「而篤信教宗者，雖詘之以烏」不相接續，其中當有缺失。而據上册目録所列，下册篇目内容當爲《禹貢弱水合黎流沙鈎沉》《中冀鈎沉》《女媧所治冀州即中冀考》《蚩尤爲西方君長、九黎之牧伯又爲西方占星術之鼻祖》《海内昆侖之虚鈎沉》《中國神仙一家爲西西里島民温白德爾詐術之支流餘裔，自燕齊海濱傳入内地爲西方巫覡流毒諸夏之始》《西王母國故鈎沉》（原題《西王母之邦足徵記》）等。而兩册裝訂完整，英文簽題作 *The Origin of World Culture I* 與 *The Origin of World Culture II*，當是遺缺一册。

書中批注多有其學術淵源之叙述，如天頭批注：「不佞致力《西王母國故》，自光緒壬辰（一八九二）夏起，迄今歲己巳（一九二九），凡三十八年。因考訂西王母環境輿地，不能不推究上古大九州之建設，古籍自《堯典》《禹貢》外，以《山海》爲最古。因之研索《山海經》不遺餘力。《山海經》無人能讀，即大九州無人能知。不佞愛讀《山海經》始自光緒丙子（一八七六），迄今五十四年矣。早歲辛勤，晚乃收功。卒借《山海經》之力，完成

《西王母國故》」。又如「大榮幼習舉業，偶鈔前人之文，鈔集農山詩云『綿蠻黄鳥』之篇，至『問名以諮《爾雅》，考形以諮《山經》』等句，亟請於李肖岩先生。」其下朱筆書曰：「吾對於西王母之研究，萌動於十一歲時。緣是時大榮從劉漢州先生受業，先祖有暇，查簡課程，見日間有『琢玉成器』，命屬對，大榮以『磨鐵成針』應。晚歸，易以『煉石補天』。且云此係女媧故事，大榮謹志之。十四歲時，讀王農山文，有『問名以諮《爾雅》，考形以諮《山經》』之句，不解《山經》何説，亟請於李肖岩師。師曰《山海經》也云云。」墨筆記曰：「光緒丙子（一八七六）歲，始應書院童試，得奬金，急赴書肆購《山海經廣注》歸，果見有大人國、西王母等條文。大喜過望，從茲朝日夕月，寢饋不釋。後來證實大九州之説，悉自此。（中略）癸未（一八八三）釋褐登朝，盡弃舉子業，治漢學家言。至此始從事於研究工作。（中略）至壬辰（一八九二）時歲乃發願考求西王母歷史。」

書中有標題「西王母國故寫定完成敬定告學界」，但内容不符。三處題寫「邠國考原」，又有「西王母之邦足徵記」，與上册目録中修改前的「西王母國故鈎沉（原題西王母之邦足徵記）」相契合，但是内容不符。如其題下即「論中國大學亟設歷史考古學專科」，又「上古大九州圖説」文末曰「説詳證穆餘篇」。「補禹貢雍州西疆圖説」文末曰「其詳具説雍篇」。又有「解題提綱」，其中有「標題此書曰西王母國故」之語。可見其敘述未統一、完整，爲稿本形態。

書末有三首诗，分別是《純嘏大會和瞿兆僧同年光業詩次元韵錢莘甫駿祥》，下題「戊辰仲冬時年八十有一，天津日界橘街」；《己巳二月初五日嚴範孫修逝世有自挽詩》，下題「北洋畫報謂於洋曆十五夕十一時子時以心臟麻痹卒」；《戊辰重九純嘏大會晏集王耕老宅放歌次瞿兆僧同年光業詩元韵》，下題「叙述其生平事迹」。

是書半頁十行二十至三十字。緑色印竪欄黄紙，四周單邊，上下黑（緑）口，單魚尾。版心印「惜道味齋鈔本」，無頁碼。框高十七點五厘米、寬十三點三厘米，全書高二十七點五厘米、寬十七點四厘米。封面有「周公居東」四小字，無大題。卷首扉頁有「蔥嶺」二字。有似隨手記下的「安東七道溝驛前秀清旅館」「海關」「姚定九」。封面有國會圖書館英文簽題作 *The Origin of World Culture II*，有鉛印本行世。毛筆墨書，字迹前工後草，天頭地趺行間滿布增補批改文字。

篇題下册爲整理者題。

今據稿本影印。

（梁袁源）

晨報己巳正月廿六日號載北平之西管頭村鮮花行耿寶鑾現年一百四十二歲。精神矍鑠。視之如七十餘歲人。三子七孫六曾孫。家有田園十餘畝。日事花畦工作。實有世外桃源之樂。洵稀人瑞云。

國立北平圖書館啟事
本館現定于十八年一月十日開館。凡到館參觀及閱覽者。請由南長街西苑門及府右街運料門進出。特此通告。

馮定遠與鈍吟雜錄云、讀書須從上讀下。先看後人書。於古人好處便不相入。

李越縵慈銘戊寅日記稱戴東原与是仲明論學書。謂不知古今地名沿革。則禹貢職方失其處所。令人讀之。淹冬沍寒。汗流浹背。

萬國史家大会對于各國歷史之編著方法認為与世界

姜二帝用師以相濟也是黃帝本有与炎帝交戰之事疑赤字篆文与炎形近戴記之赤帝即晉語之炎帝改隸時以赤炎形近而譌赤帝謂榆罔炎帝則謂蚩尤然炎為火形赤為火色字分而義一豈蚩尤既逐帝遂亦僭號炎帝乎而史記帝紀乃謂黃帝与炎帝戰于阪泉之野三戰然後得其志即采大戴之說又謂蚩尤作亂不用帝命黃帝乃徵師諸侯与蚩尤戰于涿鹿之野遂禽殺蚩尤是黃帝既与炎帝戰又与蚩尤戰地既不同人亦有異斷無前稱曰帝後舉其名之理然戴記第云黃帝与赤帝戰而不及蚩尤討平

great honouh
光榮

一若吾華人祖本。薰辛徃歐洲科學家指定。來自西方巴克。實有莫大榮施。輾轉附會。即以巴克為徽稱。語其迷謬情狀。殆無異於酷嗜鴉片馬啡者之各從所好。難以理喻勢禁者矣。

曲學阿世之儒。不惜顛倒羣籍。牽合時代。以附和之。舉國若狂。索解無人。然此說雖不足信。而其所舉中西同一之證據。確有自來。今不詳加剖析。世人不解其故。將以其言之成理。而曲護盲從矣。拉氏所舉中西同一之條目。臚列如左。

一置天文之官　二築測天之臺　三測天用儀器　四以天為穹窿形之珠空　五分黃道十二支　六分圜圓三百六十度　七晷表之垂針漏刻等　八太陽厤之年　九一年分四季法　十一年十二分法　十一年二十四氣法　十二十二月之名稱　十三置閏月法

西王母國故鈎沉

《西王母國故鈎沉》，稿本，一册，清姚大榮撰。

是書「第一章綜論」，上有批注文「第一章綜論、提綱。此章爲全書總綱」，下列十二節；「第二章剔僞，提綱考古之道首在辨别古書真僞，真者不可多得。秦漢以來，凡言西王母者，率係僞托。故必屏除一切方士邪説、雜家瑣談，乃可與談西王母」，下列七節，第二節從經、史、子諸古籍中勾稽西王母記載資料；「第三章詮真釋其名義」，下列六節；「第四章辨似提綱山海經屢記西王母形狀皆係山窟中石像，經文即其圖説也。爲西方刻石之祖，鑄造銅像之先河。自漢以來讀山海經者，皆不曉此用，特正之」，未見分節；「第五章匡紀欲論定西王母，必先論定西王母傳。條舉四庫著録之書之成説，與穆傳相發明者，匡正其失」，下列十二節；「第六章規左鈎考左傳等記載，有足於本事相發明者，作此規之」，下列四節；「第七章祛疑核定西洋古史」；「第八章訂訛穆天子傳多錯簡，據其往來應取程途核定」；「第九章改錯按照（穆天子）西巡程式量移其錯簡」。此爲《西王母國故》早期提綱性著作。

其書半頁九行二十五至三十字。朱印竪欄黄紙，四周單邊，白口，無魚尾。版心印「平政院用紙」，無頁碼。框高十九點三厘米、寬十二點八厘米，全書高二十五點九厘米、寬十七點七厘米。封面無題名，正文額題「西王母國故鈎沉」。下署「安順姚大榮手稿」。書首録德國學者蕭本華言和王静安絶命詩二首，并附評注。原文毛筆墨書工整，但多頁框外及行間記滿後補批改文字。封面有國會圖書館英文簽題作 *The Origin of World Culture III.* 似與前二册相連，實則雖内容有關，但并非續本，而是另一稿本。

今據稿本影印。

（梁袁源）

德國學者蕭本華(Schopenhauer)有言曰生命如吹肥皂水泡雖然吹大而知其必破余謂近代民風嚚動稍解人事者無不鼓吹其主義更有無識者群起附和之謂之宣傳此等主義之宣傳。亦如吹肥皂水泡。雖然吹大。然不轉瞬已立破矣。

王君靜安絕命詩二首

生滅原知色即空。眼看傾國付東風。驚回綺夢憎啼鳥。罥入情絲奈網蟲。雨裏羅衾寒不寐。春闌金縷曲方終。返生香豈人間有。除奏通明問碧翁。

流水前谿去不留。餘香駘蕩碧池頭。燕銜魚唼能相厚。泥污苔遮各有由。委蛻大難求淨土。傷心最是近高樓。庇根枝葉由來重。長夏陰成且少休。

中有玉室

華胥學（西王母國故）

《華胥學（西王母國故）》，稿本，一册，清姚大榮撰。

大榮自述此書之作曰：「不佞從事於此三十餘年（自壬辰迄今歲丙寅），稽撰之勤，溝通中西。」書稿分爲三部分。第一部分：中西考察。關於「中」的篇題有「一、禹貢；二、山海經；三、穆天子傳」。關於「西」的篇題有「一、埃及學之發明；二、亞西里亞學之發明；三、華胥學之發明；四、東華胥學之發明」。第二部分：大題爲「西王母國故鈎沉」，小題爲「考訂西巡程式量移穆傳錯簡下」。第三部分：標題「詮真」。書内附「邊州聞見録」二序。

是書半頁十六至二十二行三十餘字。黄紙，無版框欄格，無頁碼。全書高二十五點五厘米、寬二十點五厘米。封面無題名，開卷額題「華胥學 *Hittiteology* 亦名西王母國故」，下無署名。解題云：「此書爲破天荒合訂中西古史之作。」毛筆書寫潦草，批改滿目，應是最初稿本。封面有國會圖書館英文簽題作 *The Origin of World Culture IV*，似與前三册相連，實則雖内容有關，但并非續本，而是另一稿本。

今據稿本影印。

（吕拯）

華胥學 Hitteology 亦名西王母國故

解題

此書為破天荒合訂中西古史之作。結穆天子西巡前五千年未結之總帳。完（西巡後三千年）未完之卷案。因以表示文化一元之指歸。既訖功。題之尚曰華胥學。以音標文書之則為 Hitteology 亦名西王母國故。以西方華胥氏 Hittite（之國）即西王母之邦也。研究華胥民族史。故名華胥學。華胥民族。發源神州。蔓布亞洲。家不僅西方有華胥氏 Hittite 也。故此書為廣義之華胥學系統。分明實合（埃及學）Egyptology（亞西里亞學）Assyriology 於一爐而冶之。非單純西方之 Hittiteology（此）也。然宗旨則在發揚。西王母國故。不泥執廣狹之見也。解曰

元始以來有中國。即有西王母。一本之親。如鳥有雙翼。車具兩輪。相維相繫。經過五千餘年大同之治。（中國上古積年。禮記祭法疏引春秋命厯序。已具梗概。胡克家通鑑外紀注補采輯尤詳。善自持擇。足資依據。若史記三代世表、及今本竹書紀年、所紀黃帝及周幽之年。暨近代官私編輯之史鑑。皆勇於刪裁。因陋就簡。不足憑信。西方上古積年。尤為荒寧無準。今並加核定。詳疑年篇）古籍散佚。系統猶存。其紀述西王母佚文斷句之存者。尚足與穆天子傳相輝映。備百一之徵焉。穆天子大征犬戎。（攈祭公謀父詩書）此犬戎在禹貢九州之外。不侯徼考。確係埃及（Egypt）第十八朝。祭公謀父所稱大畢伯士。即埃及王阿美斯一世（Ahmes I）之名。樹惇即阿美斯二世之名。埃及詩碑紀伊蘇（Issus）（詩中多換譯之詞。彼國以名改猶案之也）戰事。即大征犬戎之役。此為貫穿中西。六通四闢之決定。詳征戎誤篇。後讀埃及學者慎勿援片面西史先入為主見。橐駝謂馬腫背也。）遠巡萬里之外。與西王母會。並係寧

西王母國故

《西王母國故》，稿本，三十三册，清姚大榮撰。

顧實《穆天子傳知見書目提要》（附關於穆王及西王母之文件）中著録稱：「民國辛未歲，王獻唐先生數函余，述及貴州姚儷桓大榮先生著《西母之邦足徵記》一書，後更定名曰《西王母國故考》，費時四十年，寫成二十六巨册，係其友人王適父先生所親見云。」其又著録《西王母國故全書之内容》，按曰：「此即《西王母國故》之一篇，姚先生寫稿郵寄余者。姚來函稱『往歲有友人詢問旨趣，因作報告西王母國故全書内容答之，繼爲溝通中西文化學院監督韓君汝甲所見，即抄録油印百餘通散布國内各省政府，暨駐外各使領機關，并及所識歐美各國漢學家』云云。此民國辛未七月二十二日函也。」顧頡剛《寶樹園文存》卷二載有《禹貢半月刊》第四卷第五期（一九三五年出版）姚大榮來信按語：「安順姚儷桓先生高年篤學，以畢生精力研究西王母一問題，積稿等身，同人久深佩仰。（中略）我輩讀《山海經》《穆天子傳》等書，亦嘗疑古代西北早有交通，容有張騫而『鑿空』之事。」可見此書在民國時期已爲學界所聞。

《西王母國故》一書，計七十餘萬字，當爲有史以來專論西王母問題的第一書，遍考古今中外之記載，鈎索華國與西王母之來源，以證明世界文化托始於中華民族之一元。大榮耗數十年之心血研究西王母，著成此部奇書，初名《西王母國故》，後因中外學者不甚明白《西王母國故》的來歷，遂更名爲《世界文化史源》，仍録「西王母國故」之名於下方，又名「華胥學」，并將其西文名詞*Hittiteology*標注出來，使歐美學者能明白知曉。

「全書提綱」即解題前言：「全書八十九篇，約七十萬餘言，研究未易貫徹，玆將每篇綱要提彙匯録便覽。西儒研究華胥學（*Hittiteology*）方今開始，吾書已先成，冀有同志發揮廣大之。姚大榮志。」

其書紅格稿紙，内有鈐印「普定姚大榮字儷桓號芷澧金石書畫」「篋中一片江南景」。書中夾有三張天津古籍書店標籤，其中一張標籤背面有藍色圓珠筆標注：「全書三十六本，一本提綱，合計三十七本。欠五、十七、二十六、二十八，存三十三册」。

今據羅維江藏稿本影印。

（梁袁源）

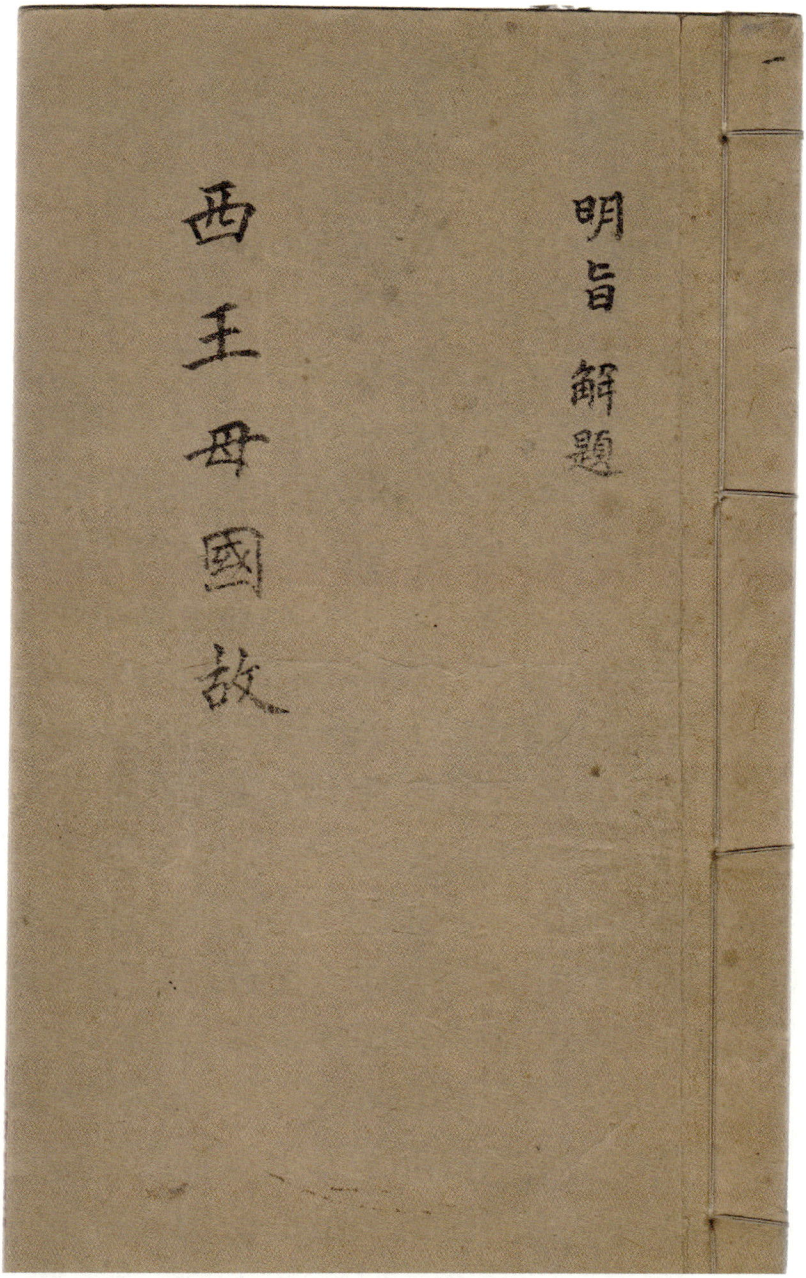
明旨解題
西王母國故

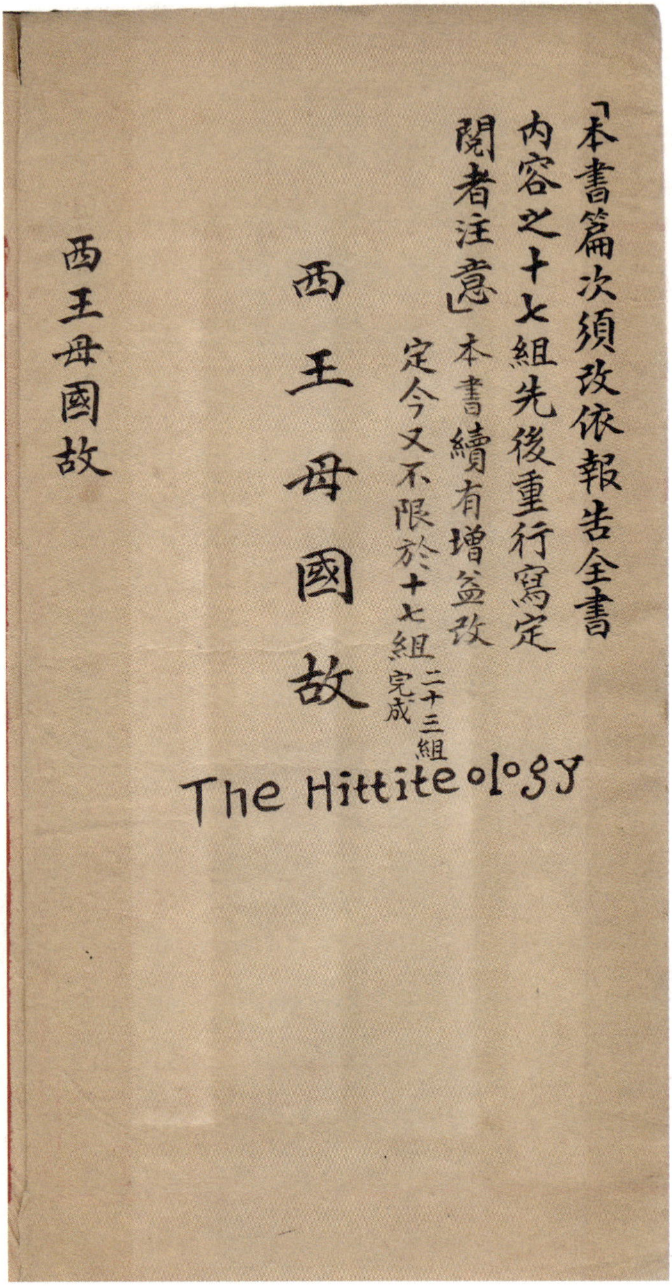
「本書篇次須改依報告全書
內容之十七組先後重行寫定
閱者注意」
本書續有增益改
定今又不限於十七組 二十三組完成
西王母國故
The Hittiteology
西王母國故

木蘭從軍時地表微

《木蘭從軍時地表微》，不分卷，清姚大榮撰。

木蘭從軍時地，不可確知，大榮《木蘭從軍時地表微》，根據《木蘭詩》，從稱謂、駐防地點、從軍遷徙軌迹等角度，結合「貼花黄」「策勳十二轉」等名詞，條分縷析，對木蘭從軍之時地予以考證，簡明扼要。又有《木蘭從軍時地表微補述》一文，考證木蘭家世源流、木蘭與謝小娥之比較等内容，對上文予以補述。大榮考據邏輯清晰，證據充分，具有較强説服力，二文相得益彰。

《木蘭從軍時地表微》和《補述》原刊於《東方雜志》廿二卷二號、廿三號。

今據民國鉛印本影印。

（張丙武）

木蘭從軍時地表微

姚大榮

導言

木蘭詩舉世傳誦，其人亦婦孺皆知。惟其姓氏里居時代，舊說紛歧，論定殊難。程大昌演繁露僅以詩中有可汗點兵語，謂作者身世非隋卽唐，卒亦未下斷語。蓋木蘭本事，範圍甚狹。而詩中故實，多係僻典。儉腹者固不足語此，博洽者亦繁稱寡當，故千餘年無達詁也。余就詩中最關考證之人物（一）可汗（二）天子（三）胡騎，與地理（一）黃河（二）黑山（三）燕山（四）明堂，及歲序（一）十年（二）十二年，幷時制（一）策勳十二轉（二）對鏡貼花黃等，一一施以科學家剖解化驗之方法，著之爲說。定木蘭爲隋末唐初人，著籍梁師都部下，梁亡後不知所終。其里居則在漢朔方郡三封縣故城，今爲寧夏東北境，約在賀蘭山北麓東偏。木其姓，蘭其名。蓋木本先賢端木子之後，避讎改稱木。漢武開邊置郡，援周禮調人之制，定避讎移鄉之法。徙以實邊，故木蘭世居塞上。參考唐律疏議元和姓纂太平寰宇記等書，依以核定，一洗唐以後地志暨考古家之陋，頗堪自信十得八九。將寫定矣，忽檢近人所輯辭源木蘭條下故實，有何承天姓苑已言木蘭任城人之說。考承天爲晉宋間人，旣所著姓苑錄入，必係晉以前人。震駭其

惜道味齋集

《惜道味齋集》，稿本，一册，清姚大榮撰。

是書前半爲大榮所撰序文，如《陳重遠母李太宜人慶六十壽序》《汪伯吾祖母黄太淑人慶八十大壽序》《汪伯吾母黄太夫人慶七十大壽序》《前平政院院長汪伯唐先生慶六十壽序》等壽序，亦有《快閣叢書叙録題解》《跋容臺别集》等題跋；後半爲書法碑帖題跋。原文毛筆墨書較工整，但多頁框外及行間題後補有批改文字。亦有如《右化度寺考》《右塔銘撰文書碑年待考》《右邕師事迹考》等考據文章，序文可考大榮之交游人物，古迹可考大榮日常之游記，對於瞭解大榮或辨章學術，皆有益處。集中篇目又或附有原碑文。集中末篇，大榮舉例化度寺碑墨真迹與原本殘字中「邕」「文」「靈」等字予以説明（此殘字舉例又見於《敦煌石室發現之叢殘藝文表微》書末，此等重復之文，或因其爲稿本，其文多有先後故也，待考）比對。

是書半頁九行二十至二十四字。朱印竪欄黄紙，四周雙邊，白口，無魚尾，無頁碼。框高十七點五厘米、寬十一點六厘米，全書高二十三點六厘米、寬十三點七厘米。封面題「惜道味齋集」，另有藍筆題「待刊文集，全册」。

開卷無額題署名，第一頁記：「中多精要之作，注意重録。戊寅冬日記」。戊寅即一九三八年，一年後姚氏故去。今據民國二十七年（一九三八）稿本影印。

（張帥）

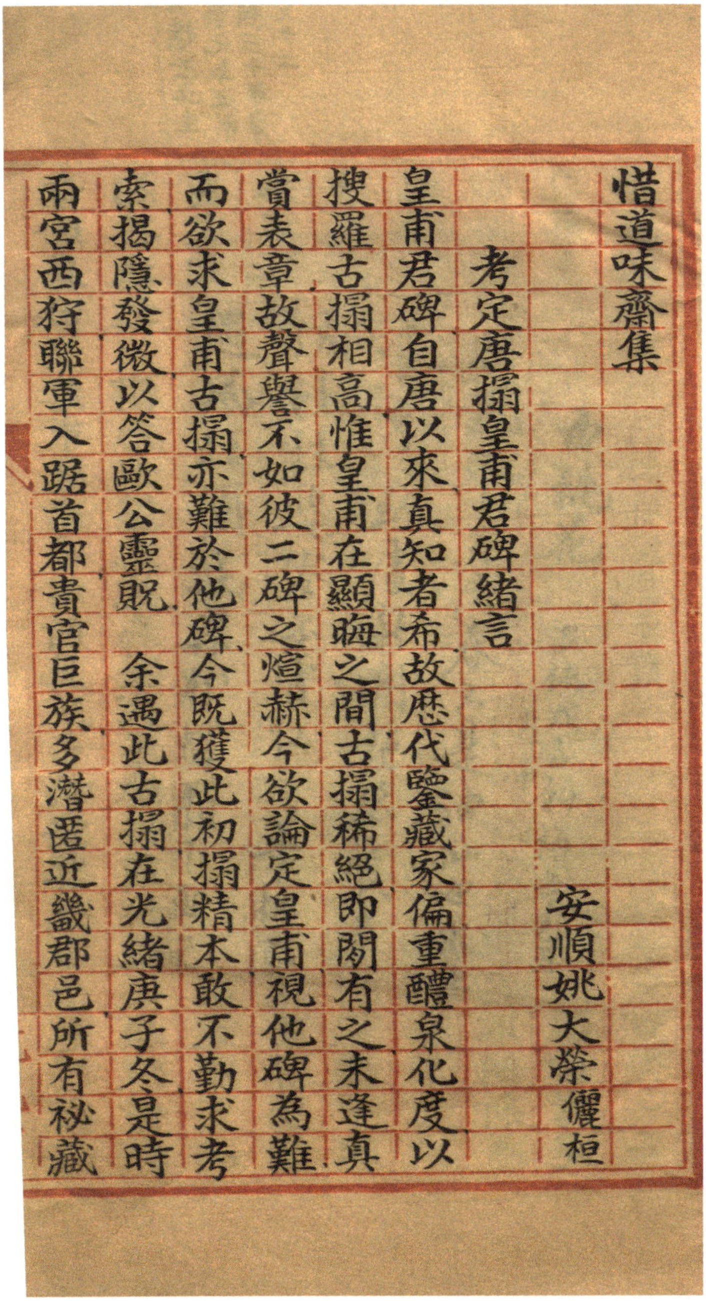

惜道味齋集

安順姚大榮儷桓

考定唐搨皇甫君碑緒言

皇甫君碑自唐以來真知者希故歷代鑒藏家偏重醴泉化度以搜羅古搨相高惟皇甫在顯晦之間古搨稀絶即閒有之未逢真賞表章故聲譽不如彼二碑之煊赫今欲論定皇甫視他碑為難而欲求皇甫古搨亦難於他碑今既獲此初搨精本敢不勤求考索揭隱發微以答歐公靈貺　余遇此古搨在光緒庚子冬是時兩宮西狩聯軍入踞首都貴官巨族多潛匿近畿郡邑所有祕藏

惜道味齋稿

《惜道味齋稿》，稿本，一册，清姚大榮撰。

稿中《明史以馬士英列奸臣傳誣罔不公駁議》標題下有紅字「斌興印書局」，此稿是否流傳至斌興印書局，不得而知。稿中又見《右論明史馬士英傳係根據孔尚任桃花扇傳奇爲底本》《右論孔尚任斥馬士英爲奸臣係受左良玉家族指嗾》《右論馬阮合傳須分析研究》《右論目士英爲奸臣，始自叛臣黄澍左良玉。孔尚任桃花扇遵依之，傳入内廷王鴻緒等不變立异，史案遂成》（此篇目有修改痕迹）等篇目，又收録在《馬閣老洗冤録》書中，此稿或爲《馬閣老洗冤録》一書之最初稿來源，待考。其中篇目又多與《惜道味齋雜綴》相重，蓋其爲不同時期所抄稿本。《馬閣老洗冤録》（稿本）中《右論目士英爲奸臣，始自叛臣黄澍左良玉，而孔尚任桃花扇遵依之，傳入内廷王鴻緒等不變立异，史案遂成》篇，標題較《惜道味齋稿》（稿本）所載多「而」字，可見《惜道味齋稿》（稿本）爲較早稿本。

是書半頁九行二十二至二十六字。朱印竪欄黄紙，四周雙邊，白口，無魚尾，無頁碼。框高十七點七厘米、寬十一點四厘米，全書高二十三點五厘米、寬十三點七厘米。封面題「惜道味齋稿，儷桓手録」。開卷額題「漢律考

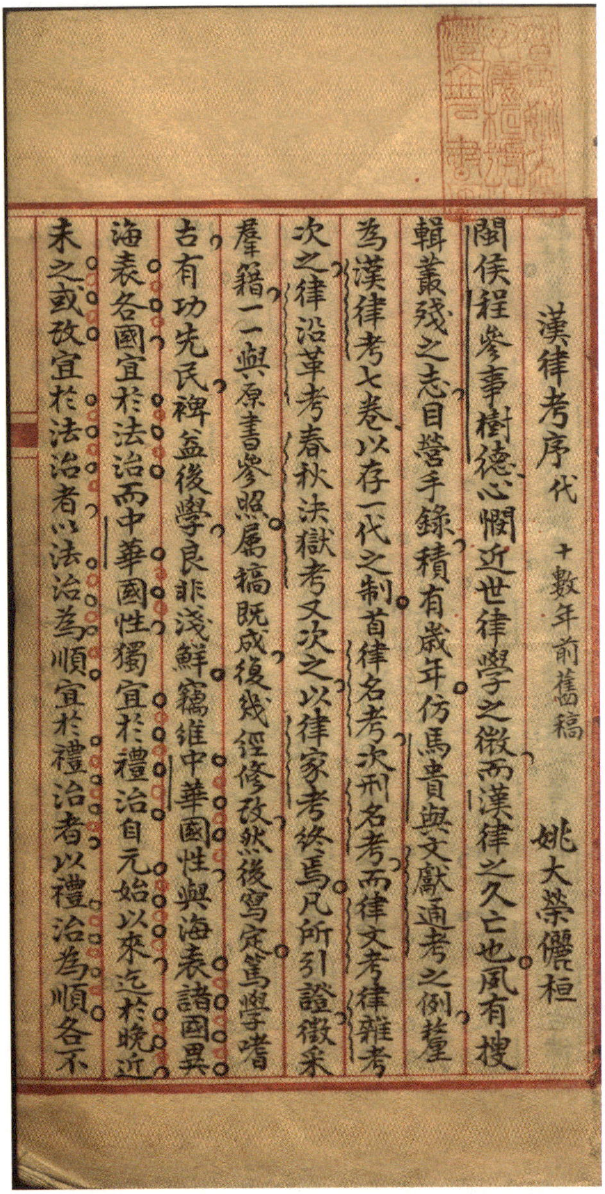
漢律考序代　十數年前舊稿　姚大榮儷桓
閣侯程參事樹德心憫近世律學之微而漢律之久亡也夙有捜
輯叢殘之志目營手錄積有歲年仿馬貴與文獻通考之例釐
爲漢律考七卷以存一代之制首律名考次刑名考而律文考律雜考
次之律沿革考春秋決獄考又次之以律家考終焉凡所引證徵采
羣籍一一與原書參照屬稿既成復幾經修改然後寫定篤學嗜
古有功先民裨益後學良非淺鮮竊維中華國性與海表諸國異
海表各國宜於法治而中華國性獨宜於禮治自元始以來迄於晚近
未之或改宜於法治者以法治爲順宜於禮治者以禮治爲順各不

序」，下署「姚大榮儷桓」。此本爲讀史筆記，以第二篇《明史以馬士英列奸臣傳誣罔不公駁議》最長。原文毛筆墨書工整，但頁框外及行間題後多補批改文字。鈐有「普定姚大榮字儷桓號芷澧金石書畫」朱文長方印，「姚大榮印」白文方印。

今據稿本影印。

（梁袁源）

惜道味齋存稿

《惜道味齋存稿》，稿本，一册，清姚大榮撰。

是書内容涉及古文字、法令等，有《遵義鄭氏許學四書題解》《今叙篆文合以古籀解》《隸古定解》《注定解》《書龔定奄支那古德遺書序後》《對沈侍郎問》及《大理院議案》四篇。原文毛筆墨書工整，僅數頁有墨筆眉批，書寫亦工。集中篇目下標注時間，可考大榮寫作之先後，對有志整理大榮著述者，多爲便矣。又如集中《遵義鄭氏許學四書題解》，在他處較爲少見，可補今日遵義文史研究。書中關於古文字之研究，對於今日學術之推進，亦不無補益。《大理寺議案》四篇，記載大榮任職大理寺推事之故事，可見清季司法典制、社會風俗，可觀大榮任職工作之道，可爲相關研究之參照。

是書半頁九行二十五字。朱印扁方格黄紙，四周雙邊，白口，單魚尾。版心下印「榮寶齋」三字，無頁碼題名。框高十七點九厘米、寬十一點三厘米，全書高二十三點八厘米、寬十四點七厘米。封面自題「此册最要，爲平生精核杰作」。開卷爲目録，額題「惜道味齋存稿」，下署「普定姚大榮撰」。

今據稿本影印。

（姜兆睿）

惜道味齋存稿　　普定姚大榮撰

遵義鄭氏許學四書題辭

今敘篆文合以古籀解

隸古定解

注定解

書龔定菴支那古德遺書序後

大理院議案一

大理院議案二

大理院議案三

惜道味齋詞稿

《惜道味齋詞稿》，稿本，一册，清姚大榮撰。

大榮詞稿涉及《望江南》《賣花聲》《喜遷鶯》《憶昔游》《金縷曲》《滿江紅》《百字令》《瑞鶴仙》《慶千秋》《宴清都》《鳳簫吟》《五福降中天》《桃源憶故人》《鶯啼序》《鷓鴣天》《聲聲慢》等詞牌名，内容涉及懷古、往事感懷、交游、賀壽、賀喜。有作詞緣起介紹，且標注寫作時間。如《哨徧》詞，大榮記「余讀淵明《桃花源記》，愛其辭意之美，因隱括爲哨偏歌之，次東坡歸去來詞韵」；《并蒂芙蓉》詞有「齊君燕銘馮女士慧德合巹頌詞」之介紹，記撰寫時間爲「庚午四月」。稿中部分内容與其著述有聯繫，如《戚氏·次東坡韵》記有「庚申辛酉之冬間，余撰次西王母國故將成。審知穆天子所至西王母之邦。即西史所載華胥國（*Hittite*）之都城迦基密」，此記載或可用以考證大榮《西王母國故》一書之成書過程。大榮詞多記生活瑣事，尤多賀詞，對於考證大榮之交游極爲重要。

是書半頁九行約二十一字。朱印竪格黄紙，四周雙邊，白口，無魚尾，無頁碼、題名。框高十七點三厘米、寬十一點一厘米，全書高二十三點七厘米、寬十三點八厘米。封面題「惜道味齋詞稿」，正文額題「惜道味齋詞」，下署「安順姚大榮儷桓」。全文毛筆墨書較工整，天地行間有墨筆修改。鈐有「普定姚大榮字儷桓號芷澧金石書畫」朱文長方印。

今據稿本影印。

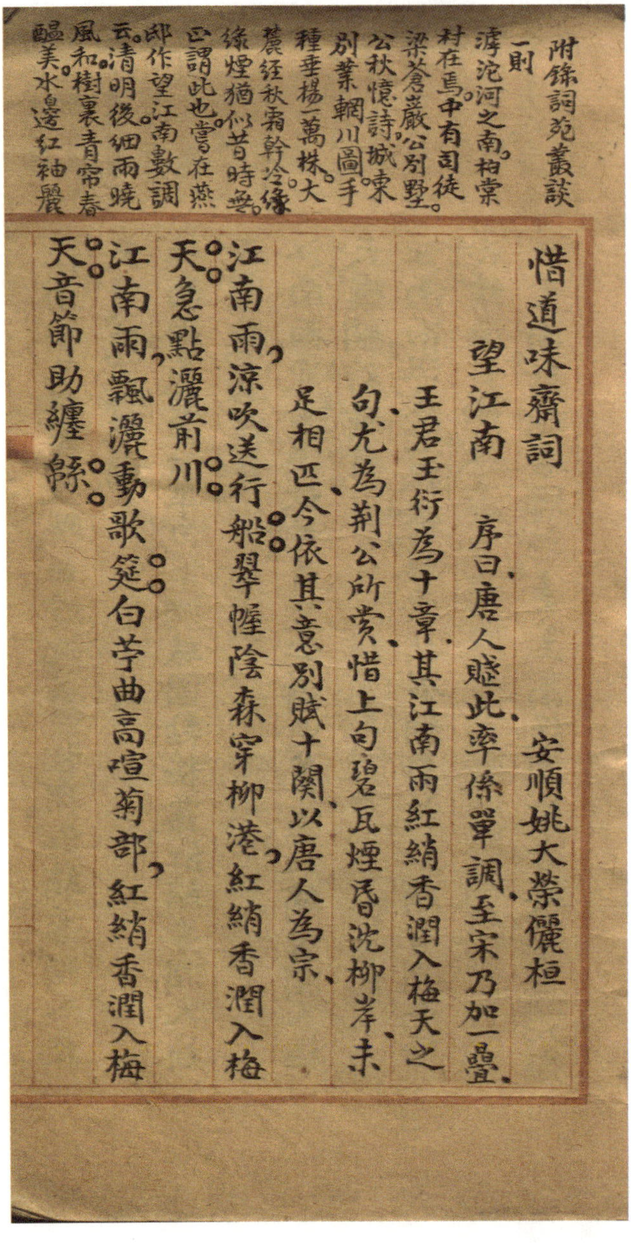
附錄詞苑叢談一則
滹沱河之南柏棠村在焉，中有司徒梁蒼巖公別墅。公秋憶詩：城東別業輞川圖，手種垂楊一萬株。大蘖經秋霜幹冷，緣絲煙猶似昔時無。正謂此也。嘗在燕即作望江南數調云：清明後，細雨曉風和。樹裏青帘春醞美，水邊紅袖曆

惜道味齋詞

望江南　　安順姚大榮儷桓

序曰：唐人賦此，率係單調，至宋乃加一疊。王君壬衍為十章，其「江南雨，紅綃香潤入梅天」之句，尤為荊公所賞。惜上句「碧瓦煙昏沈柳岸」未足相匹。今依其意別賦十闋，以唐人為宗。

江南雨，涼吹送行船。翠幄陰森穿柳港，紅綃香潤入梅天。急點灑前川。

江南雨，飄灑動歌筵。白苧曲高喧菊部，紅綃香潤入梅天。音節助纏綿。

（姜兆睿）

墨緣彙觀撰人考

《墨緣彙觀撰人考》一卷，清姚大榮撰。

《墨緣彙觀》手抄本，未署撰者姓名，末尾自序署别號「松泉老人」，因而書畫界多有議「松泉老人」者，如伍紹棠曰：「汪文端公由敦，字師敏，號謹堂，休寧人，雍正二年（一七二四）進士，官至吏部尚書。事迹具國朝先生事略，著有《松泉文集》。又考王蘭泉侍郎《湖海詩傳》，江昱，字賓谷，江都人，著有《松泉集》，亦乾隆時人，然則但署松泉，究不知其爲誰氏也。」以爲《墨緣彙觀》是汪文端或江賓谷撰（見粤雅堂本卷末伍紹棠跋）。對此，姚大榮《墨緣彙觀撰人考》考證「松泉」并非汪、江，而應爲安岐。

葉恭綽《矩園餘墨》曰：「《墨緣彙觀》一書，爲自來言書畫鑒别者所必讀，幾於家有其書，但端午橋以前，似此書并無單行刊本，且似亦非作者自定之稿，并作者松泉之爲何人，亦不明確。直至民國以後一九一九年安順的姚大榮氏所著之《墨緣彙觀撰人考》出版，考證詳確，對作者之爲安岐，已無疑義，且於安岐之身世，亦已剖析明白，定爲明珠所屬包衣旗籍中之朝鮮人安圖之子，因此以前諸著作者乃至端午橋所發生對安岐之種種疑問，皆可焕然冰釋矣。」

今據民國八年（一九一九）鉛印本影印。

（張丙武）

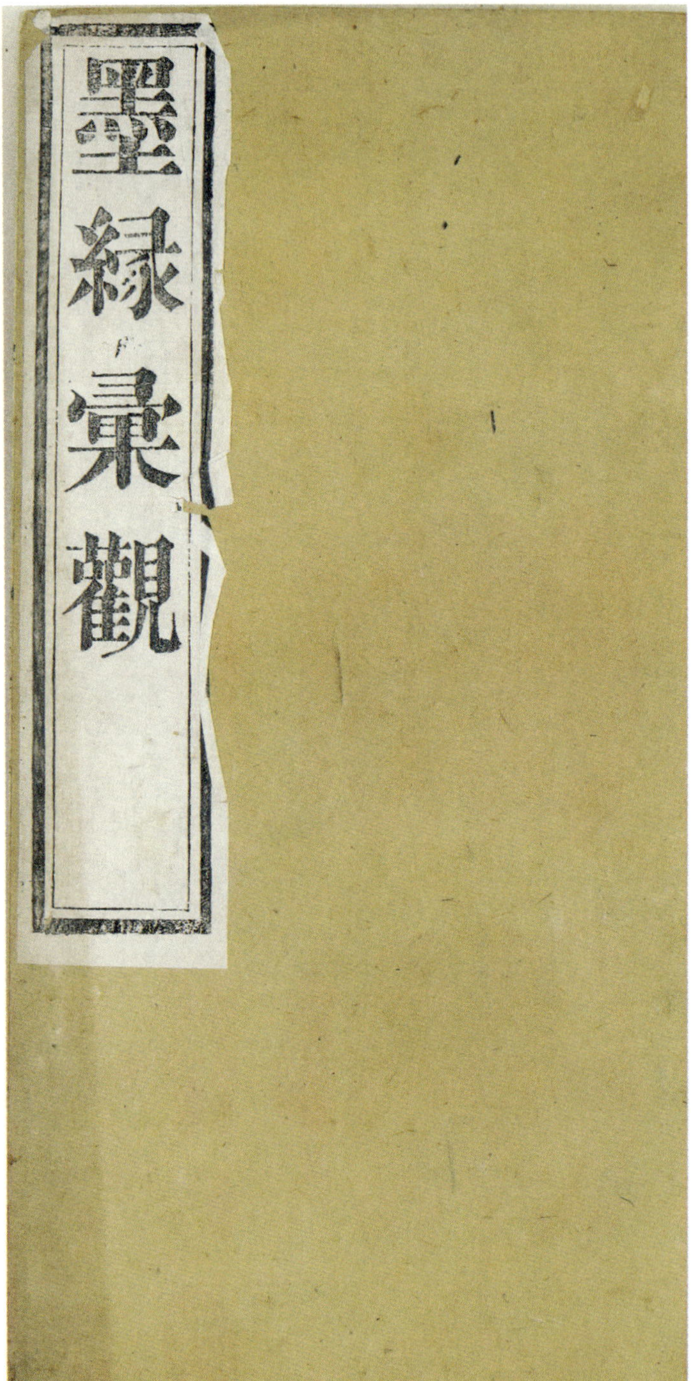

法書下卷目

南宋

寶穰室收藏書畫志略

《寶穰室收藏書畫志略》，清姚大榮撰。

是書爲大榮所藏書畫目録提要，著録書類凡七種：《皇甫碑初拓唐裝本》《宋拓十七帖》《岳鵬舉行書顔延之應詔觀北湖田收詩卷》《趙松雪臨十七帖卷》《明賢四體幹文卷》《劉文清公墨迹卷》《金冬心八分書卷》。畫類二種：《唐宋元寶繪册》《唐末元寶繪合卷》。賞鑒考訂，頗爲精詳。

大榮《序》曰：「光緒辛丑歲，余購獲趙大年江南秋畫卷，篤愛之，特顔所居曰寶穰室，以大年名令穰也。（中略）五十年來，迭遭世變，旅寄首都，公私展覽，得飽眼福，較之往代名賢之博覽鏡鑒者，有過之而無不及。雖未及采録成書，而心目中之留影，與精神上之愉快，莫可自喻。亦不必以喻諸人。其得以喻諸人者，篋中故物，相隨半生，無不可以共見耳。録之成册，雪泥鴻爪，略在於斯。（中略）丙寅秋七月。」

今據民國十五年（一九二六）鉛印本影印。

（張丙武）

寶穰室收藏書畫誌畧

寶穰室收藏書畫誌略

光緒辛丑歲。余購獲趙大年江南秋畫卷。篤愛之。特顔所居曰寶穰室。以大年名令穰也。趙本宋王孫。貴也。歲豐曰穰。富也。大年遐齡也。當時無心題署。不知爲隱含富貴壽考之意。久之乃悟。回思粲然。屢次遷居。仍沿未改。誌墨緣也。五十年來。迭遭世變。旅寄首都。公私展覽。得飽眼福。較之往代名賢之博覽精鑒者。有過之而無不及。雖未及採錄成書。而心目中之留影。與精神上之愉快。莫可自喻。亦不必以喻諸人。其得以喻諸人者。篋中故物。相隨半生。無不可以共見耳。錄之成册。雪泥鴻爪。略在於斯。至於書畫尺寸。有慮虒尺營造尺之異。各就一時之便成文。觀者勿泥視可也。

丙寅秋七月姚大榮。

書　類

皇甫碑初搨唐裝本跋

皇甫碑未斷本已極難得。再進而求宋搨。更屬不易。況敢侈談唐搨。詎知余先後竟

惜道味齋詩文存

《惜道味齋詩文存》，稿本，一册，清姚大榮撰。

是書保存大榮大量詩文，包括《李東堂先生傳》《官胡二工誣辯》《論詩》等。如《書〈字學舉隅〉》，通過分析文字學發展的歷程，闡述其對清代後期廣西學者龍啓瑞所著、被欽定爲正字法典範的文字學著作《字學舉隅》的認識。咏史詩如《烈井吟》是大榮依據李慈銘《越縵堂讀書記》記載明代四川守道蔡如蘅與妾王月的故事而寫成，表達了他對王月守節不畏死的稱贊。又如《明沈文端公〈亦玉堂續稿〉識語》，是大榮爲明末歸德沈鯉《亦玉堂續稿》所作的題識，而《亦玉堂續稿》實不多見，只在王國維《傳書堂藏書志》、孫殿起《清代禁書知見録》有著録。大榮記此書所得過程，又作出考訂，認爲「（四庫）提要之説，多屬臆測」。

是書半頁九行約二十一字。緑色印竪欄黄紙，四周單邊，白口，無魚尾。版心下印「乾元亨」三字，無頁碼題名。框高十六點五厘米，寬九點六厘米，全書高二十二點三厘米，寬十二點六厘米。封面題「惜道味齋詩文存」，右旁題「儷桓手録」，開卷額題「惜道味齋文集」，下署「安順姚大榮儷桓」。全文毛筆墨書工整，有少量墨筆眉批及行間修改。

今據稿本影印。

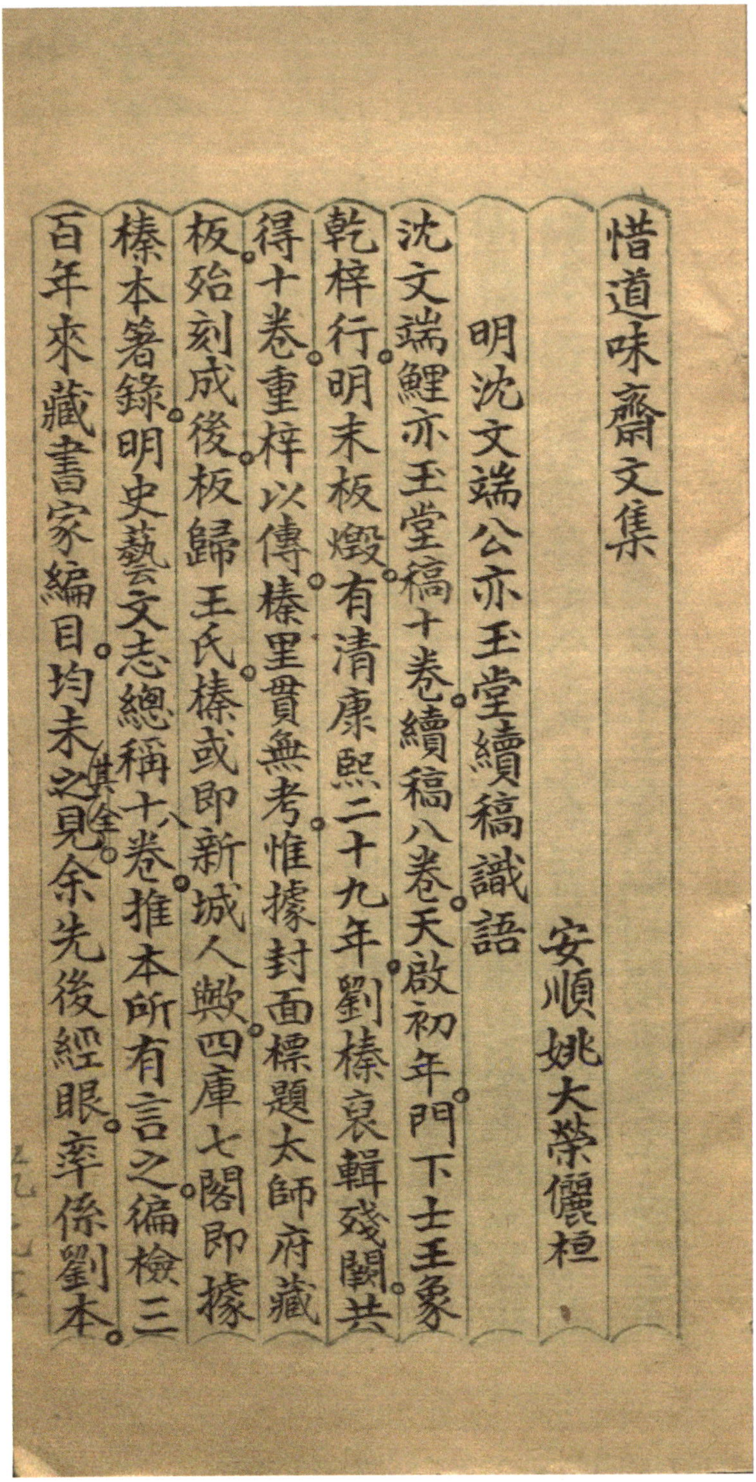

惜道味齋文集

安順姚大榮儷桓

明沈文端公亦玉堂續稿識語

沈文端鯉亦玉堂稿十卷續稿八卷天啟初年門下士王象乾梓行明末板燬有清康熙二十九年劉榛裒輯殘闕共得十卷重梓以傳榛里貫無考惟據封面標題太師府藏板殆刻成後板歸王氏榛或即新城人歟四庫七閣即據榛本箸錄明史藝文志總稱十八卷推本所有言之徧檢三百年來藏書家編目均未之見其全余先後經眼率係劉本

（姜兆睿）

惜道味齋詩文彙稿

《惜道味齋詩文彙稿》，稿本，一册，清姚大榮撰。

自首篇《禹貢雍州規制説略要旨》至《禹爲捰蟲之長》，末尾有紙題「此節已録入正書」，或當有刊印。全書毛筆墨書工整，有墨筆眉批及行間修改。夾有《中國學報》第四期姚文《辯嚴鐵橋輯三古至隋全文攘美之誣》，第七期《辯辛丑銷夏記爲黄虎痴代吴荷屋撰》，兩文末尾均附墨筆訂補。

是書半頁九行二十四至二十六字。朱印竪欄黄紙，四周雙邊，白口，無魚尾，無頁碼、題名。框高十八點五厘米、寬十一點五厘米，全書高二十三點八厘米、寬十三點八厘米。封面題「惜道味齋詩文彙稿」，另貼一紙題「此册似爲老人選録定本，餘册重見者應從此」。開卷額題「惜道味齋集」，下署「安順姚大榮儷桓」。

今據稿本影印。

（姜兆睿）

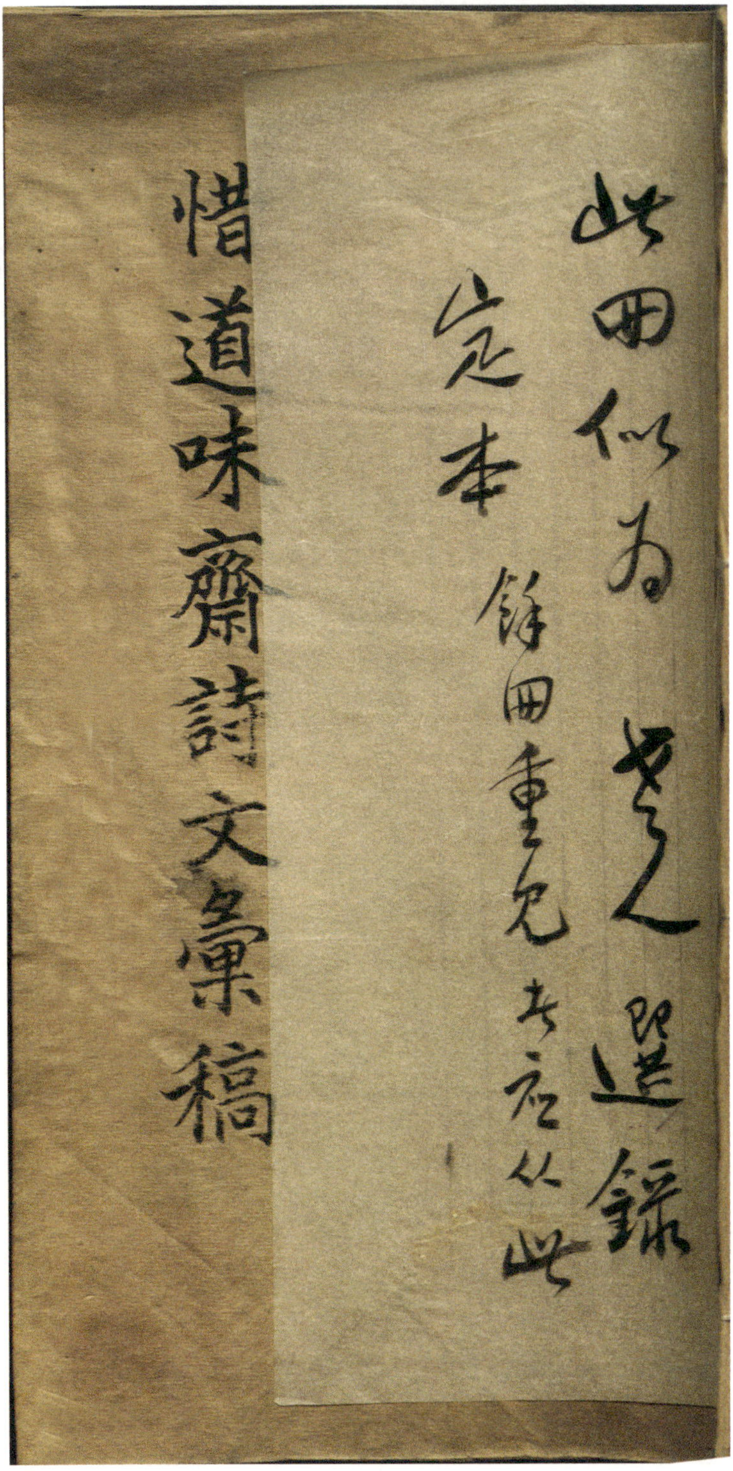
惜道味齋詩文彙稿

創見貢獻(original contribution)

通觀禹貢。敘州則先近後遠。敘山亦然。敘水則先遠後近。此其特殊之結構。帝都在冀州，其東兖州最近。青州次之。徐州揚州遠在東南。以次遞及。豫州與冀州接壤。荊州在其南。梁州在豫荊二州之西。與

惜道味齋集

禹貢雍州規制說略要指

安順姚大榮儷桓

上古九州無内外。堯建十有二州亦然。禹復九州，在治水功成後四十餘年。在巡十二州後三十餘年。閱歷既久，研究弥深，始别九州分内外規定貢賦之制。州内九牧治之。州外畫為蕃國，别建五長以統之。禹貢所載，率係州内之山水澤地。州以外當别有紀述，以非州牧職權所及也。所謂蕃國，亦非盡屬夷狄戎蠻類，多三皇五帝之子孫黎民所移殖建國遠方者，隨在有之，特不可牽入九州以内并言耳。知此然後可

寶穰室文外編

《寶穰室文外編》，稿本，一册，清姚大榮撰。

是書含《論都平議》，下注「乙未年（一八九五）作。南北報章傳刻有作建都平議者，淺人所改」。此文應已發表。另有《擬請從權停閏書》《俄羅斯即北匈奴遺裔考》《跋宋嘉佑石經》。下半部爲《葆粹堂改秝芻議》，中有《論中國舊秝即係侌易合秝》《論中國宜專用易秝不當并存侌秝》《論中國專用易秝仍遵夏正則可通行無疑》《論秝中宜忌一切删除》《癸丑陽曆演草序》。書中又附録他人之作，如《謝纘泰上袁總統書》、《中西交通史彙編》之《兩漢時中印交通情形第七節注一》。原文毛筆墨書工整，有數頁墨筆眉批。

是書前編考據人文古史，可據此瞭解清季民初知識界對於世界史之認知，後編乃大榮關於曆法之研究，又有《論中國專用陽曆仍遵夏正則可通行無礙》曾發表於《中國學報》第二期，可知大榮曆法主張之緣起，可見民國初年曆法變革之故事。大榮此集記載曆法之主張，可補其已刊曆法文章之未盡。另集中附録資料，亦有一定學術史料價值。

是書半頁九行二十五字，小字雙行。朱印扁方格黄紙，四周雙邊，白口，單魚尾。版心下印「懿文齋」三字，無頁碼、題名。框高十八點四厘米、寬十一點三厘米，全書高二十四點四厘米、寬十五點六厘米。封面題「惜道味齋存稿」。前有一頁空白作扉頁，開卷額題「寶穰室文外編」，後補「惜道味齋存稿」，下署「普定姚大榮儷桓」。

今據稿本影印。

（梁袁源）

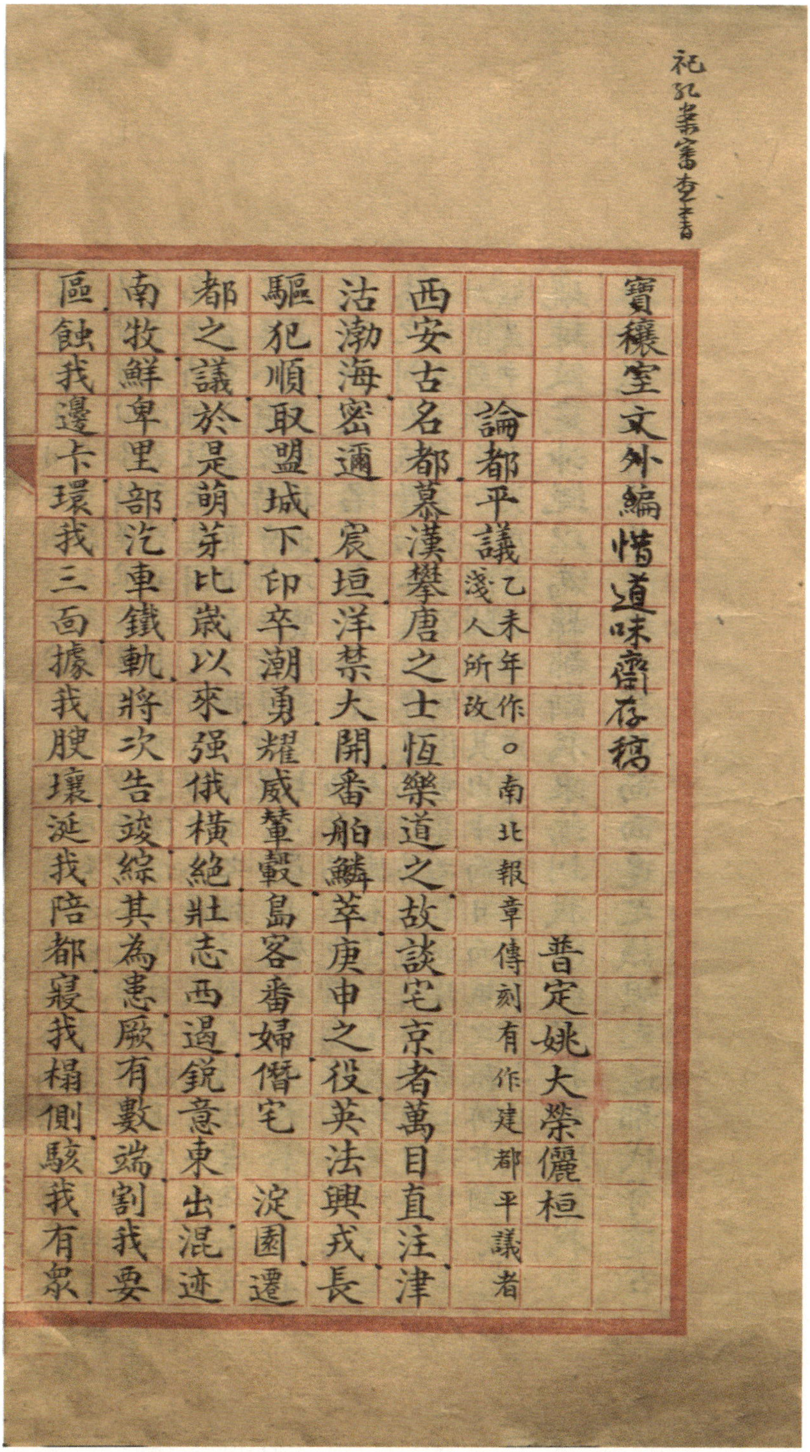
寶穰室文外編惜道味齋存稿

普定姚大榮儷桓

論都平議乙未年作。南北報章傳刻有作建都平議者淺人所改

西安古名都慕漢攀唐之士恆樂道之故談宅京者萬目直注津沽渤海密邇宸垣洋禁大開番舶鱗萃庚申之役英法興戎長驅犯順取盟城下印卒潮勇耀威輦轂島客番婦僭宅淀園還都之議於是萌芽比歲以來强俄横絶壯志西過銳意東出混迹南牧鮮卑里部汽車鐵軌將次告竣綜其為患厥有數端割我要區蝕我邊卡環我三面據我腴壤涎我陪都寢我榻側駭我有衆

馬閣老洗冤録

《馬閣老洗冤録》，稿本，一册，清姚大榮撰。

大榮在《惜道味齋詩文雜綴》中載有《馬閣老洗冤録提要》一文，其云：「余撰《馬閣老洗冤録》成，印布問世，多蒙讀者稱許，甚有服其眼明手辣者。應之曰：余服務司法界久，讀法律書亦最多，今欲爲瑶草先生鳴冤。力翻史案非但尋求於故紙堆中也。直抱定法律精義以相周旋，使之勿失出失入而已，法律之精義，與禮教通。出乎禮即入乎刑，合乎禮亦安用刑。瑶草先生之在南都，其卓卓表見之大者，無一事不合乎禮。而史官乃目之爲奸臣，以恒理論。名義既定，則死有餘辜。雖服上刑不爲過。然必當其罪，而後死者無冤。吾未見有草菅人命若《明史稿》與《明史奸臣傳》之秉筆者。欲止其弊，須欲准乎禮。顧禮足以服君子，乃制之於事前。而法用以範常人，實制之於事後，《明史稿》及《明史》之刊行。垂二百年，故宜繩之於法律，俾無可置辯。昔人所謂老吏鞫獄，名捕緝盜，別有心思手法，非尋常研經考史拘文牽義者所能及也。吾此書爲馬氏洗刷沉冤。」

此書在治學態度、治學方法、引用材料及史學思想上都有不少值得今人學習和借鑒的地方。大榮著此書時乃民國二十二年（一九三三），時已七十四歲，從五月到九月，「竭百日之力」寫就，并於次年三月付印。自稱早在光緒丁亥（一八八七）之春即作《馬士英論》，但「而時讀書少而涉世淺」，自己亦很不滿意，「而此本三十年前擬撰之文，因成之不易，未及涉筆」。由此可見，大榮就這一題目，從開始動筆到完成，歷時四十六年，如果再加上他動筆前準備的時間，當更長。作者窮盡大半生之力，汲汲於此，并勇於否定自己不成熟的前作，鍥而不捨，孜孜以求。通過比較王鴻緒所撰《明史稿》、張廷玉等所撰《明史》以及清乾隆帝《御批歷代通鑑輯覽》等記載的异同，并探究其原因，從而得出較準確的結論。如在論述弘光時期馬士英與阮大鋮在吏部尚書人選問題上的分歧時，舉出《明史·張國維傳》所載：「吏部尚書徐石麒去位，衆議歸國維，馬士英用張捷，國維乃乞省親歸」，以及《御批歷代通鑑輯覽》與《明史稿·阮大鋮傳》之説：「徐石麒去，士英欲用張國維，而阮大鋮用張捷，士英愕眙良久」。由於《御批歷代通鑑輯覽》乃是爲修訂《明史》之不足而作，且成書在乾隆三十二年（一七六七）之後，晚於《明史》［乾隆四年（一七三九）成書］，因此大榮認爲後一種説法更爲可信。

是書半頁九行二十三至二十五字。朱印豎格黄紙，四周雙邊，白口，無魚尾，無頁碼/題名。框高十七點一厘米、寬十一點二厘米，全書高二十二點六厘米、寬十三點四厘米。封面題「馬閣老洗冤録，原稿」，正文額題「馬閣老洗冤録，上卷」，下署「安順姚大榮儷桓」。正文前有《自序》，末題「癸酉（一九三三）長至日，姚大榮儷桓自序，時年七十有四」。下鈐有「姚大榮印」白文方印，「芷澧」朱文方印，「普定姚大榮字儷桓號芷澧金石書畫」朱文長方印；另下卷首頁鈐「儷桓稽古之章」朱文長方印。序前額題「馬閣老洗冤録」，下題「惜道味齋雜綴之一」。全文毛筆墨書工整，有少量墨筆眉批修改，字行右側有小點标記句讀。此書有民國二十三年（一九三四）排印本。

今據稿本影印。

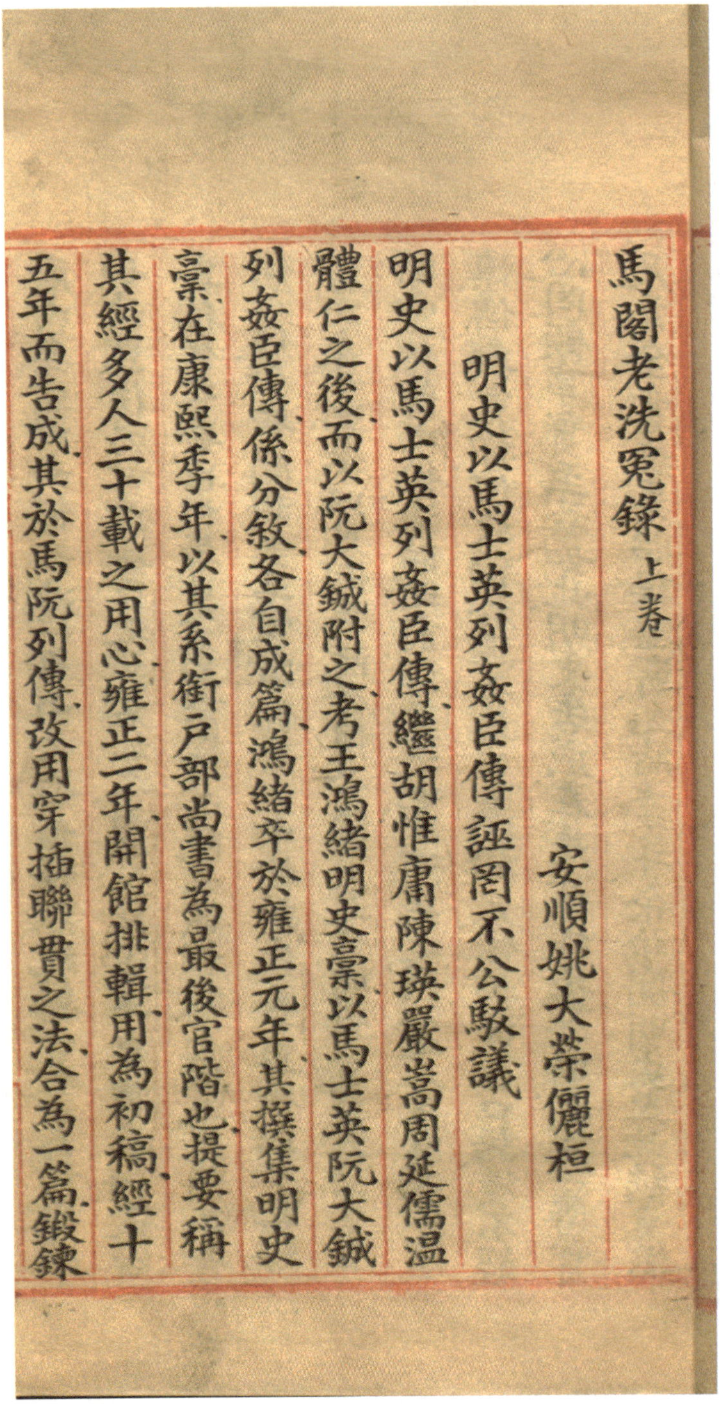

馬閣老洗冤錄 上卷

明史以馬士英列姦臣傳誣罔不公駁議

安順姚大榮儷桓

明史以馬士英列姦臣傳繼胡惟庸陳瑛嚴嵩周延儒溫體仁之後而以阮大鋮附之考王鴻緒明史稾以馬士英阮大鋮列姦臣傳係分敘各自成篇鴻緒卒於雍正元年其撰集明史稾在康熙季年以其系銜戶部尚書為最後官階也提要稱其經多人三十載之用心雍正二年開館排輯用為初稿經十五年而告成其於馬阮列傳改用穿插聯貫之法合為一篇鍛鍊

（姜兆睿）

馬閣老洗冤錄

惜道味齋雜綴之一

自序

昨有友人過談、叩余近日有何撰述、當以適有明史馬士英傳駁議對客悚然曰、馬士英乎、莫子偲先生所訶為黃口羞道、若浼者、不識君有何感覺、竟毅然為之申辯、應之曰、造史時代之人物事實、與編史時代及讀史時代之觀念見聞、絕不一致、余與子偲先生同讀明史、而觀念見聞各殊、其逆子偲生際承平、處言論統一之世、以為馬氏得罪請〔清〕議、名稱其實、故以為童孺羞稱、余生當末世、以所聞驗諸所見、迥然各〔別〕見、因之觀念

馬閣老洗冤録（印本）

《馬閣老洗冤録》（印本），清姚大榮撰。

此書是姚大榮最引人關注亦最有争議的著作。馬士英是晚明時期非常重要而又頗有争議的歷史人物，歷來史學界主流觀點將其全然否定。而姚大榮該書却直接爲馬士英翻案。

《馬閣老洗冤録》全書三萬餘字，分上下兩卷，上卷對將馬士英列入《明史·奸臣傳》進行辯駁，且述列馬士英主要政治事迹。上卷分爲十節，每節文前無標題，而於文末以「右論」句提要分斷。其言爲：一、論《明史·馬士英傳》係根據孔尚任《桃花扇》傳奇爲底本。二、論孔尚任斥馬士英爲奸臣係受左良玉家族指嗾。三、論馬阮合傳須分析研究。四、論目士英爲奸臣始自叛臣黄澍、左良玉，而孔尚任《桃花扇》遵依之，傳入内廷，王鴻緒等不便立异，史案遂成。五、論士英之起用與大鋮之起用，各自殊途，其表現各异，不應相提并論。六、論士英擁立福王，持正效忠，觀於處置大悲一獄即見梗概。七、論士英知兵，見於江北歷年戰功，驅流寇復郡邑，擒叛將，絶非庸瑣，史紀其事，仍作昧心之談。八、論士英絶無挾持弘光之迹，觀於太監王坤仍得優游内廷，即知其不因私怨而干公議。九、論童氏及王之明案，非士英職責所能主持，左逆稱兵，特借清君側爲名，意在君位而不在君側。十、論士英晚節忠孝備具，不應與乞降獻媚之阮大鋮合傳。該書下卷共六節，分别爲「瑶草遺珍」「瑶草有令子」「瑶草有佳婿」「瑶草家風」「瑶草謗書」「馬公士英應謚忠武議」。主要介紹馬士英文化藝術成就、家風及後代情况，進而對對馬士英不利的「謗書」逐一批駁。最後以馬士英比擬諸葛亮、岳飛等人，爲其擬謚「忠武」。

由於明清鼎革之際，野史衆多，加之史家對東林和閹黨持論不同，故對馬士英的評價亦有差异。姚大榮撰《馬閣老洗冤録》爲馬士英鳴不平。陳垣先生亦認爲，《明史》將馬士英入《奸臣傳》不當，關於馬士英的歷史評價還有待進一步商榷。因學界主流觀點皆以馬、阮誤國爲弘光朝速亡之因，而姚著持論責阮贊馬，與時論相悖，且文中多有臆斷不實之處，故而多對其予以否定，著名學者容肇祖、朱希祖、黄裳等皆撰文批評。然諸家批者僅以大榮、士英同爲黔人而譏其訛誤，却忽視大榮所指史迹之訛誤，亦未能令人信服。

該書成於民國二十二年（一九三三），於次年三月付印。全書二卷一册，半頁十行二十八字，單魚尾，共九十頁。

今據民國二十二年（一九三三）印本影印。

（李曉）

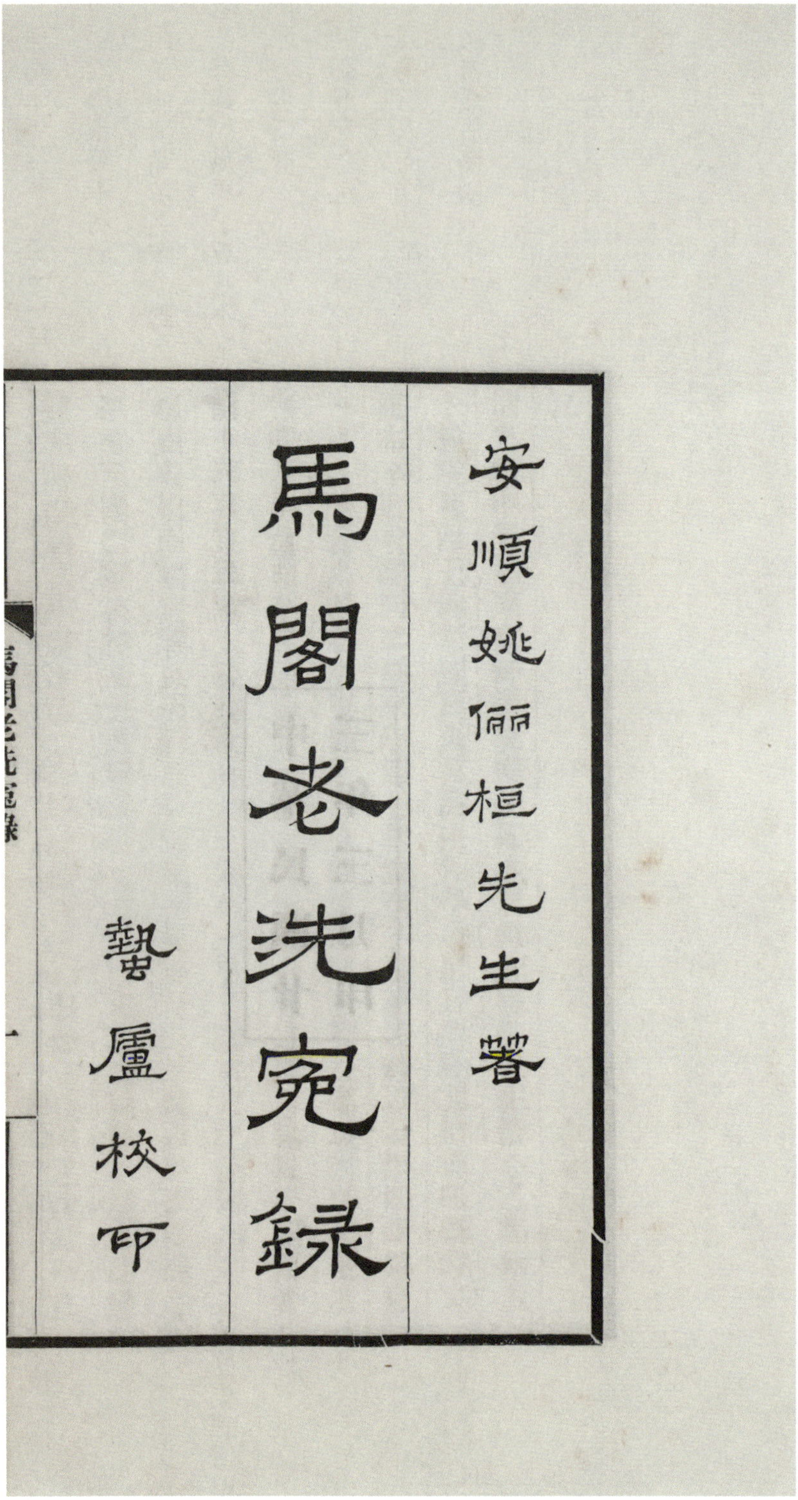
安順姚倆桓先生著

馬閣老洗冤錄

蟄廬校印

叙

清光緒中予始來京師得從鄉先達姚儷桓先生游先生潛心乙部殆五十載所著西王母考數百萬言海內外學者驚爲掀獲其惜道味齋詩文流布至廣有識同珍朅來年逾七秩猶復不廢纂述時以發潛闡幽爲務一日以所著馬閣老洗冤錄見示受而讀之則昭雪吾鄉馬瑤草先生之作瑤草生當鼎革之際抱其孤忠以圖明社一線之延乃見罪于强藩受制于同列東林黨人復從而詆毀之易代之後且據稗官之流傳而著之彤史蓋棺而無定論良所謂梟鸞並集蘭艾同科矣予因以是歎黨禍之烈馴至國亡家破持黨見者猶固結而莫解瑤草所遭特其小焉者耳然猶幸而得遇先生處下流之皆歸諗衆惡之必察俾三百年之沈冤一旦

敦煌石室發現之叢殘藝文表微

《敦煌石室發現之叢殘藝文表微》，稿本，一册，清姚大榮撰。

全書共九篇，開篇自述撰作緣由，以爲「敦煌石室發現之古物甚多，其繁博者，率爲海客泊去，而主國存留反少。今所表者，特其中之一鱗片甲，且非完璧，故曰叢殘。以其非近世學者所知，略加闡發。俾久晦者復明耳」，認爲欲知莫高窟秘藏圖籍之起源，須先辨明敦煌所在，《敦煌沿革考略》《論敦煌在昔爲西北人才淵藪文化中心》兩篇詳細追溯敦煌的歷史沿革，以及近三十年來敦煌石室之盛名和引起中外考古家關注之情況。其《論敦煌秘寶復出實藉外人表彰之力慚懼滋甚》記録撰寫《北朝人書顧命經傳殘卷》之經過。《北朝人隸寫古文表微》附《唐太宗驪山温泉銘刻石榻本殘卷》。《唐太宗書法表微》附《唐歐陽詢書化度寺邕禪師塔銘原刻殘字》，舉「度故」「邕」「師」「文」「靈」「象」「憑」等字，考證其時代與真僞。《歐陽信本書法表微》附《唐化度寺故僧邕禪師塔銘叢考》。《邕是事迹考》附《校輯唐化度寺故僧邕師舍利塔銘》。另有《化度寺考》《邕師塔銘所在考》《塔銘撰文書碑年代考》。諸碑之考證文字，皆以其時代之材料，作出深入討論。

是書半頁九行二十三至二十五字。朱印豎格黄紙，四周雙邊，白口，無魚尾，無頁碼題名。框高十七點一厘米、寬十一點二厘米，全書高二十二點六厘米、寬十三點四厘米。封面題「敦煌石室發現之叢殘藝文表微」，貼有簽條云：「他册如重見者，應編入此册待刊。」開卷額題「敦煌石室發現之叢殘藝文表微」，下署「姚大榮」。卷末題：「辛未（一九三一）秋分日重録。」全文毛筆墨書工整，應是謄清本，僅一頁天地間有墨筆修改。

今據民國二十年（一九三一）稿本影印。

（張丙武）

敦煌石室發現之叢殘藝文表微

姚大榮

敦煌石室發現之古物甚多。其繁博者，率為海客舶去，而主國存留反少。今所表者，特其中之一鱗片甲，且非完璧，故曰叢殘。以其非近世學者所知，略加闡發，俾久晦者復明耳。欲知莫高窟祕藏圖籍之起源，須先辨明敦煌所在。敦煌古瓜州地也。瓜州之稱，由來甚古，自係以產美瓜得名。（漢書地理志注引杜林說）包有哈密全境在內。左襄十四年傳范宣子將執戎子駒支，親數諸朝曰：來，姜戎氏，昔秦人迫逐乃祖吾離于瓜州。杜注瓜州在今燉煌。釋文燉，徒門反。又昭九年傳王使詹桓伯辭于晉曰：先王居檮杌于四裔以禦螭魅故允姓之姦居于瓜州注亦云瓜州在敦煌釋文敦都門反是燉亦作敦注與釋文竝同非傳寫譌矣敦煌在流沙之濱漢武開通西域置為郡東距洛陽五千里唐改為縣隸沙州後陷吐蕃宣宗時收復宋仁宗時為元昊所據以後迭有沿革舊聞不詳清乾隆三十八年置為縣隸安西州今考敦煌在嘉峪關西青海西北哈密東南屬甘肅安肅道

右敦煌沿革考略

據左氏傳瓜州本為戎索後漢書張奐傳父惇為漢陽太守奐願徙屬弘農華陰舊制邊人不得內移惟奐因功特聽故始為弘

寶拙齋詩存

《寶拙齋詩存》，稿本，一册，清姚大榮撰。

姚氏詩詞，題材廣泛，或寫景抒情，或讀史雜感。《讀始皇本紀》一詩，先述秦統一六國之舉，又述統一之後秦之苛政，後感嘆云「孔孟微言付一炬，後儒摎輯勞校量」，最後發出「賈生過秦無益，不如一杯濁酒，萬事隨混茫」之嘆。姚氏之詩，以微見長，多具儒家之箴言，或自省而問，或警醒讀者，自内而發。稿本皆書小楷，神采奕奕，筆勢端正，備盡楷則，既有王右軍之靈轉，又有歐陽詢之險峻。

是書半頁八行十六至二十字。朱印竪格黄紙，四周雙邊，白口，單魚尾。版心下印「萬興永」三字，無頁碼題名。框高十三點九厘米、寬九點九厘米，全書高二十點三厘米、寬十三點五厘米。封面題「寶拙齋詩存」，右旁題「是卷爲余二十七歲存稿，容當審定付梓。儷桓」。開卷額題「寶拙齋詩存」，下無署名。封底頁内題曰：「此卷計詩八十七首，率係丁亥（光緒十三年，一八八七）間春夏間作，（中略）甲午（光緒二十年，一八九四）六月廿三日志。」下鈐「姚大榮印」朱文方印。另鈐有「姚大榮印」白文方印，「普定姚大榮字儷桓號芷澧金石書畫」朱文長方印，「芷灃」朱文方印。毛筆墨書工整，最後二頁較草，有數頁墨筆眉批。

今據稿本影印。

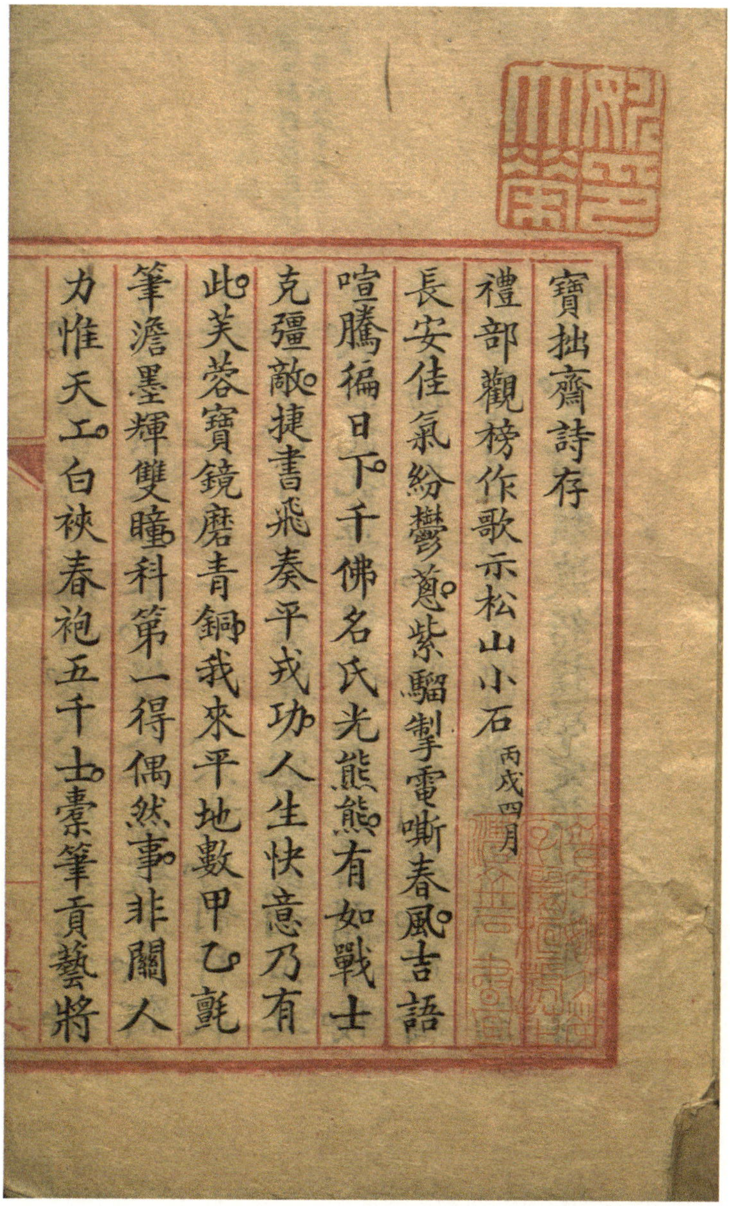
寶拙齋詩存

禮部觀榜作歌示松山小石 丙戌四月

長安佳氣紛鬱蔥紫騮掣電嘶春風吉語喧騰徧日下千佛名氏光熊熊有如戰士克彊敵捷書飛奏平戎功人生快意乃有此芙蓉寶鏡磨青銅我來平地數甲乙氈筆濇墨輝雙瞳科第一得偶然事非關人力惟天工白裌春袍五千士槖筆貢藝將

（蔡佩宏）

寶拙齋文存

《寶拙齋文存》，稿本，一册，清姚大榮撰。

稿本包括《馬士英論》《續翰林論》《書字學舉隅後》《京師示舍弟等書》《送陳嵩山起士南歸序》《送厲石蓀宰崇安序》《黄鐘爲萬事本論》《答所親書》《李東堂先生傳》《官胡二公誣辯》《論詩》《龍孝子傳》《中國能化舊爲新乃能以新存舊論（代美國教士李佳白作）》《清芬録題辭》等篇。據稿中内容，是書爲大榮二十七歲時所著，對於考證大榮此期交游頗爲關鍵。又從其文稿可見《馬士英論》與大榮後作《馬閣老洗冤録》之前後聯繫。此稿與大榮其他稿本參照，對於考證大榮事迹至爲重要。

是書半頁八行十八至十九字，朱印竪格黄紙，四周雙邊，白口，單魚尾。版心下印「萬興永」三字，無頁碼、題名。框高十三點九厘米、寬九點九厘米，全書高二十點三厘米、寬十三點五厘米。封面題「寶拙齋文存」，右旁題「是卷爲余二十七歲存稿，容當審定付梓。儷桓」。前有一頁空白作扉頁，開卷額題「寶拙齋文存」，下署「姚大榮儷桓著」。原文毛筆墨書，僅有眉批一條，皆工整。内夾許受衡致姚大榮函一紙。

今據稿本影印。

（蔡佩宏）

寶拙齋文存

姚大榮儷桓著

馬士英論 丁亥正月二十八日

士大夫立身居鄉則擇友端人，立朝則務植善類，二者皆必有學以養之，有識以先之，一或不慎，身敗名裂，甚可懼也。明之季年，李自成陷北京，莊烈帝殉社稷，馬士英擁立福世子於南京，自爲首輔。當是時也，宗社已屋，東南半壁，其君臣即卧薪枕戈，羅天下正人而置之朝，不過得

唐律講義

《唐律講義》三十卷，清姚大榮撰。

姚大榮曾任刑部主事、大理院推事等職，此爲法律學堂所編講義積聚而成。《日本國大木幹一所藏中國法學古籍書目》著録：《唐律講義》三十卷，卷十六中缺首二十條，卷三十中缺末十六條，清姚文榮宣統法律館稿本。按：此「文」當爲「大」字之誤。

沈家本、伍廷芳於光緒三十一年（一九〇五）奏請撥款設立法律學堂。經過一年多的籌備，法律學堂於光緒三十二年（一九〇六）九月開學。次年九月，法律學堂由修訂法律館所屬改由法部直屬，并正式更名爲「京師法律學堂」，學制定爲三年。法律學堂「以造就已仕人員、研精中外法律、各具政治智識、足資應用爲

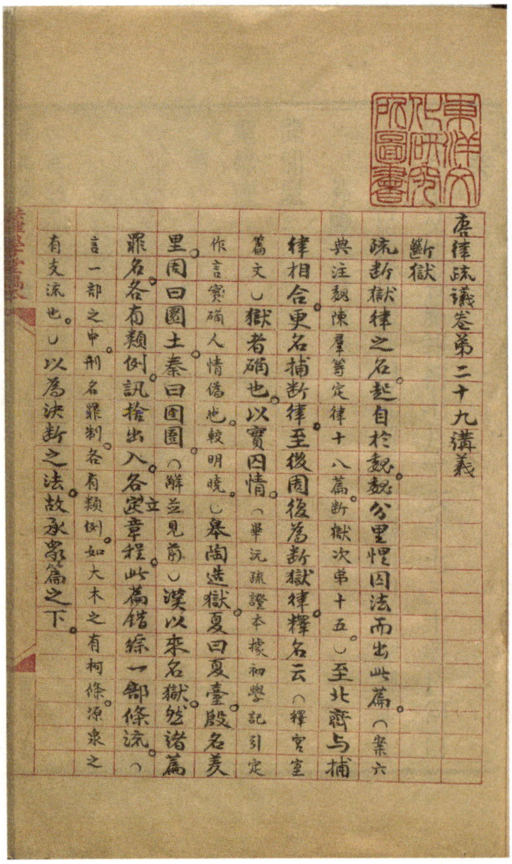

唐律疏議卷第二十九講義

斷獄

疏斷獄律之名起自於魏魏分里悝囚法而出此篇（案六典注魏陳羣等定律十八篇斷獄次第十五）至北齊与捕律相合更名捕斷律至後周復爲斷獄律釋名云（釋宮室篇文）獄者确也以實囚情（畢沅疏證本據初學記引定作言實确人情僞也較明曉）皋陶造獄夏曰夏臺殷名羑里周曰圜土秦曰囹圄（解並見前）漢以來名獄然諸篇罪名各有類例訊捨出入各定立章程此篇錯綜一部條流（言一部之中刑名罪制各有類例如大木之有柯條源泉之有支流也）以爲決斷之法故承衆篇之下

宗旨」。在課程設置上，既有大清律例及唐明律、現行法制及歷代法制沿革等中國法制的課程，亦有憲法、刑法、民法、商法等大陸法系部門法課程。所定課程延請中外教習分別講授。中方教員主要有吉同鈞、姚大榮、汪有齡、錢承志、江庸、張孝移等人。部分教員的授課講義，後來陸續刊印成册。

該書注重對《唐律疏議》律條和疏議中的術語進行講解，對涉及唐代職官術語者則廣引他書以釋其義。姚大榮自評此書説：「均係博考群籍，力抉本真，不參世諦。每樹一義、徵一典，其有關考訂者必探溯根源，窮其究竟。不强前人以就己説，不割裂字句以證成私見，後之覽者定能鑒此苦衷也。」［姚大榮《惜道味齋集》，清宣統三年（一九一一）刻本］《唐律講義》是其治學嚴謹的又一明證。

原稿藏日本東京大學東洋文化研究所大木文庫，由日本學者大木幹一捐贈。大木幹一爲日本著名法學家，二十世紀三十年代專程來華收購漢文古籍，尤重訪求法律類文獻，先後購得四萬五千余册漢文古籍，其中大部分爲法學書籍，《唐律講義》應爲其中之一。大木藏書後悉數捐予東京大學東洋文化研究所。

今據日本東京大學東洋文化研究所大木文庫藏稿本影印。

（閆平凡）

且同亭黔語釋

《且同亭黔語釋》，不分卷，任可澄撰。

任可澄（一八七八—一九四五），字志清，號匏齋，安順普定人，光緒二十八年（一九〇二）舉於鄉，次年任内閣中書，爲梁啓超得意門生。辛亥革命後，歷任大漢貴州軍政府樞密院副院長、雲南巡按使、廣州軍政府内政部長、貴州省省長、北京政府教育總長等，一九四五年十二月病逝於貴陽。任氏一生致力於興學、修志，於一九一九年至一九四二年間三度主持續修民國《貴州通志》，共計一百七十卷（另有首一卷）一百〇五册八百餘萬字，是貴州省志中卷帙最爲浩繁、史料最爲豐富的一部。另主持編印《黔南叢書》六集一百七十四册，一九二二年至一九四一年間由貴陽文通書局印行，是研究貴州政治經濟、歷史文化和風土民情的必備書。

《且同亭黔語釋》手稿用紙爲「續修貴州通志」稿箋，鑒於民國《貴州通志》編印過程長達三十年，又有「通志未刊」字樣，故《且同亭黔語釋》成書時間不詳。一般認爲「且同亭」是漢代夜郎道上的重要驛站，或以爲是柌梓驛的前身。清代顧祖禹《讀史方輿紀要》載：「其（夜郎城）東北有且同亭。成帝河平中，夜郎王興等叛，牂牁太守陳立出行縣，至興國且同亭，興從邑君數十人見立，立責興，斬之，即此。」被譽爲「西南巨儒」的鄭珍曾自號「且同亭長」。任氏亦另有《且同亭筆記》及《且同亭集》之《鬼方考》《牂牁江考證》二篇，《黔語釋》或爲同集，待考。

《且同亭黔語釋》有序言，不分卷，無目録及凡例，所收録條目分「地理」「人事」「形體」「語辭」「飲食」「蟲魚」「鳥獸」，另有已用紅圈劃掉但據收詞情況而應有的「器物」，共計八類；除重複及無法識别條目外，共收入詞條約二百七十七條，收詞約三百五十六個；詞條在注音上，綜合采取讀若、直音、反切等傳統方法，并常以轉音或四聲標注方音，以體現方音與「國音」之關聯轉變；詞條釋義基本采用「黔語條目+引文書證+考證釋讀」方式，以强調學理考證和詞義源流。在序言中，任氏認爲「方言錯綜變化之中，恒足以反映古音之遺迹」，故「兹取各舊志，擇言較雅者略著於篇次，以黔語釋，以明其演變，亦省風問俗」，可窺其著《且同亭黔語釋》之用意所在。（參劉瑶《〈且同亭黔語釋〉研究》）

《且同亭黔語釋》是我國漢語方言詞彙著作中的重要專著，它忠實記録了清末民初貴州漢語方言的現實，既對本字進行考訂，又力求通過各類文獻資料，對黔地漢語方言詞彙的變遷和形成進行源流考辨，具有重要的語言和史料價值，同時又保存了大量珍貴的民俗文化資料，對黔地漢語詞彙發展史研究有重要意義。

今據貴州省博物館藏本影印。

（梅培源）

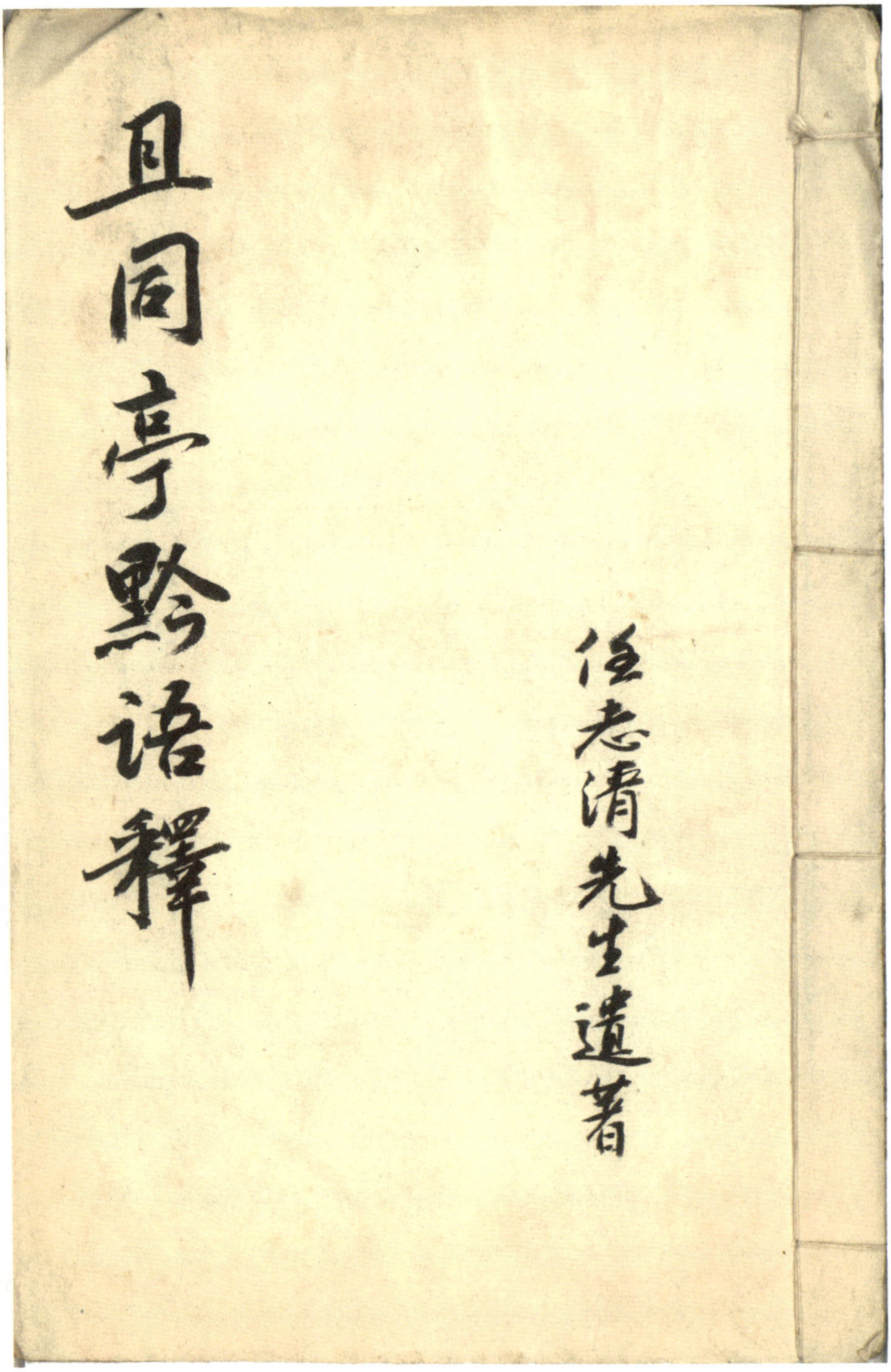
且同亭黔語釋
任志清先生遺著

匏齋筆記

《匏齋筆記》，不分卷，任可澄撰。

《匏齋筆記》爲任氏讀時人衛聚賢及清人王夫之等人著述所記筆記。任氏認爲衛聚賢《古史研究》結論多可商榷，甚或怪异可笑，如針對衛氏的國人用箸時代，「墨突不黔」「遠鄙郊外」等文義闡釋，老子族屬，中國石刻由來，中國古代工藝製造等論斷，提出了批評或不同意見。又任氏以爲王夫之《永曆實録》記事多誤，如其因嚴起恒的原因而不載吴貞毓死安龍事是有意爲之。他辨析俞樾《群經平義》「高宗伐鬼方」意，認爲讀《吴越春秋》須知吴越語，考修文「蘇台氏」爲嘉慶初舉人阮超然等。

該稿全帙共載考辯札記性質筆記三十餘條，稿末尾二頁爲任氏題寫某畫馬册及某年取存款數目登記文字，實與全稿正文無涉。可澄之學術觀點或可見於筆記，同可澄之他作對照，考之成文之先後，亦便於豐富貴州古史研究。

現存手稿本一册，藏於貴州省博物館，稿本用紙印有「清秘閣造箋」字樣於版心處。

今據貴州省博物館藏手稿本影印。

（孟凡松）

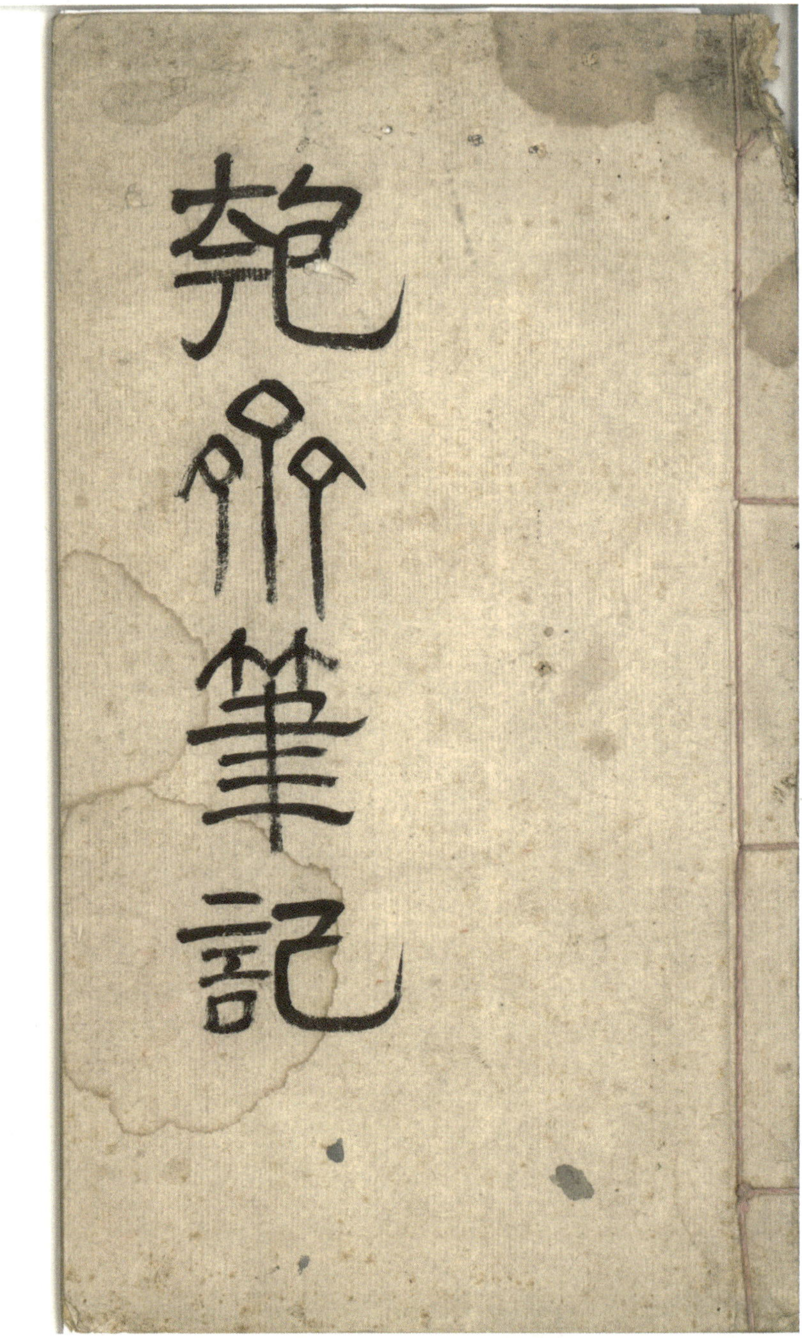

衛聚賢古史研究墨子書篇的作期文中一云墨書通本不能
編撰是在墨子時尚未有明閉署閉署是漢時貴族備
貧民為異故寫墨的序寫之以刀以鈔以匙與罪民
閉而無署按　待為為署而異其號之閉時早
知閉署
墨子小傳引文選答賓戲云墨突不黔黔為黑色是墨
子非墨色黎人當為黃色黎人按墨突不黔

貴州輿地

《貴州輿地》，不分卷，任可澄輯著。

該稿本係以條目形式，從《滇行紀程》等地理著述中輯録有關貴州輿地、山水、建置、古迹等資料，間有考釋。記載分别爲輿地：貴陽地勢、鑾播、空西嶺、瀘水、牂牁、花紅、湯泉、五江五溪考、成瑞灘、夜郎考、貴州考、五開鎮遠行、左擔。建制記載安隆所與白錦堡，據《晋書·地理志》記載和裴駰、王伯厚、錢大昕等人的考證予以再考。又載「巴滅巴子五季流於黔，而君之生里一穴四姓」，根據《華陽國志》與《晋書》予以考證。水道載：闞水，又以《四川通志·江源考》爲綫索，對貴州綦江（南江）等予以考辨。又據《史記》、宋《地理志》，結合《四川通志》考石門道之所在。又載古迹黄經鋪之所在，記竹思祠之由來，以爲「平越有竹二即竹三即祠廟土人敬祀」。復又有五溪之考辨，據《太平御覽》《十三州志》《太平寰宇記》等考辨牂牁之義，而後又記載五溪之名不同。又記載漏江、碧雲洞等，文中多據《華陽國志》《滇行紀略》等專史或傳記條目予以考辨。復記鼻亭之疑，有烏泥、温水等水文之考，與古郡、犍爲郡、下錦州、錦州、三苗國、黔州都督府等建制考，又有綿竹、啞泉、千卷書、餓鬼洞、惡灘、鐵索橋等古迹之記載。因其稿本故，又似非完帙，故其記載類别條目混亂。可澄謄寫於民國貴州省署公文稿紙而彙編爲册，以資料抄輯爲主而間有考證，可作貴州古史地理的叢談雜抄之讀。

是書封面有「任志清輯録」「向知方藏」字樣，原稿本現藏貴州省博物館，間有錯頁漏頁，似非完帙。

今據貴州省博物館藏稿本影印。

（孟凡松）

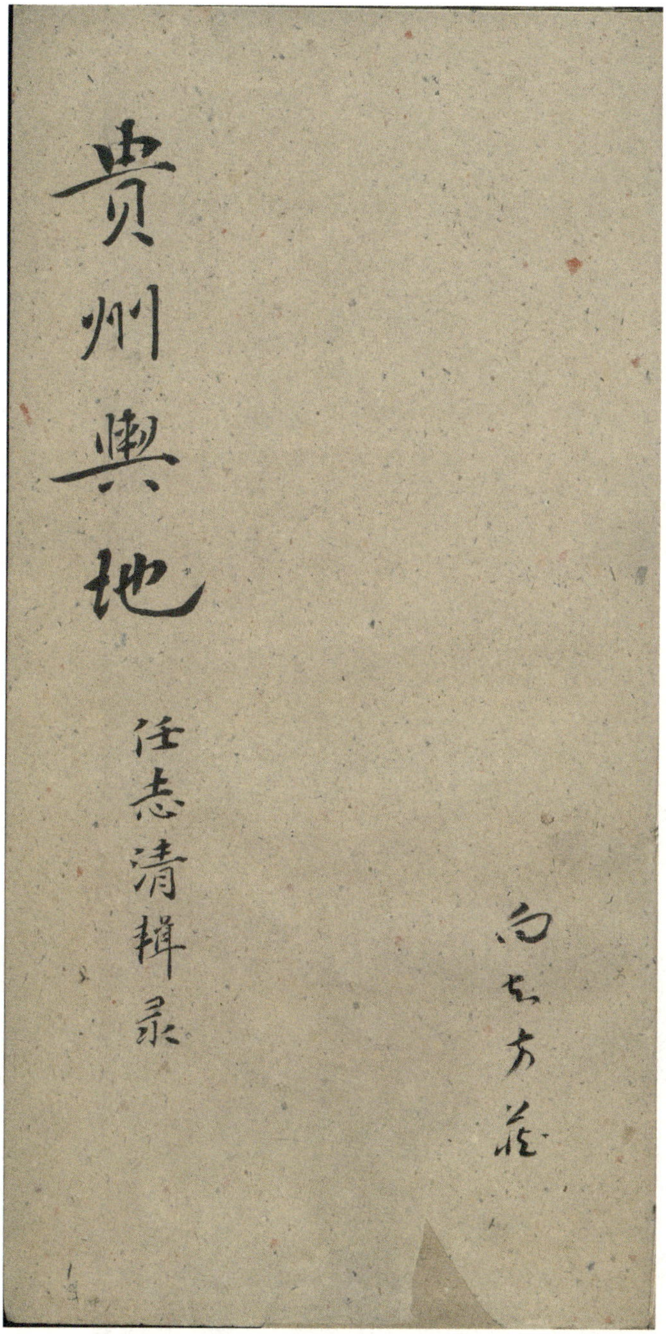

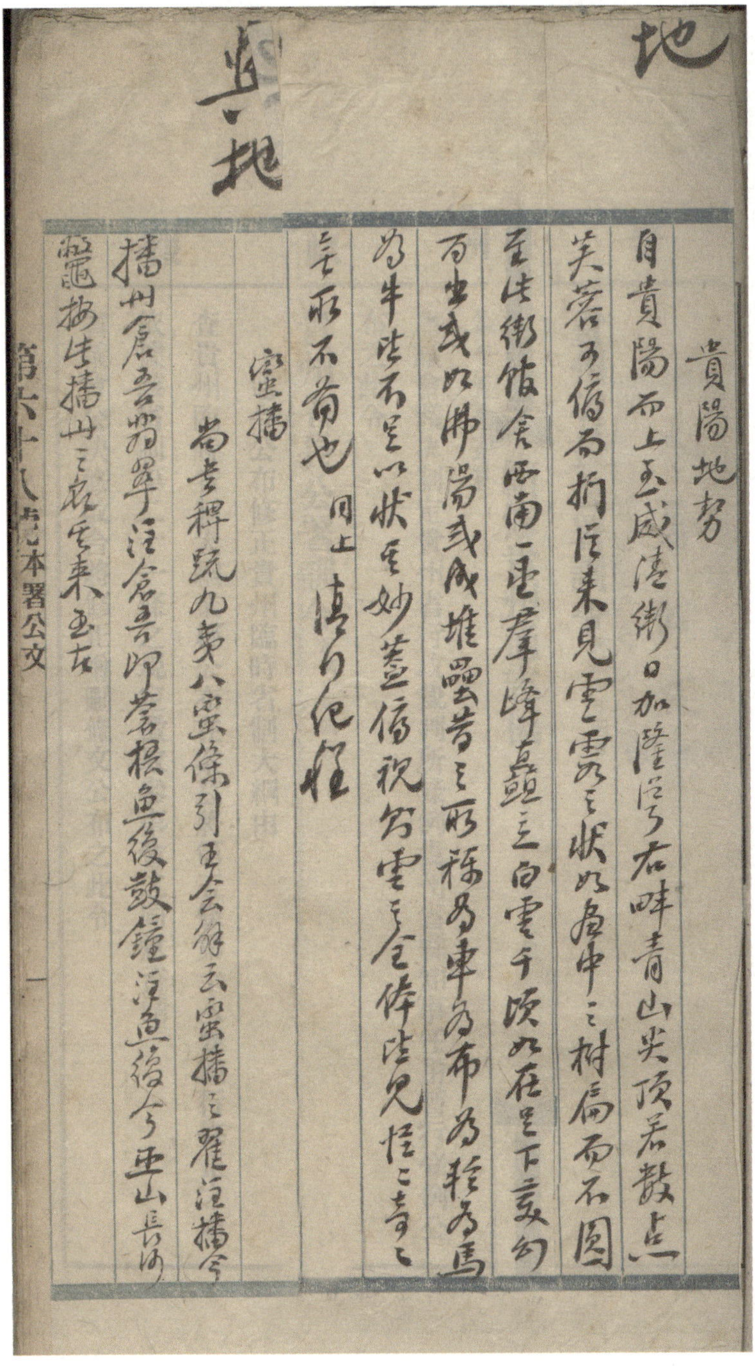

地

貴地

貴陽地勢

自貴陽而上至威清衛日加隆高右畔青山尖頂若數點芙蓉可俯而析從來見雲霧之狀如屋中之樹扁而不圓至清鎮衛館舍西南一望群峰盡頭之白雲千頃如在足下變幻百出或如佛陽或成堆壘岩之形積為車為布為稜為馬為牛莫不呈以狀至妙蓋信祝雲之全體從見怪之者之無形不備也 同上 清行紀程

蠻播

尚書稗疏九夷八蠻條引王念孫云蠻播之罹注播今播州唐為播州晉注倉吾即蒼梧無後鼓鍾注無後今巫山長沙巒按先播山之底否來至左

第六十八號本署公文

家書

《家書》，不分卷，任可澄撰。

《家書》共收任氏家書十餘通，内容多述及個人簡況，又因任氏從事政治，纂修《貴州通志》，履迹平津、滇黔、蘇寧等地，故《家書》對研討任氏履歷、交游及思想等或有助益。其中，寫於女兒婚期將至之時的一封家書在一定程度上反映出任氏的子女教育思想，如適齡結婚、孝養公婆、加强學養等。可澄在給女兒的家

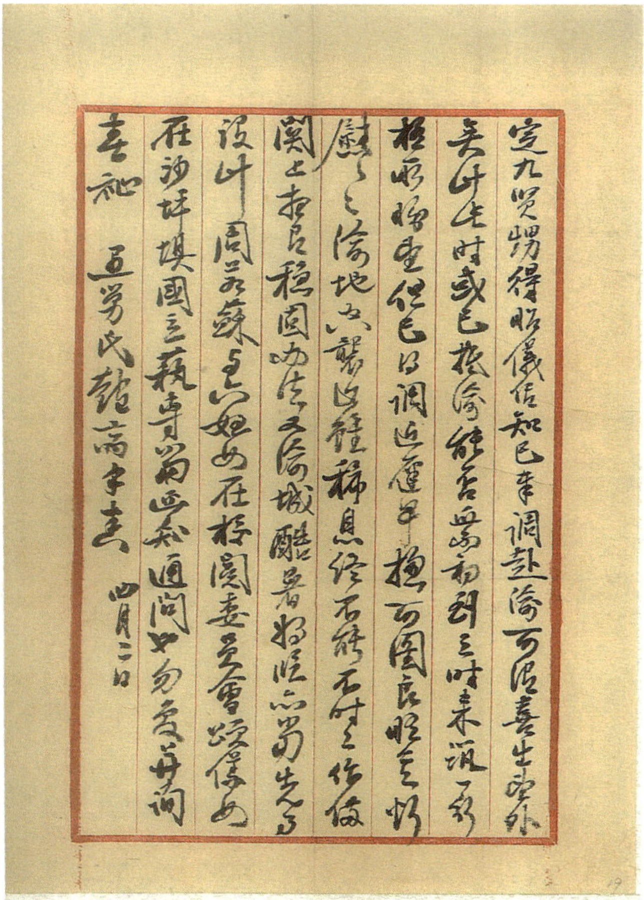

書中提到其親家「姚府」，待考。又有十二月廿二日寫給外甥定九的家書，教導定九租房立約之事，又言及財富增值，最後安排歸黔事宜，足見可澄對定九的關心；三月十九日午，可澄又代外甥修書，言及時局導致留渝及租約事；四月二日，可澄修書與定九談及抵渝何時來筑事；七月五日，可澄修書詢定九新居事，詢來筑事，關愛之情溢於言表，彰顯可澄對定九之想念；又元月十四日，可澄修書於定九，言及自己小疾將愈，且新居宜人，勿要掛念，唯此書用箋印有「虎嘯山莊」，上述時日之書信皆爲「貴州文獻征輯館用箋」。又見一書云「定九賢婿英盼自順反筑得讀惠書」，復聯衆書，這些家書是否爲可澄給女婿女兒之信件合集，尚待考證。

今據貴州省博物館藏稿本影印。

（孟凡松）

匏齋詩集

《匏齋詩集》，不分卷，任可澄撰，向義輯録。

是書多收任氏民國間詩，以詩體分五古、七古、五律、七律、五絶、七絶等，各體詩數量懸殊。如其五絶詩僅《山居雜咏》六首，《題王二痴畫册爲筱嵩作》八首，《正月四日至藏山草堂道占》一首，共計十五首；而七絶詩則有《金陵雜咏》等共百又十七首。抄本中還有五言古十首，七言古二十七首，五律二十首，七律八十五首；有關雲南、四川、貴州之詩甚多，而又以寫貴州爲最，其中亦有爲書畫題辭者。詩以酬唱、紀游爲多，又有紀事、咏懷者，用語平實，情意真切。詩人爲民國貴州文壇政壇重要人物，羈旅南北，唱和歌咏，感傷時事，悵然世變，動静皆關地方之文脉，國家之命運，此詩集不僅爲民國貴州詩學的重要之作，亦是研究任氏履歷、交游及相關史事的重要參考。

集中向義輯録字體爲藍色，與之同色字見於天頭「定稿時當以鄧尉紀事詩冠首酬應之作宜置於後」。又見「向義輯録」四字載於一粘貼條目上，遮擋之字待考。集中部分詩題下注年月，如《寄壽孫仲翔上海》（丁卯九月）；又有詩中以小字注解，如《日本光明皇后寫經殘卷爲陳丈衡山題》；又集中或有頁碼或無，頁碼又係以詩體重新編號。集中記載詩文可佐證出版史料文獻之記載，用以考證可澄生平故事，或可整理輯録用以彰顯民國貴州文化之繁盛。

今據貴州省博物館藏手稿本影印。

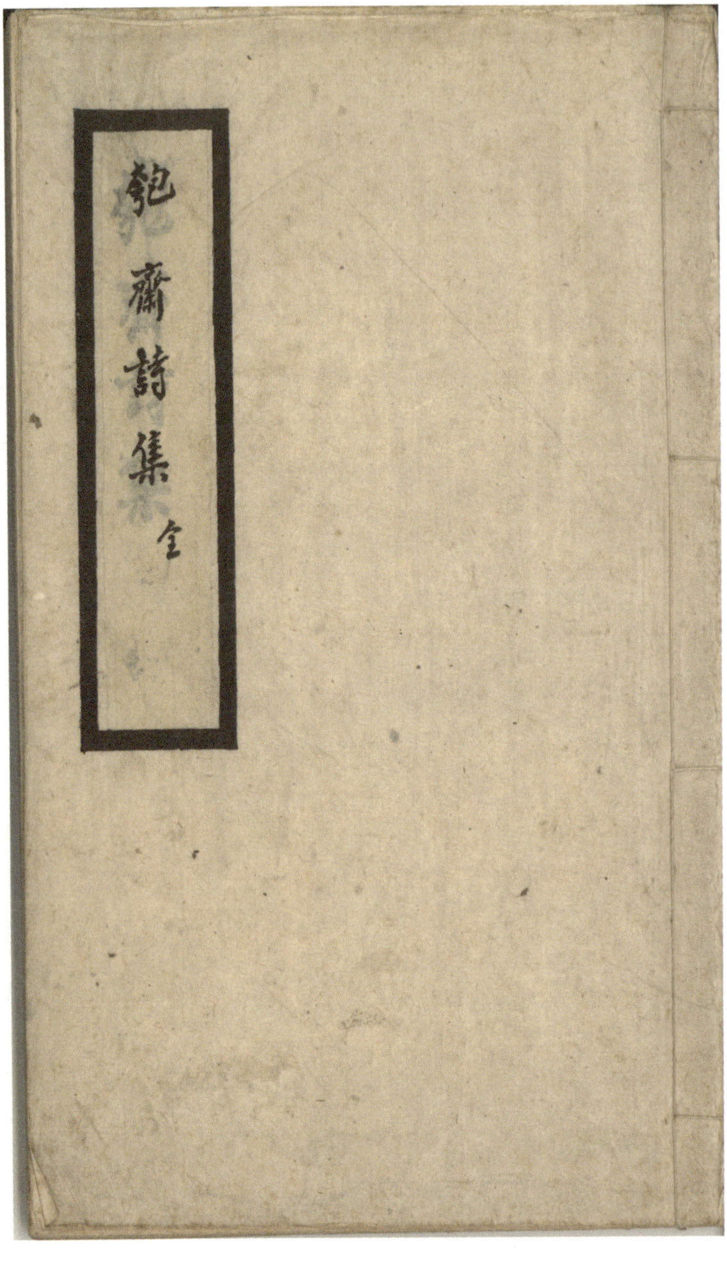

（孟凡松）

凍日巢雲嶠殘雪明林表碎瓊時有聲清嚮枝頭鳥 向文樺泉

定稿時當以鄭
叔紀事詩壓首
樹安之作宜置
於後

寄壽孫仲翔上海　丁卯九月

名場昔跳踉慷慨論風義一去三十年乃如昨日事昨年漢水上梗
萍忽並寄老大雖多傷兒女幸少累相對忽成翁一笑等竊位剗來
又幾時炎燠再改次我久倦京塵君亦避滬地從知親運同枯菀差
一致前年君五十記作介壽字屈指去年秋君年又加二而我復何
如五十亦已至世變正多方羣材殊無類布衣幾專城下士亦連騎
脂韋或換骨桀驁爭攘臂蒼狗萬起滅未來安可意飄搖風塵中我
輩將焉置走死恐無帀偷生亦偶遂世事難具論相見知不易新詩
寄壽君且共菊花醉

二

黔事零拾

《黔事零拾》，不分卷，任可澄撰。

是書封頁題有「地輿雜考」「犍爲文學爾雅注校勘記」等字樣，是爲該分册題名。其《地輿雜考》首列有關貴州史地的文章題名及其出處，「永樂十一年置布政司始末《國史考异》」，又出自《夏雨軒雜文》《滇行紀程》《東還紀程》《苗俗記》《征西紀略》《自滇入都程記》等書，於貴州史地研究有參考價值。其次摘録《水經注》、清人李兆洛《歷代地理志韵編今釋》、吴熙載《資治通鑒地理今釋》等諸種地理文獻有關貴州之記載。雖「應江唐稱羈縻江南道琰州唐稱羈縻江南道應州今□按當在貴州思南府境」「巴江唐稱羈縻江南道蠻州今貴州思南府安化縣南」「安夷宋稱夔州路思州今貴州思南府婺川縣南」等多數條目記載古今地屬字數僅數十，又有「朱提」「貴州名始」「石阡」「瀘水」「夜郎」等條，皆篇幅數百字者，間或有任氏考釋批注之語。書中又有鹽法之記載，摘自《文獻通考》雍正十年（一七三三）之記載。

其《犍爲文學爾雅注校勘記》，分「釋詁」「釋訓」「釋宫」「釋器」「釋地」「釋水」「釋艸」「釋木」「釋蟲」「釋魚」「釋獸」「釋畜」等目，各目下分係詞條數條，以訓釋文義爲主，大概爲「舍人」注解《爾雅》之文的彙集及校釋。所謂「犍爲文學」者，民國《貴州通志》以其爲貴州人物之首，并考證其或爲「卒史臣舍人」，然仍取《七録》之説稱「犍爲文學」以昭慎重。全書名《黔事零拾》，其記載多黔地事，可見可澄對家鄉故事的注重程度，可爲今貴州文史研究之參考。

原稿本今藏貴州省博物館，惜僅見該著第八册（民國手抄本，一册，高二十七點五厘米、寬十七點五厘米）。今據貴州省博物館藏民國抄本影印。

（孟凡松）

修焕章暨梓蔣瀘生中丞手札書後　舊志集十三
陳鍾祥劉府君墓誌銘　夏雨軒雜文四
同樂齋先生傳　夏雨軒雜文三
李他山周樸園何天衢三先生傳　同上
遊黔靈山寺始得聖泉記　夏雨軒雜文一
永樂十一年置布政司始末　潘檉章國史考異六
白水鋪　偏沅衛門　貴西苗種
関索嶺考　亦資孔　雲南坡
盤江鐵索橋　安順普定　苗種
平越仙跡　貴州省城　老苗城
諸葛洞　以上許纘曾滇行紀程注有記
沅江考　許纘曾東還紀程

續修貴州通志稿

語妙録

《語妙録》，不分卷，任可澄輯。

「語妙」即「言語妙天下」之意，本書是任氏抄録諸筆記之尤具戲謔、諷喻、警世意味之條目彙而成編者。摘抄諸條雖未命名，然大多皆標注出處，其間有未標注者，亦多屬抄録而得。

任氏《語妙録》對於所抄録之「妙語」，多在右側以圓圈標注，其出處廣泛，但同一出處之摘録較爲集中，如自《唐才子傳》中摘録鄭穀、孫魴、温庭筠等條目，可見本卷是可澄在讀書過程中的隨筆摘録，記載之條目能展現可澄之興趣愛好。據標注可知摘録出自《開元天寶遺事》《唐朱揆諧噱録》《雲仙雜記》《湘山野録》《南部新書》《夢溪筆談》《胡應麟甲乙剩言》《藤陰雜記》《全唐詩》《五色綫》《唐才子傳》《説苑》《藝苑巵言》《山樵暇語》《遺愁集》《涑水記聞》《唐荆川江陵縣新志序》《隨園隨筆》等。惜其未加修訂，稿本之字迹不易爲讀者所辨識，待有志者整理初稿，必能爲後學者便，亦能瞭解任氏讀書之旨趣。

現存抄本一册，藏於貴州省博物館。此遺稿輯録有雜記、叢語、傳記等文體中之「微妙」語句，乃爲續修《貴州通志》輯録之資料。（參《貴州古舊文獻提要目録》）

今據貴州省博物館藏抄本影印。

（孟凡松）

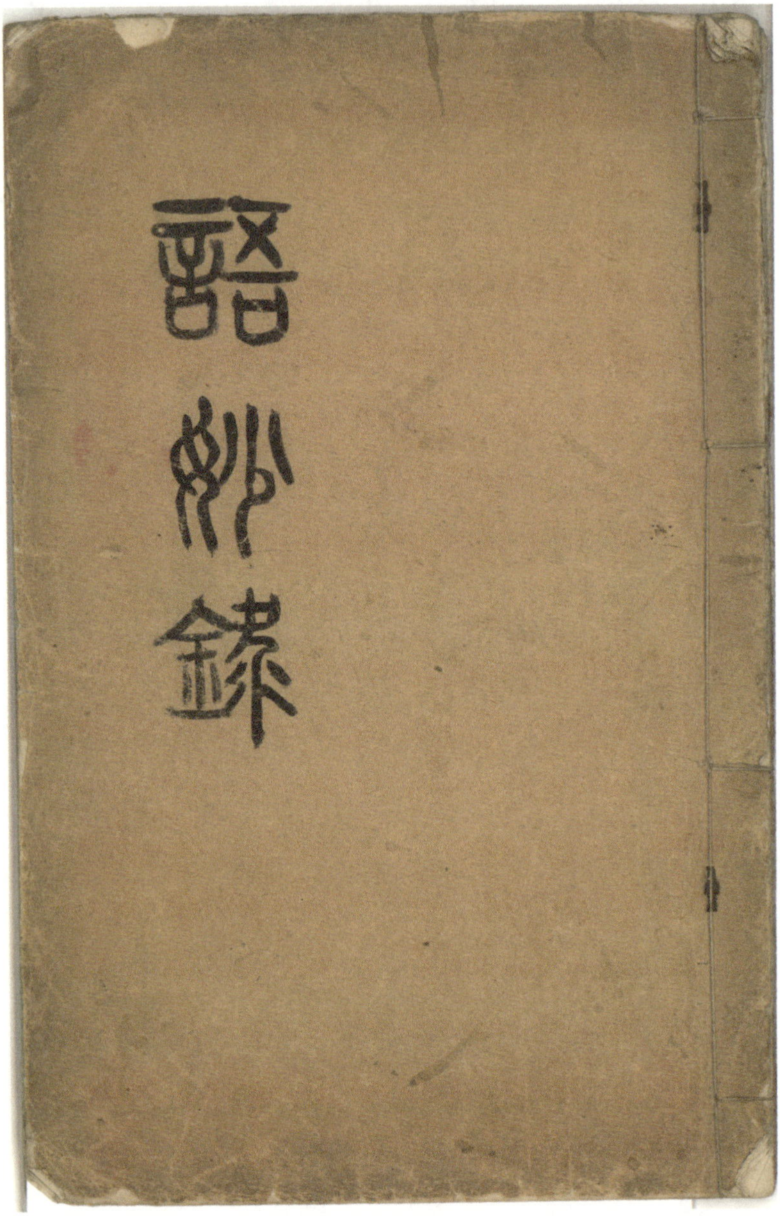

進士楊光遠游謁王公之門，干索權豪之族，未嘗自足，常遭有勢撻辱，略無改悔。時人多鄙之，皆曰：楊光遠慙顏厚如十重鐵甲也。開元天寶遺事

唐宰相孔緯嘗拜官，教坊有伶孟乃安辔留指寢閤曰：何者是虎？溪沙孔子作大笑。唐朱揆諧噱録

陸餘慶爲洛州長史，善論事而不閑判決。時嘲之曰：說事喙，喙長三尺；判事則手重五斤。雲仙雜記

楊叔賢自強人也，古今未嘗許人。頃爲荊州幕，時虎傷人，楊就虎穴磨巨巖，大刻戒虎文，如鱷魚之類。後改官知鬱林，以季氾知幽軍趙宗旦居打識虎文數年，老之言猶殺以爲化。之趙遣人於碑陰奉著甲子某月日磨崖碑下大蟲咬殺於碑陰二人。湘山野録

賓谿書刊通志稿

悦性齋筆記

《悦性齋筆記》，不分卷，任可澄撰。

任氏著述除民國《貴州通志》外，今《近代貴州稿本影印叢書》之《任可澄卷》所收有《悦性齋筆記》《匏齋筆記》《黔事零拾》《且同亭黔語釋》《語妙録》《家書》等數種。今存《悦性齋筆記》共二種：其一種共四卷，各卷封頁皆大書「悦性齋筆記」；其卷二、卷三、卷四又分别小書「匏齋隨筆」「且同亭長」「匏齋」字樣；另一種一卷，封頁僅「悦性齋筆記」五字，此一種合前種四卷共五卷。

所謂「悦性」者，殆取「怡情悦性」之意，《悦性齋筆記》即任氏在案牘勞煩之餘抄記掌故佚事的彙集，屬子部雜家小説家言。該筆記内容以抄録掌故、品談人物、賞鑒詩畫者居多，或辨名物，或述史事，或存佚事，不一而足。筆記一條少或數十字，多則千數百字，其一種卷一卷二多有標目，卷三卷四多未標目，且四卷之天頭多有小字標注，書中删减痕迹較多，但字迹較爲清晰；另一種一卷篇幅亦多標目，但天頭小字標記僅見一處，書中用箋格式不一，并有粘貼痕迹，删减處較少，但該卷中筆記多與黔地相關，如「有清一代黔人取得狀元」「全黔苗倮種類風俗考」等，據其記載或可考著述之先後。

該筆記條記見聞，凡任氏履歷所及、耳目見聞之事與時局世變之情，無分中外，大小瑣事亦多載諸筆記。例如，筆記「辭兼鎮」一條首語云「民國壞於督軍，尤鑄錯於巡閱使，一時便宜，永爲厲梗」，此類論史筆墨雖少，却不失爲精闢之言。任氏生長於黔，倦於政事，後又潛心於整理黔省文化，故此筆記於涉黔處多所留意，可爲晚清民國貴州文史研究之參考。

今據貴州省博物館藏稿本影印。

（孟凡松）

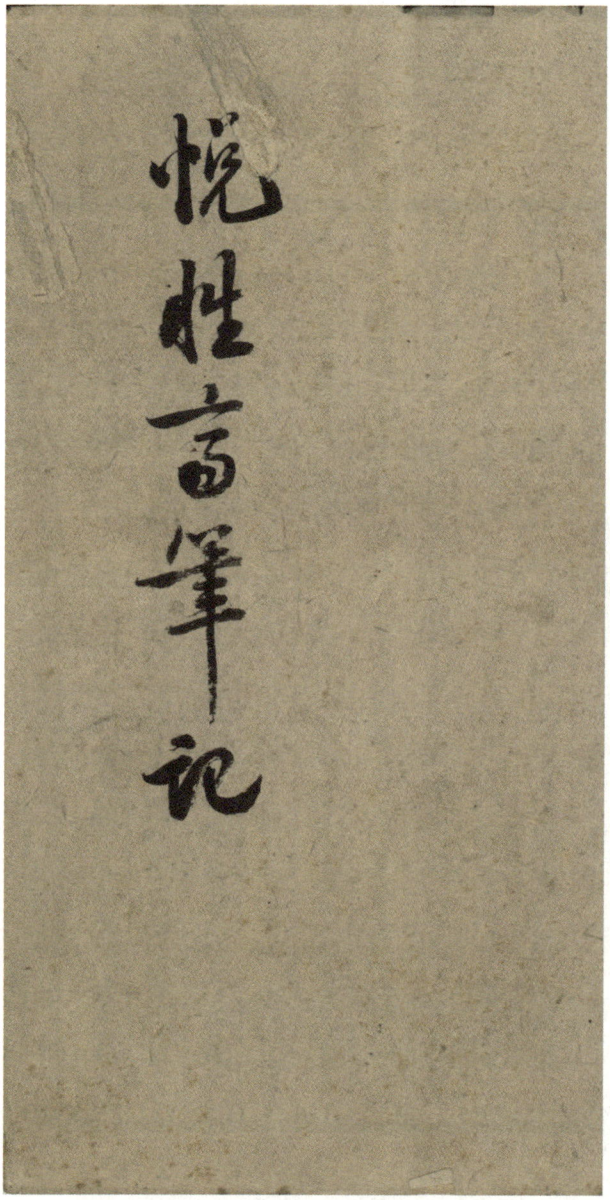

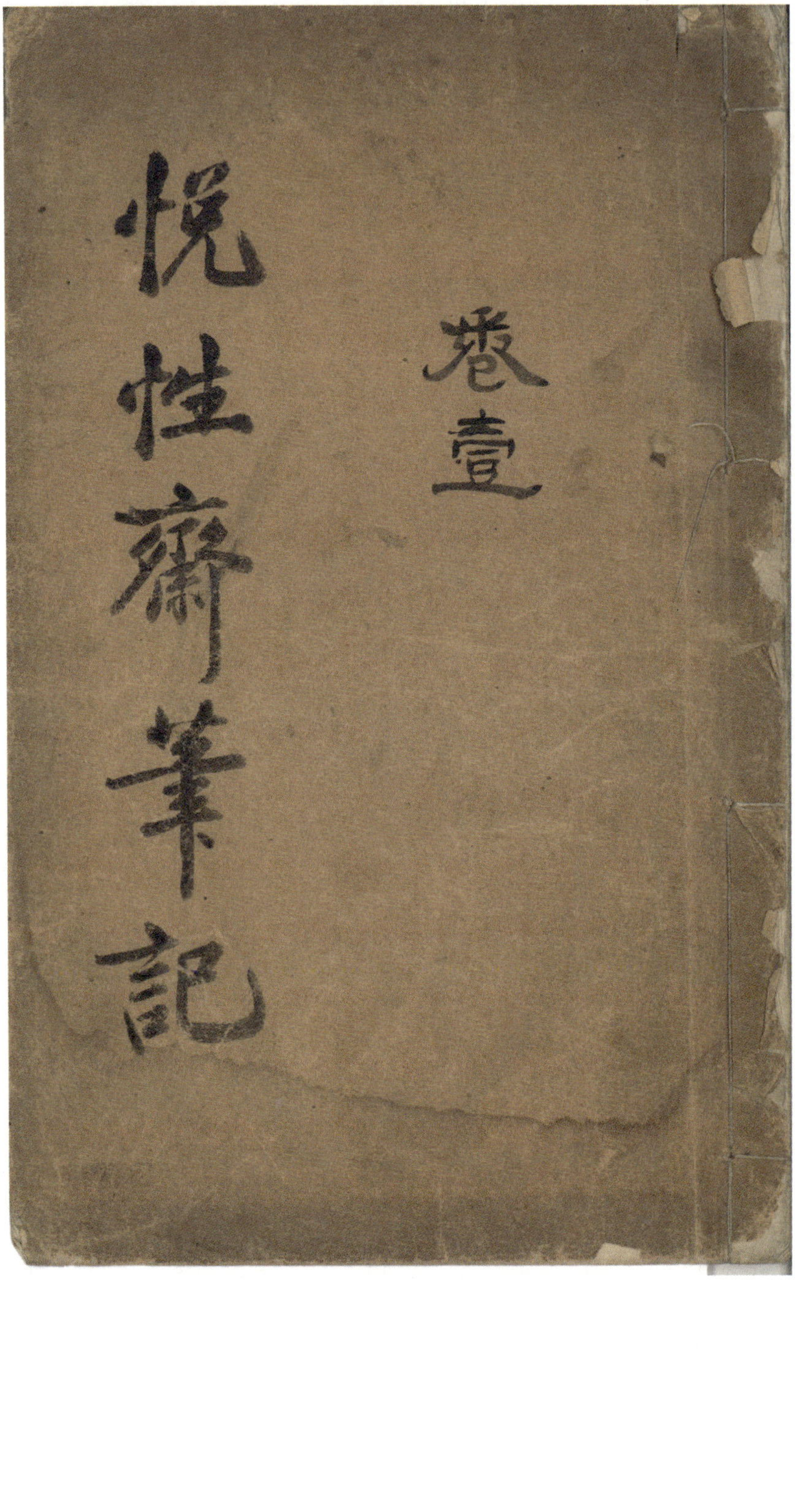
悅性齋筆記
卷壹

栗夫人佚事

嘗見李遇孫校補壼志林卷六引蔣濟萬機論八卷云甲作乙婦而未殺乙而甲不知後甲遂嫁之而作妻生二子而乃語甲甲因而醉殺之并害二子於義則宜死否參者曰女子澂行專一不以鼓刀稱義今又殺婦已絕先夫之恩親害肥胘又无念母之道也因憶栗夫人事夫人某氏字栗餘姜栗山西汾源州人（由拔貢部選）時（嘉慶）任河（東）督（總）治河有功死而為神今汴人猶稱栗大王者也未娶時館於外氏与内兄某同宿异寢夫人中表某素欲得夫人垂涎之奪所好思甘心焉而栗未知也一日栗因事出内兄某別醉寐遂就栗榻熟睡栗昧撫之不應遂趨内兄榻寢中表某夜分來就栗榻刺之誤中而遁明日某氏遂以殺

三不惑齋詩鐘

《三不惑齋詩鐘》四卷，楊恩元撰。

書前有民國甲子（一九二四）立秋日《弁言》一篇，後有民國丁卯年（一九二七）嘉平月《跋》一篇。

《三不惑齋詩鐘》初作於民國癸亥（一九二三）至甲子（一九二四），先成一卷。恩元自謂雕蟲之技，然又勝一切消閑俗法一籌，其《弁言》云：「其中最佳者甚少，平穩者十居七八，文本天成，妙手偶得，此中甘苦難爲不知者言也。」可見恩元亦自珍愛之。至民國丁卯年（一九二七）付梓，已成四卷，雖非皇皇巨作，亦可謂洋洋大觀也。《詩鐘》之作，原非一人所爲，然自癸亥（一九二三）以來，五年之中，同道多以事外出，雅集難繼，恩元苦心維持，不使中斷，承門生淩惕安、柴曉蓮諸輩之請，檢校前稿，搜爲四卷，以恩元所作爲主，間收友朋之作，但不著名號，總題爲《三不惑齋詩鐘》，故知書中所收，不只恩元一人之作。

詩鐘體制，有嵌字，有合咏、分咏，有籠紗，有刪古，有集句。恩元集中以嵌字體爲主，兼有他體。嵌字體七格俱備，如一唱（鳳頂格）「甫屏」：甫感至誠追妙筆，屏嬌無限戀香衾（卷四）；二唱（燕頷格）「納其」：周納深文傳酷吏，魏其清望冠通侯（卷一）；三唱（鳶肩格）「詩忽」：學貫詩書真奥博，算窮忽秒最精微（卷三）；

四唱（蜂腰格）「杜迷」：覺路指迷資我佛，德機見杜走神巫（卷二）；五唱（鶴膝格）「炎脚」：蛟龍大澤炎開運，鸚鵡芳洲脚踢翻（卷三）；六唱（鳧脛格）「鷺翎」：北闕兩班排鷺序，西戎五部重翎侯（卷四）；七唱（雁足格）「尾胡」：燕抛玉剪開雙尾，龍渡金陵戰五胡（卷一）。嵌字體除七格外，亦見他格，如碎錦格：「焉哉乎也」：悲哉氣也爲秋矣，焉用文之盍隱乎？所謂碎錦，拈題數字，多爲四字，嵌入句中，位置不限，就意而爲，如碎錦點綴其中。恩元《詩鐘》，對仗工整，用字講究，用典自然，無雕琢之痕。

（張立新）

今據貴州省圖書館藏鉛印本影印。

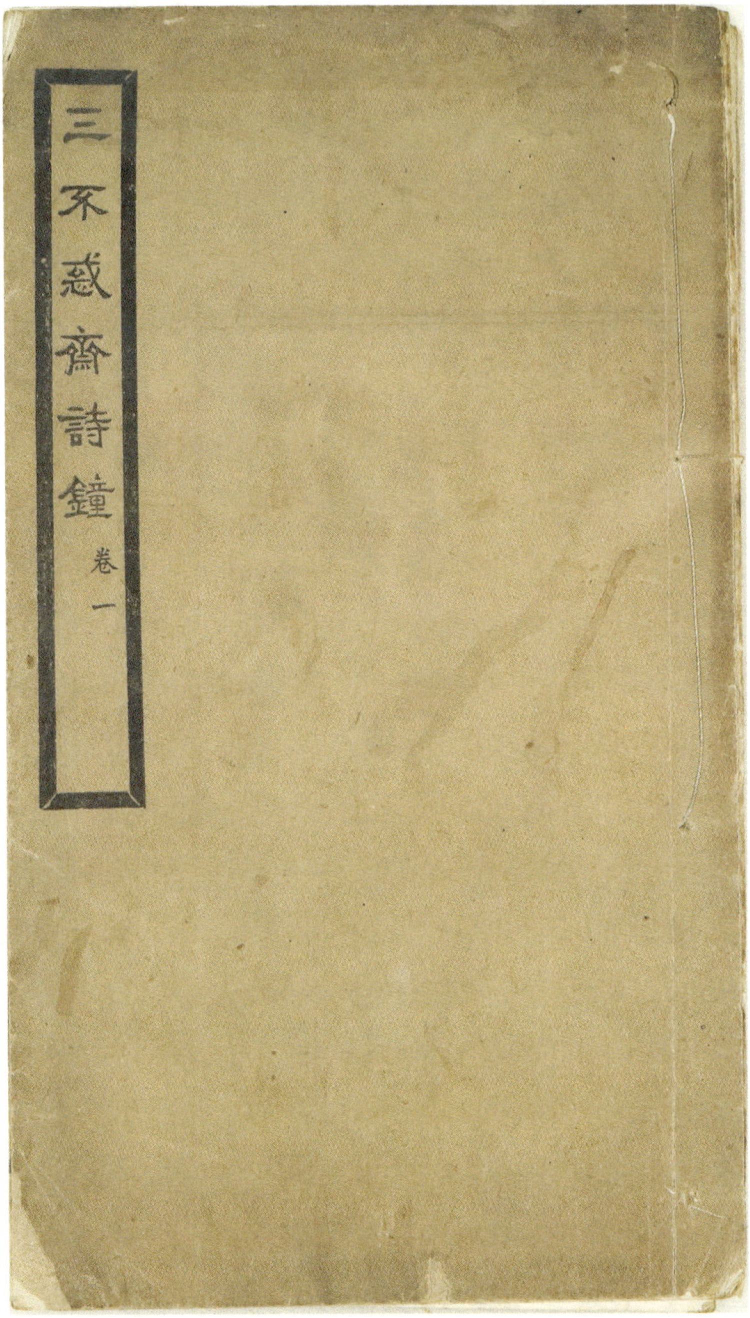
三不惑齋詩鐘
卷一

弁言

古詩變律律詩變詞詞變爲聯語以至詩鐘可謂愈趨愈下矣然而易云窮則變不至於窮亦何有於變詩鐘之盛於近代亦其勢然也向分閩粵兩派閩主空靈粵尚典實究之空靈中亦須有典典實中亦須參活雖二而實一仁者見仁智者見智奚必嚴分界畫乎家居無事與同人集會借消永日數月來裒集成帙依次錄出所謂雕蟲之技此眞足以當之而以較一切消閒俗法則已勝一籌矣其中最佳者甚少平穩者十居七八文本天成妙手偶得此中甘苦難爲不知者言也所錄以己作爲主他手之佳者不過略附數聯亦不標名字敝帚自珍常情則然余亦何獨異焉民國甲子立秋日

三不惑齋主人楊恩元自記於貴陽

萬里鴻泥集

《萬里鴻泥集》三卷，楊恩元撰。

書前有《序》一篇，據《序》稱：清宣統元年（一九〇九），恩元赴甘肅甘凉隨侍父親楊樹，仿龔自珍《己亥雜詩》，撰《并隴紀程詩》一卷，百首。「此後渡渭而西，隴雲千疊，又未免别開境界，知有所作，再當賡續」（《并隴紀程詩叙》），然「甫卸塵裝，遽遭大故，積稿叢殘，不忍复續。旋里年餘，丁改革之變，兵戈擾攘，久已捐弃翰墨，不事吟咏」。民國三年（一九一四），又「南赴滇省，由海道至滬，復歷游北方各省，睹世運之遷流，憫民生之憔悴，河山無改，鐘虡空存，情切於中，不能自已，沿途抒寫懷抱，得若干首。滬濱多暇，重加檢定而爲之序」（《萬里鴻泥集·序》），遂有此集。

恩元於民國三年（一九一四）正月十六日，由貴陽啓程，經清鎮、安平（今平壩）、安順、鎮寧、關嶺、興義、羅平、宜良，二月初五日至雲南，十二日由雲南至阿迷、河口，入越南境，由河口至河内、海防，經過海口，十八日至香港。在香港逗留四日，二十八日由香港至上海，在上海停留十八日，三月十六日啓程去青島，經青島、濟南、天津，二十三日到北京，在北京停留四日，二十八日到石家莊，二十九日到太原，在太原駐留十二日，四月十二日

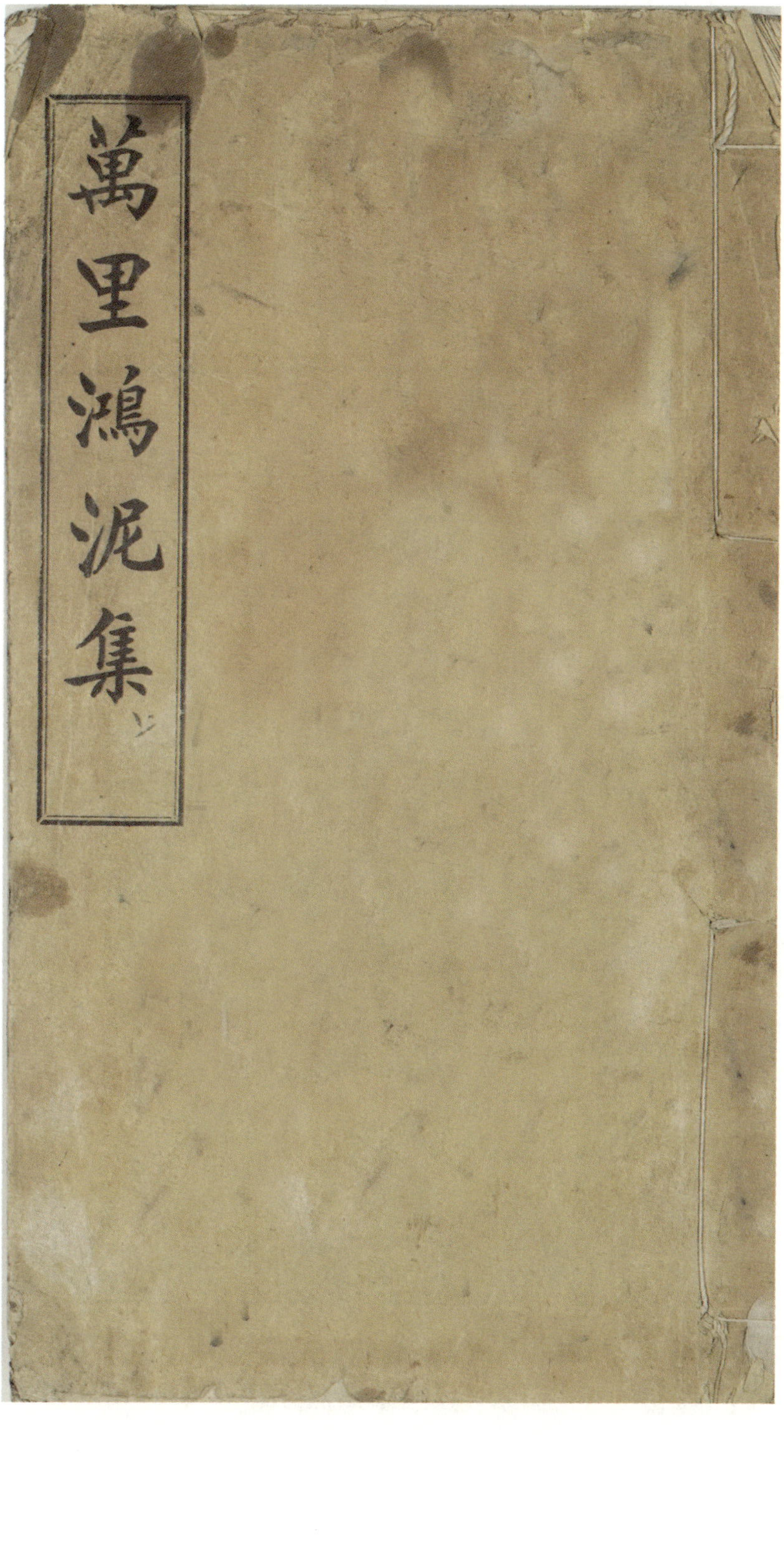
萬里鴻泥集

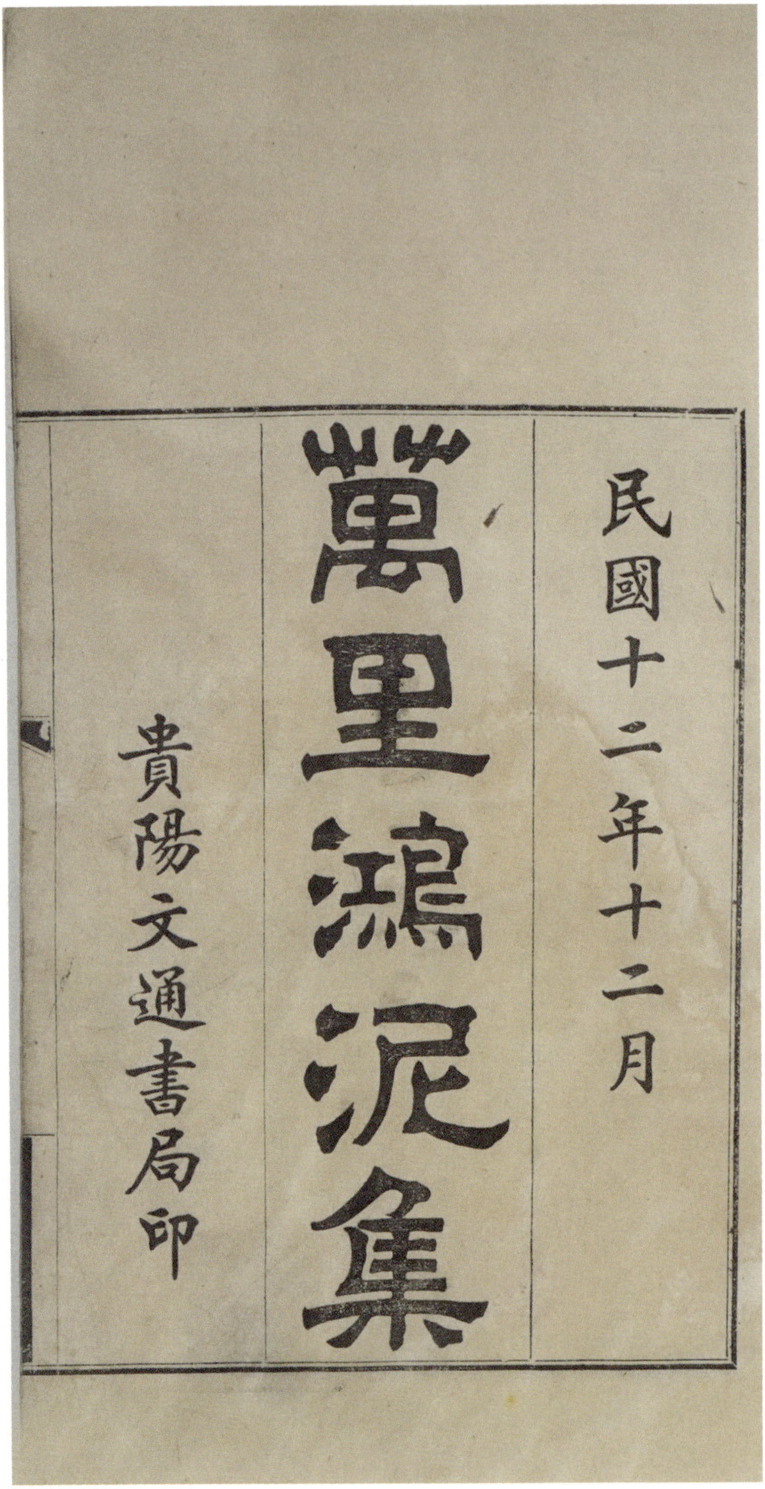
民國十二年十二月

萬里鴻泥集

貴陽文通書局印

萬里鴻泥集序

曩余作幷隴紀程詩付印僅及其半友人多以爲詢顧其中有難言者蓋隨侍蘭州甫卸塵裝遽遭大故積稿叢殘不忍復續旋里年餘丁改革之變兵戈擾攘久已捐棄翰墨不事吟詠矣今春政局大定道途亦漸解嚴遂南赴滇垣由海道至滬復歷游北方各省覲世運之遷流憫民生之憔悴河山無改鐘虛空存情切於中不能自已沿途抒寫懷抱得若干首滬

貴陽文通書局印

由太原回石家莊，四月十三日回北京。历三月，行萬里，將行者、見者、思者訴諸筆端，深感時代變遷之多艱，「天人交迫，楚歌四起，潮流所至，開千古未有之變局，更俯仰滄桑，百感交集，有執筆彷徨，不能遽下之隱」。然彷徨之餘，於行程之間，歌之咏之，以成此集。

《萬里鴻泥集》承《并隴紀程詩》而來，與《紀程詩》相异者，《鴻泥集》非止一日一題，而有數日一題者，一題多咏，靈活多變。於詩非止學龔定庵，而乃近學浙中六君子、紀曉嵐、俞曲園，遠紹唐時王建，「境即隨時而變，詩亦隨境而遷」。以紀述之體，表彰風土，以歌咏之體，摹繪事實，化而裁之，變而通之，一新耳目，適觀快意。

此集印刷規式與藏者，皆與恩元《文稿》《詩稿》《紀程詩》同。

今據民國十二年（一九二三）貴陽文通書局刻本影印。

（張立新）

三不惑齋文稿

《三不惑齋文稿》二卷，楊恩元撰。

「三不惑齋」爲恩元書齋名，恩元謂：「漢楊秉謂：『我有三不惑：酒色財也。』範《書》稱秉性『不飲酒，又早喪夫人，遂不娶，故有是言』。余屬在宗支，頗與相類，今取以名齋，即以名稿。」

《文稿》前有恩元於民國十二年（一九二三）大暑節所撰自序一篇，述文稿刊刻緣由。蓋因恩元時與任可澄共襄民國《貴州通志》編纂之盛事，於燕都（即北京）抄録黔省著作，深感黔省開化晚而文學向少傳人，莫友芝、鄭珍編纂《黔詩紀略》《播雅》等黔省文獻，及後有《黔詩紀略後編》之編纂，「通省文獻略略薈萃」，而安順作者之作終屬寥寥，「著述闕焉不備，遂使城邑空虛，山川失色」，故自搜其稿，以備知音之采納。

《文稿》分上下兩卷，上卷論七篇，説七篇，代擬訓詞三篇，記三篇，書序四篇，通志局頒發各縣采訪條例叙一篇；下卷《貴州通志》專志叙三篇，書序七篇，叙跋七篇，壽序六篇，記一篇，啓七篇，墓志銘二篇，祭文一篇，共計五十九篇。下卷書序中有《晉乘論再易稿序》《晉乘論再易稿後序》《并隴紀程詩序》《萬里鴻泥集序》等恩元自著之序文。又《文稿》中多有訓詞、書序、壽序、墓志銘、祭文等，可據以考恩元之交游與事功，亦可用以相關記載之參考校正。恩元晚清進士出身，祖父、父皆有文名，受家學而擅詩文。處民國之際，既游歷大半中國，亦東渡日本，觀念已較父祖而有變。戴明賢先生論其思想，指其既循正統儒家修齊治平之軌迹，亦隨政治社會變化而發展，其論中國之專制、論教育、論法治與道德之關係，皆有獨到之處，非遺老冬烘之徒所可比也。

《文稿》刊於民國十二年（一九二三），距其離世二十有七年，故民國十二年（一九二三）以後之文皆未收入，深可憫也，俟有志之君子搜集整理之。

《文稿》二卷，單頁八行，行二十字，雙邊。版心單魚尾，上刻書名，中刻卷數與頁碼，下刻「貴陽文通書局印」。刻字爲魏碑體，清雅秀麗，明清以來實屬罕見。封面有「第四中學校存，楊覃生先生惠贈。錢慎哉識，時民國十六年十月」題簽，并有「貴州省立安順初級中學圖書館」橢圓形鈐印一枚，第一頁有「貴州省立第四中學校」方章鈐印一枚，可知爲恩元贈與書籍，收藏者爲民國時期貴州省立第四中學（即貴州省立安順初級中學）圖書館。

今據民國十二年（一九二三）貴陽文通書局刻本影印。

（張立新）

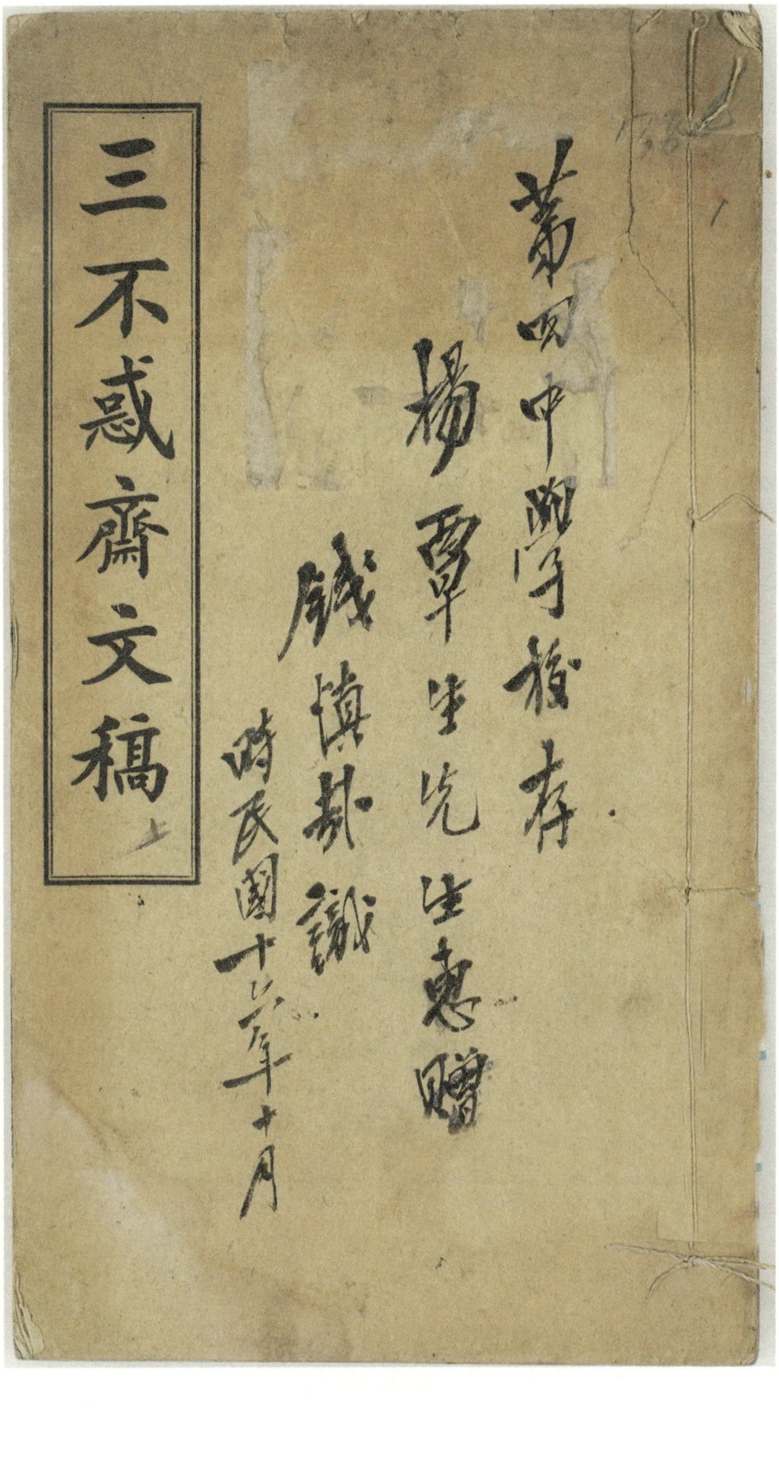
三不惑齋文稿
上

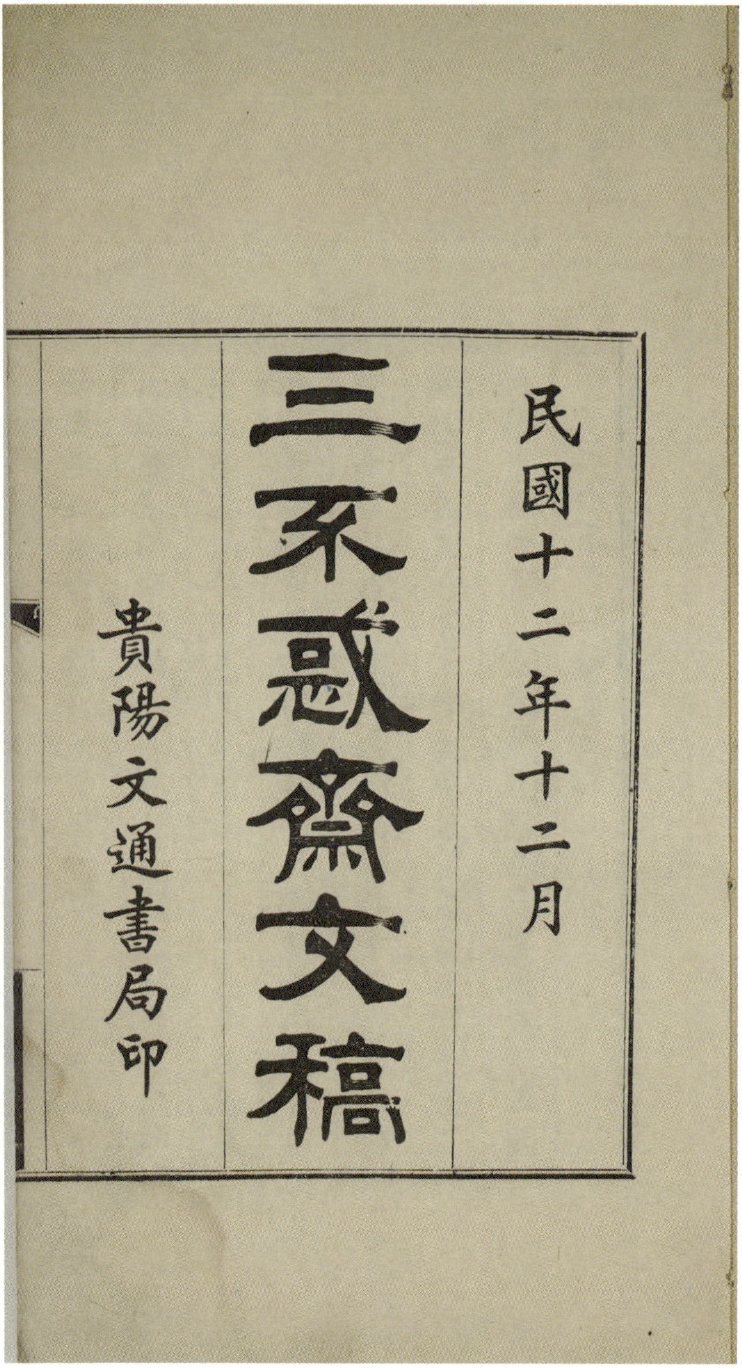
民國十二年十二月

三不惑齋文稿

貴陽文通書局印

三不惑齋詩稿

《三不惑齋詩稿》一卷，楊恩元撰。

楊恩元（一八七五—一九五二），字覃生，别號三不惑齋主人，貴州安順人。光緒乙未（一八九五）進士，并官禮部主事，時年僅二十歲，一九〇一年弃官離京，隨侍其父左右，一九〇九年其父由太原府履任甘凉道，病故於蘭州。恩元扶喪回黔，定居貴陽。一九一九年貴州通志局成立，任分纂及編審。一九二一年自費赴京搜求史料，兩年共獲抄本四十餘册。一九三六年九月，貴州通志局改組爲文獻征輯館，任副館長，代行館務，亦負責編輯出版《黔南叢書》和《貴州文獻季刊》。一九四七年八月被聘爲省文獻委員會主任委員。一九四八年爲《貴州通志》作序。一九五二年因病逝世。恩元有《并隴紀程詩》《萬里鴻泥集》二集，爲游歷紀程詩，仿龔定庵《己亥雜詩》之體例，「以道途之節次，爲吟咏之波瀾，而奇觀异境，非韵語所能賅，亦詳爲附注」（《并隴紀程詩·叙》），《詩稿》爲二集之外的其他詩之合集。

《詩稿》無序跋，共五十一題，一百又八首，另附唱和原詩若干首。集中詩歌諸體皆備，尤以古詩、律詩爲多，絶句最少，内容涉及唱和、交游、送别、賀壽、游覽等。恩元之詩，不喜用典，皆簡易直接，明白如話，如「狡詐營私利，巧借新政名。工作掩飾計，成效若捕風」（《送凌生惕安游學日本》）。蓋因晚清黄遵憲、梁啓超、譚嗣同輩提倡「詩界革命」影響所致，黄遵憲云：「苟能即身之所遇，目之所見，耳之所聞而筆之於詩，何必古人？我自有我之詩者所在矣。」晚清詩風爲之而變。恩元生於晚清，成於民國，受新詩風影響，其詩通俗易懂，將民國間新語彙融入詩中，如「電車走驚蛇，汽車縱脱兔。馬力與人力，飛馳争奔赴」（《滬上新年雜咏・進香》）。集中和詩後多有記載原詩之故事，佐以他史，可考其詳事。另有贈送親友之詩文，亦可見恩元交游之實際。

《詩稿》於民國十二年（一九二三）十二月由貴陽文通書局印行，單魚尾，版心向外，上刻書名，下刻「貴陽文通書局印」。半頁八行，行二十字，隸書體，清秀喜人。封面有「第四中學校存，楊覃生先生贈，時民國十六年十月」字様，下有「貴州省立安順初級中學圖書館」章印一枚。

今據民國十二年（一九二三）貴陽文通書局刻本影印。

（張立新）

三不惑齋詩稿

山東四中学校存

覃生先生贈

時民國十八年十月

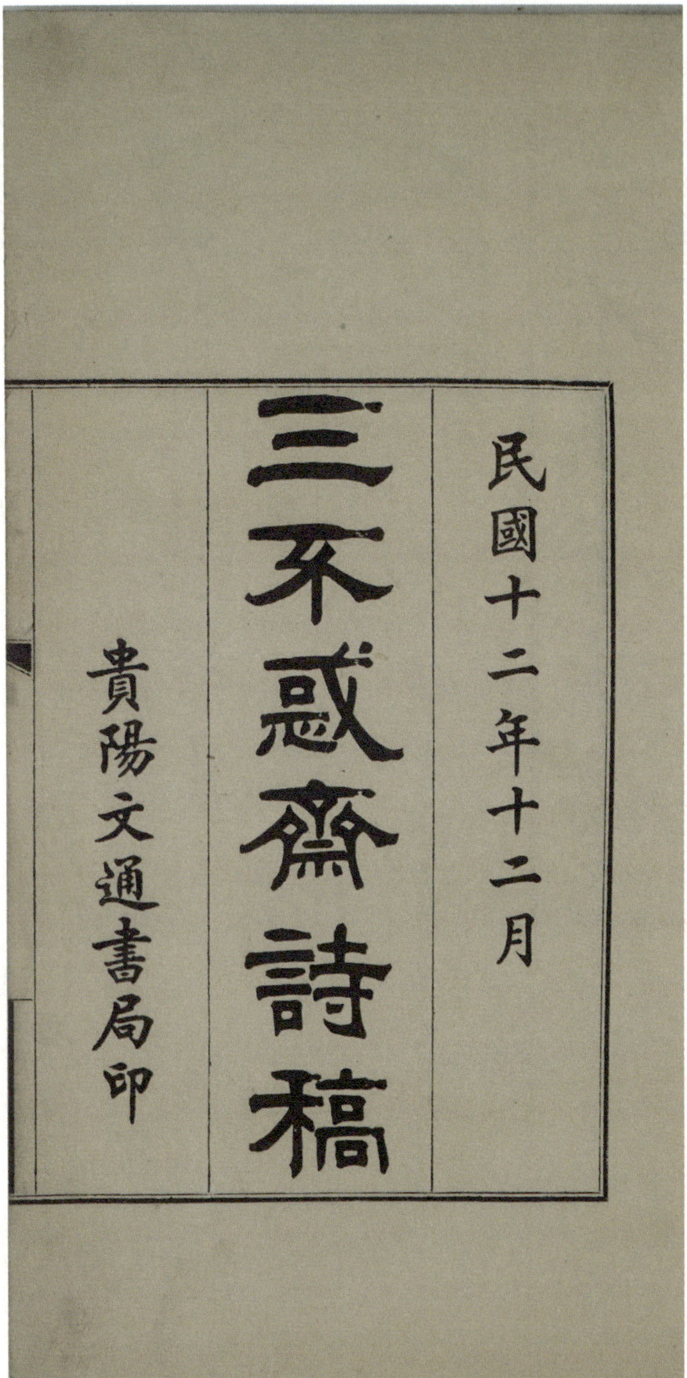

民國十二年十二月

三不惑齋詩稿

貴陽文通書局印

晉乘論再易稿

《晉乘論再易稿》二卷，楊恩元撰。

恩元諸種著作中，該作最早，據恩元《叙》言：「余少好《左氏》，頗能上口，乙未通籍後，趨公之余，閲顧氏《春秋大事表》，喜其議論自辟蹊徑，發前人所未發，因復昕夕討論，擴充識量，而於《左氏》事實亦多會心之處，不揣固陋，欲取晉國歷代之事，仿章實齋學文體例，編爲傳紀，贅以論説。乃自桓二年起，逐事研究，兼取外傳，暨公、穀二家，互證參觀。涵泳反覆，以爲立論之根據。用筆則務在馳騁縱横，極盡淋漓而後止。一年有餘，得論若干篇，方逮文公之初，而時局變更，波屬雲委。」知恩元作此書，起自光緒二十一年（一八九五）會試中式後，閲《左傳》多有會心，閲顧棟高《春秋大事表》慕其議論，仿章學誠學文體例，以成此書。然期間經庚子之變，不得不半途而廢，乙巳（一九〇五）至太原，覺原稿詞氣猶多未愜，略加竄改，重録一通，故名曰「再易稿」。

書分上下卷，上卷共二十一篇，各篇名爲：《穆侯命名》《曲沃并晉》《武公受命爲晉侯》《獲樂共叔》《驪姬之變》《去桓莊之族》《太子伐皋落》《里克諫伐皋落》《荀息假道》《申生之死》《滅虢》《里克弑奚齊》《荀息復言》《惠公得國》《惠公忌克》《殺里克》《殺丕鄭》《背秦賂》《閉糴》《慶鄭諫惠公》《乘小駟》《吕生

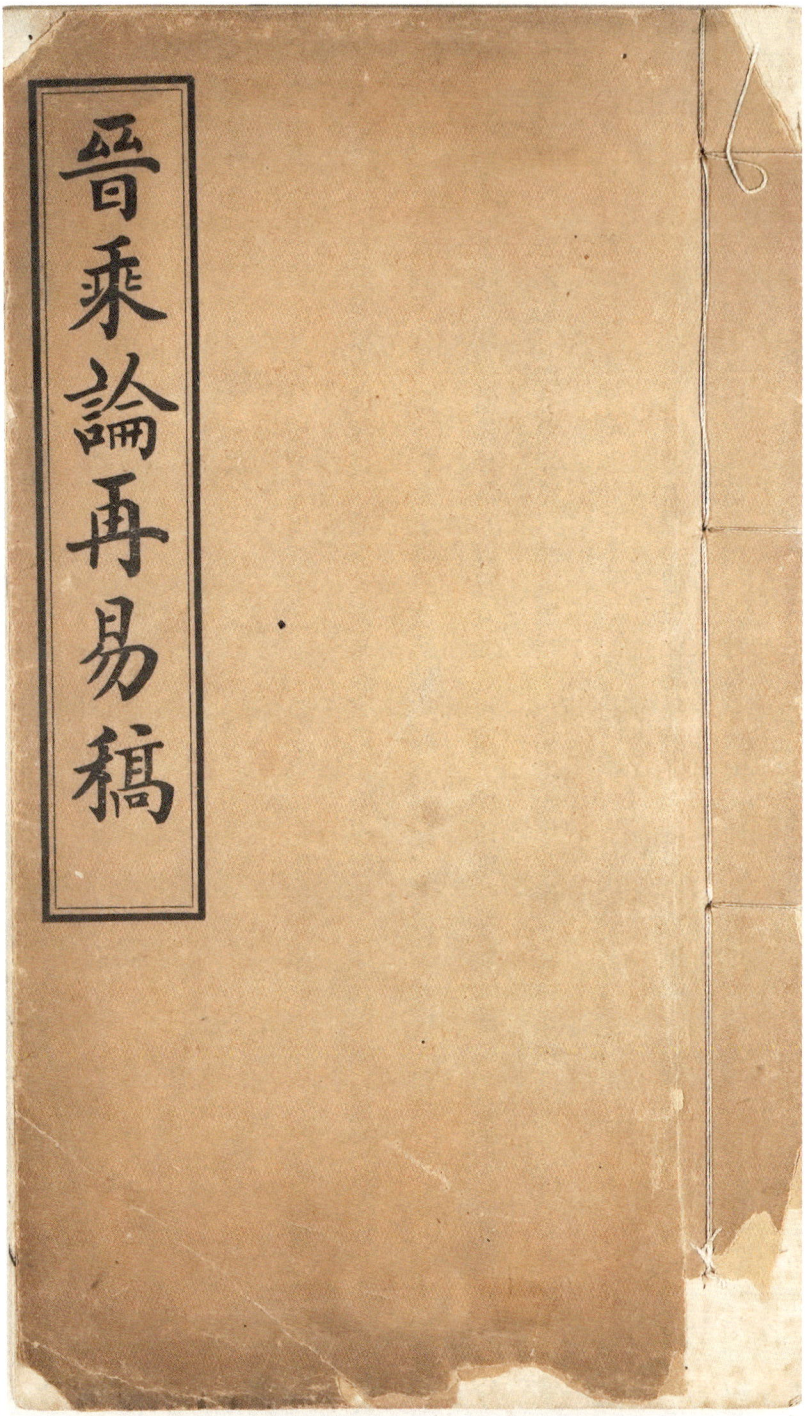
晉乘論再易稿

晉乘論再易稿

晋乘論再易稿敘

余少好左氏頗能上口乙未通籍後趨公之餘閲顧氏春秋大事表喜其議論自闢蹊徑發前人所未發因復昕夕討論擴充識量而於左氏事實亦多會心之處不揣固陋欲取晋國歷代之事仿章實齋學文體例編爲傳紀贊以論説乃自桓二年起逐事研究兼取外傳暨公穀二家互證參觀涵泳反覆以爲立論之根據用筆則務在馳騁縱橫極盡淋漓而後止一年有餘得論若干篇方逮文公之初而時局變更波屬雲委膠州難起繼以旅順廣灣諸役耳目所接無非動魄

晋乘論再易稿　敘　一　貴陽文通書局印

激民》。下卷共十九篇，各篇名爲：《征繕輔孺子》《質太子圉》《子圉逃歸》《殺狐突（上）》《殺狐突（下）》《文公在外十九年》《狐偃辭秦》《醉遣之謀》《秦納文公》《吕郤焚公》《寺人披請見》《介之推不言禄》《請隧》《始改南陽》《趙衰薦郤縠》《取五鹿》《入曹》《魏犨顛頡爇負羈氏》《殺顛頡》。

恩元之論晉，非重其史實，乃重其事理也，重其理，而不囿於成見。如論穆侯命名，師服以爲兆亂之始，然恩元論曰：「夫命名細事也，穆侯取義於戰，蓋亦適逢其會，而非有所寓意其間。如謂晉之禍亂自此啓之，何以周稷名弃而辟王業之基，微子名啓而受面縛之辱，是命名果能爲人之禍福哉？」恩元謂晉之亂，非穆侯命名之所致。以爲國家之能强本幹弱枝葉者，惟在振飭紀綱，修明政教，方能奠宗社於磐石之安。恩元之論，可謂名其根本矣。其用筆務在馳騁縱横，極盡淋漓而後止，讀其所論，其言不虚，有船山《宋論》論史之風格。書之最後有民國己未（一九一九）立春日恩元自記之《跋》，記其求學之起始，人生經歷與國家變化之坎坷，「欲圖挽救之方，宜有渡迷之筏。因取少作晉乘論再易稿，復加校閲。在當時以未盡完善，愧不能遠追古人……因舉以屬華延宜先生，付書局印出。俾學者得借爲參考之資，或可收壤流之助。成法具在，决不敢以自誤者誤人。此則差堪共證者也」。

此作蓋成於光緒三十一年（一九〇五），然刊刻之時，應與《三不惑齋詩稿》《文稿》同，亦即民國十二年（一九二三），貴陽文通書局刻印。本書之序與後序，又見於《三不惑齋文稿》之下卷。

今據民國十二年（一九二三）貴陽文通書局刻本影印。

（張立新）

三不惑齋集放翁七律句

《三不惑齋集放翁七律句》一卷，楊恩元集。

書前有《民國第一丁卯嘉平月安順楊恩元覃生自叙》一篇，述此集所作緣由。蓋恩元宣統元年（一九〇九）赴山西蒲州府，隨侍其父楊樹，於病中每日抄録放翁詩，後至太原，遍讀放翁全集，録七律數千句，成八册，朝夕諷誦，因鋪陳排比作大規模之集句，凡得數百聯。返黔後，置諸故紙堆中久不省記。《叙》中云「今夏陳恒庵君於詩鐘會上，以所集聯十餘付呈閲，因憶前事，亦云幸矣」。

恩元集放翁七律詩句時，覺子偲集聯「體例甚寬，其平仄對仗亦不甚拘」，黄之雋等全以唐句爲詩，雖頗稱豐富，「然核對原作，往往有改字以就我者」。恩元之集放翁七律詩，「惟録原句，不敢妄易一字，并注明何題，以便對檢」。

恩元謂：「究之精神所寄，除文字外，無以表現於將來。放翁既往，而其詩不與之俱往，余得以集其大成，後之手是編者，見放翁之詩，即如見余之心。倘附驥尾以俱傳，雖東海神山，西方净土，均不足動余之歆羡也。」於此可見恩元於放翁詩之用心，後之讀放翁詩者，亦可尋恩元之集句，直探放翁詩之奥妙也。

民國十六年（一九二七），有貴陽文通書局鉛印本一册（《貴州省地方文獻目録》），民國二十七年（一九三八），尋得舊本，於印《詩鐘》之便，隨帶將此集印出。

今據民国十六年（一九二七）貴陽文通書局鉛印本影印。

（張立新）

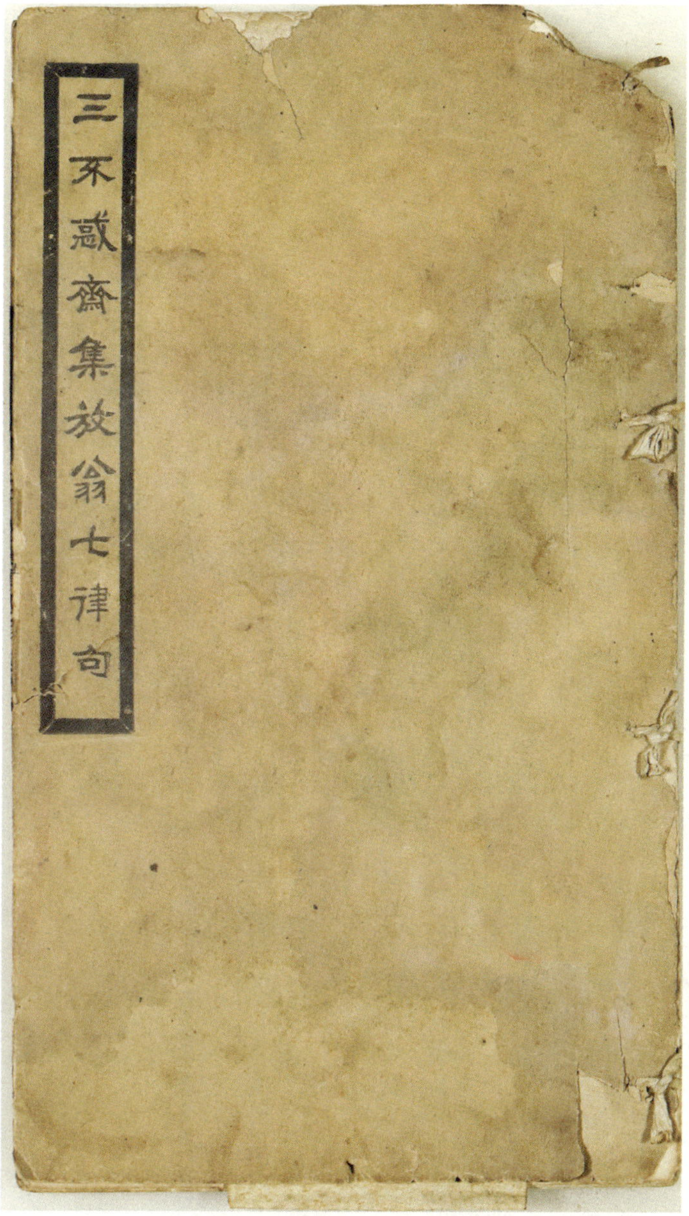

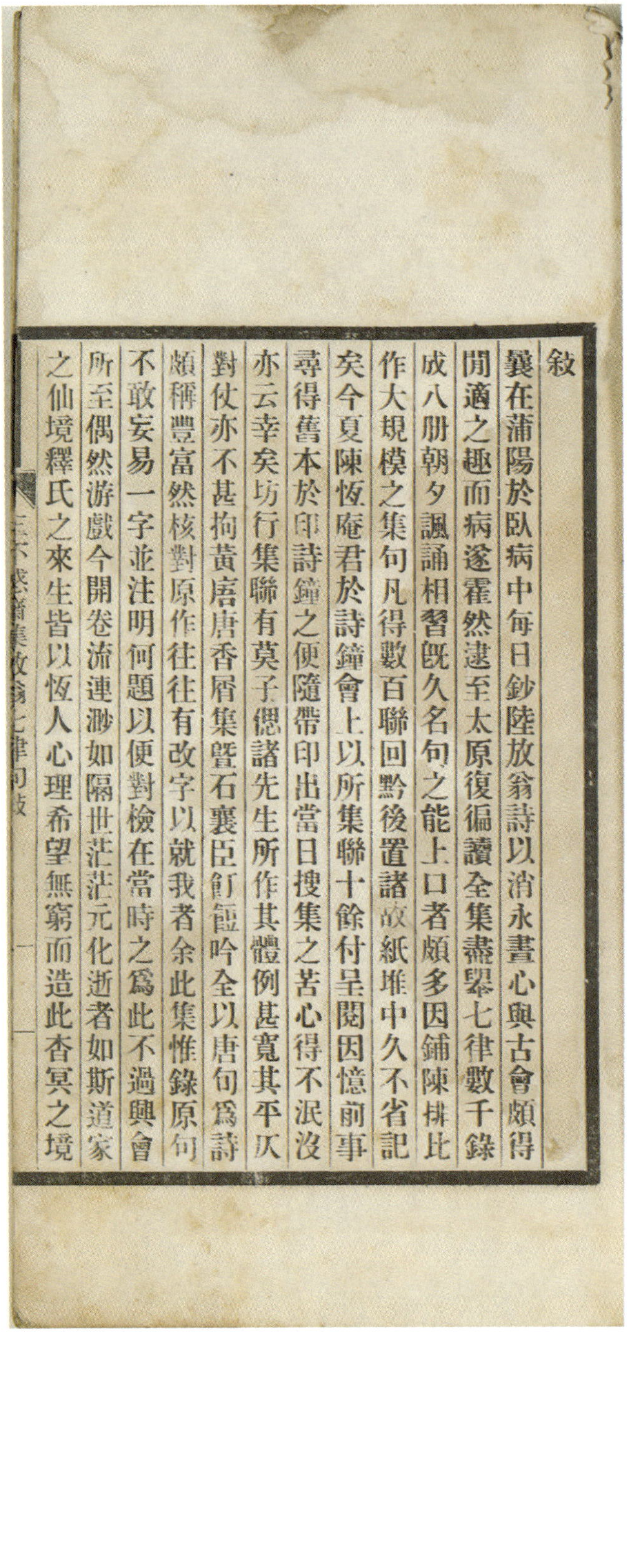

敘

曩在蒲陽於臥病中每日鈔陸放翁詩以消永晝心與古會頗得閒適之趣而病遂霍然逮至太原復徧讀全集盡舉七律數千錄成八冊朝夕諷誦相習既久名句之能上口者頗多因鋪陳排比作大規模之集句凡得數百聯回黔後置諸故紙堆中久不省記矣今夏陳恆庵君於詩鐘會上以所集聯十餘付呈閱因憶前事尋得舊本於印詩鐘之便隨帶印出當日搜集之苦心得不泯沒亦云幸矣坊行集聯有莫子偲諸先生所作其體例甚寬其平仄對仗亦不甚拘黃唐香屑集暨石裏臣飣餖吟全以唐句爲詩頗稱豐富然核對原作往往有改字以就我者余此集惟錄原句不敢妄易一字並注明何題以便對檢在當時之爲此不過與會所至偶然游戲今開卷流連渺如隔世茫茫元化逝者如斯道家之仙境釋氏之來生皆以恆人心理希望無窮而造此杳冥之境

王不惑齋集放翁七律句敘　一

并隴紀程詩

《并隴紀程詩》一卷，楊恩元撰。

《并隴紀程詩》有《叙》一篇，《叙》言該集爲「隨家大人履任甘凉所作也」。家大人者，恩元父楊樹也。楊樹，字珍林，生於道光二十一年（一八四一），同治元年（一八六二）應府試冠軍，院試第二名，同治六年（一八四六）七月貴州鄉試中式，光緒二十六年（一九〇〇）授山西蒲州府知府，三十一年（一九〇五）調署太原知府，宣統元年（一九〇九）補授甘肅甘凉道。恩元《叙》作於宣統元年（一九〇九）十月（朔），此時恩元在西安路途中，該集亦應作於宣統元年（一九〇九）十月前。

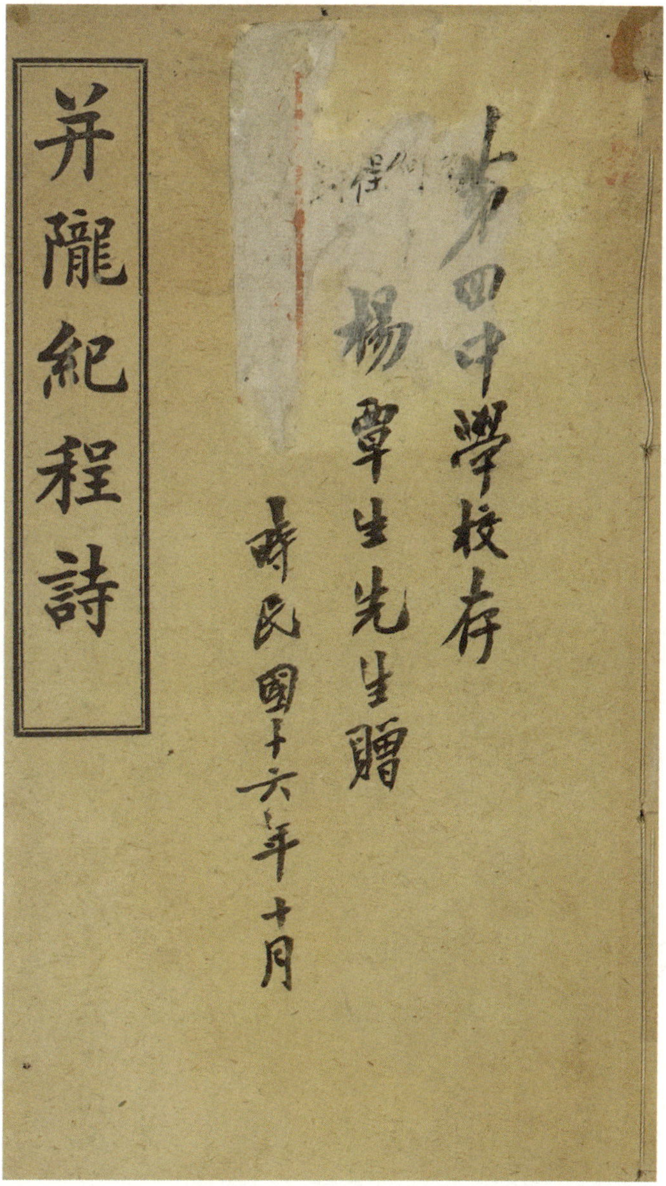

恩元紀程詩仿龔自珍《己亥雜詩》，其《叙》云：「中原勝地，名山大川，（中略）文人學士過之者，向多撰著之言，（中略）然而曠覽作者之林，其橐筆旅行，紀述則載之行記，歌咏則播諸詩篇，大都分道并馳，未嘗相合爲一，惟龔定庵《己亥雜詩》，南北往還，絶句百三十餘首，皆以事之緣起，分疏於下，甚有別裁。」恩元受龔定庵之啓發，「今即仿其體，以道途之節次，爲吟咏之波瀾，而奇觀异境，非韵語所能賅，亦詳爲附注」。

集中之詩，起於太原，迄於西安，共計百篇。每篇詩前有詩題，下注時間，詩後有附注。詩爲七言絶句，歌咏路途所見所思，附注則詳述寫作緣由，或補述詩中山川地理，如首題《發太原，三十里鄭村，四十里榆次縣》之第三章，「蘢蔥佳氣郁真王，四塞河山古晋陽。西望崛巊東望罕，何年屐齒再相羊」，附注詳述太原城周邊山川概况。亦有述社會經濟之發展，如《發羅村三十里，祁縣五十里，平遥縣》之第四章，「三晋菁華聚此間，市廛金碧燦斑斕。全洲財政通樞紐，商界高名峻莫攀」，後附注云：「平遥商務最盛，各匯兑莊林立，不下數十家，其力頗能操縱中國財政。惟晋商性質，堅忍勤儉，是其所長，保守則有餘，進取則不足。處此交通之世，難占優勝地位，若能采取西人銀行規則，補所不足，庶盡善矣」。詩以吟咏，注則述實，相得益彰，實爲晚清山西商業發展極重要之史料。

詩起於宣統元年（一九〇九）八月二十七日，迄於九月二十七，除恩元住華州候車五日之後四日（九月二十一至二十四日）外，其余皆每日一題，述路程之起迄與里程之數目，每日數章，附注有長有短，詳略不等。集中每日所注時間，皆有該日天氣之記載。又詩中記載每日所見名勝，可見恩元之紀程詩，又爲恩元自太原至西安旅途日記也。恩元於詩集最後云：「由晋赴隴，道路凡三千里，西安恰得路之一半也。『路途艱辛盡飽諳，幸逢名勝得窮探。

吟成百首嫌詞費，破戒聊思學定庵。』定庵先生不常作詩，謂可以省語言，簡思慮，故其詩名『破戒草』。乙亥南北往還，雜詩百三十餘首，此即用其體也」。恩元雖仿定庵，實別有所求。

該集刷印格式與恩元《三不惑齋文稿》《三不惑齋詩稿》相同，皆爲民國十二年（一九二三）貴陽文通書局刊印。封面有「臨川夢，河山征壽詩□，建威將軍徐軍門生傳」字樣，「并隴紀程詩」五字下有「何麟書題簽」字樣，扉頁有「中華民國元年四月出版」字樣，又見「壬子五月□二日楊覃生□題」字樣，另有印章三枚。該本單魚尾，版心向外，半頁九行二十二字，書後見「文通書局代印」字樣。

今據民國十二年（一九二三）貴陽文通書局刻本影印。

（張立新）

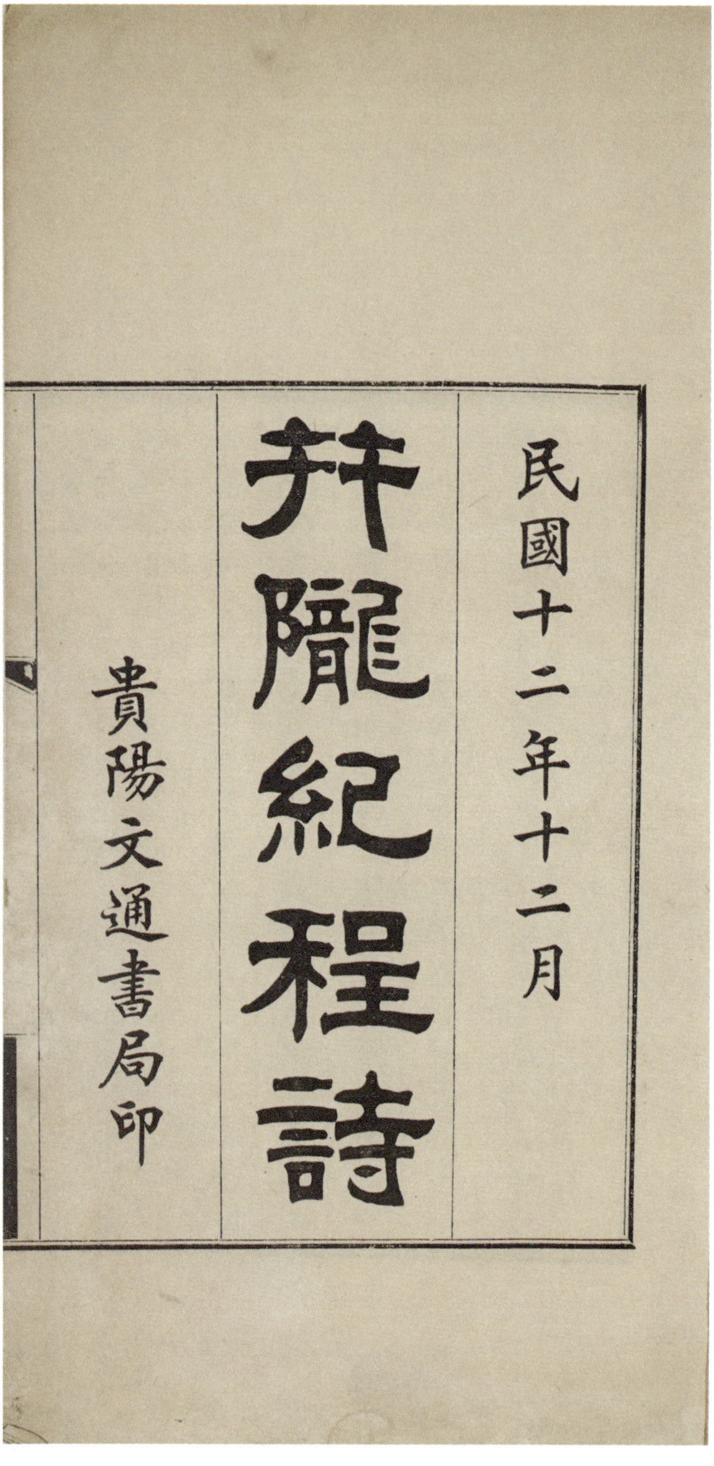
民國十二年十二月

幵隴紀程詩

貴陽文通書局印

幷隴紀程詩敘

幷隴紀程詩者。隨家大人履任甘涼所作也。夫晉秦乃入蜀驛道。秦隴乃出關驛道。輪蹏紛馳。絡驛不絕。又爲古昔中原勝地。名山大川。莫不爭先快覩。文人學士過之者。向多撰著之言。散見各名家集。蓋已不少。自顧學殖荒陋。何敢攘臂其間。然而曠覽作者之林。其槖筆旅行紀述則載之行記。歌詠則播諸詩篇。大都分道並馳。未嘗相合爲一。惟龔定菴己亥雜詩。

楊恩元鄉會聯捷朱卷

《楊恩元鄉會聯捷朱卷》，楊恩元撰。

恩元於光緒二十年（一八九四）鄉試中式第七十五名，二十一年（一八九五）會試中式第二百六十一名，殿試二甲第九十七名，選爲禮部主事，二十三年（一八九七）爲安順府鄉試受卷官。

本卷爲恩元光緒二十年（一八九四）、二十一年（一八九五）連中鄉試、會試考卷，分三部分。一爲祖系譜，從始祖楊世雄至恩元，共八世，詳盡恩元之家世，及鄉試會試等房師業師、鄉試會試殿試等中式名次與旁世履歷概况。二爲恩元鄉試朱卷，包括批閲者名字、官銜與批語，場次題目與總批語，恩元作文卷子：第一場，題曰「子夏曰百工居肆以成其事，君子學以致其道，子夏曰小人之過也必文」，語出《論語》，後有本房加批「变對舉为横擔确有真實理解昔人謂文無定法惟其是耳信然」；第二場，題曰「詩曰衣錦尚絅」，語出《詩經》，後有本房加批「制局之奇爲是題力開生面其穿穴處六通四辟其組織處五花八門幾於人巧極而天工錯」；第三場，題曰「征者上伐下也」，語出《春秋》，後有本房加批「闈中孟藝正更殘燭灺之時情興漸闌則意味漸薄文到底不懈可稱健者」；其後爲五言詩作，題曰「賦得五色詔初成」，後有本房加批「千鍾百煉無一曼聲弱字」。三爲會試朱卷，其格式與鄉試同。恩元會試卷第一篇爲「主忠信」，語出《論語》；第二篇爲「優優大哉，禮儀三百」，語出《中庸》；第三篇爲「居天下之廣居，立天下之正位。行天下之大道，得志與民由之」，語出《孟子》；其後爲五言詩，「賦得褒德録賢」，每篇後亦有該房考官之批語。

聯捷者，科試用語。鄉試得中，次年會試亦得中，稱聯捷。

《楊恩元鄉會聯捷朱卷》（光緒甲午，乙未科）現存清光緒刻本一册，高十七點一厘米、寬二十五點八厘米，單鱼尾，半頁八行二十五字。

今據貴州省博物馆藏刻本影印。

（張立新）

欽命四書詩題

鄉會聯捷硃卷
光緒甲午乙未科

鄉居文草

《鄉居文草》，不分卷，陳樕榮撰。

陳樕榮，字伯桑，民國平壩人，主要從事教育工作，其生平經歷待考。他鄉居教授，於文章寫作深有研究，編撰《倍熟古文》一書，供學習文章創作者參考。

《鄉居文草》是陳氏文章彙集中最有價值者，有論及文學問題和文章寫作的論文二十餘篇，體現民國時期貴州一鄉居先生對文學的一般看法，以及對當時文學熱點問題的回應。如《文體説》一文，追本溯源，析古今文體爲二大類（即議論和記事），以記事爲文體之總源，統領若干分支衆流，實有綱舉目張之功效。

在古文與白話文之間，陳氏堅守古文立場，撰寫《白話文》三篇。他認爲，衡量文章高下之準則，不是外在的文言與白話，而是内在的「精神命脉」。文章無文、白之分，只有高、下之别。他推崇古文，但并不反對白話文，以爲學習古文，是寫作白話文之根基。以爲主張白話者之所以反對古文，是因其對真正古文缺乏瞭解。

在文章寫作上，他推崇古文，重視文章寫作的規矩和義法。他要求爲文者「倍熟古文」，仿效《公羊》《穀梁》，掌握文章寫作的規矩和義法。如此進行寫作，作古文可，作白話文亦可。據他在《與某同學書》裏自述，他着手編

鄉居文草
第一冊

撰《倍熟古文》，是「依姚氏所分十三，依《文鈔》所録數千首，比較出每類之法，即就其法，分爲綱目而話之，依綱目而歸納文字」，「其所話者，務期揭出每類、每綱、每目、每文之所以然，決不似從前評選者，以普通頌諛囫圇敷衍，使閲者閲畢一類，即豁然一類之作法，一文之布置」。其書是否完成，其稿是否見在？尚需查考。據此可知，他的文章寫作教學，確有一套行之有效的方法。

《鄉居文草》於研究民國學術文化思想有一定參考價值，特別是針對當時文學界關於文言與白話的討論，陳氏積極撰文回應，對文章寫作技巧和學習方法，發表了頗有針對性的意見，對今日之寫作教學亦不乏參考價值。

今據貴州大學圖書館藏稿本影印。

（汪文學）

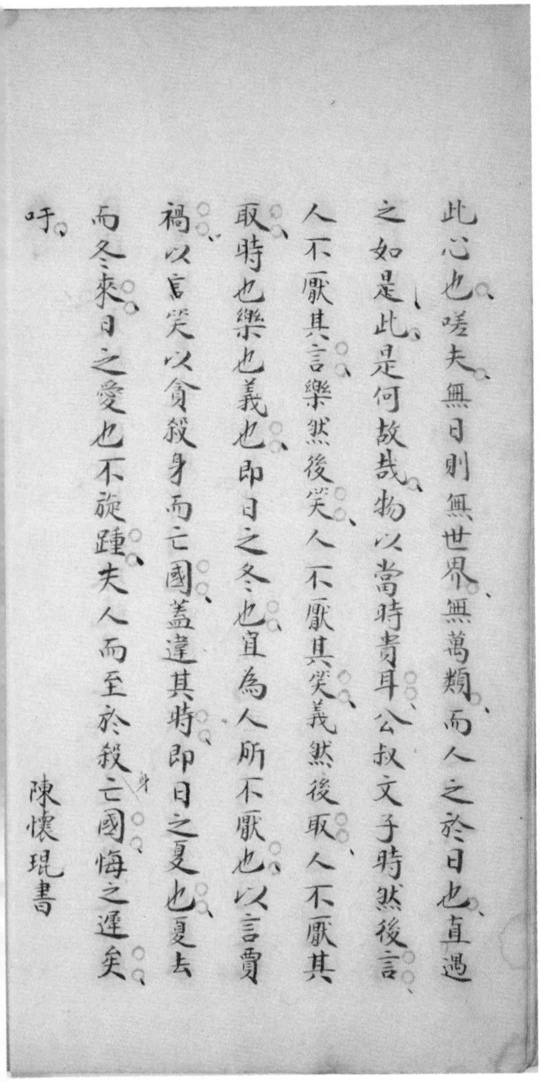
此心也。嗟夫無日則無世界、無萬類，而人之於日也，直過之如是。此是何故哉？物以當時貴耳。公叔文子時然後言，人不厭其言；樂然後笑，人不厭其笑；義然後取，人不厭其取。時也，樂也，義也，即日之冬也，宜為人所不厭也。以言賈禍，以言笑以貪殺身而亡國，蓋違其時，即日之夏也。夏去而冬來，日之愛也。不旋踵，夫人而至於殺身亡國，悔之遲矣。吁。

陳懷琨書

還讀齋詩稿

《還讀齋詩稿》，不分卷，張元塤撰。

據《還讀齋詩稿叙言》，元塤早年「擯弃吟咏，專攻應世之學，越二十年，竟無一詩」。至民國十六年（一九二七），元塤年五十，經友人慫恿，始從事吟咏，撰爲詩章，十餘年間得詩千餘首。後旅居北京，經世交諸友游説，以爲京城刊刻書物印價便宜，乃擬編輯付梓。今本《還讀齋詩稿》，非元塤詩章全集。《詩稿叙言》説：「民國十六、七、八、九四年詩稿，忘携出門，比至北平，乃函索令恒五、猷六等，由郵掛號寄上，坐俟近一月，而所寄來者又係他書，中無詩草，以致數年中與友人唱和及自撰許多重要篇什，都付闕如，曷勝喟慨，此後天如假我數年，續有所得，當别印續集。」是故集中詩篇，大半爲民國十九年（一九三〇）後作品，少數民國十九年前的作品，或是元塤憑記憶録出，故與《還讀齋筆記》所録詩篇在文字上有歧异。

元塤《寫懷》詩云：「問我歸依是何處，三分曾子七分袁。」即其「應世之學」學曾國藩，詞章之學學袁枚。袁枚論詩主性靈，元塤學之，其自言：「惟鄙性素富『情感』專主『實在』，雅不喜弄月吟風，阮亭之神韵派，既不能爲，亦不願爲，暇輒取隨園詩讀之，有時張口而笑，有時涕泪直流，嚮往深之，所私淑亦在是矣」（《還讀齋詩稿叙言》）。其詩多爲古體，書寫鄉居日常，記録省親游歷，大抵天真爛漫、神氣孤行、暢所欲言，不斤斤於分音列譜，不爲格律束縛，確有近於性靈派詩風者。其中尤具風俗史價值者，有《二十四節氣農村歌有序》《家居雜咏》《農村即事（竹枝詞）》《農村秋收雜感有序》《到鄉間去的委員（竹枝詞）》等等。

民國二十四年（一九三五）刊刻於北京，存詩二百餘首，貴州省圖書館有藏本。

今據貴州省圖書館藏民國二十四年（一九三五）鉛印本影印。

（汪文學）

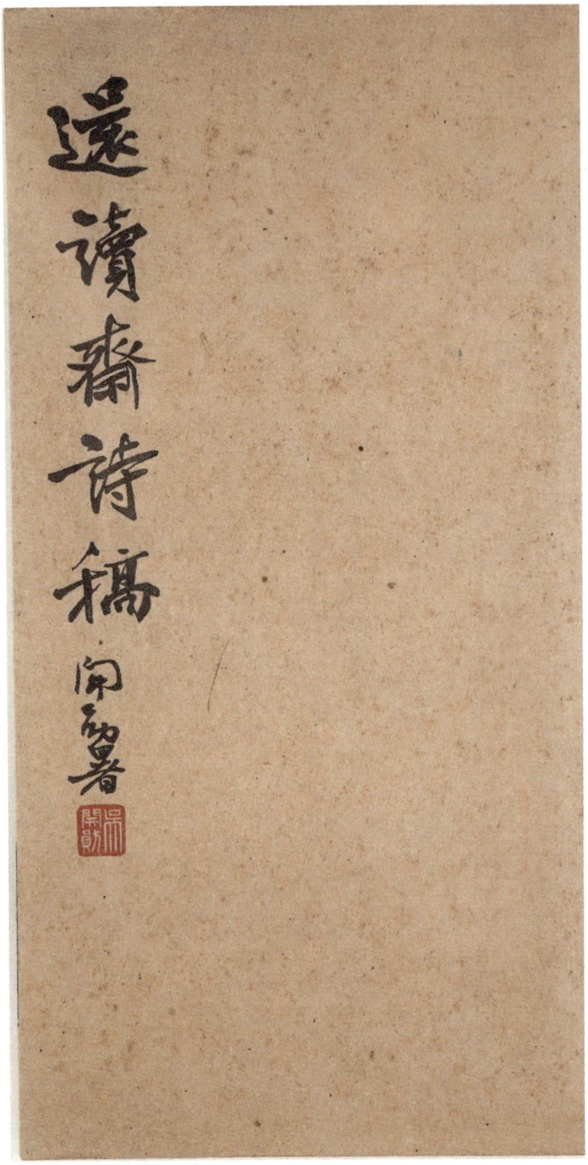

還讀齋詩稿叙言

有清季年、預備立憲、一時習尙力詆「韻語」。謂作文宜憑天籟、任自然、不應戕賊性靈。如「三字經」「百家姓」牽強押韻、余既深服其論點、乃擯棄吟詠、專攻應世之學、越二十年。竟無一詩。然遇「雜志」「日報」附錄古詩一二首、興之所至、輒諷誦再三而不肯輟、賦性所近。大抵然也。民國十六年、以詩人張君伯書之慫恿、復爲詩中馮婦、偶有感觸、動形篇什、惟鄙性素富「情感」、專主「寔在」、雅不喜弄月吟風、阮亭之神韻派、既不能爲、亦不願爲、暇輒取隨園詩讀之、有時翕然張口而笑、有時涕淚直流、嚮往深之。所私淑亦在是矣。隨園之言曰、「聲憑宮徵都須脆。味盡酸鹹只要鮮。」余於宮徵酸鹹之間、嘗三致意、而曷爲鮮。曷爲脆。自視恰欲然耳。陳湄君曰、「近體如國風、宜少年、古體如雅頌、宜晚年」余五十始學詩、自恨晚年、多撰古體、要亦以其天眞爛漫、不爲格律所束縛、便於暢所欲言、抑古之李杜韓蘇。不斤斤於分音列譜。謂必空諸一切。而后

還讀齋詩稿　一

還讀齋筆記

《還讀齋筆記》，不分卷，張元塤撰。

張元塤，字在兹，民國平壩馬武鄉人，主持平壩縣師資訓練所工作，爲全縣民衆教育培養師資；參與《平壩縣志》《續修安順府志》編撰工作，爲《平壩縣志》之刊印，用力最多；編撰《家庭模範》，刊行分贈友人。著有《還讀齋芻言》《還讀齋筆記》《還讀齋日記》《還讀齋詩稿》數種。其中，《家庭模範》《還讀齋芻言》《還讀齋日記》待訪，今存《還讀齋筆記》《還讀齋詩稿》兩種。

張元塤重個人歷史記録，勤於日記。其《還讀齋筆記》説：「余個人歷史，初以日記爲名，中間亦名大事記，閲時六載，越書四册，至於丁卷，甫定今名。」其詩云：「昔在議會中，效顰曾自矢。信筆成日記，民國十年起。褎然兩巨帙，爲期數月耳。」是知元塤記録個人歷史者凡四册，前二册以「日記」爲名，起於民國十年（一九二一）任職縣府議會，止於辭去議員時。後二册則以「大事記」爲名，據元塤詩云：「歲暮解言責，束裝歸故里。政局不與聞，責任甘放弛。閉門且謝客，寸心如止水。掃地焚香事，瑣屑無足紀。更名大事記，月惟三數舉。竟日不觚操，浹旬乃筆珥。忽忽逾三年，駒光擲虛牝。」從寫日記到改寫大事記，乃因解職議會後，回歸故里，鄉居平淡，「掃

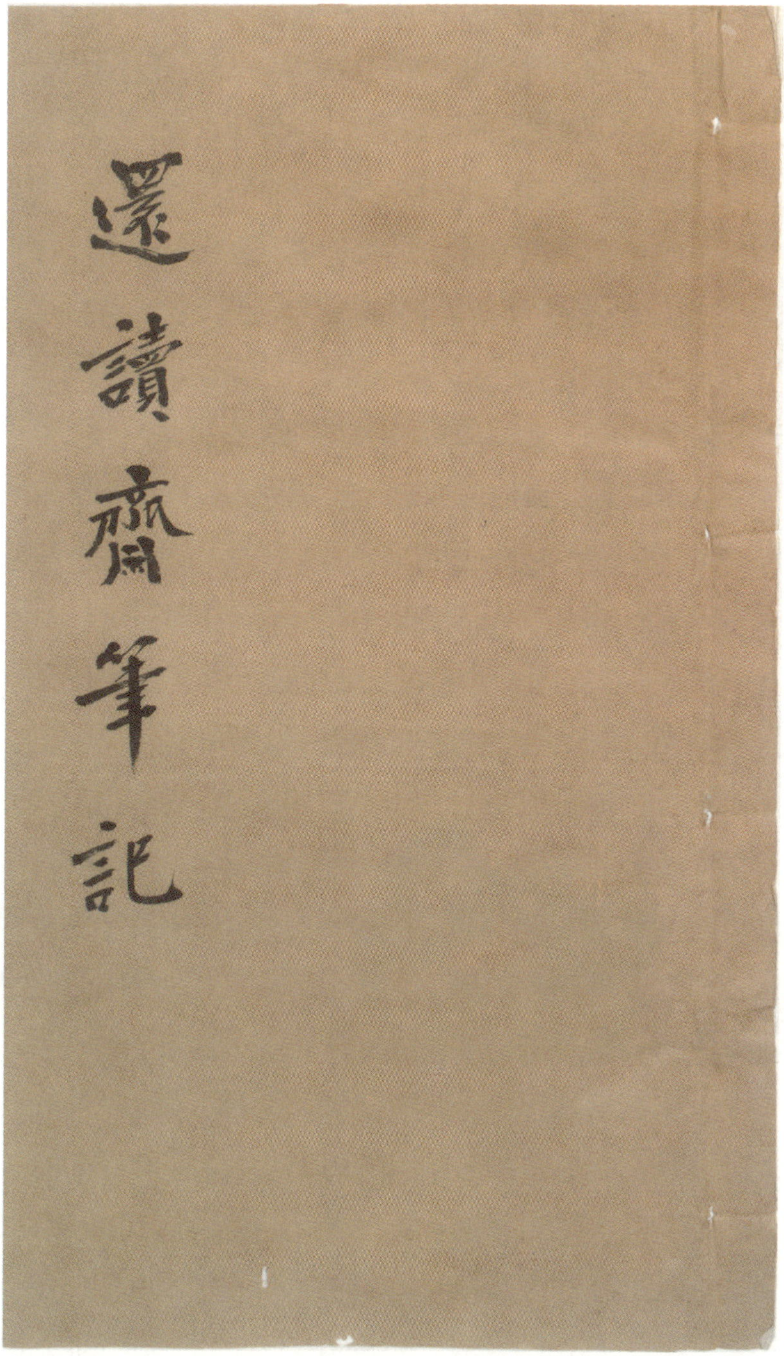
還讀齋筆記

地焚香」之類瑣事，無足記。其所記者，乃「農事或天變，持家與教子」，故其自比稗官，「雜俎均羼入，絶類叢話體」（《還讀齋詩稿》）。

據前引《還讀齋筆記》稱，《還讀齋筆記》當有二册，今存一册。起於民國二十一年（一九三二）芒種節六月六日，止於民國二十三年（一九三四）大寒節十二月八日，是元塤個人在此期間的生活大事記，舉凡農事、天變、持家、教子、公務、交際等事宜，皆有較爲詳盡的記載。年度之末有總結，稱「回顧」，總結一年中教育、丁口、事功、經濟、學識、交際、聲望等事項。民國二十三年（一九三四）年終無「回顧」，或未寫出。該筆記記事頗詳，對貴州王家烈、毛光翔、猶國才等軍閥混戰有記載。是書對平壩民國二十一年（一九三二）至民國二十三年（一九三四）間地方政治、經濟、文化、教育、治安、民生、風俗等，有具體而微的記録，於地方經濟社會史研究，有一定史料價值。

此書稿本原爲朱啟鈐所藏，現藏貴州省圖書館。

今據貴州省圖書館藏稿本影印。

（汪文學）

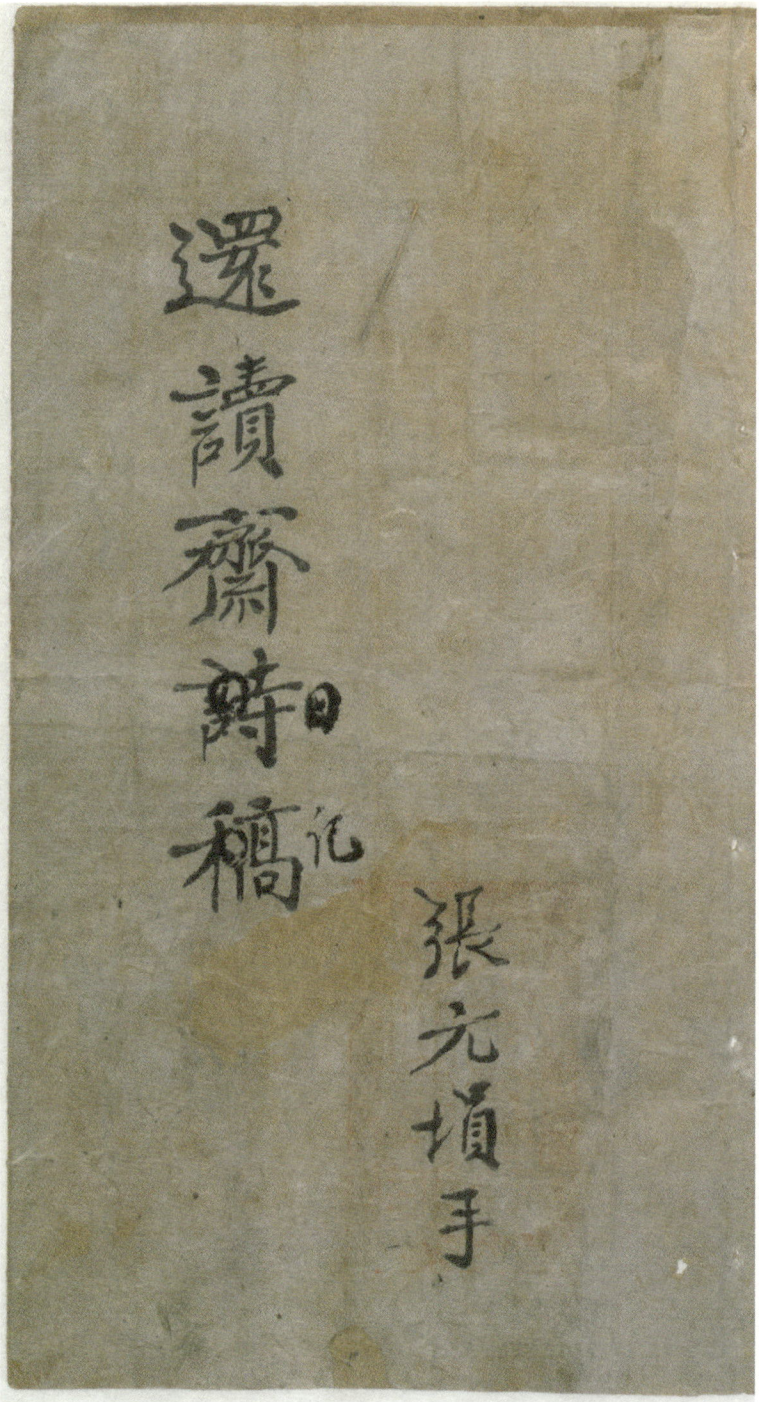
還讀齋詩稿
日
記
張元埴手

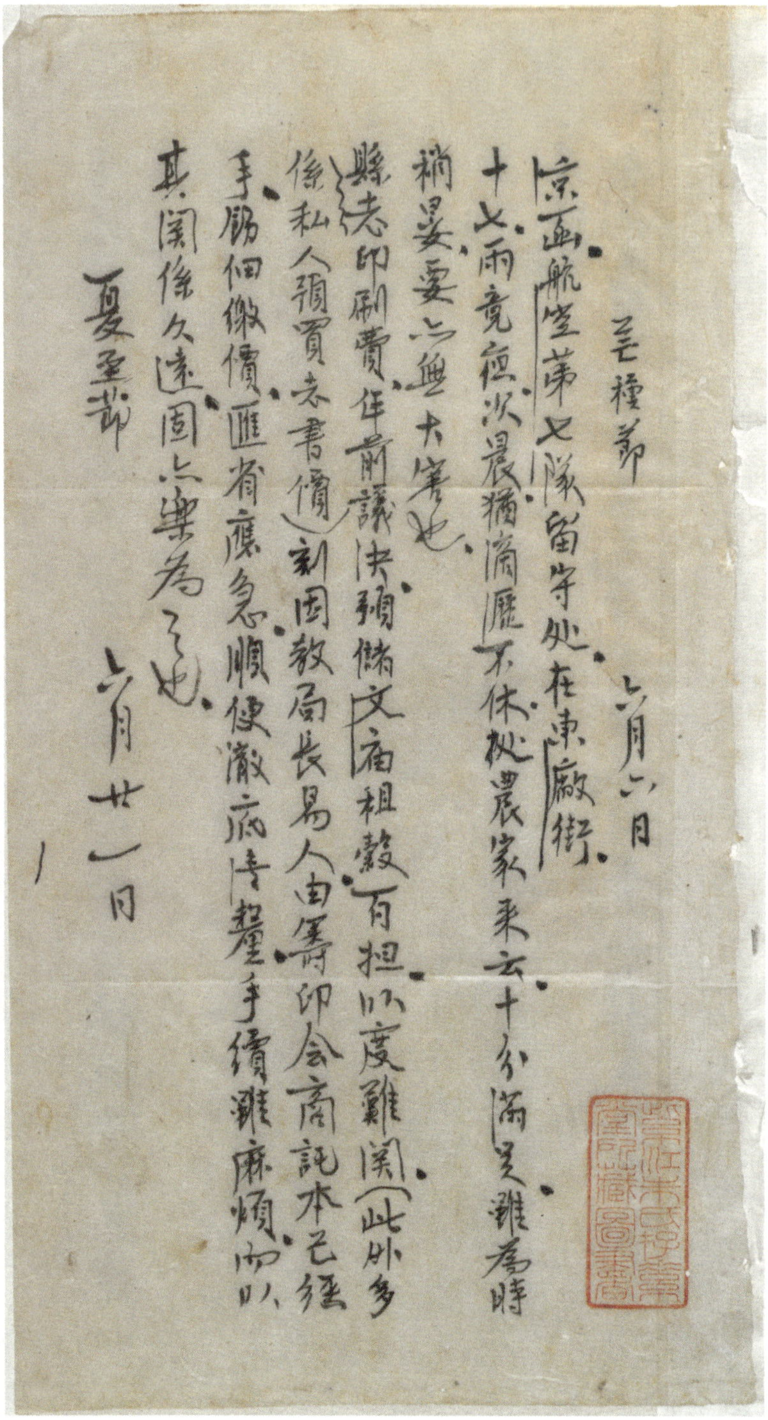

芝種節

京函·航空第七隊留守处在東廠街· 六月六日

十七·雨竟夜·次晨猶滴瀝不休·據農家來云·十分滿足·雖為時稍晏·要亦無大害也·

縣志印刷費·年前議決預備文廟祖穀百担以度難関（此外多係私人預買志書價）·新因教局長易人·由籌印会商託本邑經手勸佃繳價匯省·應急順便撤廒傳擡手續雖麻煩·而以其関係久遠·固亦樂為之也·

夏奎節 六月廿一日

壺隱齋聯語類編

《壺隱齋聯語類編》十二卷，劉韞良編。

劉氏爲清末貴州楹聯大家。仕途中挫，懷才不遇，放情筆墨，尤以聯語言情顯志。《壺隱齋聯語類編》又名《貴州名勝古迹聯語抄》，爲劉氏傳世作品之一，「壺隱齋」爲其書齋名。該著共收聯語三千一百八十四聯，分類爲卷，共十二卷，依次爲「黔省名勝類」「黔省關河類」「黔省古迹類」「黔省祠宇類」「歷覽類」「懷古類」「題咏類」「酬贈類」「慶賀類」「哀挽類」「短雜類」「游戲類」。聯語題咏河山，尤重貴州山水、名勝古迹、歷史人物，正如其自序所言：「所有吾黔之川瀆祠宇，足供勝覽者；壯游他省，又復尋山選勝，盡興流連」。聯語或神韵自然，或清新衝淡，或典雅勁健，皆出對勻稱、工力悉敵、餘韵悠揚。代表作《甲秀樓長聯》，共一百七十四個字，長短相見，對仗工整，與昆明大觀樓長聯、成都望江樓長聯并列爲我國著名三大長聯。

是書現存貴州省圖書館。該底本爲劉氏在壺隱齋内編訂，收録楹聯包括其在息烽縣九莊開館教授時的增補和調整，較之一九八八年曾縵卿抄本二千四百五十四聯，多出七百三十聯。相較曾氏抄本，此底本無了塵和尚跋語，而增有劉氏自序及當時黔省名流秋室主人楊濟雲序。

今據貴州省圖書館藏清末民國抄本影印。

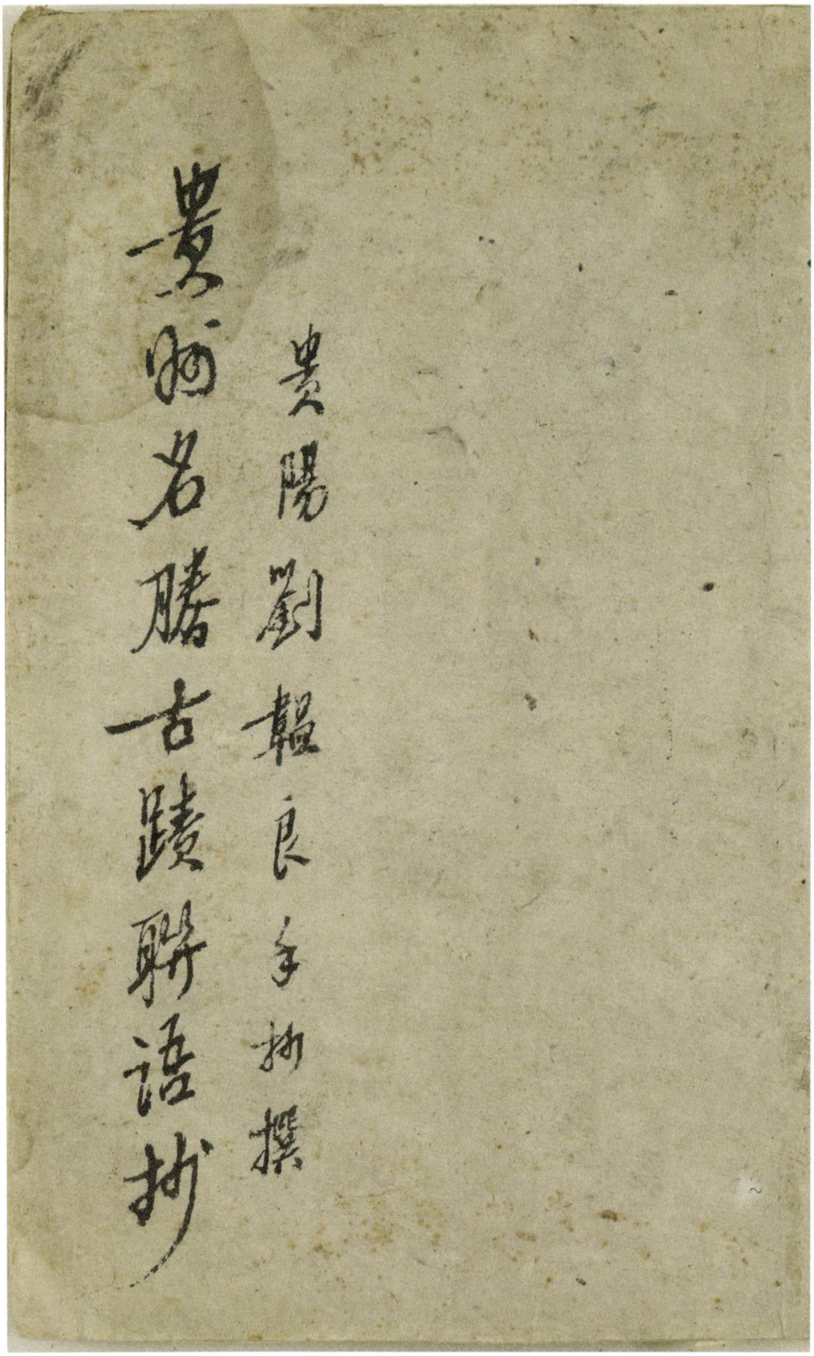

（石恪）

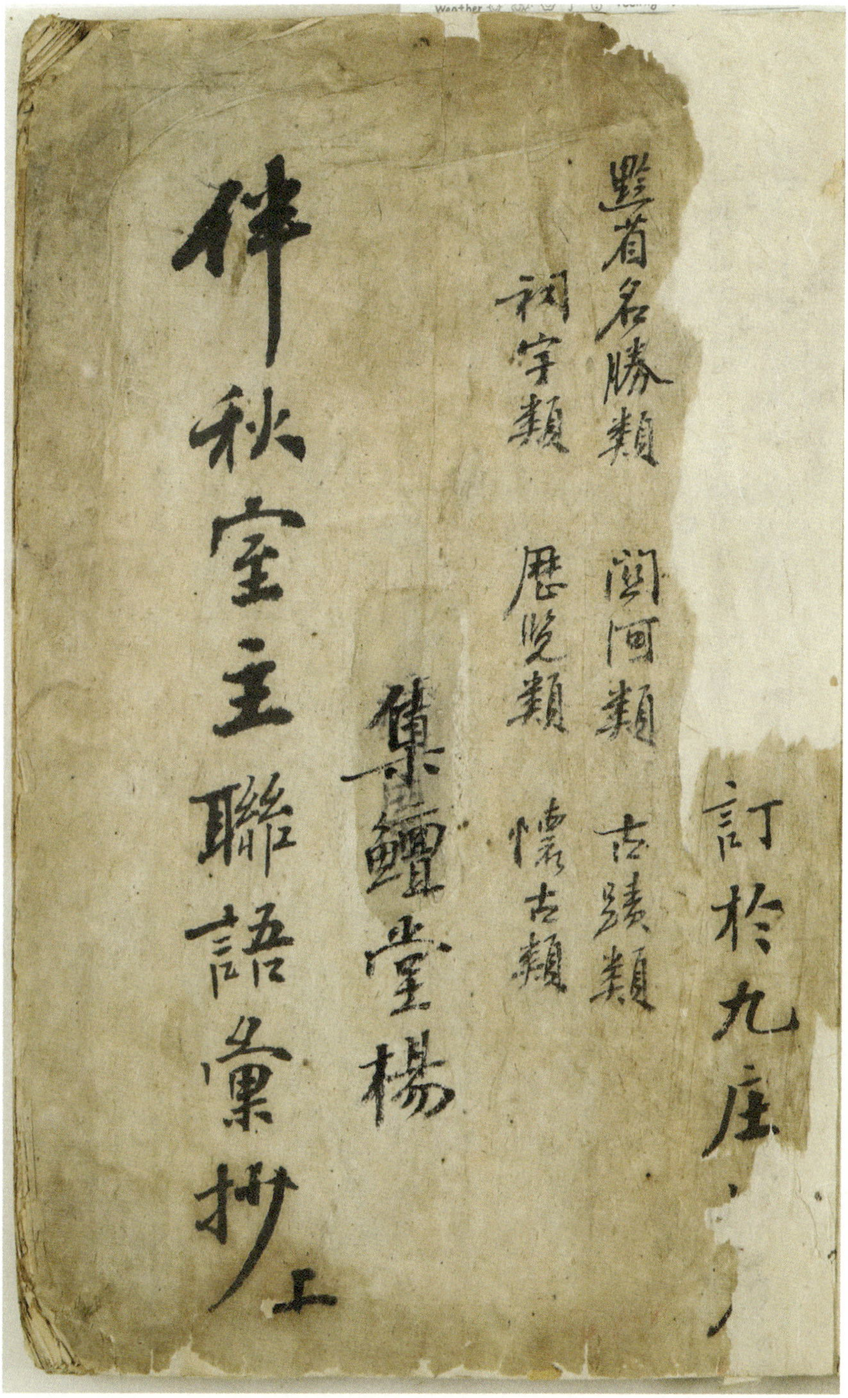

訂於九庄

黔省名勝類
祠宇類
闤闠類
歷覽類
古蹟類
懷古類

集鱣堂楊

伴秋室主聯語彙抄 上

松墅文集甲編

《松墅文集甲編》三卷，魯士杰撰。

魯士杰（生卒年不詳），鎮寧人。宣統三年（一九一一）於黔提法司所設監獄專科肄業，民國八年（一九一九）入職監獄專門學校，主講席，民國九年（一九二〇）任洪江黔南學校校長。

《松墅文集甲編》署「民國十年歲次辛酉，骨鯁子魯士杰著」。書首列有「松墅文集勘誤表」十條，分別記載「落字或多字」五條，「誤字」五條。分上中下三卷，所收文章皆注有時間。卷上爲論説，收《集權分權論》《桂蜀鐵路論》《論文其一》《論文其二》《論文其三》《論文其四》《論文其五》《論文其六》《士先志説》等篇；卷中爲序跋，收《松墅文録自序》《松墅文録後序》《監獄學講義序》《公牘序言》《統計弁語》《經征員緣起》《魯氏宗譜序》《魯氏系略》《魯氏家箴序》《黄氏宗譜題詞》《蘭譜序》等篇；卷下爲書牘，收《上林紓先生論文書》（下注曰：民國九年六月作於洪江黔南學校是時余任校長）、《上吴曾祺先生論文書》《上南政府書》《致選舉初選監督書》《京直水灾募捐書》等篇。卷前有民國十年（一九二一）康紹修（直隸名士，清光緒中葉舉人，宦至黔，曾修《水城縣志》）序。

《松墅文録自序》云：「言之精爲文，文所以傳事與載道」「故讀文者不可不審其時好，考其制度也。是編文僅三百首。而於寫文之道已言之鑿鑿。讀者於此，能尋其門徑，而於博言中掄其心之所好而與己之才相近者而式法之而變化焉。是亦不無裨益云爾」。其《松墅文録後序》評價南北朝、元代、明代之文體文法，尤其對八股取士大加鞭撻：「八股出而文章壞，士習偷而道藝廢，風俗靡而人安於所業。噫，此豈古人創文之本旨耶。有侯子朝宗者，奮然舍舉業而直追唐宋，倡韓歐之學於舉世不爲之日。其文遂雄視一世，當時爲韓歐之學者又有易堂諸子」「至如方望溪、劉才甫、姚姬傳以下，知帖八股皆無補於大道。決然捨弃，而爲不朽之文。著述高古，義例森嚴，自許大而駁人苛。傀然高其崖岸，迷離其詞，使後之學爲文者難尋其它旨歸。儻若非躬年皓首業之不能成就。籲何其盛歟」。

集中作品大多爲魯士杰據時事而作，彰顯士杰個人見解，時間較爲清晰，可資以相關史實輿情之考察。又上卷之論文六篇，論文章之寫法，以爲「天地精華，毓爲文章。文章作法，首在立意。立意高深，便成杰構。立意凡庸，斯爲下品。譬之作事，必有主意」。從立意到養氣、篇法、煉句等方面詳爲介紹。

民國十年（一九二一）貴陽文通書局鉛印本，版心向外，黑魚尾，半頁十二行三十四字。

今據民國十年（一九二一）貴陽文通書局鉛印本影印。

（張帥）

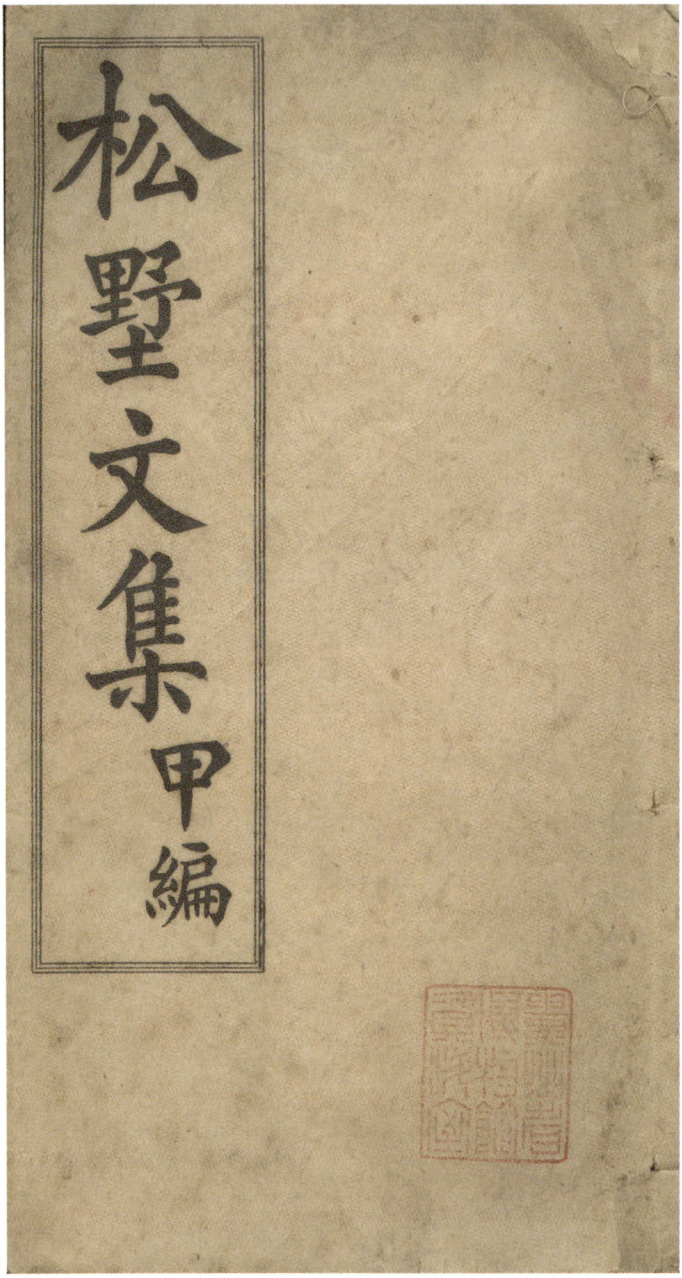
松墅文集
甲編

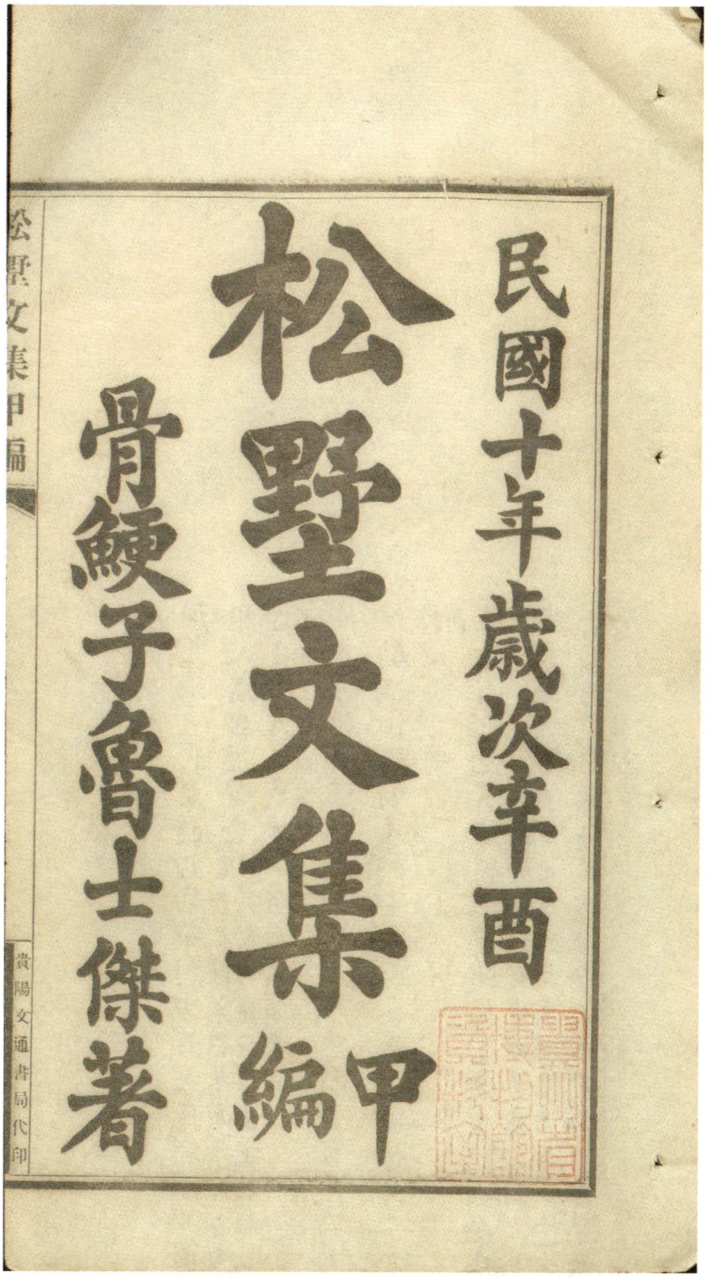

民國十年歲次辛酉

松墅文集 甲編

骨鯁子魯士傑著

貴陽文通書局代印

松墅文集甲編

蠻峒竹枝詞

《蠻峒竹枝詞》，余上泗撰。

余上泗（生卒年不詳），字𡸣山，安順鎮寧人。清乾隆庚辰二十五年（一七六〇）鄉試解元，官黔西教諭。咸丰《安順府志·人物志》稱其「少刻苦勤學，登賢書第一，學愈精進。工詩、字，品性端方，爲州人所敬禮」。述及余氏天資高邁，風度軼群；爲人厚道，不善言辭。雖家境貧寒，而孜孜勤學，手不釋卷，怡然自得。官黎平教授，多提拔奬掖後進，訓誡有度，名士争相出其門下。長於詩歌，兼擅書法，臨摹顔魯公書法，有《義犬傳》法帖，可窺余氏精湛書法之一斑。惜今已亡佚。一生著作頗多，惜已散佚。

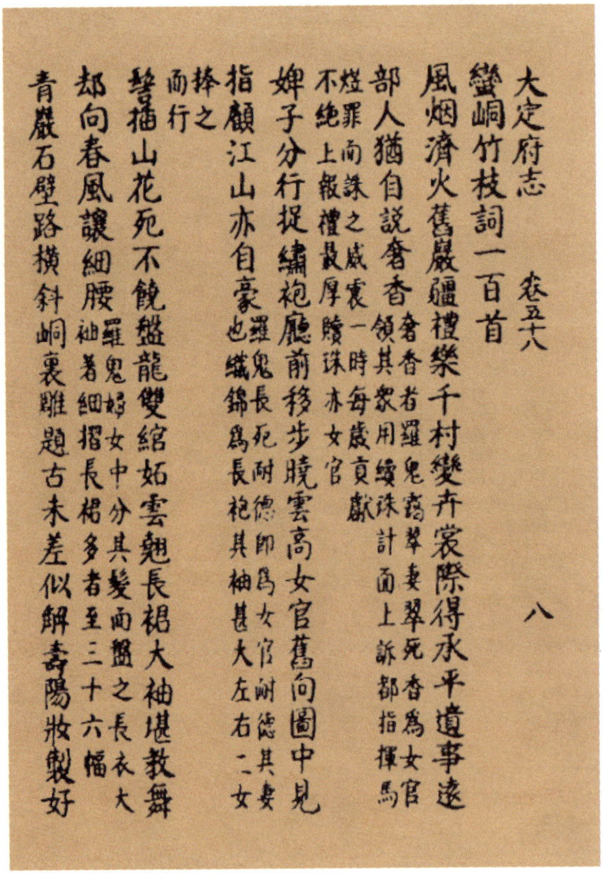
大定府志　卷五十八　八
蠻峒竹枝詞一百首
風烟濟火舊巖疆禮樂千村變卉裳際得承平遺事遠
部人猶自説奢香奢香者羅鬼靄翠妻翠死香爲女官領其衆用續珠計面上訴都指揮馬燁罪而誅之感震一時每歲貢獻不絶上報禮最厚賜珠亦女官
婢子分行捉繡袍廳前移步曉雲高女官舊向圖中見
指顧江山亦自豪羅鬼長死耐德卽爲女官耐德其妻也織錦爲長袍其袖甚大左右二女捧之而行
髻插山花死不饒盤龍雙綰姡雲魋長裙大袖堪教舞
却向春風讓細腰羅鬼婦女中分其髮而盤之長衣大袖著細褶長裙多者至三十六幅
青巖石壁路橫斜峒裏雖題古未差似解壽陽妝製好

余上泗一生游歷黔地山川，關注各地風俗人情，創作《蠻峒竹枝詞一百首》。是迄今發現的貴州最早且最爲完整的文人民風民俗組詩，它較爲全面地展現了清代貴州苗族、彝族、布依族等民族的社會生活、生産勞動、婚姻愛情、祭祀活動、服飾飲食等多方面的風俗人情，藴含着豐富的民俗價值。其厚重樸實的風俗傳統與親身經歷使其詩與其他文人創作的民歌殊异，優美意境的創造與雅俗語言的兼備使其詩亦與普通民歌有别。余氏於民風民情之中融入個人的情感特質與審美觀念，使詩歌充滿了濃厚的鄉土氣息。如描寫彝族婦女服飾裝扮：「髻插山花死不饒，盤龍雙綰妬雲翹。長裙大袖堪教舞，却向春風讓細腰」；描寫布依族婚俗：「婚姻仍復倩媒求，不管花巾月下酬。顔色自夸阿妹好，聘牛多索兩三頭」，布依族婚俗以牛下聘，聘禮視女子的容貌而定，重視女貌的風俗由此可見。

《蠻峒竹枝詞一百首》今見道光《大定府志》卷五十八。

今據道光《大定府志》底本影印。

（伍薇薇）

牂牁苗族雜咏

《牂牁苗族雜咏》，劉韞良撰。

劉韞良（一八四四—一九一四），亦作蘊良，初字璞卿，號麗珊，後改字玉山，號我真，著名楹聯作家。其父爲翰林出身。玉山乃清同治七年（一八六八）舉人，同治十年（一八七一）科梁耀樞榜二甲第七名進士。選翰林院庶吉士，散館，於光緒元年（一八七五）出任雲南恩安縣知縣。後因得罪雲南巡撫岑毓英，約在光緒三年（一八七七）被革職。當時其父在山西絳縣任知縣，他先到父親任所閑居，約在光緒二十年（一八九四）回到貴陽，絶意仕宦。他學識淵博，才華出衆，一生著作宏富，有《壺隱齋聯語類編》十二卷、《劉玉山先生全集》《伴秋室主聯語彙钞》《牂牁苗族雜咏》等，多散佚。他的許多楹聯爲世人所傳誦。

《牂牁苗族雜咏》收録一百二十三種苗族生産、生活圖景詩歌二百三十八首，是研究貴州苗族歷史的珍貴資料。如咏牯羊苗「叢棺深厝洞横斜，灑酒酣歌鼓亂撾。啼慘杜鵑春倍早，泪痕紅灑杜鵑花」的竹枝詞，反映了牯羊苗岩洞葬的特點是「叢棺深厝洞横斜」；有「不須飲啜餐煙火，木葉充糧醃代鹽」，指紅苗以濃茶或醇酒等代鹽的生活習俗；有「阿婦不須炊黍餉，蛤蟆生啖并蜈蚣」，生食蛤蟆和蜈蚣的情况是其他地區少見的，而與民國時期的調查

「生苗以糯米爲主，佐以生肉、生血、甚至馬蜂、蚱蜢、蜈蚣、蚯蚓、毛蟲、沙蟲、山鼠、蜥蜴等」記録相一致。竹枝詞《牂牁苗族雜咏》是黔中少數民族風情的生動寫照。

今據民國時期抄本影印。

（石恪）

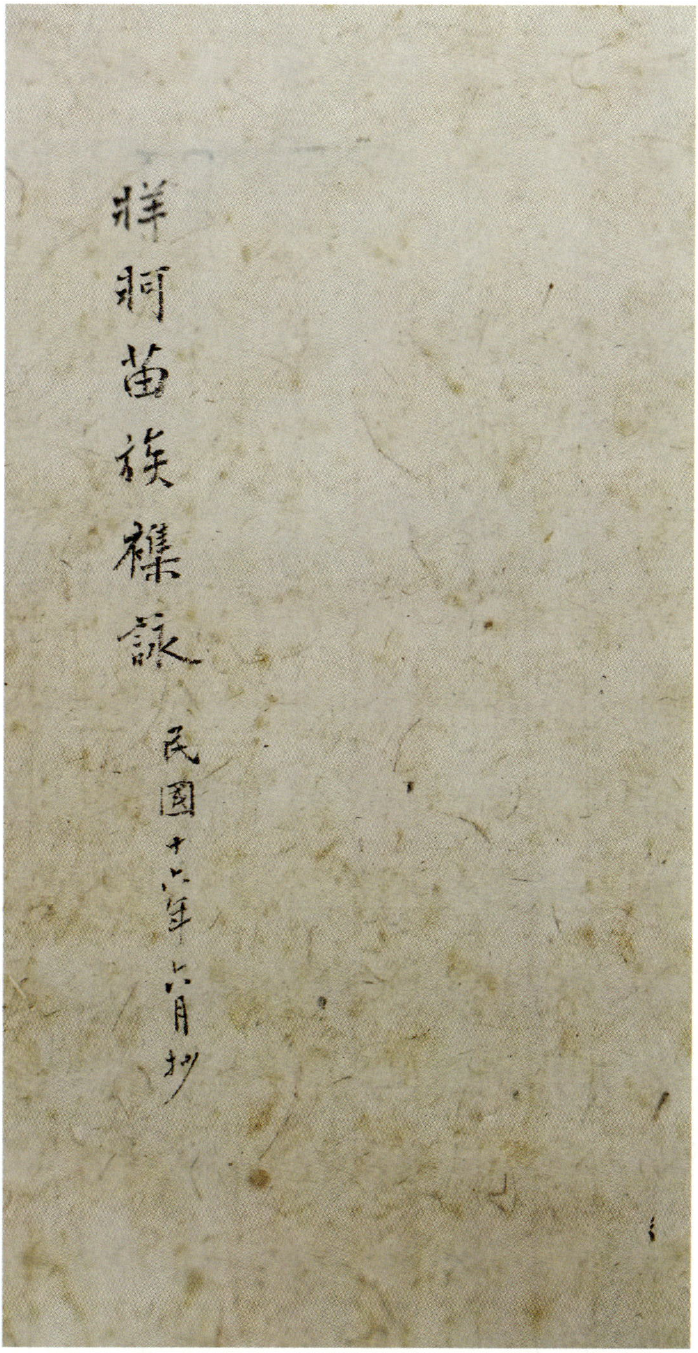

顧汝霖選拔貢志

《顧汝霖選拔貢志》，不分卷，顧汝霖撰。

顧汝霖，字岱瞻，號慰農，行二，道光丁亥年（一八七二）八月初二生，貴州安順府普定縣廩膳生，原籍湖南寶慶府邵陽縣。咸豐《安順府志》與《續修安順府志輯稿》（二〇一二）皆列在「道光二十九年己酉科」拔貢，與此《顧汝霖選拔貢志》相合。（民國）《續修安順府志》（一九八三）作「咸豐十一年辛酉」拔貢，蓋誤。

此書封面題「貴州選拔貢志」，又小字題「道光己酉科」，内容爲安順府道光己酉科普定縣顧汝霖的拔貢卷。新科舉人、進士自刊其闈藝分送親友者，謂之鄉試、會試朱卷，因闈中謄録用朱，卷爲主考所閱取中，是即闈卷之意，雖以朱卷稱之，實爲墨印而非朱耳。刊送朱卷之普通格式，先登本人姓名、别號、生辰、籍貫，或附廩生，或優拔貢生，會試并登某科某省鄉試舉人。再登本族譜系，分上下兩格，上格登直系高曾祖以上祖妣至本身父母，下格登同族尊長，下至兄弟、子侄及妻姓氏與子女，祖宗三代兄弟之官階封典著述，皆於其名下載之，妻之父兄有科名仕宦者，亦附注於妻姓氏之下。再登受業、受知師姓名别號，科名官階亦可附於其名之下，親受指示講讀者爲受業師，入學及中舉、中進士、復試、殿試、朝考閲卷者爲受知師。又將本科同考官、主考或總裁之官階姓氏，及薦批、取批之各人批語分别刊載。前幅之格式大約如此。闈藝則選數篇，首場之首篇與試帖詩慣例刊刻，其餘二、三題與二、三場文之刊否聽憑己意。是事殆始於明，至清代則普通行之。拔貢、優貢亦有僅叙本人履歷將文刊刻者，則稱之爲某科拔貢卷、優貢卷。

顧汝霖《選拔貢志》，刻本，綫裝，版心在外，黑色單魚尾，半頁九行，行二十五字左右，分前後兩篇。前篇録顧汝霖本人之信息，登本族譜系，受業、受知師姓名别號，分上下兩格；後篇記録考官階姓氏及取批之各人批語。闈藝三篇曰《雍之言然》《求爲可知也》《賦得先河後海》。《雍之言然》篇後録學憲翁夫子原評曰：「前路落落大方；中幅神光四射，頓挫淋漓；入後貫穿經義，熔鑄偉詞，尤爲思精體大。」《求爲可知也》篇後録府憲喬夫子原評曰：「於俗手相因語埽除罄盡，獨見其大，故語其精雋妙非凡，清深無際」，録學憲翁夫子原評曰：「清思妙旨，相輔而行，中幅洗发獨到，手眼雙高，可謂冰雪聰明，雷霆精鋭。」《賦得先河後海》爲賦一篇，五言八韵，録學憲翁夫子原評曰：「思清韵雅，骨秀神腴。」

今據安順市圖書館藏刻本影印。

（蔡佩宏）

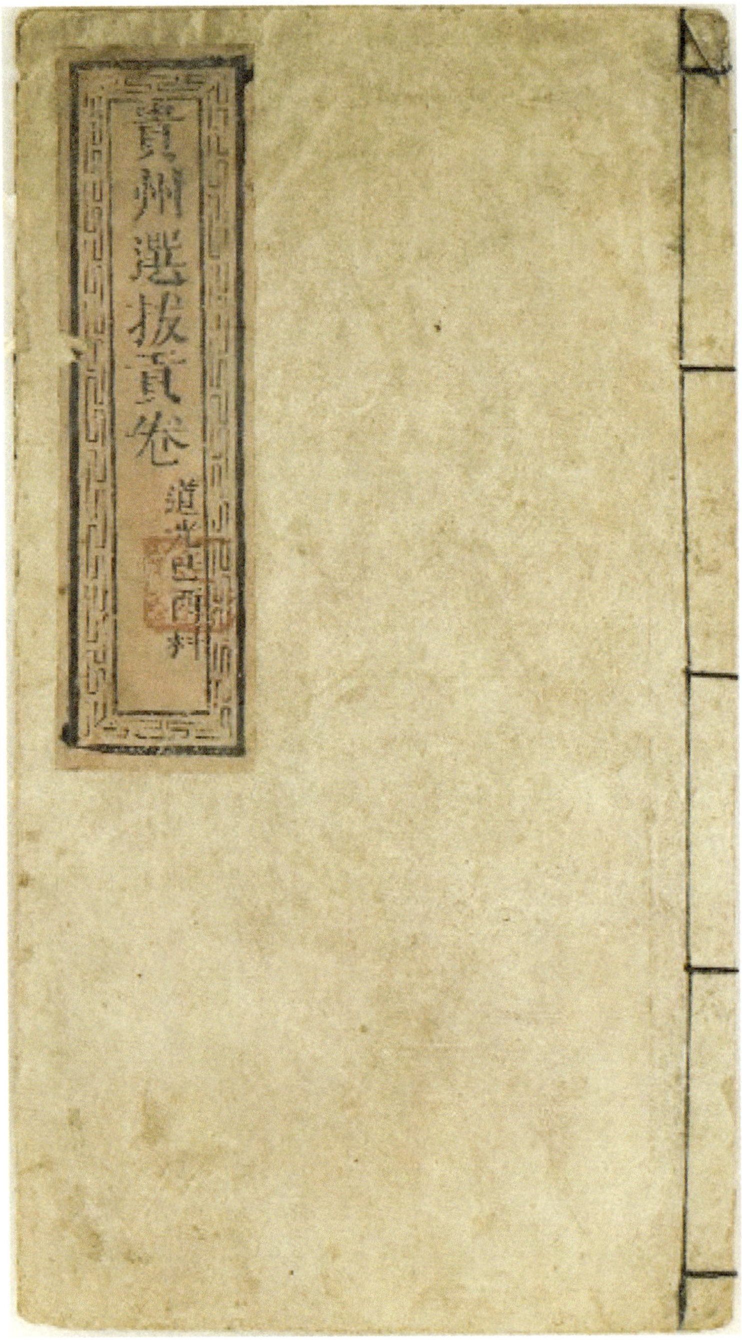
貴州選拔貢卷
道光己酉科

顧汝霖

字岱瞻號慰農行三道光丁亥年八月初三日吉時生

貴筑縣廩膳生民籍原籍湖南寶慶府邵陽縣

太高祖君仲 始入黔

太高祖妣氏李

高祖朝樑

高祖妣氏徐

曾祖維德 例贈武略騎尉

曾祖妣氏匡 例贈安人

祖佩 例贈文林郎

胞伯叔高祖朝棟 朝柱

胞伯曾祖維新

胞伯叔祖瓊 瑾 瑄 例贈武略騎尉

嫡堂伯叔祖琪 邑庠生 瑗 璉 珍

胞伯毓元

嫡堂伯叔雲翔 雲龍 雲峯 雲鳳 熛 丁酉舉人

從堂伯叔毓遷 毓遴 日昇 邑庠生 毓遲

大埠橋頭

《大埠橋頭》全稱爲《何中湘王大埠橋盡節新劇本》，黄齊生編寫。

黄齊生（一八七九—一九四六），貴州安順人，原名禄祥，又名魯連，字齊生，號青石，晚號石公，早年著述用筆名倜儻生，四十歲後，諸名號皆弃，惟以齊生爲名，石公爲號。黄齊生少年時讀過私塾，十四歲離家至商鋪作學徒。靠着長期不懈的勤奮自學，成爲蜚聲海内的著名教育家。先後在貴州達德學校、上海交通大學、國民基礎教育研究院、中華職業教育社、曉莊師範學校等任教。其最爲人稱道者，乃教育培養外甥王若飛走上革命道路，成長爲中國共産黨重要領導人。曾被毛澤東贊爲「共産黨最艱難的時候黨外人士同情、愛護黨最早的第一人」。

黄齊生是貴州較早接受維新思想的進步人士之一，一向酷愛小説和戲劇，精通戲曲和音律，授課之余，常以歷史上「奇偉忠義之事迹」教育學生奮發向上。一九一一年爲呼應辛亥革命，宣傳民族革命精神，在貴陽達德學校任教的黄齊生編創了新編歷史劇《大埠橋》。其自述編劇起因説：「諸君亦憶何中湘王大埠橋殉節之事乎，事實既符於今日觀念，尤切乎本省絶代偉人，表而出之，吾輩之任也。」該劇取材明末貴州黎平人何騰蛟任湖廣總督時英勇抗清事迹，清兵入關，長驅南下，何聯合李自成舊部共同抗擊清軍，結成反清抗暴統一戰綫。後因寡不敵衆，兵敗長沙，雖家屬被擄，何仍百折不撓前往桂林覲見桂王，與清軍大戰於廣西全州，在湘潭被清兵所執。何騰蛟面對迫降，大義凜然，就義於大埠橋。該劇由梨園名川劇演員熊坤山擔任主角，在達德學堂公演，引起社會共鳴，開創了戲劇教育在貴州之新風。該劇爲回應辛亥革命，啓迪民衆，激勵人民推翻腐朽的清王朝而作，當時貴州自治學社領導人張百麟評價說：「世之感人最深者，莫如教育。然教育入人頭腦之效果，則不及小説之神速。而小説移風易俗之能力，則又遠遜於戲曲。（中略）黄君齊生，以教育名家，夙諳戲曲，以漢族反正之關係於中華前途甚大也，乃就其平日研究明史所得，編《大埠橋新戲》一則，意在演出黔偉人何中湘王騰蛟百折不回爲明死節之概，以感危同胞思漢之心，最初指導諸伶，借達德學堂前院開演，軍民先後夕觀者數萬人，心動神移，泪淋淋而下不自覺也。」

《大埠橋》全劇共十二則：一、參謀會議；二、滿胡

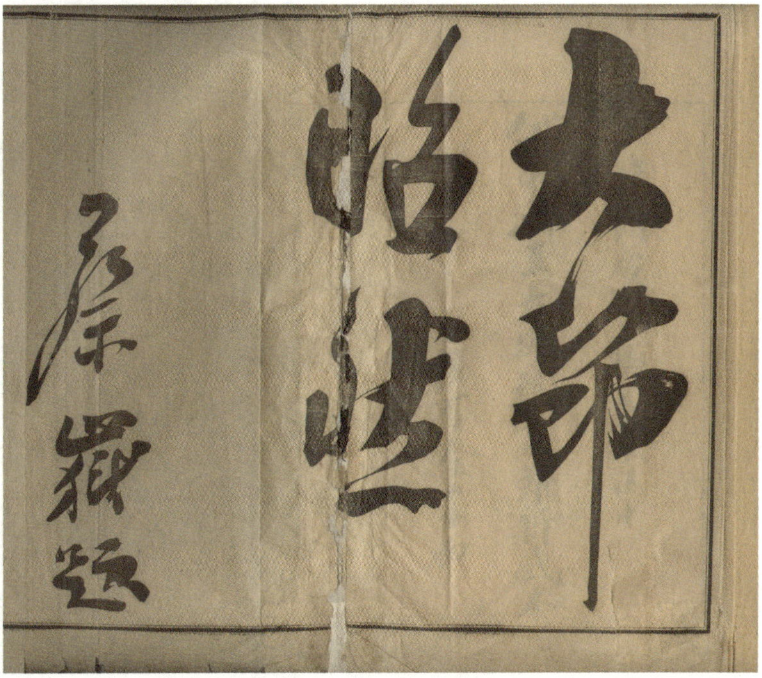

入寇；三、知己談心；四、兵敗長沙；五、家族被擄；六、桂林覲見；七、獄中寄書；八、巡營勞軍；九、大戰全州；十、湘潭被執；十一、迫降罵賊；十二、英勇就義。劇本由貴陽文通書局出版發行，由自治學社領導人張百麟作序，憲政學會領導人任可澄題寫書名，黄幹夫爲其繪一幅「何中湘王遺像」，聚貴州辛亥革命三派（自治、憲政、中立）於一體。《大埠橋》的成功創作和演出，促進了貴州戲劇革新的進程。一批有志改良戲曲的熱心人士因此而組成「改良戲曲實進會」。這是貴州最早的新文藝團體，促進了新劇（話劇）在貴州的產生。一九一三年，由黄齊生執筆，取材於戊戌譚嗣同等六君子事迹的貴州第一部話劇《維新夢》就在達德學校正式演出，揭開貴州戲劇舞臺的嶄新一頁。

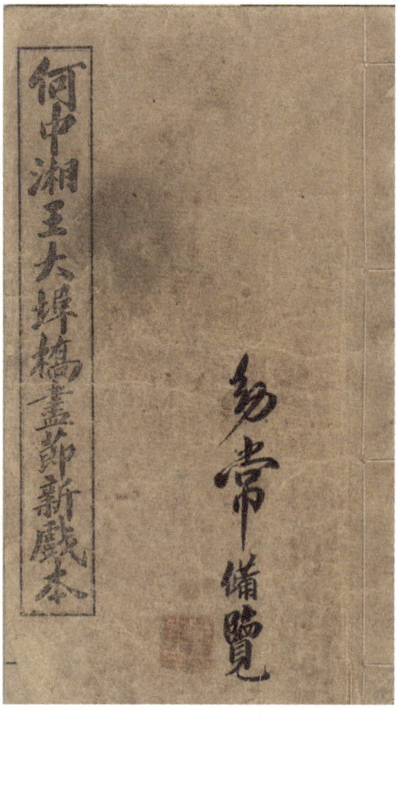

今據貴州省博物館藏民國十二年（一九二三）貴陽文通書局鉛印本影印。

（李曉）

大埠橋新戲序

余嘗欲刺取三國演義之文使童子誦習俾知文法以謂苟由此道其效視讀唐宋八家所作當揵倍蓰卒以格於世俗之論不果獨聞儻生時時爲小學諸生講演小說雖或非之弗顧於以歎生之堅持孤往爲不可及矣辛亥九月黔告獨立生應時勢之要需窮兩日之力編成大埠橋新戲首尾完具進諸優而詔之開場排演觀者激昂固中湘事迹足以感人亦生烘托之功也蓋其蘊釀者深矣又集同志爲改良戲曲之會社會教育於玆是賴愈以歎隨俗浮沉如予者爲可恥而生之堅持孤往出其所蓄以進社會方未有艾茲編特其嚆矢焉爾人方拭目以俟生其勿小視乎是而或棄置哉

拳曲生

温故廬近著

《温故廬近著》，黄齊生撰。

《温故廬近著》封面署「齊生摘鈔」，目録頁題「温故廬近著摘鈔」，詩文内有自注，蓋爲黄齊生自己選摘詩文集。共收詩文聯十三則，《寄仲謀慎先暨徐公橋著學友》《呈張菊生先生》《壽業師表兄彭雨生夫子》《别山東鄉村建設研究院諸同學兼呈漱溟先生暨院中諸先生因寄南中師友》《正安道中口占示景任諮桐》《旅中鈔書有感》。其中篇目有見於《黄齊生詩文選》，亦有仅見此書者，如《書天津陳公石麟脱難事》《陳袁筑韵夫人傳略》《紀念任公先生》《長沙吴雁舟太守挽綏陽雷玉峰先生》《齊生挽梁任公太翁蓮澗先生》《宗兄堯丞挽康南海先生》《齊生挽孫中山先生》。

《温故廬近著》所署「温故廬」，当是其著述自署，其在《達德周刊》發表有《温故廬雜識·隨园》（一九一七年第九期）、《入山》（一九一七年第十七期）、《温故廬雜志·東坡玉帶》（一九一七年第二十一期）；在《國讯》刊有《温故廬雜著·如膽力歌》（一九四二年第三百〇一期）、《百靈鳥》（一九四二年第三百〇九期）。在《民國十九年十二個月中之生活計劃》中記有「作温故廬雜談八篇」。

其中録存他人作品兩則，自撰作品十一則。《寄仲謀慎先暨徐公橋著學友》與《紀念任公先生》兩篇刊印版式與其餘十一篇不同，標題與内容放正中，標題排版爲横式，標題字號明顯小於正文；其餘十一則文章按行目排列，標題放於内容前，竪排，且字號大於正文。其中又有自注，相較正文，其以更小字號排出。

全書有聯語四則，均爲挽聯。《長沙吴雁舟太守挽綏陽雷玉峰先生》《宗兄堯丞挽康南海先生》兩則爲録存他人所作，《齊生挽梁任公太翁蓮澗先生》《齊生挽孫中山先生》兩則爲黄齊生自撰。記事文一則，《書天津陳公石麟脱難事》，叙辛亥貴州獨立時，黄齊生與兄黄幹夫救送提學使陳石麟離境事。人物傳記一則，《陳袁筑韵夫人傳略》。自由體新詩一則，《旅途钞書有感》，叙寫抄閲《論語》感受，表達對當時社會狀況的憤慨。有古體詩六首，《寄仲謀慎先暨徐公橋著學友》《正安道中口占示景任諮桐》《述志并勉勵學生》《呈張菊生先生》《壽業師表兄彭雨生夫子》《紀念任公先生》表達對當時文化界杰出人士和自己老師的赞頌。《别山東鄉村建設研究院諸同學兼呈漱溟先生暨院中諸先生因寄南中師友》，爲黄齊生一吐所學的長詩，共有四十二韵八十四句，詳細回顧自己讀書問學的心路歷程，展示了自身學問的積累。

《温故廬近著》雖然篇幅不長，却顯現了較多貴州近代歷史資訊，是研究黄齊生先生生平的第一手資料，亦側面展現了近代貴州部分學術史。

民國二十年（一九三一）鉛印本一册。《貴州省地方文獻目録》第二輯著録爲民國二十年（一九三一）。《貴州省古籍聯合目録》著録爲民國鉛印本。

今據民國二十年（一九三一）鉛印本影印。

（李曉）

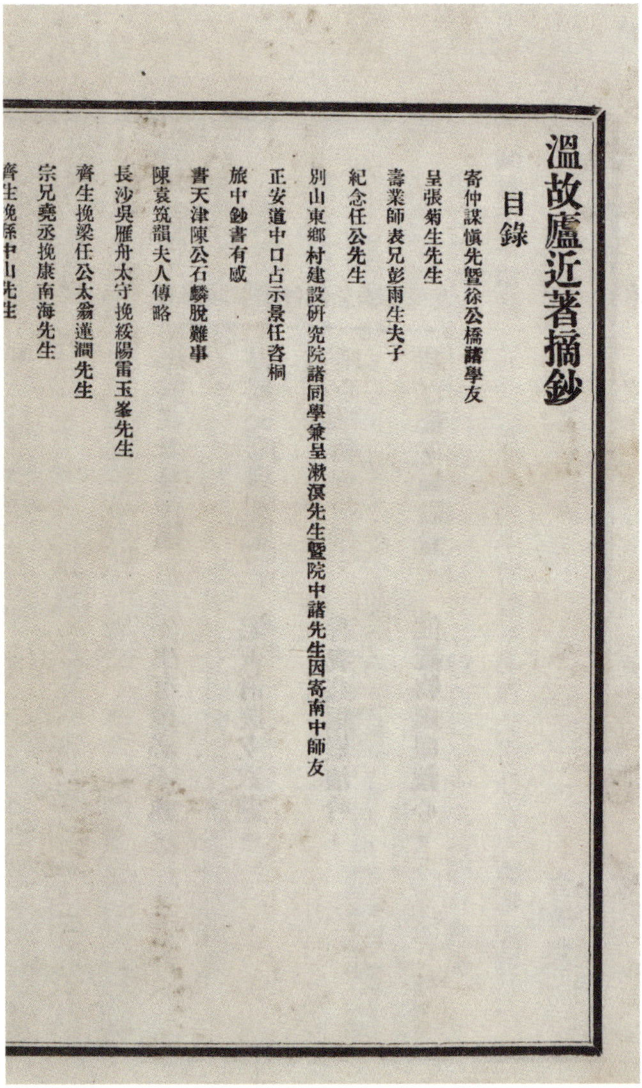
温故廬近著摘鈔

目録

寄仲謀愼先暨徐公橋諸學友
呈張菊生先生
壽業師表兄彭雨生夫子
紀念任公先生
別山東鄉村建設研究院諸同學兼呈漱溟先生暨院中諸先生因寄南中師友
正安道中口占示景任啓桐
旅中鈔書有感
書天津陳公石麟脫難事
陳袁筑韜夫人傳略
長沙吳雁舟太守挽綏陽雷玉峯先生
齊生挽梁任公太翁蓮澗先生
宗兄堯丞挽康南海先生
齊生挽孫中山先生

五千字文音注

《五千字文音注》二卷，彭先澤著。

彭先澤，字雨生，安順人，生卒年不詳，著有《五千字文音注》、《陷苗見聞録》（此書待訪）等。

先澤在《序》中介紹本書緣起與主旨說：「庚子歲，教讀餘閑，閱報載安徽望江何縣長，憫屬下人民識字者少，令勸廣設問字學堂，使民暇時識字兼明義理，一善舉也。竊嘆邑尊實心爲民，不僅望江一邑當如是也。我中華素號文明，四萬萬人中讀書之人，折衷計之百僅一二。誠以書多字廣望而生畏，以視歐美各國，

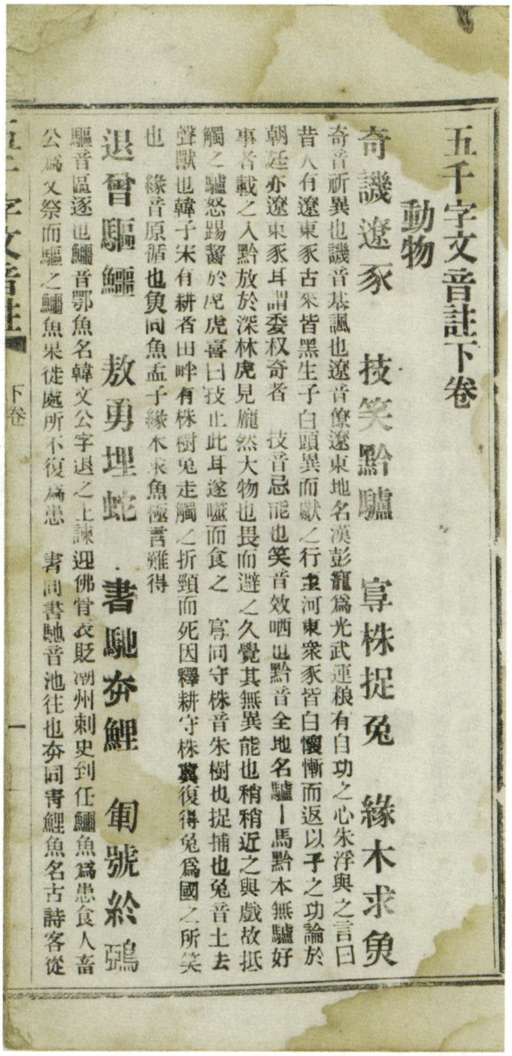

五千字文音註下卷

動物

奇譏遼豕　技笑黔驢　寡株捉兔　緣木求魚

奇音祈異也譏音基諷也遼音僚遼東地名漢彭寵爲光武運糧有自功之心朱浮與之言曰昔人有遼東豕古來皆黑生子白頭異而獻之行至河東衆豕皆白懷慚而返以子之功論於朝廷亦遼東豕耳謂委权奇者　技音忌能也笑音效哂也黔音全地名驢一馬黔本無驢好事者載之入黔放於深林虎見龐然大物也畏而避之久覺其無異能也稍稍近之與戲故抵觸之驢怒踢虎喜曰技止此耳遂噬而食之　寡同守株音朱樹也捉捕也兔音土去聲獸也韓子宋有耕者田畔有株樹兔走觸之折頸而死因釋耕守株冀復得兔爲國之所笑也　緣音原循也魚同魚孟子緣木求魚極言難得

退會驅鱷　敖勇埋蛇　書馳夯鯉　甸號於鴟

驅音區逐也鱷音鄂魚名韓文公字退之上諫迎佛骨衣貶潮州刺史到任鱷魚爲患食人畜公爲文祭而驅之鱷魚果徙處所不復爲患　書同書馳音池往也夯同寄鯉魚名古詩客從

五千字文音註　下卷　一

男女多識文字，爲何如哉。爰不揣譾劣，將人人應識之字，擬成一册約五千餘字。中人以下，數月可以畢業。因此，能讀一切他書，并知倫理，以襄吾國文明之萬一，或一急就編也，字有重出者，另考古字代之。非敢好奇，以典故難於割愛也，弟文不雅馴，句多生澀，詢力之有未逮，然亦不過使學者識字明理云爾。」又言邀郭春帆、李祖峰先生指正事，「編既成就，正於本郡之安化儒學郭春帆先生、鎮寧儒學李祖峰先生，希爲斧政，乃均未肯點鐵，且各賜以序文，未付剞劂，迄今二十有餘年矣」。又記後来修订过程中有其子彭鴻業参與，「前自湘銅浪游歸來，賦閑無事，長子鴻業迭請音注，遂勉竭殘喘以蒇其事。編中仍多挂漏，删润無力，仍祈高明方家政而序之，則愚父子均銘感無既矣。至後或稍有裨童蒙固所幸，冀其或不然，至於糊壁覆瓿，亦惟聽之而已。中華民國十六年夏安順後學雨生彭先澤自記於亦愛廬之南窗下」。

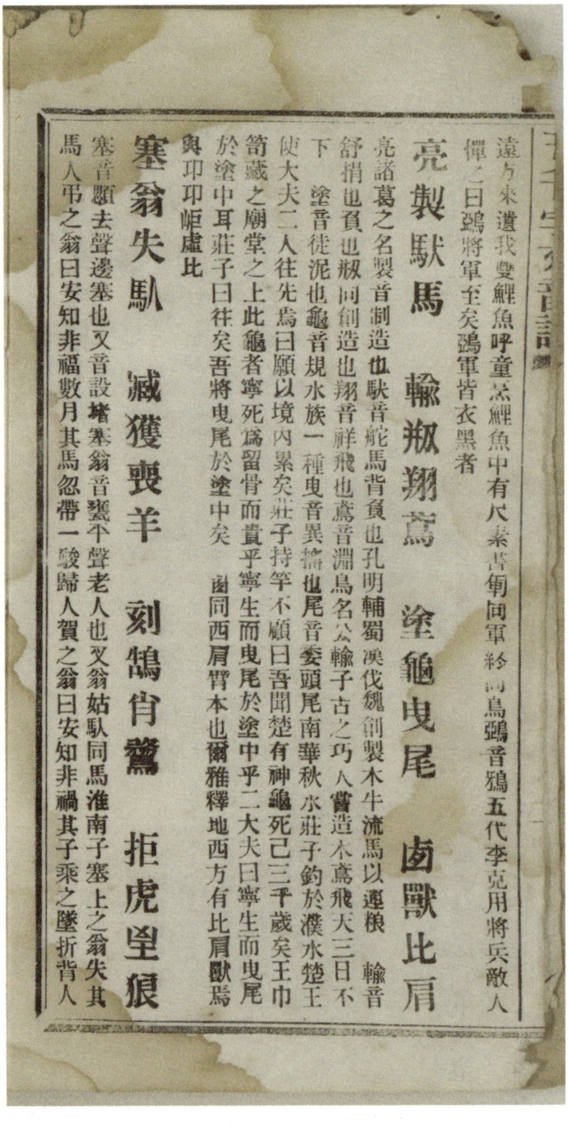
遠方來遺我雙鯉魚呼童烹鯉魚中有尺素書衛同軍紗同烏鴉音鴉五代李克用將兵敵人憚之曰鴉將軍至矣鴉軍皆衣黑者

亮製馱馬　輸翄翔鳶　塗龜曳尾　鹵獸比肩

亮諸葛之名製音制造也馱音駝馬背負也孔明輔蜀漢伐魏創製木牛流馬以運粮　輸音舒捐也負也翄同創造也翔音祥飛也鳶音淵鳥名公輸子古之巧人嘗造木鳶飛天三日不下　塗音徒泥也龜音規水族一種曳音異擕也尾音委頭尾南華秋水莊子釣於濮水楚王使大夫二人往先焉曰願以境內累矣莊子持竿不顧曰吾聞楚有神龜死已三千歲矣王巾笥藏之廟堂之上此龜者寧死爲留骨而貴乎寧生而曳尾於塗中乎二大夫曰寧生而曳尾於塗中耳莊子曰往矣吾將曳尾於塗中矣　鹵同西肩胛本也爾雅釋地西方有比肩獸焉與邛邛岠虛比

塞翁失馴　臧獲喪羊　刻鵠肖鶩　拒虎望狼

塞音賽去聲邊塞也又音設揞塞翁音甕平聲老人也又翁姑馴同馬淮南子塞上之翁失其馬人弔之翁曰安知非福數月其馬忽帶一駿歸人賀之翁曰安知非禍其子乘之墜折背人

《五千字文音注》是一本小學類字書，分上下兩卷，上卷内容分爲天文、地輿、倫理、父子、閨閣、夫婦、兄弟、師友、雜記等篇目；下卷有動物、音樂、器具、食物、衣物、居址、植物、藥物、病體、補遺等篇目，每篇少則十數句，多則數百句，不一而足。《五千字文音注》體例上與千字文類似，四字一句，抑揚頓挫，每四句後有小字注音與釋義。如天文部分「浩蕩主宰奠定乾坤亭毒庶彙監察保存」四句後小字注「浩蒿去聲，大也。蕩當去聲，寬廣也。主租上聲，宰哉上聲，言大地萬物，有君主而宰制之也。西史有稱主宰，無始無終無形與無聲、全能全智全善，欲通福德於神人，一命而化生天地萬物也。另有專書，備論奠穎去聲，安也。定丁去聲，平也。乾坤平聲，天地也。亭平聲，毒入聲，老子道德經，亭之毒之謂化育也。庶疎去聲，衆也。彙雷去聲，類也。監去平二聲，視也。察入聲，考也。保上聲，獲也。存平聲，在也。」先澤此書體例完備，内容豐富，小學功底較爲扎實，有助於豐富對近代貴州歷史文化的認識，對於貴州小學研究具有重要的學術和史料價值。

該書在《貴州省古籍聯合目録》記載爲「彭先譯編，民國十六年貴陽同治印刷局鉛印本」，其中「譯」應爲「澤」之誤。

今據民國十六年（一九二七）貴陽同治印刷局鉛印本影印。

（張帥）

先兄幹夫生活紀要

《先兄幹夫生活紀要》，黄齊生撰。

黄幹夫（一八七一—一九三五），貴州安順人。名禄貞，字伯廉。幼時性情拘謹，不善言辭。一八九五年入貴州提學使嚴修開辦的經世學堂，學堂於一八九七年停辦後，與友人蔡衡武、鐘山玉并昆弟黄齊生經營綢布業。不久辭去公司職務，於一九〇一年約集凌秋鄂、盧以莊、賈一民等在貴陽組織算學堂，專門從事數學與物理學研究，擔任主講。又聯絡楊伯釗、董北平等成立達德學會，一九〇四年二月創辦民立小學堂（即後來的達德學校），任校長。一九〇五年秋，到日本留學和考察教育，次年回國任貴州提學使學務公所實業科科長，兼中學師範物理教授。辛亥革命後，任貴州實業司司長。一九一四年秋赴銅仁就任貴州下游礦辦總務，致力硃砂、水銀及銻礦的開采。一九一六年返貴陽。一九一七年離筑赴滬，又到北平農桑部服務。一九二八年夏南下武漢與其弟黄齊生一起，游歷江浙。一九三三年在鎮江與當地名流結「夢溪詩社」。一九三五年一月二十四日在鎮江去世，享年六十五歲。其以繪畫見長，代表作有《挽車人物圖》《白描十六尊者像》《白描五百羅漢像》《溪山深秀圖》等，是貴州近代人物畫家。

《先兄幹夫生活紀要》一書，封面有手書「菊生先生賜覽」「齊生謹上」和「廿六年六月於上海」字樣，封二頁有「張菊生先生惠贈」字樣，應爲圖書收藏機構所記張元濟贈與的圖書。書中有標題説明：「是篇寫竟，爲家中人講述，無不了處；第覺標題《行誼述略》不甚顯豁，齊生曰：『然則《生活史紀要》如何？』皆曰：『去「史」，用「生活紀要」，便。』議遂定。昔日人福澤諭吉爲文，每成篇，必誦給其家人聽，期能了解而後已，齊生茲篇，雖用文言，力避晦澀，意亦取此，非故與舊習立异也。」又見「提前語」中記載「篇名述略，蓋僅就齊生記憶及感念所及，吾兄一生行誼」「是篇雖屬齊生一人私言，而下筆特加慎重。竊謂吾兄能否在中國新文化抑新教育運動上占一位置，所不敢言；吾兄之在貴州新文化抑新教育運動史上必占有重要之位置，則所敢言」。書中收録有黄幹夫的若干相片和黄幹夫所畫部分畫作，介紹黄幹夫的家庭背景、求學經歷，對黄幹夫等人組織達德書會和建設達德學校等事迹記載較爲詳盡。收録有蔡衡武、聶鳳嘉等人遺像。附録中收録的序文和詩文，亦能體現黄幹夫的交游情况。

今據民国二十四年（一九三五）鉛印本影印。

（陳俊嵐）

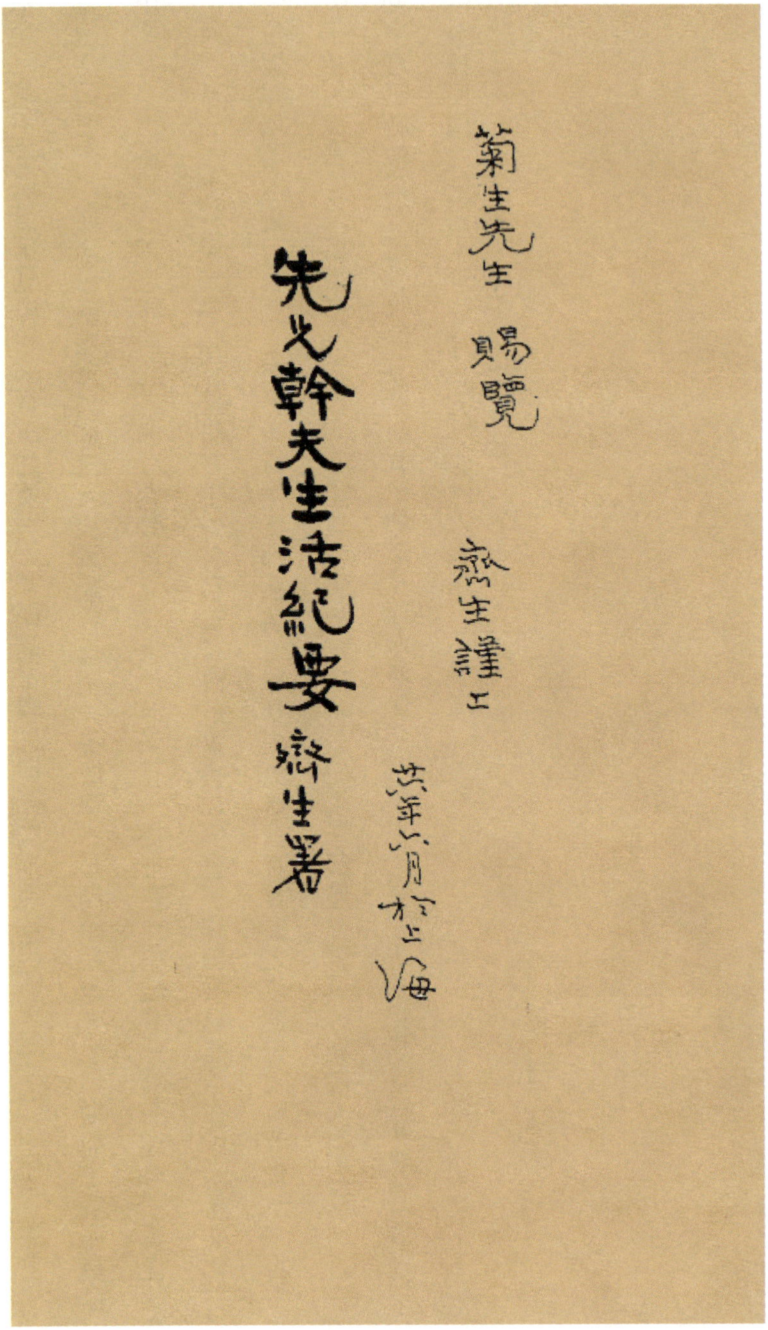
菊生先生 賜覽
齋生謹上
先父幹夫生活紀要 齋生著
卅年六月於上海

標題說明

是篇寫竟，為家中人講述，無不了處；第覺標題『行誼述略』不甚顯豁，齊生曰：『然則「生活史紀要」如何？』皆曰：『去「史」，用「生活紀要」，便』議遂定。昔日人福澤諭吉為文，每成篇，必誦給其家人聽，期能了解而後已，齊生茲篇，雖用文言，力避晦澀，意亦取此，非故與舊習立異也。

貴州苗夷叢考

《貴州苗夷叢考》，黄元操撰。

黄元操（一八七五—一九五一），字堯承，貴州安順人，清末順勸學所董事，開辦初等小學堂、兩等小學堂、蠶桑小學堂、廣智小學堂等學校，舉辦簡易識字書塾十二所，一九三一年赴貴陽任貴州歷史參議會副議長，後返安順，任安順府志局局長，主持編撰《續修安順府志》，撰寫《貴州苗夷叢考》。

《貴州苗夷叢考》成書於民國二十五年（一九三六），以抄本形式存留於貴州省圖書館。該書抄本分兩編二十章：第一編包括十二章，依次爲苗夷之名稱、來歷、生活、語言、文字、知識、宗教、婚姻、喪祭、樂器、蠱毒、風俗；第二編包括八章，依次爲苗夷之政治、軍事、教育、經濟、實業、人口、文化、交通。該書引用參考文獻有《爾雅》《説文》《禮記》《集韵》《廣韵》《史記》《漢書》以及方志等共七十九部。其「凡例」具體説明成書體例，界定苗夷内涵。該書注重古籍記載、田野調查、影像記録的相互參證。例如，第一章「苗夷之名稱」，根據「百苗圖」羅列一百二十四個苗族稱謂，經參稽古籍、采訪調查得出一百二十四種稱謂，「自八十三起至百二十四止，屬於雲南産者」，「屬貴州産者則自一起至八十二止」，「苗夷名稱有『人稱』和『自稱』兩種，屬於人稱者什九，屬於自稱者什一」，且備注「此處附各種影片」。

民國貴州著名教育家周恭壽爲此書作序，認爲該書内容豐富，體例完備，采輯廣博，史料翔實，强調該書的重要作用和意義。

該書抄本現存貴州省圖書館，原書高二十八點五厘米、寬十九厘米，版框高十九點五厘米、寬十三點五厘米。

今據貴州省圖書館藏抄本影印。

（石恪）

【民國】黄元操 撰

貴州苗夷叢考

貴州苗夷叢考序

自莊蹻泝沅後貴州遂通於中國嗣設郡縣意只羈縻明清改土歸流然土官土舍民初始除去之大抵居城鎮者皆漢族鄉村始有苗夷數百年來漢人移自他省者日多苗族遂入山益深矣說者謂此等苗夷本住中原漢族南移驅之使西湘桂遺跡大可尋索第民國以前政府羈縻只消極的不擾而已官吏麻木從未深入鄉村每年册報只就服飾風俗點綴而鋪張之當時所謂中央政府亦以此裝點門面誇

近代革命史概要

《近代革命史概要》，張廷休著。

張廷休（一八九七—一九六一），字梓銘，貴州安順人，回族。曾就讀於貴州安順縣立中學、私立南明中學，一九一九年九月入南京高等師範學校文史地部學習。畢業後曾任教於上海暨南大學。北伐開始後，在國民革命軍第四十軍第一師政治部、第四十軍政訓處、首都衛戍總司令部政訓處任職，并任國民黨中央宣傳部秘書。一九三〇年任河南省黨部委員、省政府秘書。一九三三年留學英國倫敦大學研究史學、德國柏林大學研究經濟。歸國後先後任國民政府財政部專員、國民政府中央土地委員會副主任。一九三八年六月任國民政府教育部主任秘書。一九四一年五月任教育部蒙藏教育司司長。一九四二年八月出任國立貴州大學校長兼史學教授，并任正中書局總經理。一九四五年一月任貴州省政府委員。一九四九年移居臺灣，主持正中書局。一九六一年十一月逝世，終年六十五歲。

著有《近代革命史概要》《近代革命紀念日》《民生史觀》等專著，發表《歐洲大學起源考》《近五十年歷史的討源述略》《英國經濟史大綱》《中華民族是落後的嗎》《中華民族的量與質》《我們應如何準備？》《苗夷漢同源論》《再論夷漢同源論》《國防建設中之邊疆教育》《邊疆教育與民族問題》《國防建設中之邊疆教育》《西南青年的責任》《川省邊地視導之要義》《邊疆教育與民族問題》《邊疆教育問題》等文章。

《近代革命史概要》以時間爲軸，梳理了近代以來英國、美國、法國、俄國、德國、土耳其及中國等七國發生的革命，其中法國革命用了兩章的篇幅叙述，其餘各國革命均用一章介紹。介紹一國之革命，先分析該國革命的背景，詳述具體經過，并對革命的結果進行論評，深入剖析、比較各國革命的得與失，并總結經驗。如在評述德國革命時，引出對中國教育的思考，認爲教育是民族融合和統一之最佳工具。其分析經濟對革命産生的影響，詳細列舉史料，專門附有表格予以説明；關注革命中民權自由情况，對土耳其等弱小國家受到帝國主義的欺凌深表同情。

該書由上海民智書局於民國十七年（一九二八）出版。

今據上海民智書局民國十七年（一九二八）版影印。

（董嫻）

近代革命史概要

中華民國十七年九月初版

近代革命史概要（全一册）

每册定價大洋五角

外埠酌加郵費匯費

編者　張廷休

印刷者　民智印刷所　上海塘山路三十一號

發行者　民智書局　上海河南路九十九十一號

分售處　民智書局分店　漢口湖北街漢潤里十一號　武昌省政府前　廣州永漢北路　杭州壽安坊

總發行所　民智書局　上海河南路中市九十至九十一號

發（一二四四）

近代革命紀念日

《近代革命紀念日》，張廷休著。

該書收録張廷休撰寫的二十五篇紀念文章，分别爲《總理就任中華民國第一任大總統紀念》《臨時大總統就職宣言》《各省代表致詞》《臨時大總統就職宣言書》《收回漢潯英租界紀念》《京漢路大罷工紀念》《國際婦女節》《孫中山先生逝世紀念》《北京屠殺愛國群衆紀念》《巴黎公社紀念》《七十二烈士殉國紀念》（又名黄花崗紀念）、《國際勞動紀念》《中國學生革命運動》《孫中山先生就任非常大總統紀念》《馬克思誕日紀念》《國耻紀念》《陳英士先生殉國紀念》《上海英人慘殺中國民衆

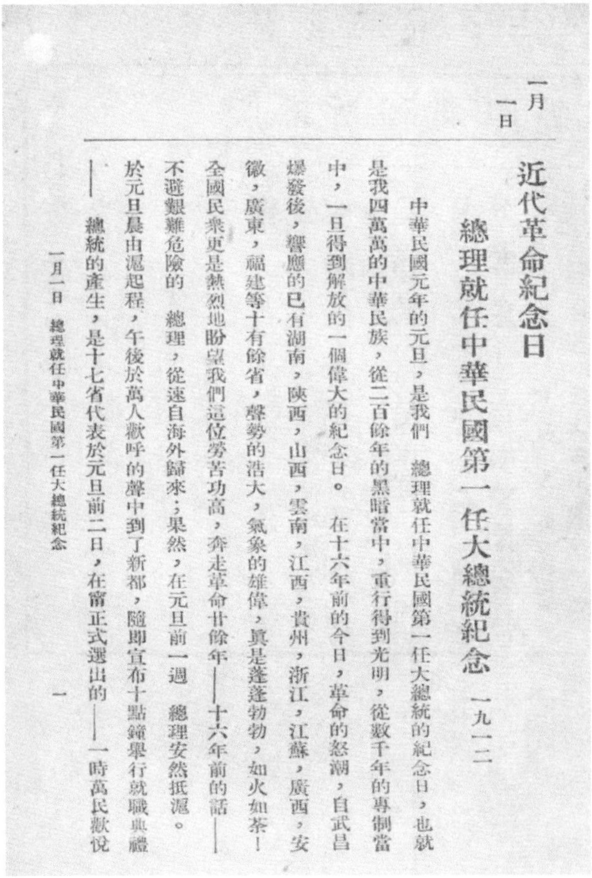
一月一日

近代革命紀念日

總理就任中華民國第一任大總統紀念 一九一二

中華民國元年的元旦，是我們 總理就任中華民國第一任大總統的紀念日，也就是我四萬萬的中華民族，從二百餘年的黑暗當中，重行得到光明，從數千年的專制當中，一旦得到解放的一個偉大的紀念日。 在十六年前的今日，革命的怒潮，自武昌爆發後，響應的已有湖南，陝西，山西，雲南，江西，貴州，浙江，江蘇，廣西，安徽，廣東，福建等十有餘省，聲勢的浩大，氣象的雄偉，眞是蓬蓬勃勃，如火如荼！全國民衆更是熱烈地盼望我們這位勞苦功高，奔走革命廿餘年——十六年前的話——不避艱難危險的 總理，從速自海外歸來；果然，在元旦前一週 總理安然抵滬。於元旦晨由滬起程，午後於萬人歡呼的聲中到了新都，隨即宣布十點鐘舉行就職典禮——總統的產生，是十七省代表於元旦前二日，在甯正式選出的——一時萬民歡悦

一月一日 總理就任中華民國第一任大總統紀念 一

紀念》《孫大總統廣州蒙難紀念》《沙基慘案紀念》《國民政府誓師北伐紀念》《美國獨立紀念》《法國共和紀念》《廖仲愷先生殉國紀念》《英艦炮車萬縣慘案紀念》《俄國革命紀念》《孫中山先生誕辰紀念》。其中《總理就任中華民國第一任大總統紀念》一文附有臨時大總統就職宣誓詞、各省代表致詞、臨時大總統就職宣誓書等內容。張廷休以近代國內外重大紀念日爲綫索，對重大歷史事件、革命人物等作了專門的述評。《國恥紀念》《上海英人慘殺中國民衆紀念》《沙基慘案紀念》等文揭露帝國主義對中國民衆的掠奪、迫害，對與帝國主義勾結的軍閥作出嚴厲批判。《孫中山先生逝世紀念》《馬克思誕日紀念》等文追憶革命先行者不凡的人生履歷以及其對中國及世界革命的影響。《國際婦女節》表達對現實資本制度下男女不平等的哀痛，主張婦女要參加國民革命以求政治、經濟的完全平等。《美國獨立紀念》《法國共和紀念》《俄國革命紀念》等文則簡述相關革命過程，分析革命的意義。

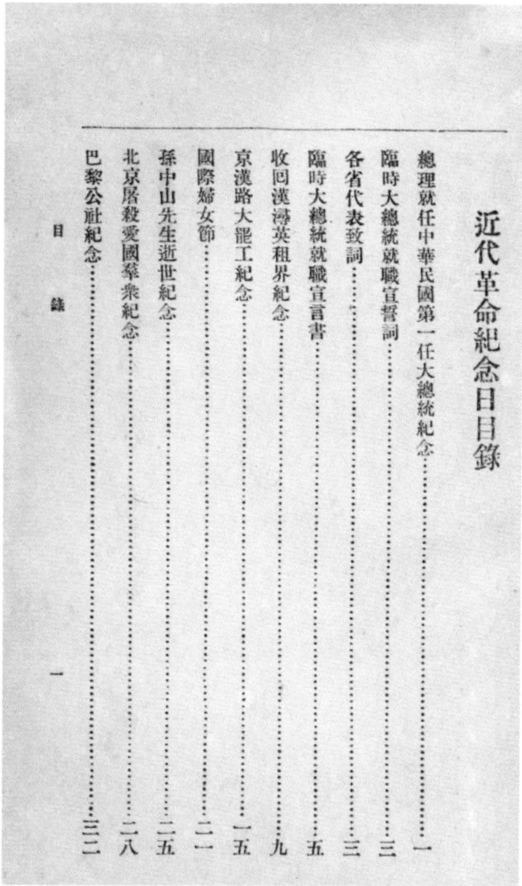

近代革命紀念日目錄

目錄 一

《近代革命紀念日》的編撰不以紀念日編年爲綫索羅列，而是以各紀念日的日期年曆中的前後編排。紀念日編録範圍涉及對社會造成影響的各事件，紀念國家、紀念革命日、紀念革命人、紀念烈士。通過對歷史事件、人物的回顧，分析事件的前因後果，抨擊帝國主義對中國的壓迫、軍閥的反動統治，體現出對孫中山的擁護、對國民革命的支持、對「三民主義」的擁護、對民族平等的追求。

該書現存兩種版本，皆爲上海民智書局刊，一是民國十七年（一九二八）初版，二是民國十九年（一九三〇）再版。

今據民國十七年（一九二八）上海民智書局初版本影印。

（董嫻）

民生史觀

《民生史觀》，張廷休撰。

該書封面及版权頁皆作《民生史觀》，書内目録及頁眉又稱《民生史觀的意義》。内容有「民生史觀和唯物史觀」「民生史觀的科學基礎」「民生史觀與社會進化」「民生史觀與民族團結」「結語」五部分。戴季陶在孫中山去世後，發表《民生哲學系統表》和《孫文主義之哲學的基礎》，將孫中山的全部哲學概括爲民生哲學，認定民生哲學的思想基礎是「仁愛」，其思想淵源則是孔孟以來的正統思想。張廷休以孫中山、戴季陶的思想爲基礎，著《民生史觀》，對民生哲學作出解釋，以爲民生哲學的歷史觀就是民生史觀，闡明其科學基礎，論

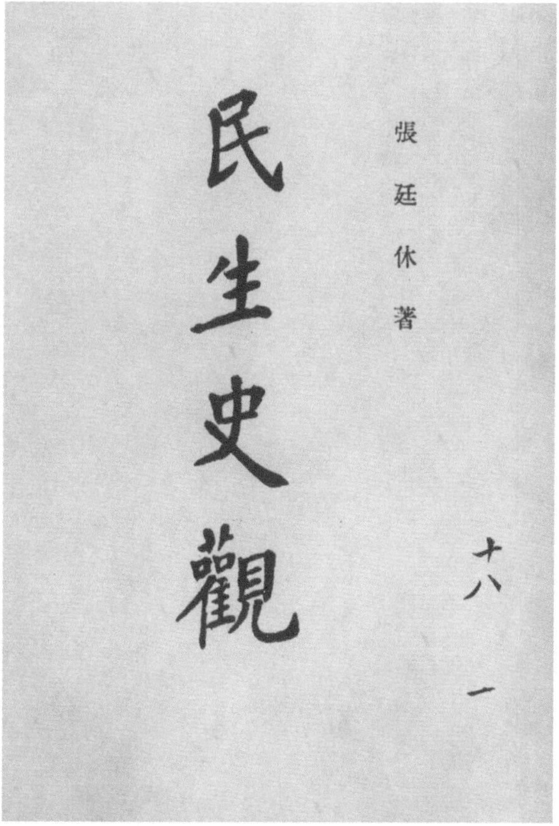

述民生史觀與唯物史觀以及社會進化、民族團結的相互關係。

《民生史觀》是一部基於孫中山先生民主主義思想發展而成的一部學術著作，體現張廷休對民主主義和民主革命的思考，充滿濃厚的愛國之情，對社會困境、國民黨黨内的弊病都作出具體的分析和批判。

今據民國十八年（一九二九）上海民智書局鉛印本影印。

（董嫻）

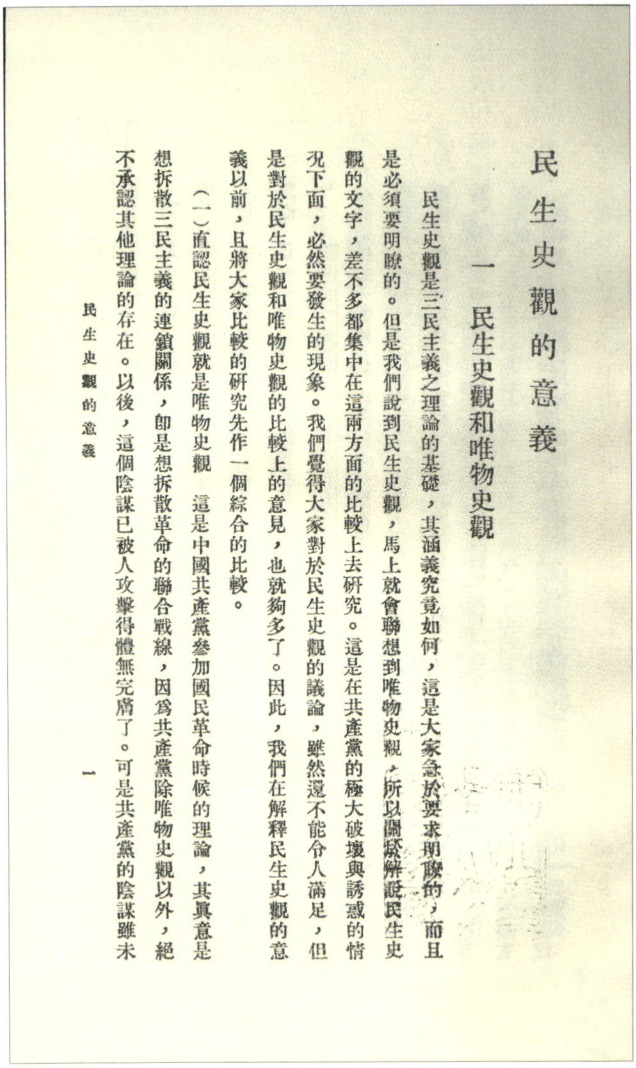

民生史觀的意義

一　民生史觀和唯物史觀

民生史觀是三民主義之理論的基礎，其涵義究竟如何，這是大家急於要求明瞭的，而且是必須要明瞭的。但是我們說到民生史觀，馬上就會聯想到唯物史觀，所以關於解說民生史觀的文字，差不多都集中在這兩方面的比較上去研究。這是在共產黨的極大破壞與誘惑的情況下面，必然要發生的現象。我們覺得大家對於民生史觀的議論，雖然還不能令人滿足，但是對於民生史觀和唯物史觀的比較上的意見，也就夠多了。因此，我們在解釋民生史觀的意義以前，且將大家比較的研究先作一個綜合的比較。

(一)直認民生史觀就是唯物史觀　這是中國共產黨參加國民革命時候的理論，其眞意是想拆散三民主義的連鎖關係，即是想拆散革命的聯合戰線，因爲共產黨除唯物史觀以外，絕不承認其他理論的存在。以後，這個陰謀已被人攻擊得體無完膚了。可是共產黨的陰謀雖未

民生史觀的意義　一

半月歷險記——我被倭寇俘虜及脱險經過

《半月歷險記——我被倭寇俘虜及脱險經過》，陳貽蓀撰。

該書撰成後於一九四二年六月十九日起，連載於《東南日報》，内容主要叙其在撤離途中被日軍俘虜後的半月經歷。

一九四二年五月，侵浙日軍擴大在浙軍事占領行動，留駐方岩的浙省各機關團體人員奉命撤離，五月二十三日陳貽蓀率浙江省黨部人員撤退至陸店時，被日軍俘獲；五月三十一日在龍游縣尋機逃脱，至六月四日，完全脱險歸隊。此書即陳貽蓀歸隊後，爲答各方詢問而作。

書中主要記述其被俘後的所見所聞，所思所感，并根據其觀察，對敵我之短長，得出不少重要判斷，認爲敵軍是很容易打的，我不怕敵，敵必怕我。「我們若不能具備敵人之長，改正自己之短，即使有同樣武器，也很難迅速殲滅敵人。」「敵軍雖有長處，但目中無人的氣勢，决不足以持久」，因爲「敵國政策錯誤，無异驅其兵民就死。比如火車向大海内開，無論有多大力量，終要覆頂滅身」。可見其所思所慮，皆關大局，非僅限於個人之遭際。

《半月歷險記》言語生動，情感充沛，雖然被俘，却無絲毫畏怯、頽喪之氣，字裏行間透露出强烈的愛國熱情。

爲此，國民黨中央執行委員會秘書處專函嘉勉陳貽蓀，并將其所著《半月歷險記》於一九四二年結集出版全國發行，以激勵國人堅持抗戰的決心。

現存綫裝刊印本一册，出版社不明，上有師範大學書庫之印。

今據民國三十一年（一九四二）綫裝本影印。

（陳文杰）

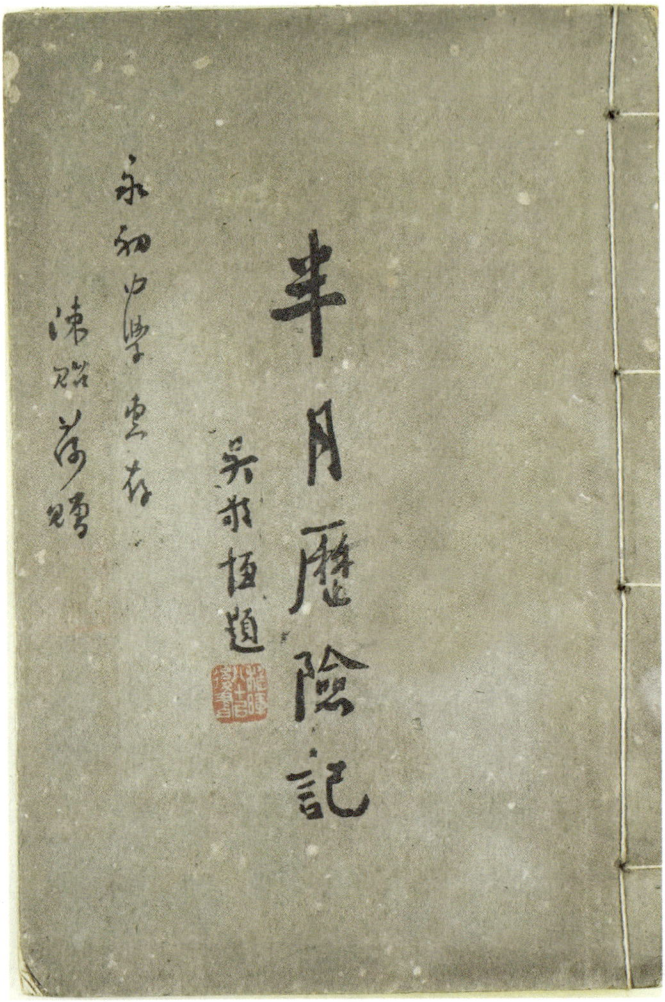

序

一、讀半月歷險記

東南日報

浙江省黨部陳委員貽蓀，追述其被俘與脫險的經過，洋洋數萬言，展讀之餘，不禁廢卷三嘆！文天祥謂：「時窮節乃見」。其庶幾乎！陳氏之正氣磅礴，也就是我們黨的偉大力量！我們該不但為陳氏慶，抑且要為本黨慶。

二、浙江省臨時參議會來函

逕啓者：查本會第六次大會第三次會議臨時動議第二案「省黨

歸黔吟

《歸黔吟》一卷，陳貽蓀撰。

該書爲作者民國二十二年（一九三三）、二十三年（一九三四）返黔探親時所作詩，分《鄉居雜詩》和《城市間雜詩》兩部分，均爲古體詩。民國癸酉（一九三三）秋，陳貽蓀返黔省親，觀黔中境况冷森黑暗，不能言説，便寫於筆端，後將此兩首詩編成《歸黔吟》。《城市間雜詩》詩前有作者序一則，曰：「自予返黔，城鄉間居，以居城市較久，尤以住貴陽時爲多。道衰俗弊，觸目多增悲憤。詩云：心之憂矣，如或結之。冬日對爐，不覺舒紙。若言之者無罪，聞之者足以戒，則玆作或不為徒然乎。」對當時政治黑暗、道衰俗弊有所揭露。如云：「高官延大匠，拓地起層房。千工受部勒，擊柝聲梆梆。梆梆震民屋，屋中人盡哭。大官樓與房，小民血同肉。崇樓豈不美，視之欲裂目。官貴競荒淫，豪侈欲無偶。音樽招賓朋，梨園獨占有。優伶任頤使，健兒供奔走。仰頭聽妙歌，低頭嘗美酒。詎知民欲死，但云樂難朽。乞兒伺園門，挎穿袖露肘。偶聞魚肉味，鬱結苦垂首。」

《歸黔吟》收録兩篇詩稿，篇幅不長，但仍是一部研究貴州近代政治生態和百姓生活的史料。

《歸黔吟》乙亥年（一九三五）五月初印於貴陽，丙子年（一九三六）三月再印於杭州，後又與《浙南游草》

合印爲一本。

今據貴州師範大學圖書館藏民國二十四年（一九三五）鉛印本影印。

（陳文杰）

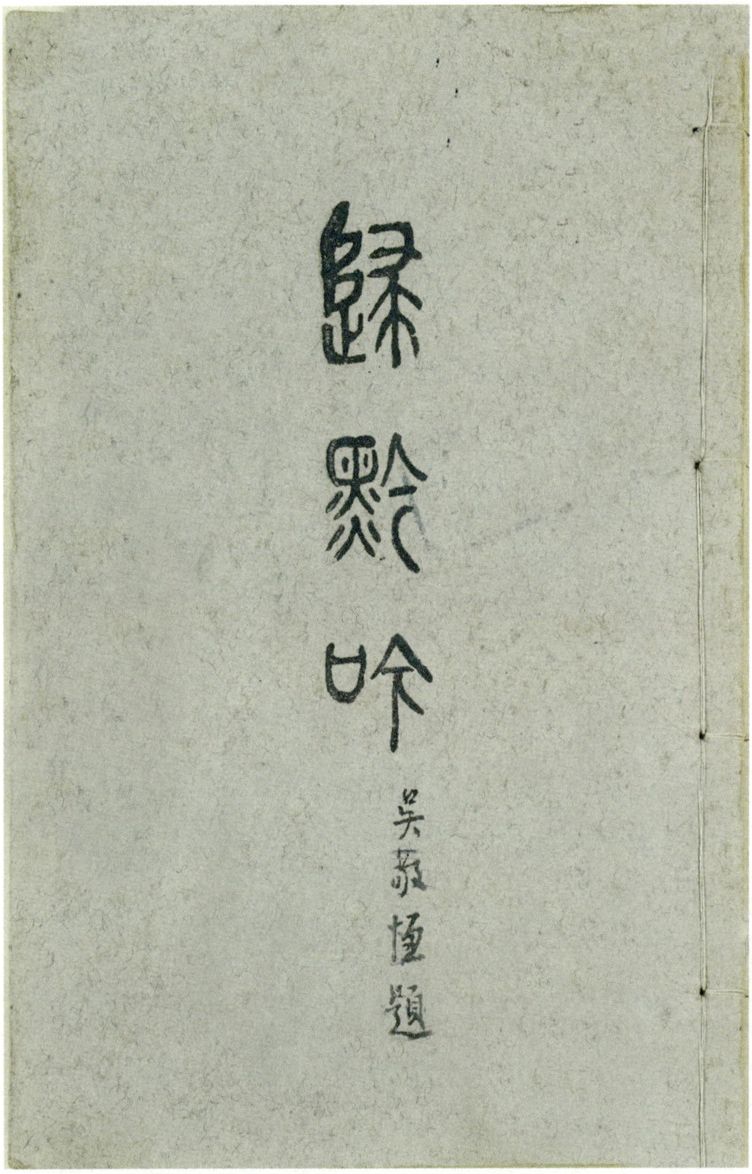

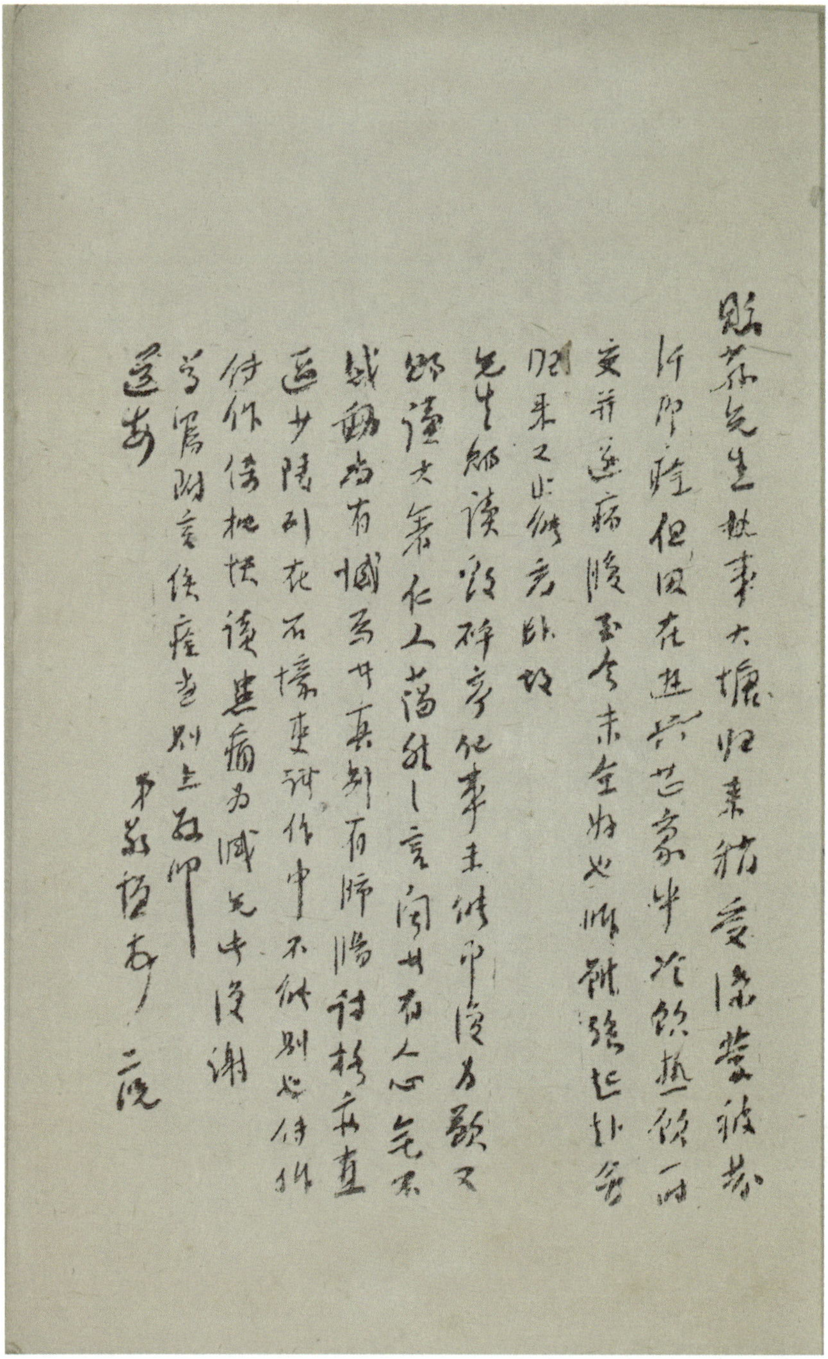
默菴先生：昨奉大牘，歸來猶覆，像蒙被恭
所即雖但因在此，只芭家中花飲熱飲一時
安并逐病，惟盈今未全好也，所說張氏外舍
以來又比佳，房臥詩
先生夠讀，以時撰此事來稱，印後為歡。又
鄉蓮大集作人，落紙之言，聞其有人心氣象，
越動為有國，為其真則有師隱詩格亦直
逼少陵，列在石濤查併作中，不能別也。付作
付作係地揆，讀甚痛為減，先生復謝
等寫附去，俟痊當別上。敬仰
道安
弟蔡頓首 二號

五山游草

《五山游草》，陳貽蓀撰。

陳貽蓀（一九〇一—一九五〇），生於安順平壩縣白雲莊。一九二〇年赴廣州投身國民革命，一九二三年應黄齊生之邀回到貴陽達德中學任教。北伐前夕回廣州，隨軍北伐。一九三六年一月十二日。「浙江中華史地會」（後改名浙江史地學會）成立於杭州，陳貽蓀爲發起人之一，任學會理事。一九三七年抗戰爆發後成立「中國青年抗日工作團」，陳貽蓀任常務副團長，一直戰鬥在抗日宣傳陣地前沿。一九三九年，主編對外宣傳刊物《勝利雜志》，并撰寫大量時政評論、

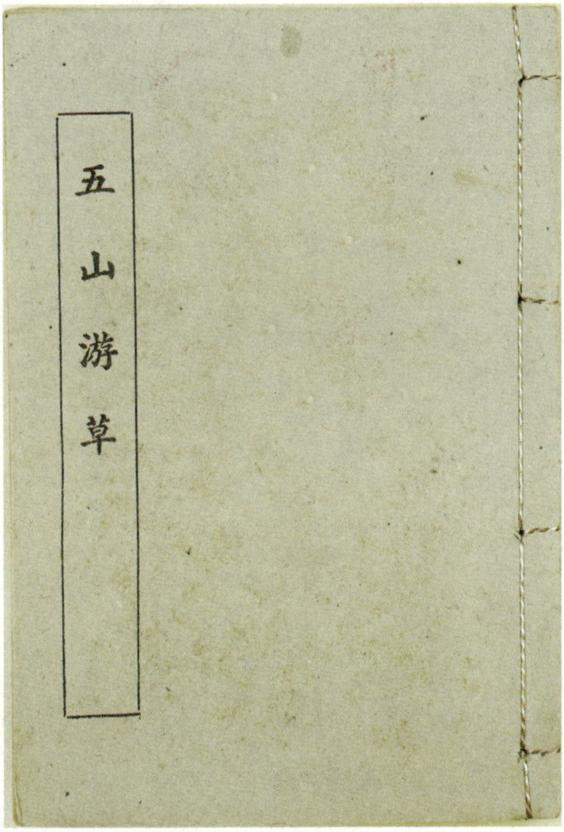

散文、詩歌及抗日歌曲《監犯請纓殺敵》等。一九四二年五月二十三日被日寇俘虜，六月五日逃離虎口。一九四四年，回到國民黨貴州省黨部工作，任書記長。一九四七年，辭官從教，在貴陽師範學院（今貴州師範大學）國文學系任教職。與著名學者尹炎武、謝六逸、趙伯愚、蹇先艾等先後在國文學系任教。一九四七年九月二日「貴州省佛教整頓委員會」成立，任省佛教會理事。一九五〇年卒，享年四十九歲。陳貽蓀一生著述頗豐，有《陳貽蓀詩集》《歸黔吟》《流離草》《五山游草》等。

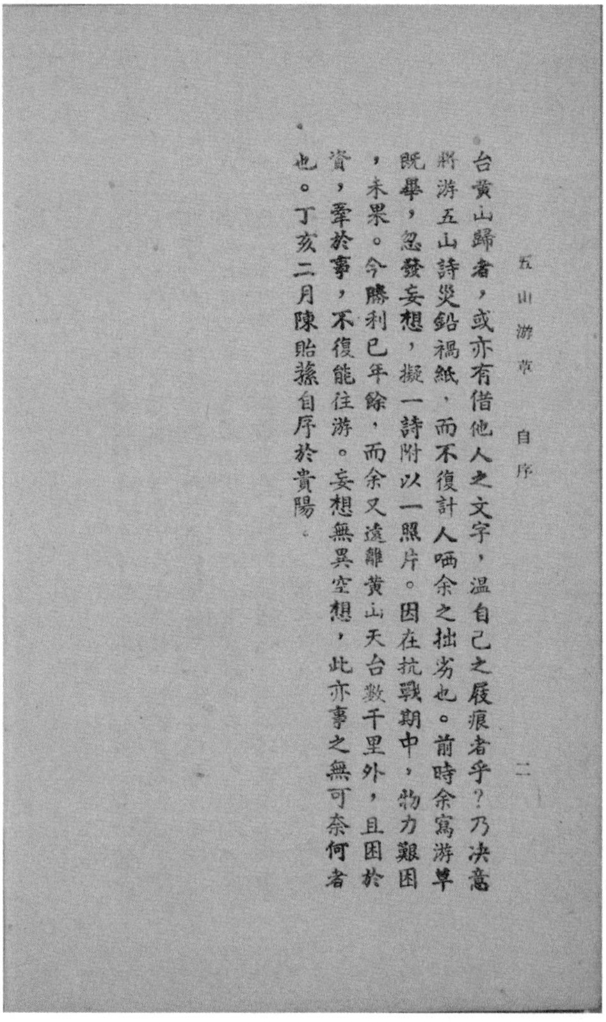
五山游草　自序　二

台黄山歸者，或亦有借他人之文字，温自己之履痕者乎？乃決高將游五山詩災鉛禍紙，而不復計人哂余之拙劣也。前時余寫游草既畢，忽發妄想，擬一詩附以一照片。因在抗戰期中，物力艱困，未果。今勝利已年餘，而余又遠離黄山天台數千里外，且困於資，牽於事，不復能往游。妄想無異空想，此亦事之無可奈何者也。丁亥二月陳貽蓀自序於貴陽。

《五山游草》由《雁蕩山游草》《天臺山游草》《天目山游草》《莫干山游草》《黄山游草》合之而成。在浙江期間，陳貽蓀在行役之暇，得游雁蕩山、天台山、天目山、莫干山、黄山等諸山。興之所至，每游必以詩以紀之，詩多五言古體，幾乎句句押韵。書前有自序一篇，表述游山時的愉快心情及名山勝水對人的影響。據陳貽蓀言，該書付印前原想附上一些照片，但因在抗戰時没有合适照片可选而付闕如。

現存鉛印本一册，封面有貴陽師範學院圖書館藏書印，出版社與出版時間未明，而書前自序落款時間爲「丁亥二月」，應爲民國三十六年（一九四七）刊印。

今據民國三十六年（一九四七）鉛印本影印。

（陳文杰）

幼稚教育

《幼稚教育》，孫銘勳著。

孫銘勳（一九〇五—一九六一），貴州安順人，光緒三十一年（一九〇五）十二月初五日生於平壩槎頭堡村（今稱「車頭堡」），早年就讀於貴州省貴陽師範學校，一九二七年赴南京進入陶行知創辦的曉莊師範求學，深受陶行知教育思想影響，終生致力於幼稚教育，是中國早期的幼稚教育家。孫銘勳是我國現代幼教事業的拓荒者，二十世紀三十年代參與管理和創辦中國第一批鄉村幼稚教育機構，創辦中國第一個工人子弟幼稚教育團體「勞工幼兒團」。一九三九年陶行知創辦育才學校，孫銘勳任社會組主任，其後受重慶地下黨派遣，到甘肅玉門油礦辦職工子弟小學。一九四五年在貴州平壩組織革命武裝，曾任平壩中學校長。一九四八年擔任育才學校重慶分部校長。新中國成立後曾在西南師範學院中文系教授《兒童文學》，深受學生歡迎。一九五一年在「三反」運動中受到批鬥，一九五七年被劃爲「右派」，一九六一年離世，年僅五十五歲。一九八一年得以平反。孫銘勳著有《幼稚教育》《鄉村幼稚教育經驗談》、《古廟活菩薩》、《勞工幼兒團》、《曉莊幼稚教育》（與戴自俺合著）、《從行知詩歌看教育》等兒童教育學專著，與戴自俺合編《幼稚教育論文續集》《曉莊批判》《兒童節教學作》，與陸維特合編《抗戰建國讀本》。

《幼稚教育》是一本關於中國幼稚教育的先驅性教材，全書以陶行知先生「生活即教育」爲理念，以培養四至六歲的兒童爲中心，共分十三章，包括四個部分：西方幼稚教育的奠基人，幼稚園的教師、兒童、園舍與用具，幼稚生的生活、玩具、故事、游戲、健康、藝術、自然科學、生產，幼稚教育的前瞻，構建了一個兒童教育的系統知識與實踐框架。該書在內容上偏重於方法與材料的介紹，每一章包括方法與材料、練習題和用於拓展的參考書籍。其書內容豐富，主旨明確，詳略得當，文筆樸實，既介紹西方幼稚教育之緣起與經驗，又著眼國內兒童教育之實際，是一本較好的

兒童教育參考書。

雖然出版時間較早，但在幼稚教育的理念、知識和作法上，仍有今人值得借鑑的價值和意義。正如作者在編輯大意中所説：「本書以實地去作爲中心，教本書的人要在作上教，學本書的人要在作上學。」「本書因偏重於方法與材料，而又以實地作爲中心，故各章長短并不一律，希望教者與學者能隨時變通，不拘一定的格律。」書前大華書局編輯部所撰《編輯旨趣》云：「本局立意編輯這套教科書，爲時已久，務使各書的内容，材豐而辭約，文淺而義深；俾教者有發揮之餘地，學者得應用之機會。」恰如其分體現本書之特點。

是書於民國二十二年（一九三三）九月由大華書局初版，世界書局發行，平裝一册，主要是爲簡易師範學校、縣立師範學校、師範講習科等編輯的教科書，是大華書局「師範學校教科書」（全套二十三種）之一。

今據民国二十二年（一九三三）大華書局初版世界書局刊本影印。

（張定貴）

幼稚教育

孫銘勳著

大華書局出版
世界書局發行

幼稚教育論文續集

《幼稚教育論文續集》，孫銘勳、戴自俺編著。

本書包括《幼稚教師是一種什麼人？》《再談幼稚教師是一種什麼人？》《幼稚教師怎樣煉鍛自己》《幼稚教師的兩個基本技能》《鄉村幼稚導師要怎樣作的？》《談談兒童》《兒童心理》《兒童世界》《兒童衛生》《解放兒童》《再談解放兒童》《未來的兒童教育》《兒童教育的遠景》十三篇文章，是孫銘勳和戴自俺在校長陶行知先生指導下，撰著的一部闡釋曉莊學校辦學理念和教學實踐的系統專著。他們著眼於當時中國落後的社會面貌，從不同視角對兒童的苦難處境作了詳細的論述，對如何展開幼稚教育進行探討，於教師自身能力建設、兒童生活心理、兒童教育的未來等方面，建立起較爲科學且可行的幼兒教育實踐方法。

《幼稚教育論文續集》是《曉莊叢書》之一，一九三三年兒童書局刊行。

今據民國二十二年（一九三三）上海兒童書局刊本影印。

（吕婷）

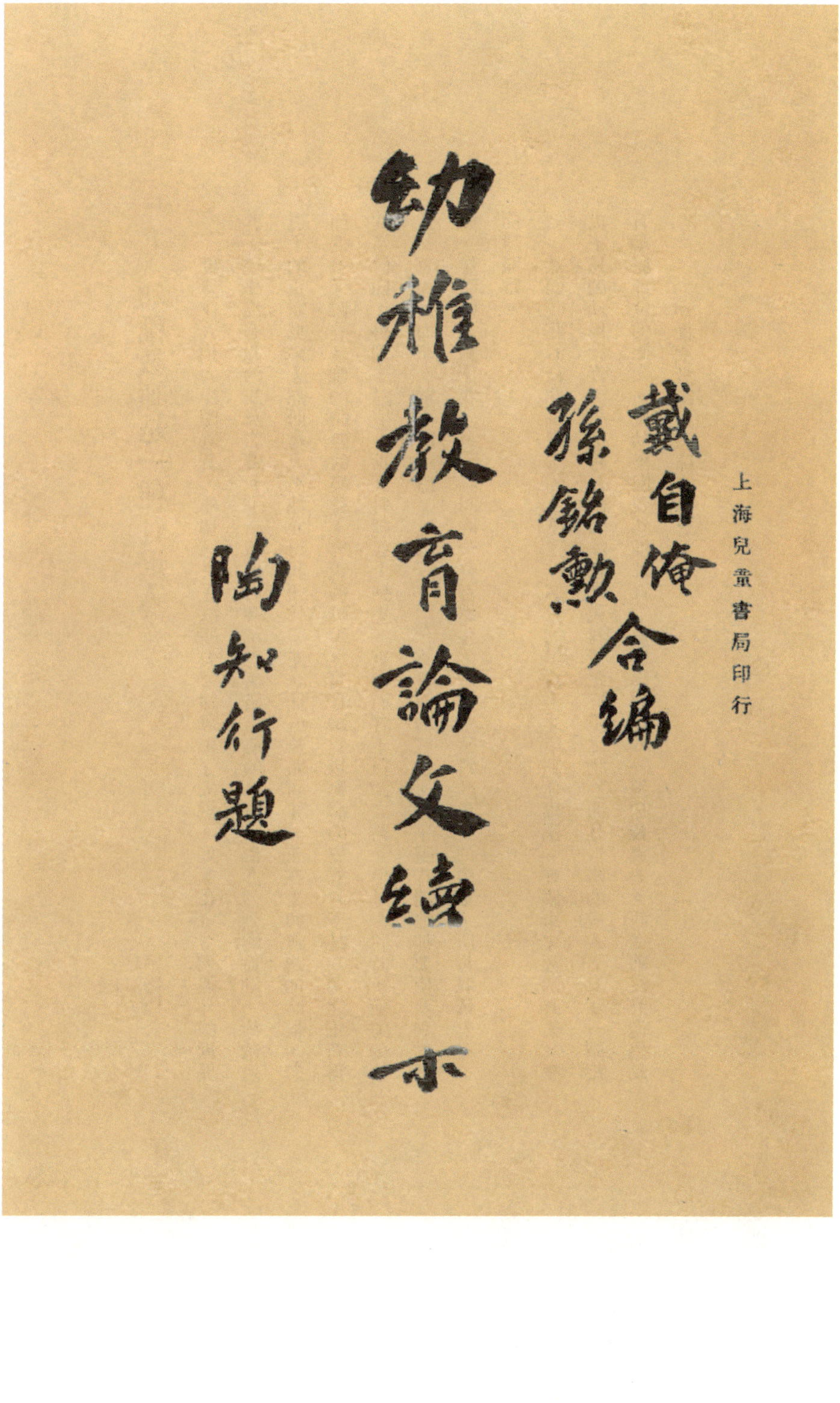
上海兒童書局印行

戴自俺 孫銘勳 合編

幼稚教育論文續集

陶知行題

幼稚教師是一種什麼人？

孫銘勳

跋涉在人生的沙礫道上，一切已失了信仰失了歸宿失了安慰。好像在這至大無外的世界裏，幾乎沒有我的安身之處。——我又何嘗不想突破這心的圍牆，使赤烈烈的血潮，衝破這道上的重重厄障！然而烏天黑地弄得我頭昏眼花，簡直無路可走。正在走頭無路的時候，忽而遇着了曉莊，她的體態的輕盈，容貌的嬌妍，實在給我以無窮的安慰。于是我又才重新得到了信仰，得到了歸宿，我就與她談上戀愛，更進而訂下白頭之約。但是，同時，橫逆的事件，也相逼而來，前面的誘惑，旁邊的冷笑，後面的威迫，幾乎隨時隨地都要使我與她離異。然而她之對于我，又有「囘眸一笑百媚生，六宮粉黛無顏色」的力量，所以我依然是不能離開她。

然而曉莊的範圍也很廣闊，摸了幾個月的黑路，才摸到幼稚園。在國事多故的時候，歷史不長的幼稚教育，引不起人們的注意，視爲無足輕重之物。而且自來的成人，具了一副沒有幼兒地位的眼光，把幼稚園及幼稚教育這幾個字輕輕的一筆抹殺過去。我從前沒有進過幼

幼稚園教師是一種什麼人　一

從行知詩歌看教育

《從行知詩歌看教育》，孫銘勳著。

《從行知詩歌看教育》按内容分類解説陶行知詩歌，闡發陶的生活教育思想，記録陶行知事迹、當時時局和辦學的情形，表達自己的教育觀點，并補充部分當時通行的陶行知詩集中未收録的詩歌。全書分九部分：生活教育運動在當前的任務、行知夫子的詩境、學【生】的孩子、學【死】的孩子、筆伐傳統教育、社會變成大學堂、滿鴻溝是血、一切歸於民主、生來不變色。一九四七年育才學校本部遷回上海，小學部和初中部留在重慶紅岩村，一九四八年由孫銘勳主持重慶育才學校分部的工作直至重慶解放，該書即撰寫於這一時期。初版由上海生活教育出版社一九四八年九月出版，收入「新教育叢書」第一輯中。新中國成立後，爲紀念陶行知去世四周年，孫銘勳在第一版的基礎上加以修訂，一九五〇年由新北京出版社重印，收入《大衆教育叢書》中。重印本中增加了「卷頭獻詩」與「卷尾獻詩」，兩詩由孫銘勳分别作於一九四九年三月及一九四九年十二月，兩詩後皆注明：「茲當本書在渝再版之際，特以之作卷頭（尾）獻詩。」此處稱「在渝再版」指的應是其修訂工作完成於重慶，并非出版於重慶。一九八四年，孫銘勳遺孀鄺忠齡所編的《孫銘勳教育文選》由重慶出版社出版，《從行知詩歌看教育》也被收入其中，以重印版爲底本。此書現存三種版本：一是上海生活教育出版社，民國三十七年（一九四八）版，收入《新教育叢書》第一輯中；二是北京新北京出版社，一九五〇年版；三是重慶育才學校出版，一九五〇年版。重印版較初版在内容上稍有增改，如第一部分「行知夫子的詩境」中增加「夫子的筆像一把『大掃把』」一段評論，第五部分增補陶行知詩歌兩首及對這兩首詩的闡釋。第八部分增補陶行知詩歌一首并陶行知生平軼事一則。另外，爲適應新中國成立後的語境，在行文上有所修改，如將原文中的民國紀年改爲西元紀年，國民政府行政部門前加「僞」字等，并按照新的語言習慣修改了部分用語，如將「同心同意」改爲「全心全意」等。總體看，重印版内容更全面完善。

此書先後收録於張澤賢所著《中國現代文學詩歌版本聞見録續集一九二三—一九四九》（二〇〇九年）、《民國出版標記大觀續集精裝本》（二〇一二年）北京師範大學圖書館和中文教育書目編輯組編《北京師範大學圖書館解放前中文教育書目》（一九八九年）、北京圖書館編《民國時期總書目（一九一一—一九四九）教育·體育》（一九九五年）、余子俠和方玉芬編著《中國幼兒教育名著選讀》（二〇〇八年）、顧明遠總主編《中國教育大系歷代教育名人志》（二〇一五年）等書中。

今據一九五〇年新北京出版社重印本影印。

（蔡佩宏）

新教育叢書編輯緣起

舊中國的教育制度和教育方法，早已到了完全破產的境地，成爲中國進步的障礙物。新的教育制度和教育方法，正伴隨着新中國的誕生而逐漸在生長。陶行知先生的生活教育，的確是中國新教育破曉的號角，也是新中國誕生的號角。

但是陶先生的生活教育僅僅是做了一個開端就不幸齎志以歿了。新教育的成長正需要發展和充實。加入新的血液和新的內容，在人民羣衆中生根和發長，和人民羣衆相結合。這樣，才是新中國所需要的新教育制度。

爲了加速新教育制度的生長，我們刊行了新教育叢書，給新教育工作者留下一些脚印，讓後來的教育工作者有一個遵循。現在第一步的計劃預備刊行理論與實踐二方面的二輯叢書。第一輯是關於教育理論方面的，希望能建立起新教育的理論體系，使新教育有理論根據和哲學基礎，來作爲實踐的指針。第二輯是關於實踐方面的。將新教育推行者的經驗寫出來，供大家的參攷、研究、探討。現在將已經預備出版的各書，刊列於後。倘新教育先進者，不斷加以指教、批評、賜稿，使新中國的教育制度和教育方法，早日達於完滿的理想之境。

即將絡續出版各書

新教育叢書第一輯

新教育體系
從行知詩歌看教育
生活教育論文集

新教育叢書第二輯

家庭教育經驗談
幼稚教育經驗談
兒童教育經驗談
鄉村教育經驗談
小先生工作經驗談
國語教學做經驗談
算學教學做經驗談
自然教學做經驗談
社會教學做經驗談
音樂教學做經驗談

新教育連環畫叢

武訓畫傳
陶行知畫傳

古廟活菩薩

《古廟活菩薩》，孫銘勳著，陶行知主編曉莊叢書之一。

書中有陶行知之題詞三處：一、「從神權高於一切，到童權高於一切」，二、「新安小學同志陶行知題『捧著一顆心來，不帶半棵草去』」，三、「獻與犧牲主義、躬行實踐之汪母」。書末記録銘勳家庭生活及成長經歷。古廟指廟而非廟，實則指新安小學；菩薩非泥像，活菩薩指維持新安小學的衆多教員「大朋友」和小朋友。其書先講古廟之來源，後講古廟演化新安小學，以類似小説之文筆，記載新安小學之「故事」，主要記載新安小學成立後的點點滴滴，汪達之等教員爲辦學之努力，學生求學之艱辛執著。

張宗麟《介紹古廟活菩薩》説：「《古廟活菩薩》是兒童書局最近出版《曉莊叢書》之一。這本書充滿了泪，血，力三種東西。編著者雖是孫銘勳君，而集成這本泪，血，力的結合體者，是新安小學的大朋友小朋友以及校外遠地的許多朋友。」（《生活教育》一九三四年第七期）

是書於民國二十三年（一九三四）一月由上海兒童書局初版，同年八月再版。

今據民国二十三年（一九三四）上海兒童書局刊本影印。

（楊寒）

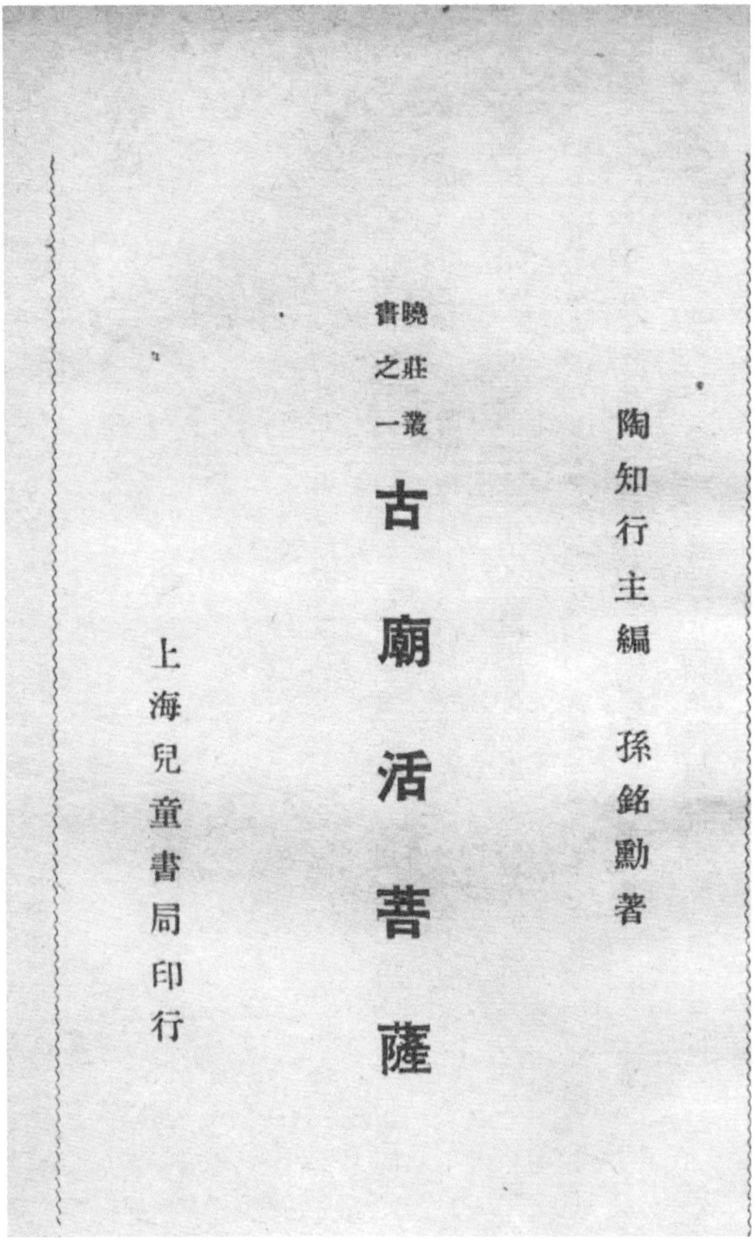

江北人」的頭上，於是這「江北」二字，更是討得人嫌。

所謂江南的勝地，並不是指長江以南的一切地方，僅僅是包括了江蘇南部的蘇、杭、京、滬，而江北也僅僅是指江蘇北部的淮、揚、通、海。

在這被人討嫌的江北的運河岸上，有一個古廟裏的學校，她是從混亂的鬥爭中產生出來，又是在艱難困苦的進行中建立她的基礎，而現在正一步一步腳踏實地向前穩進。她的本身，負得有時代的新教育的使命，又具備着整個破落而日趨於大轉變的中國社會的縮形。她的年齡雖已過了進幼稚園的四足歲，但一向是潛伏在陰沉的黑暗的底下層而未曾被人聞知。現在，我概要地把她的過去現在介紹出來，請一般留心教育的人們，耐着性兒看下去吧！

秦始皇統一了中國而想家天下於億萬斯年，遂逼迫着陳勝吳廣揭竿而起。劉邦做了皇帝，把勞苦功高百戰餘生的韓信封為淮陰侯，這淮陰，便是如今掌握着蘇北魯南的運河交通

曉莊批判

《曉莊批判》，孫銘勳、戴自俺编著。

《曉莊批判》收録在「曉莊叢書」中，由上海兒童書局一九三四年三月出版。文集收録有《參觀南京曉莊學校的所見》（梁漱溟撰）、《介紹革命的曉莊學校》（王秀南撰）、《曉莊的根本理論與現有事業》（江問漁撰）、《曉莊學校與中心小學》（王秀南撰）、《我所認識的曉莊之理論與實際》（易鐵夫撰）、《我在曉莊長期參觀的經過與心得》（區巾雄撰）、《我對於曉莊之感想》（克伯屈撰）、《怎樣認識曉莊》（胡尚志撰）、《解散曉莊師範的原因和經過》（胡漢民撰）、《論曉莊師範被封事》（謝豹撰）、《論吾國的鄉村師範》（金海觀撰）、《陶行知與中國新教育》（持大撰），共十二篇。這些論文皆出自參觀過曉莊學校的各界人士之手，是研究曉莊學校的重要史料。

《曉莊批判》所録文章，大多圍繞曉莊學校的辦學理念、辦學背景、辦學成果展開。編録宗旨是，采取客觀角度，尊重事實，忠實反映社會各界對曉莊學校的描述和評價。作爲「曉庄學校」的創辦者陶行知先生，他的教育理論、教育思想與所作所爲，亦呈現在這些論文中。

今據民國二十三年（一九三四）上海兒童書局本影印。

（楊寒）

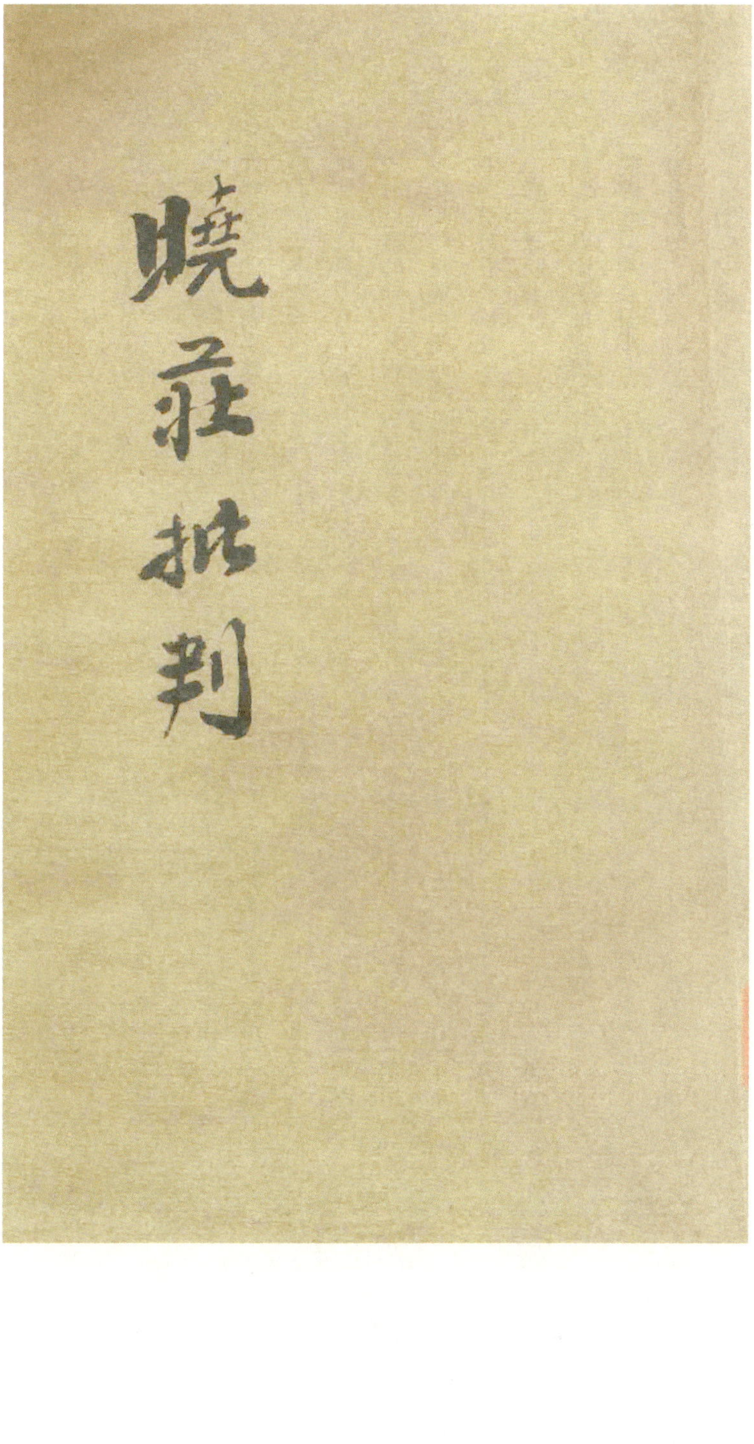

曉莊批判目次

勞工幼兒團

《勞工幼兒團》，孫銘勳著，陶行知校。

是書記述勞工幼兒團的生活和教育情況，卷首有《創辦勞工幼兒團宣言》。

由戴自俺、孫銘勳先後在上海滬西、滬北創辦的「勞工幼兒團」和「鄉村幼兒團」中招收工人子女的民辦幼兒教育機構，其宗旨是爲女工服務，向勞工的兒童（自斷乳到八歲）實施教育。經費靠募捐，師資靠女青年會派員協助，設備因陋就簡，教育工作的重點是衛生健康教育，常帶孩子到附近公園去散步、觀察，以增長知識，開拓視野。一九三五年被迫解散。

從一九三四年到一九三五年，在陶先生指導下，邊探索勞工幼稚園的辦學方法，邊總結實踐經驗，先後寫成了十七篇有關勞工幼兒的養育、教養、各種活動及他們生活背景的文章，陸續發表在《生活教育》半月刊上。然後把《創辦勞工幼兒團宣言》和十七篇文章一起，編輯成爲《勞工幼兒團》一書出版。其主旨爲在艱難困苦中進行普及幼稚教育的實踐，創辦勞工幼兒團時的一個重要原則就是「運用幼兒的生活實施幼兒的教育」。

全書收録十八篇文章，「孩子們如何成長」爲命題對孩子們吃什麽、穿的怎樣、一天睡幾個鐘頭等日常生活進行記録與探討。該書體現陶行知宣導的教育思想「運用幼兒的生活實施幼兒的教育」「生活就是教育」「爲生活需要的教育」，爲「幼兒教育如何有目的地、有計劃地、有組織地開展」「幼兒成長關注什麼」等問題提供了實踐意義。

《勞工幼兒團》現存一種版本：孫銘勳著，陶行知校，上海兒童書局，一九三五年版，一百七十二頁，有照片，三十二開。

今據民國三十四年（一九三五）上海兒童書局本影印。

（楊寒）

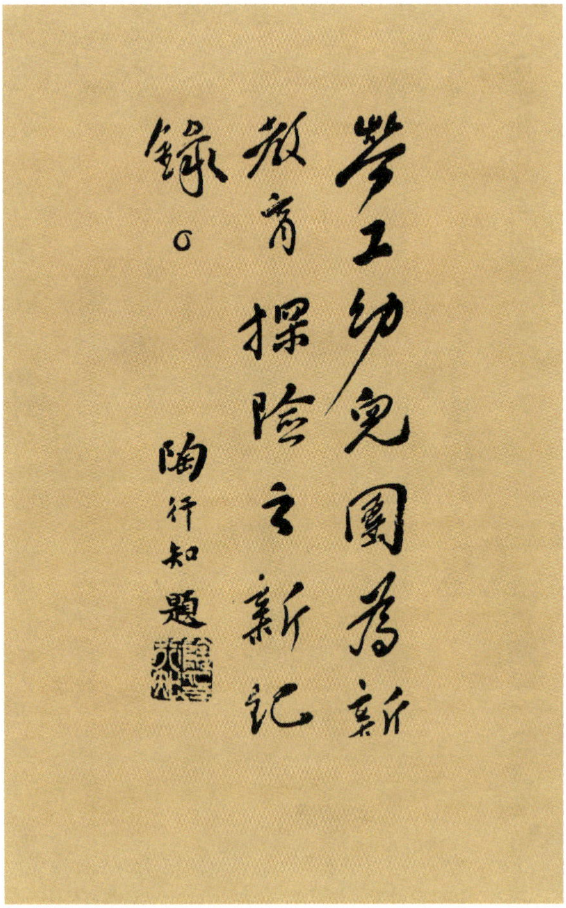

勞工幼兒團

創辦勞工幼兒團宣言

時代的車輪，把人類的歷史推動着向前邁進，從前許多被人看不見注意不到的事物，現在都風起雲湧地表現在我們的面前，我們生長在這一個階段的人們，又將如何擔負起我們這一歷史的使命！

二十世紀將成為兒童的世紀，現在該沒有人對這句話提出反對，但六歲以下的兒童教育之被人注意，也還畢竟是近一百多年來的事情。世界上的幼稚園的數量，在近一百多年來自然是一天天地增加，而各國亦先後有兒童節的規定，我們老大的中國也居然把今年定為兒童年，生長在現時代的兒童，該是如何的幸運？然而我們試把現時代能夠享受到這種幸運的兒童一加檢閱，畢竟是少數中之最少數，半天空依然佈滿着陰霾。則二十世紀之成為少數中之最少數的兒童的世紀，我們當不能承認這是人類的進步的現象。

兒童節教學作

《兒童節教學作》，戴自俺、孫銘勛編著，陶行知校訂并題寫書名。

一九三一年三月七日，由中華慈幼協會擬具意見呈請上海市社會局轉呈市政府，再轉呈國民政府，請規定四月四日爲中國的兒童節。當年五月，國民政府正式批准同意，還同時公布若干紀念辦法。

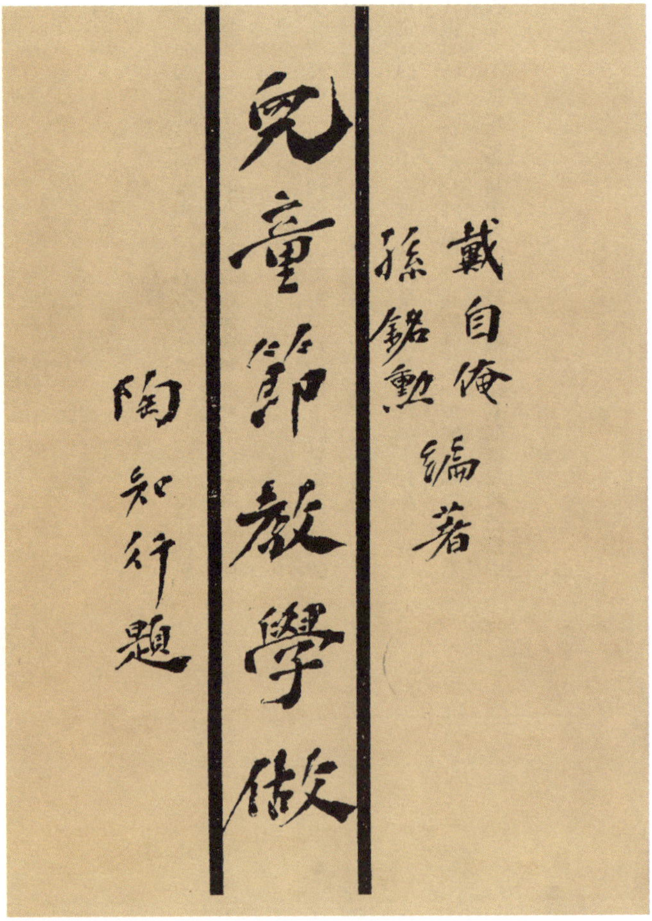

一九三二年四月四日，中國第一次慶祝兒童節，全國各地在兒童節這一天舉行大規模慶祝會。社會各界組織開展各種活動，如舉行招待會、紀念會、檢閲童子軍、免費游覽、優惠購物、給兒童送玩具食品等。《兒童節教學作》爲弘揚陶先生關於「兒童要聯合自動」的主張，以豐富的實踐材料來供應和啓發幼稚教育工作者組織舉辦兒童節活動。《兒童節教學作》相當於「用紅紙包起來的送給孩子們的禮物」。該書以實用性爲宗旨，全書分爲五章，依次為「緒言」「本活動的總目標」「本活動大綱」「活動方式述要」「實際應用材料彙編」。主要内容爲第五章《實際應用材料彙編》，收録大量名人傳記、科學家的發明故事，説明保護兒童的創造力在教育工作中的重要性。另有各國兒童生活介紹、中國兒童參加抗日救亡的故事、演講詞、標語、歌曲、手工、玩具等，是爲提供給幼稚教師組織兒童節活動所用。

今據民國二十三年（一九三四）上海兒童書局刊本影印。

（楊寒）

兒童節教學做目次

—1—

鄉村幼稚教育經驗談

《鄉村幼稚教育經驗談》，孫銘勳著。

是書爲一九三二年底至一九三三年孫銘勳籌備和創辦新安幼稚園期間寫給戴自俺的書信，出版於一九三五年，内收《創辦鄉村幼稚園》《怎樣培養孩子們的康健》《對付幼稚生的初步方法》《怎樣對付孩子們的家庭》《怎樣訓練鄉村幼稚園藝友》等書信體文章十二篇，是一本鄉村幼稚教育實驗的總結性著作。後該書全文被由戴自俺、龔思雪主編的、四川教育出版社一九八七年八月出版的《陶行知幼兒教育的理論與實踐》一書收入。

《鄉村幼稚教育經驗談》是孫銘勳在淮安新安幼稚園結束後的低迷期的産物，充滿着他對現實生活中各種問題

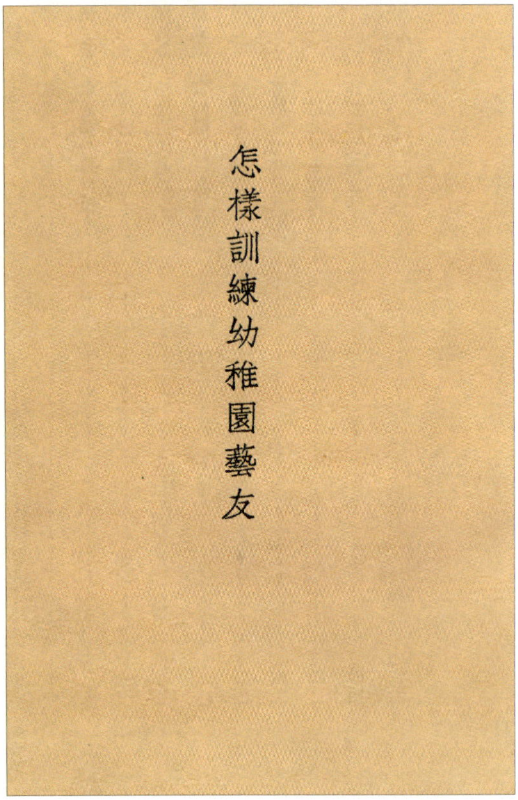

的疑惑，表現出他對鄉村幼稚教育各種問題得不到解決的痛苦和焦躁。他通過書信和寫作來宣泄這難以排解的苦悶，從沉重的壓抑中摸索出一條路來。通過反思，他領悟到「教育是應該隨同生活一道前進」的道理，這一認識接觸到生活教育前進的規律，是對生活教育本質的掌握與深化。他認爲：「孩子們的勞力，應該作孩子們的生產，不傷害健康的勞動，是權利而不是義務，（中略）孩子們的生產，是要供給孩子們的享受，倘若孩子們的產品自己得不到享受，被别人拿去了，

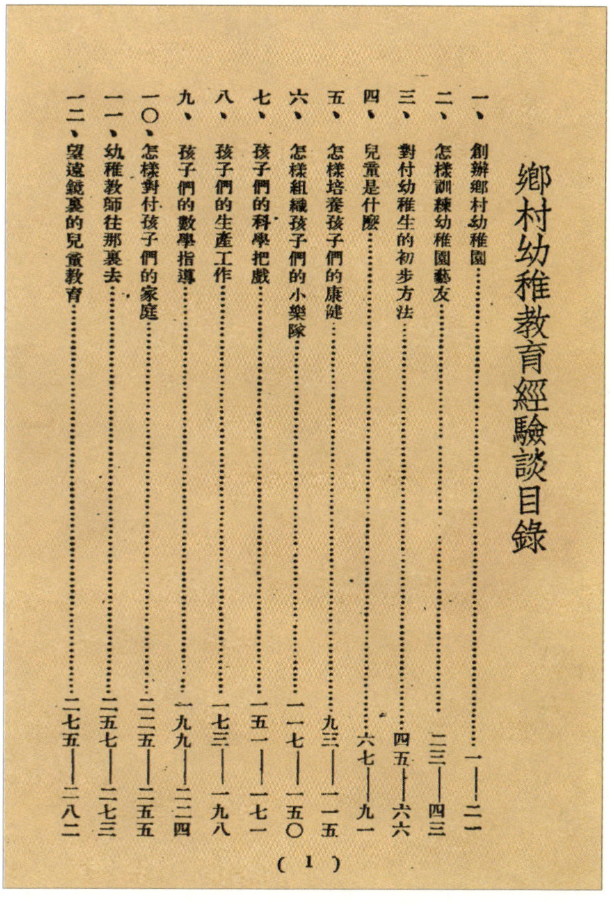

鄉村幼稚教育經驗談目錄

(1)

那才是殘酷，那才是把孩子們教成了被剥削的勞動者」「孩子們的生產，是不是有教育的意義？若果没有教育的意義，不能改進現有的生活，（中略）那也是没有什麼作用的」。該書對於鄉村學前教育的發展具有重要研究價值，而且爲後期他與戴自倹創辦「勞工幼稚園」指明了方向，積累了經驗。

是書封面標題下有戴自倹寫的一段注解：「一九三三年下半年，孫銘勳與戴自倹應上海兒童書局之約，共同編

寫幾本有關幼兒教育和小學教育的專册。當時他們的健康情况都不太好，就從上海市區遷往北新涇居住，一邊休養，一邊寫作。」原計劃《鄉村幼稚教育經驗談》分上下卷，孫銘勳寫上卷，戴自俺寫下卷。後戴因有其他任務，下卷只寫了一章《幼稚園的生活進程》。

今據民國二十四年（一九三五）上海兒童書局刊本影印。

（吕婷）

廣西旅行記

《廣西旅行記》，田曙嵐著。

田曙嵐（一九〇一—一九七八），原名田澍，字介人，派名和藩，别號伯魁，原籍湖南醴陵。定居安順四十餘年，骸骨葬於安順南郊汪官屯，後遷至安順碧天園公墓。子嗣居安順，已延至第五代。其一九二三年考入北平中國大學文科班，在校期間兼任《京報》社會通訊員；一九二五年輟學，應招考赴包頭任教員，兼職《國民軍報》編輯和包頭《中山日報》記者；一九二六年九月秘密加入中國共産黨，擔任過包頭特别支部書記；一九二九年因組織聯繫中斷脱黨，旋赴上海，應春潮書局之聘，任營業部主任；次年於上海民智中學任文史地教員，後辭去教職，計劃騎自行車旅行全國，於一九三一年七月一日

從上海出發，進入浙江，沿閩粤桂湘向西南旅行考察雲、貴、川、廣等省各民族情况，後任中學教員。一九三七年應安順耆宿黄元操之邀，到安順參修《續修安順府志》，自是定居安順，以教書爲業。自一九五〇年起，田曙嵐曾先後任安順圖書館館長、安順專署民委主任、貴州民族學院研究室副主任、中國社會科學院貴州分院民族研究所副所長、貴州省政協委員。著有《廣西旅行記》《仡佬族簡史合編》《僚的研究與我國西南民族若干歷史問題》等。

本書爲田曙嵐的旅行記録，自一九三三年五月十五日至一九三四年二月三日，歷時逾八月，旅程六千三百餘里，其範圍東至蒼梧、昭平，西至恩陽、百色，南至邕林、貴縣，北至河池、宜山，西南至龍州、上金，西北至凌雲、鳳山，東南至玉林、北流，東北至桂林、全縣，中部則至柳州、象縣，足迹遍及四十縣。以其自身騎行順序爲引，分爲六個部分：第一編由廣東軟縣至邕寧、第二編由邕寧至百色、第三編由百色至柳州、第四編由柳州至玉林、第五編由玉林至平樂、第六編由平樂至全縣，對沿途諸縣之歷史沿革、地理形勢，山脉河流、氣候物産、民居交通、

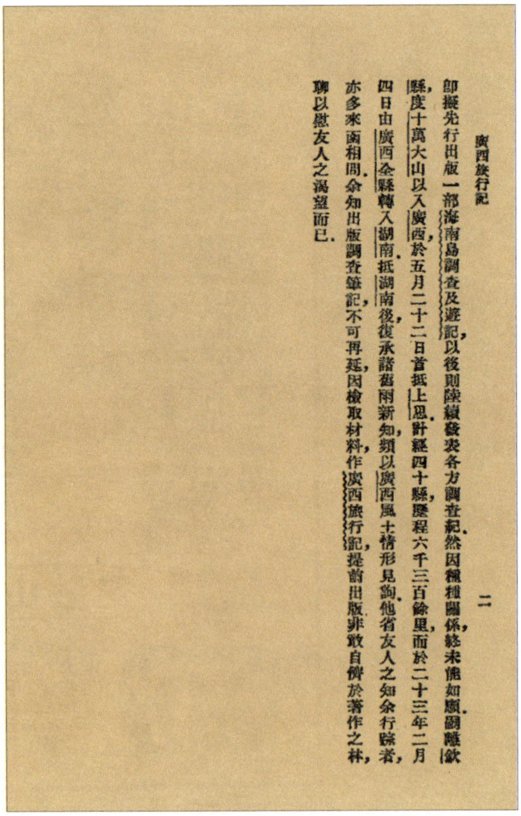
廣西旅行記　二

部擬先行出版一部海南島調查及遊記，以後則陸續發表各方調查紀。然因種種關係，終未能如願。嗣離欽縣，度十萬大山以入廣西，於五月二十二日首抵上思，計經四十縣，歷程六千三百餘里，而於二十三年二月四日由廣西全縣轉入湖南。抵湖南後，復承諸舊雨新知，頻以廣西風土情形見詢。他省友人之知余行踪者，亦多來函相問。余知出版調查筆記不可再延，因檢取材料，作廣西旅行記，提前出版，非敢自儕於著作之林，聊以慰友人之渴望而已。

風物勝迹、奇峽怪洞、絢麗風光作記叙描述，并攝有桂林風景八幅載於書中。全書如實寫出了二十世紀三十年代廣西各族百姓的生存狀况及和民風民俗，尤其是少數民族的异俗。其中最引人注目的，有上思、思樂諸縣的「歌圩」，以及東蘭、鳳山兩縣之「對歌」風俗，搜録了流行蒼梧的多首男女對歌歌詞。

是書民國二十四年（一九三五）由中華書局出版發行，民國二十七年（一九三八）再版。

今據民國二十四年（一九三五）中華書局鉛印本影印。

（潘玉陶）

海南島旅行記

《海南島旅行記》，田曙嵐著。

一九三一年春假後，田曙嵐立誓隻身騎自行車旅行全國，得上海同昌車行贊助自行車一輛，於七月一日從上海火車北站開始萬里之行。先入蘇浙，至福建、廣東，跨海登上海南島，後赴廣西，繼而西進，於一九三七年入黔後，到達滇緬邊界，再折回貴州。其《小引》云：「嗣於是年（一九三一）七月一日，由上海北站啓程，按照預定路綫，先向浙、閩進發，次及粵東，再由雷州半島南渡瓊州海峽遄入南海，而於二十一年（一九三二）十二月一日，首抵海口，除中因不習水土，感染瘴氣，病居醫院兩月不計外，計環游海南各縣，共費時三月，歷程三千餘里。而於二十二年（一九三三）五月四日，離別海南。」一九三三年五月四日離開海口，在島上旅行歷時五個月，行程三千多里，足迹瓊山、定安、文昌、瓊東、儋

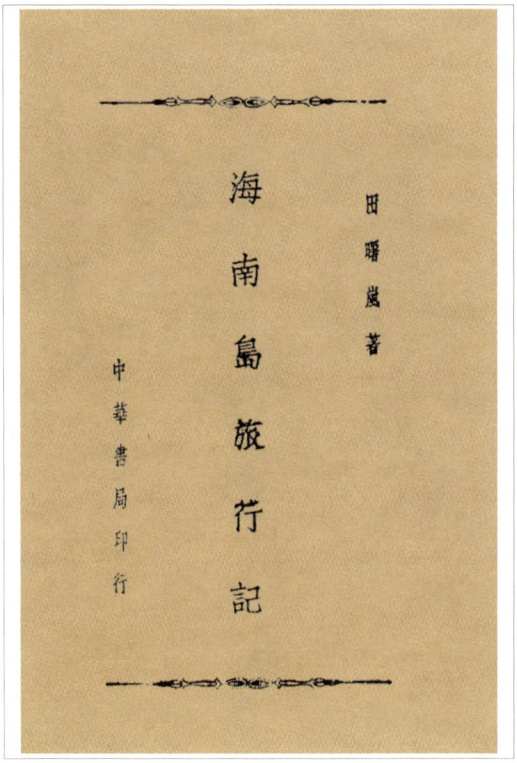

縣等十三個縣，後返回海口。沿途考察每一個縣的歷史沿革、人文地理、氣候環境、風帆港口、文物勝迹、神秘洞穴、文化教育以及特异的民風民俗，記録了每一縣的農林産品、礦産資源；其間深入窮鄉僻壤、田野村舍，接觸販夫走卒，洞察民間疾苦；行程中曾爲避車禍跌入荊棘叢，又因進瘴癘之鄉而染恙。離開海南島後，田曙嵐將己游歷見聞録成文字，融入内心感觸，配從沿途所攝照片，編著成《海南島旅行記》。

是書以田曙嵐游歷爲綫索，真實描繪了二十世紀三十年代海南島的自然生態與社會風貌。

今據民國二十五年（一九三六）中華書局鉛印本影印。

（潘玉陶）

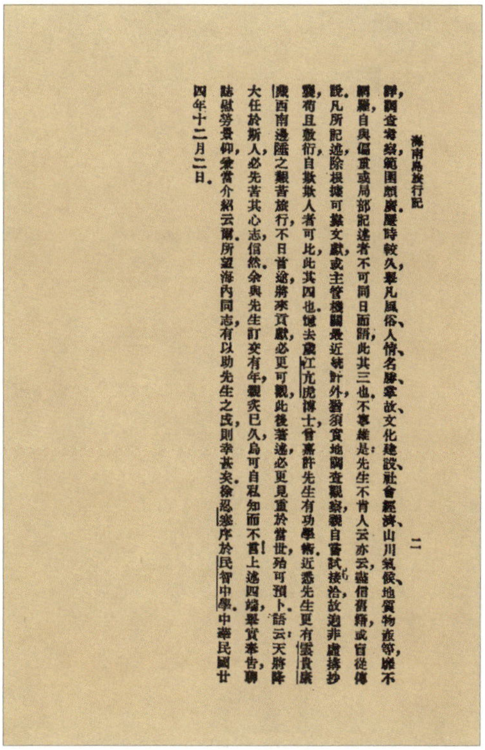
海南島旅行記　二

辟，調查考察範圍頗廣，歷時較久，舉凡風俗、人情、名勝、掌故、文化建設、社會經濟、山川氣候、地質物產等，靡不網羅，自與偏重或局部記述者不可同日而語，此其三也。不寧維是：先生不肯人云亦云，盡信舊籍，或盲從傳說。凡所記述，除根據可靠文獻，或主管機關最近統計外，皆須實地調查觀察，親自嘗試，接洽，故迥非虛擬抄襲，苟且敷衍，自欺欺人者可比，此其四也。憶去歲江亢虎博士，曾嘉許先生有功學術。近悉先生更有懷貴康藏西南邊陲之艱苦旅行，不日首途，將來貢獻，必更可觀，此後著述，必更見重於當世，殆可預卜。語云：天將降大任於斯人，必先苦其心志，信然。余與先生訂交有年，觀察已久，烏可自私知而不言，上述四端，舉實奉告，聊貼獻芻蕘，仰當介紹云爾。所望海內同志，有以助先生之成，則幸甚矣。徐忍寒序於民智中學。中華民國廿四年十二月二日。

章幹日记

《章幹日记》，章幹撰。

章幹（生卒年不詳），貴州安順人。一九三九年任職於西江行署憲兵連，官職中尉，一九四四年隨軍駐於玉溪，一九四六年任職於青年軍二〇五師服務隊，降級爲少尉軍銜。

章幹日記現存手稿八册，其字迹較爲清楚，記載連貫。爲一九三九年至一九四六年之八年記載，以年分册，封面有「章幹日記」字樣，左下注有年份，扉頁有「章幹日記民國二十八

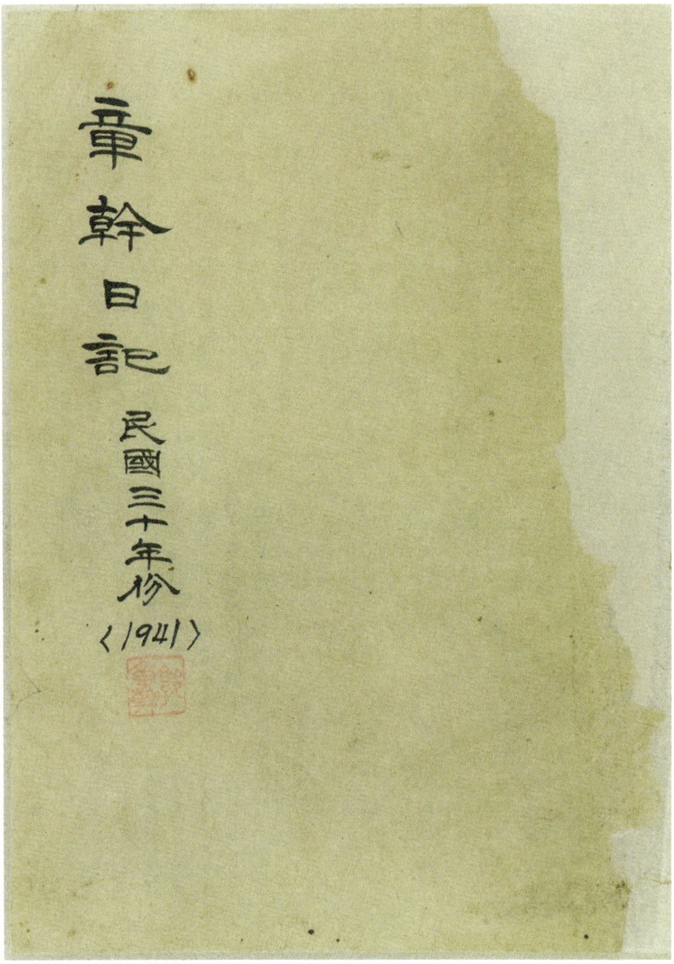

年份（一九三九）」字樣，另有章幹鈐印。日記以月爲篇，每月記載合爲一篇，每日記載多則百字，少則數字，所記內容如「西江行署主任徐景唐將軍領導署所屬官兵於行署禮堂舉行慶祝大會」，「余是日之感覺無往年元日之高興，因南國名城淪陷，而漂泊至此故也」等，爲其經歷或參加的活動；又如「三日，病况稍好」等，記載其身體健康狀况；又如「十日，軍中生活如常那個。十一日，軍中生活如常」等日常情况。或記其在軍中的日常經歷、心情變化、所經歷之戰事，部隊調動等，如「因辦事處移駐羅定，故本連於今天亦奉命調往，午後晚膳畢，整裝出發」。同樣在行軍的所經途中，或記所到之地的社會情形、物價、民風、縣城建設、軍民合作情形等。或記部隊作戰後對焦土之觀感，行進中對山川之感慨，部隊駐扎後會見同鄉及娛樂生活。

今據手稿本影印。

（張帥）

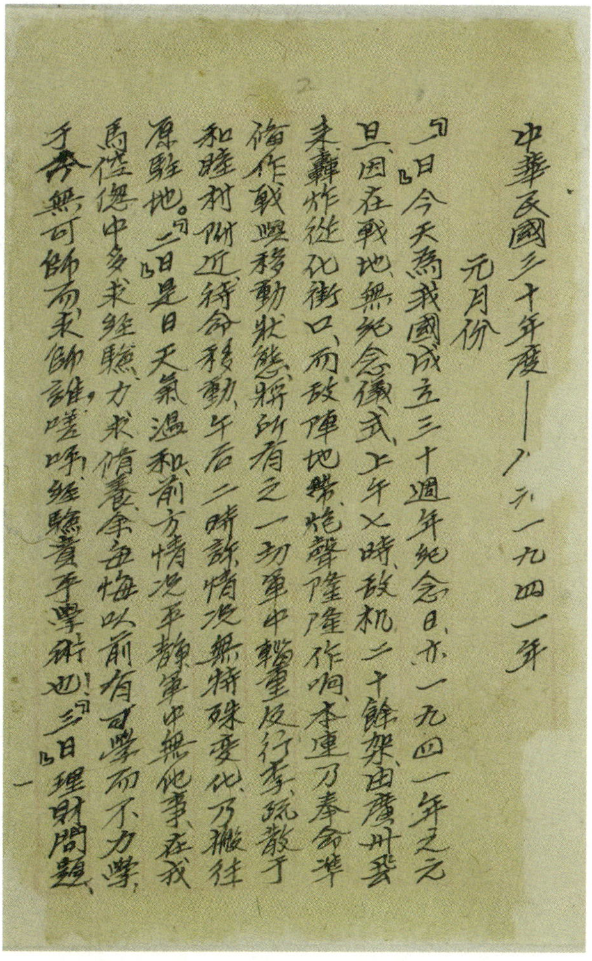

中華民國三十年度——一九四一年

元月份

『一日』今天為我國成立三十週年紀念日，亦一九四一年之元旦，因在戰地無紀念儀式。上午七時，敵機二十餘架由廣州飛來轟炸從化街口，而敵陣地鎗炮聲隆隆作响，本連乃奉命準備作戰與移動狀態，將所有之一切軍中輜重及行李疏散于和睦村附近待命移動。午后二時許，情況無特殊变化，乃搬往原駐地。『二日』是日天氣溫和，前方情况平靜，軍中無他事，在我為從戎中多求經驗，力求修養，余每悔以前有可學而不力學，于今無可師而求師，誰嗟呼，經驗者乎，學術也！『三日』理財問題、

一

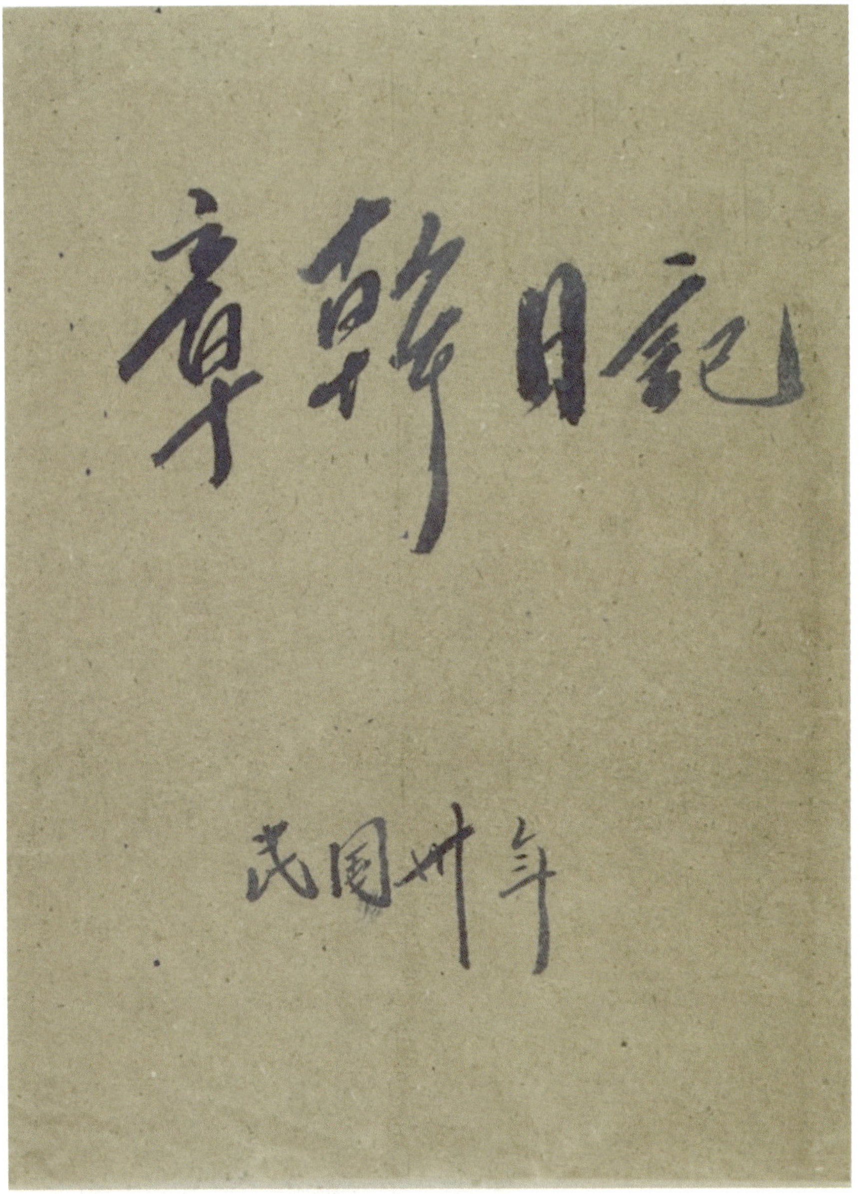
民國卅年

長期抵抗之必勝觀

《長期抵抗之必勝觀》，胡星伯編著。

胡星伯（一九〇〇—一九六九），又名新伯、心白，號竹園主人，安順東街人。六歲入私塾發蒙，十六歲考入安順舊制中學。一九一九年負笈留學日本東京，在仙臺勤工儉學兩年讀預科。一九二二年考入東京工業大學機電系，選修原子能理論。留學期間，與岡田勝子女士結爲伉儷。一九三〇年携妻回國，於國民黨中央黨部任職。此間九年，歷任干事、總干事、科長、視察員等職。公事之餘專心撰寫機電學、原子能研究方面的著作，參與撰寫《物質觀之革命》《機電學基礎》《以行政區域統馭國内民族》等著述。胡星伯學兼新舊，工書擅畫，闲暇以詩詞歌賦、書畫金石娱情，平時與于右任、王祺、柳子谷、陳西冷等名士往來，共同在南京發起成立「中央黨部書畫研究會」，多次組織義賣個人畫作、書法及藏品等活動，爲抗日救國籌集經費。一九三七年全面抗戰爆發，南京淪陷，國民黨遷都重慶。星伯妻因爲日僑，有諜嫌之防，星伯調離國民黨中央黨部。一九四二年末，返回安順從事教育。一九六九年去世。

近代以來，日本覬覦圖謀中華，挑釁造事以至戰争連連，尤以一九三一年「九一八事變」爲標志，日寇侵華之狼子野心大白於天下。國人雖屢遭刺激而驚駭覺醒，然對國際大勢多渺茫隔閡，即便有識之士亦少有深切之研究，以至戰争爆發而手足無措，平時無久遠計畫，臨事作倉皇之應對敷衍，既不知彼，復不知己。胡星伯鑒於此，遂以其多年游學日本收集之國情資料，憑藉自己對國際大勢之分析判斷，歷時二年著成《長期抵抗之必勝觀》一書，於一九三三年七月在大東書局出版。全書

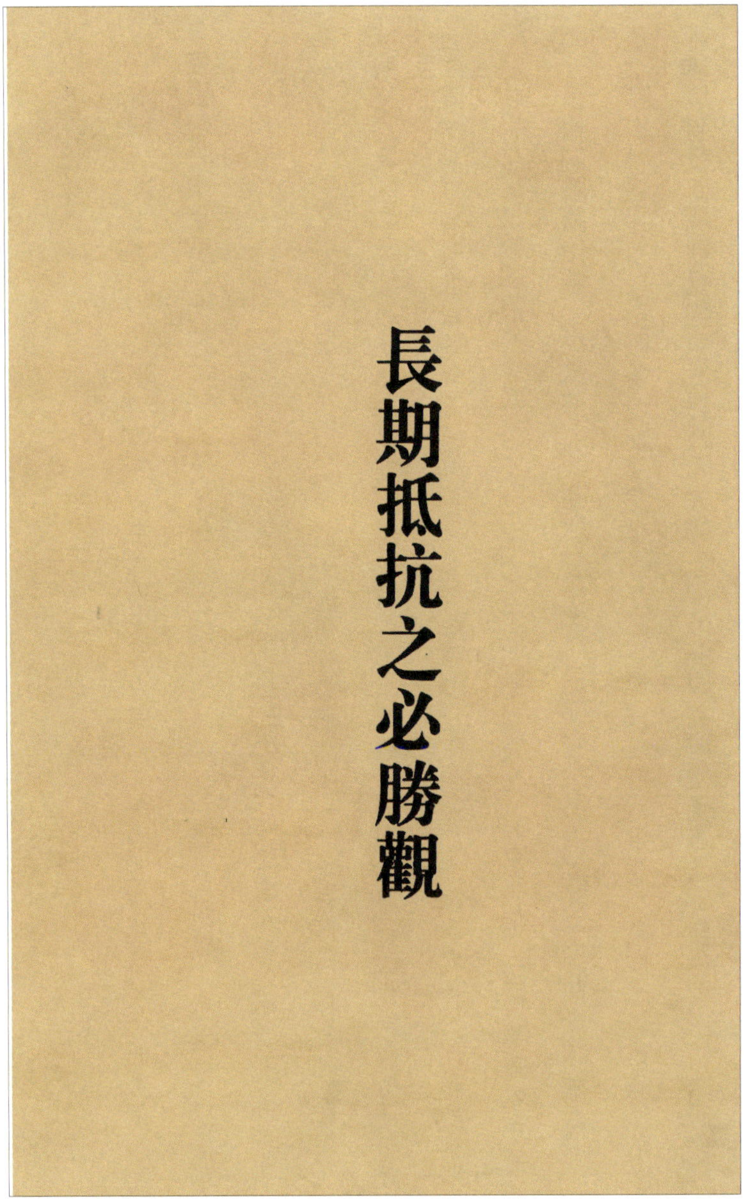

有八個章節，「緒論」「我國外交環境之勝利」「日本帝國主義之没落」「日本經濟社會之危機」「日本海軍對中國是强弩之末」「飛機是日本大敵」「由軍隊上檢討戰必勝之左券」「抗日之先決問題」，還附上「刺戰民族性之

一首詩」「弱者獲最後勝利之公例」「太平洋戰中日之弱點」。全書圍繞中日兩國社會之區別，陳述中國之積弱、日本之貪婪，闡述日本外交的孤立之狀，通過批判帝國主義之惡行，頌民族精神之偉大，斷言日本終會失敗，中國必將勝利。該書之出版發行，曾引起轟動，對於喚起民族意識，堅確長期抵抗之决心，掃除國人怯懦畏敵之心理，有重要意義。

《長期抵抗之必勝觀》語言深刻而深情，是當時最早和最爲系統性地提出持久抗日的軍事理論書籍，爲以後軍政各界人士宣傳「持久抗日、抗日必勝」提供了重要的理論依據。

今據民國二十二年（一九三三）南京大東書局本影印。

（陳文杰）

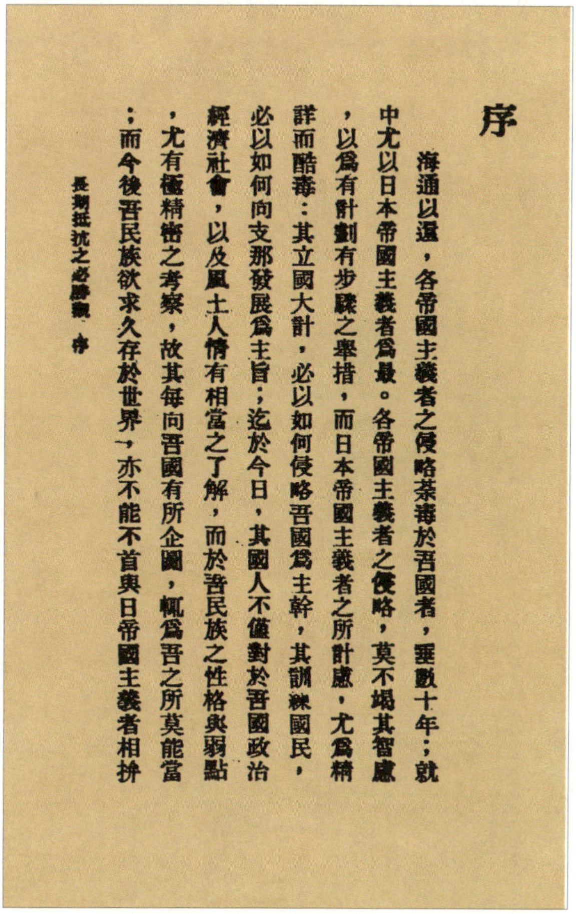
序

海通以還，各帝國主義者之侵略荼毒於吾國者，垂數十年；就中尤以日本帝國主義者爲最。各帝國主義者之侵略，莫不竭其智慮，以爲有計劃有步驟之舉措，而日本帝國主義者之所計慮，尤爲精詳而酷毒：其立國大計，必以如何侵略吾國爲主幹，其訓練國民，必以如何向支那發展爲主旨；迄於今日，其國人不僅對於吾國政治經濟社會，以及風土人情有相當之了解，而於吾民族之性格與弱點，尤有極精密之考察，故其每向吾國有所企圖，輒爲吾之所莫能當；而今後吾民族欲求久存於世界，亦不能不首與日帝國主義者相拚

長期抵抗之必勝觀　序

《胡星伯自傳》附悼妻詩及剪報

《胡星伯自傳》附悼妻詩及剪報，胡星伯著。

《胡星伯自傳》起於光緒二十六年（一九〇〇），終於民國三十二年（一九四三）七月，稿紙七頁，部分字迹不清，記載生平與求學、加入國民黨經過、參與革命過程、戀愛經歷、回國就職履歷。時間連貫，事迹清晰。《胡星伯自傳》在介紹自己生平經歷時，吐露自己的理想和追求，個人行事作風，以及鬱鬱不得志的心境。

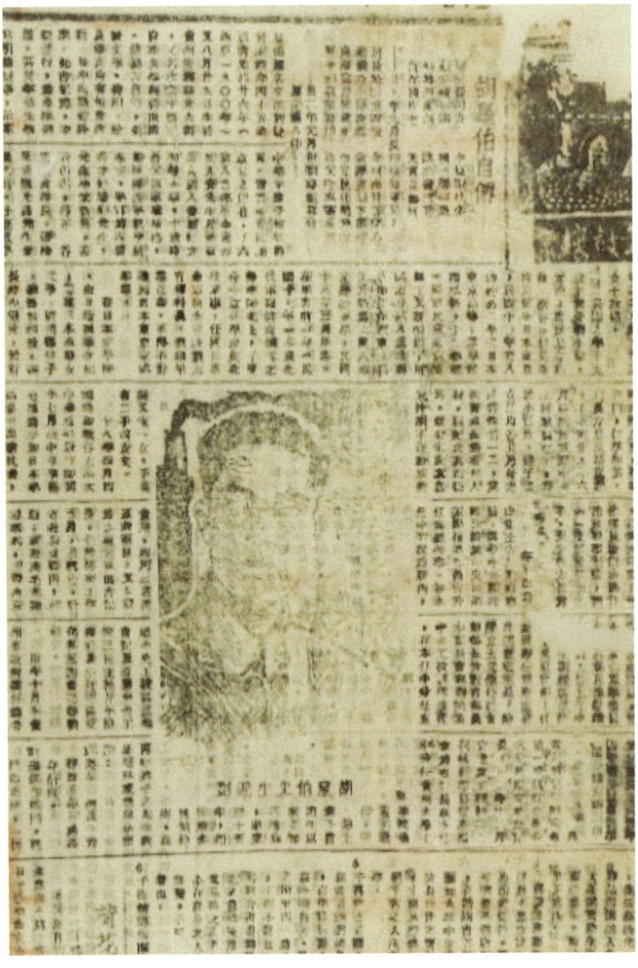

胡星伯剪報出自期刊《葫蘆》《科學周刊》，報紙《鐘聲》《新民報》《新京日報》《新黔日報》《中央日報》《新安順》等。多是星伯所刊行之詩文，其中有星伯於民國二十九年（一九四〇）六月二十三日所著《悼聖美》詩稿，又收有《國議秘書處辦事細則》和剪畫《青白》。還有《太平洋學會果爲何物？》《帝國主義者在濟南之勢力》《日本最近對華之策略》《廿年的五五紀念節》《腦之重量》《贈別張照山君》《結婚進行曲》《平民吃飯問題》《江橋之戰》《古詩改作》《偶感》《起來一起救救水災》《坐車行》等。又有剪報如《香夢》《改作小詩》見其報上注「*SK*」，《學養子而嫁者也後》見其報上注「*K*」等。亦有星伯之妻胡聖美之給星姊的一封信。詩文作品，體現星伯對國家民族之關心，對日本侵略者之痛恨，及其生活中的樂觀態度。

今據安順市檔案館藏手稿本與剪報資料影印。

（張帥）

夢草吟

《夢草吟》，胡錫侯撰。

胡錫侯，名世蕃，字錫侯，别號飛虹，王家莊人，後住普定縣城關，生卒不詳。少時敏而好學，喜讀王文成公詩，受業於前清貢生楊指南門下，後在軍旅中亦不廢詩。從保定軍校畢業後，東渡留學日本。清光緒末年廢科舉制度後，胡錫侯在宣統年間（一説是民國初年）創辦定南學堂。辛亥革命後，歷任國民革命軍某部團長、縣長、第二屆貴州省議會議員，民國六年（一九一七）任貴州都江縣（今三都水族自治縣）知事，晚年歸居鄉里。

夢草園是貴陽名園，先是貴州提學副使毛料的府邸，後是貴州提學副史謝東山的住宅。謝東山以南朝詩人謝靈運《登池上樓》「池塘生春草，園柳變鳴禽」句，將園林中的池塘改名爲夢草池。明末，該地曾是吴中蕃的别墅。幾易主人，多年培植，夢草池成爲貴陽頗具名聲的園林勝地。錫侯自《序》稱：自壬戌歲（一九二二）辭去第二屆貴州省議會議員職務，暇時在夢草池散步，於消遣回憶中作夢草池諸作。胡錫侯的同鄉胡鼎，收集胡錫侯詩，因其詩多數是在夢草池與友人相互吟唱之作，故爲之命名曰《夢草吟》，由貴陽文通書局印。《夢草吟》前有三篇序：普定胡鼎序、畢節葛偲序與胡錫侯自序。胡鼎於民國十一年壬戌（一九二二）閏五月下旬所撰《夢草吟序言》云：

「今歲仲夏星期日，至先生處，見案頭有散亂詩篇，拾而視之，係寄寓公園内友人處與平壩朱芸廬先生等互相唱和之稿。鼎取而分輯印出之，簽其名曰《夢草吟》，意在保存各先生手迹。俟諸异日顧學焉，并以礪吾縣少年放弃此學者，以後唱和如有所得，即補於本編之尾。」可知補編和韵之由來也。

詩集目録分爲正編與附編。正編爲胡鼎輯，收胡詩作十八首，正編中的詩名大都含有「夢草」或「池心亭」。附編收（镇宁）周封魯、葛偲等人和韵十四首。集中詩主要以寫景爲主，間輔抒情。詩集或可彰顯貴州地方文風，用以參考民國人情故事。

民國十一年（一九二二）閏五月貴陽文通書局印本一册，封面署「胡世蕃等撰、胡鼎輯」，書名「夢草吟」下有「王慶麟題簽」字樣。

今據民国十一年（一九二二）貴陽文通書局印本影印。

（張立新）

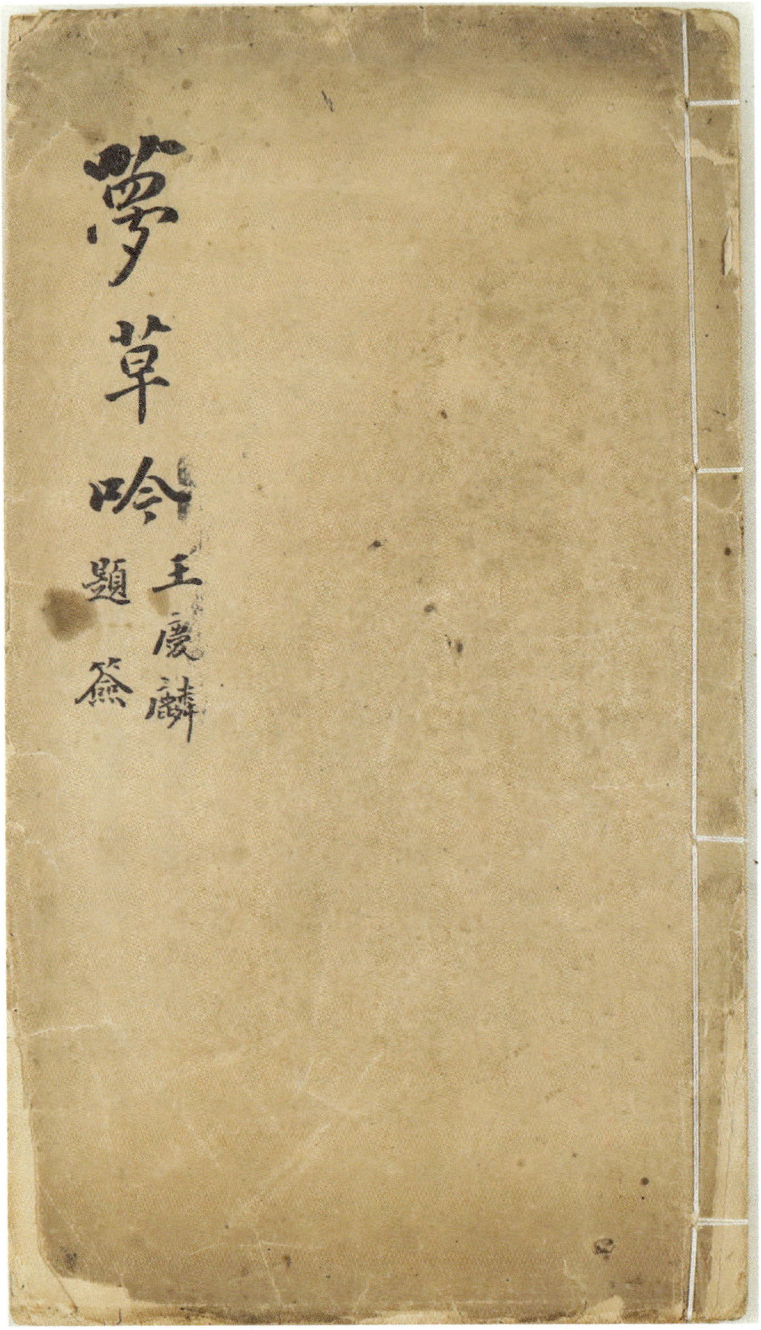
夢草吟
王慶麟題籤

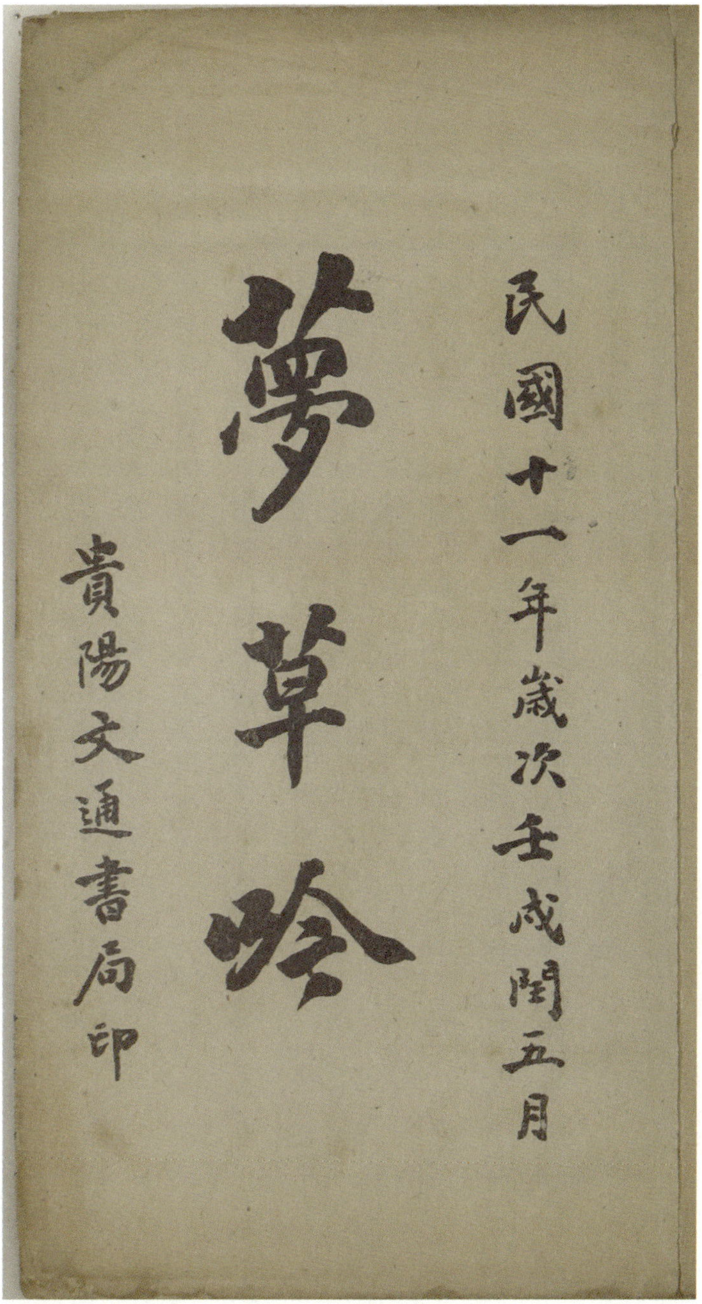

民國十一年歲次壬戌閏五月

夢草吟

貴陽文通書局印

安順同音字彙

《安順同音字彙》，張敬撰。

張敬（一九一二—一九九七），女，字清徽，貴州安順人。臺灣大學中文系戲曲史教授、昆曲行家。以專唱小生曲子而獲「張生」之雅號。父親張金鑒，字鐵光，一九一三年獲選國會參議員，旋赴京履職。一九二二年張敬隨父遷居北京，入讀北京女子師範大學附小，繼入北平女子文理學院，畢業後，進北京大學文科研究所，師從羅常培、俞平伯、顧隨、許守白等。抗戰爆發後，遷昆明，於西南聯大繼續學業。一九四一年婚後，轉成都。先後在燕京大學、齊魯大學和金陵女子大學國文系任教，抗戰勝利後回北平。一九四九年到臺灣。應臺静農教授之邀，於一九五一年任教於臺灣大學中國文學系。一九八八年退休後，在東吴大學中文研究所教授古典戲曲課程。著有《南曲聯套述例》《明清傳奇導論》等書，培養造就了許多戲曲研究人才，如臺灣大學的曾永義、藝術學院的陳芳英、清華大學王安祈、東吴大學的的羅麗容、廖玉蕙、張啓超等，是其門下弟子。

手稿有引言、語音説明、同音字彙、與國音比較、與廣韵比較、標音舉例六部分，後三部分作者標注「以下待續」，可知其为未完稿。雖只有前三部分内容，但對研究安順方言來説，仍是特别珍貴的材料。全書結構編排貝聯珠貫，井井有條，嚴密自然。在第三章同音字彙表中，有多處作者用紅筆、鉛筆作標注或調整的痕迹，可見其治學嚴謹的精神。其引言云：「『夜郎國』自永樂間改爲『貴州省』以後，（中略）漢人移殖者以江西、江南、兩湖爲多，四川的數目更大，因之貴州的風俗語言各方面深受四川的習染，（中略）遵義、畢節、安順可劃爲四川官話區域。」與今所稱川、滇、黔爲西南官話之説不同。是迄今所見從方言學角度提出貴州方言片區大致版圖的第一人。在語音部分，分析安順語音音韵特點，從傳統音韵學角度加之西方語言學中的「音位」理論，闡釋安順方言與國音（北平音）之不同。字彙中表八、表十一、表二十、表二十九、表三十一有缺失，手稿有缺所致。

是書對「貴州省數一數二的大都市安順」（手稿引言）語音研究來説，這部《同音字彙》仍有很高的學術價值和歷史價值。

是書稿本原为清華大學語言學家張清常教授（一九一五—一九九八，安順人）舊藏，後經墨笺樓拍賣，現由貴陽藏書家王立明先生藏。稿本約寫於抗戰前，其稿紙印有「漢文閣南紙店原稿紙」字樣，北京抗戰前東安市場有「漢文閣紙店」，當是其居北京期間所著。稿本計四十五頁，字迹遒勁有力、古樸厚實，其英文及國際音標的書寫，神韵超逸。

今據稿本影印。

（徐雯雯）

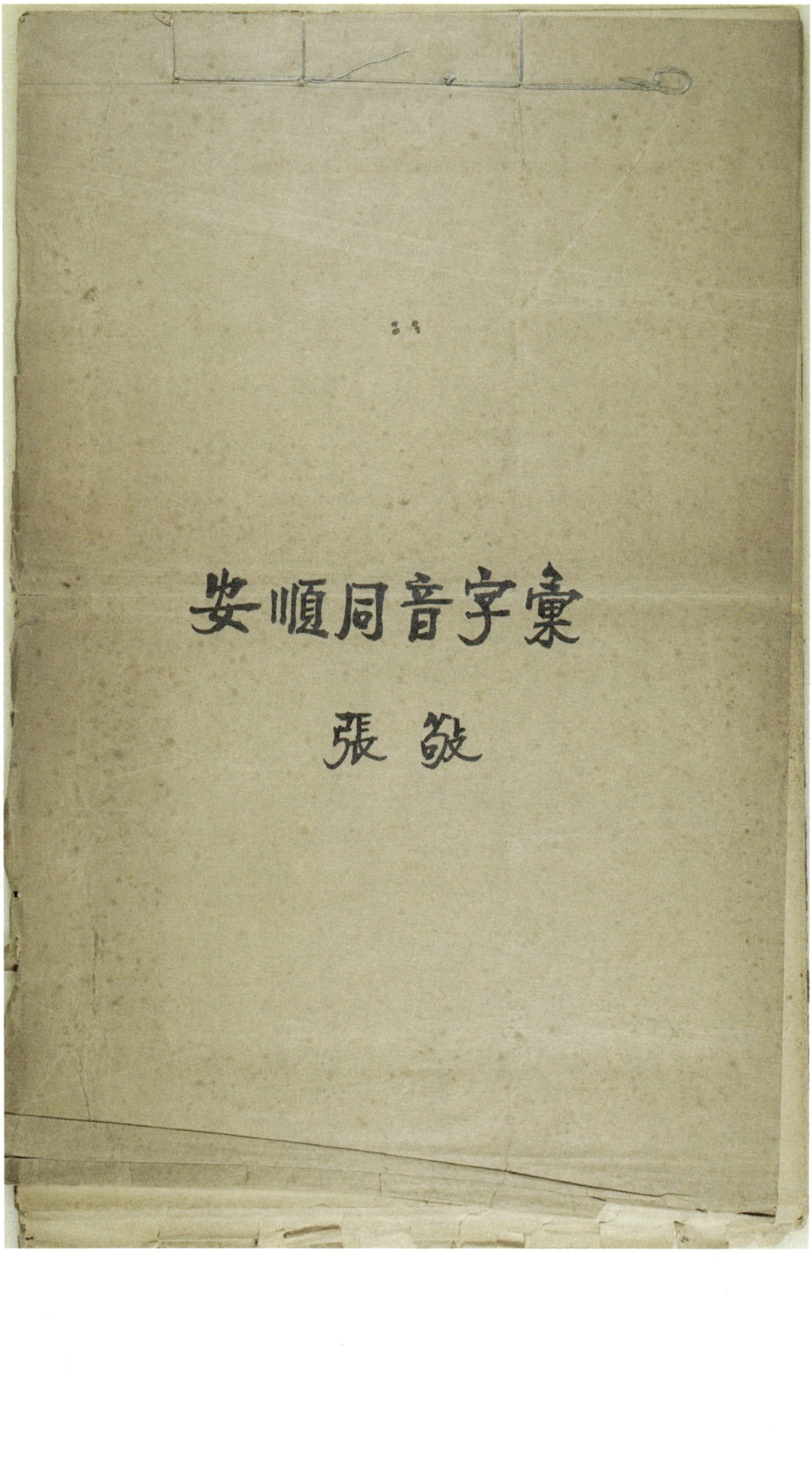
安順同音字彙
張敬

安順同音字彙　　　　張敬

一 引言

漢唐以來,所謂瘴癘蠻荒的夜郎國,自明永樂間改為貴州省以後,歷經開闢經營,已是今非昔比了.境內住民,除原有土著外,漢人移殖者以江西,江南,兩湖為多,四川的數目更大,因之貴州的風俗語言,各方面都深受四川的習染。當我們說家鄉話的時候,就有許多人冒冒失失的叫我們作湖北人或四川人,尤其被指為四川人的回數多。大概說來,貴州各縣,凡開闢得早,交通便利的地方,多屬官話區域,如遵義,畢節,安順可劃入四川官話區域,銅仁,鎮遠則屬湖南官話區域。能多保存一些土著方言或古音的,那只有偏僻地帶開發較晚的縣城了.

安順是貴州省數一數二的大都市,官話語言十分的簡單平淡,和國音的距離不算太遠。在研究方言一面來說,似乎嫌它太單調無味,不過近十年來,國內調查方言的風氣雖是很旺盛,在西南滇黔一帶還不見有人墾荒。華西所藏有一部1900年刊行的西蜀方言"Western Mandarin" or "Spoken Language of Western China." 係一位中國內地教會的牧師郭瑞基(Adam Grainger)所編撰的四川辭彙,裏面很有些錯,隨便舉例如下:35"全家福"本是全家像或薈合,而編者誤解福字,譯作"May your whole family be prosperous."

古今圖書集成·方輿彙編·職方典·安順府部彙考

《古今圖書集成·方輿彙編》二千一百四十四卷，清陳夢雷、蔣廷錫編纂。

陳夢雷（一六五〇—一七四一），字則震，福建閩縣（今福州）人，康熙進士，任編修。蔣廷錫（一六六九—一七三二），字楊孫，號西穀，别號南沙，江蘇常熟人。康熙進士，歷任編修、内閣大學士、户部尚書等。《古今圖書集成》雍正四年（一七二六）完書，是清雍正以前我國歷代圖書之總彙。《方輿彙編》是其中有關地理方面的内容。《方輿彙編》分爲四典，二千一百四十四卷。一爲《地輿典》包括輿圖、建都、留都、關隘、市肆、陵寢、塚墓等，共一百四十卷。二爲《職分典》包括京畿、盛京、山東、山西、河南、陝西、四川、貴州

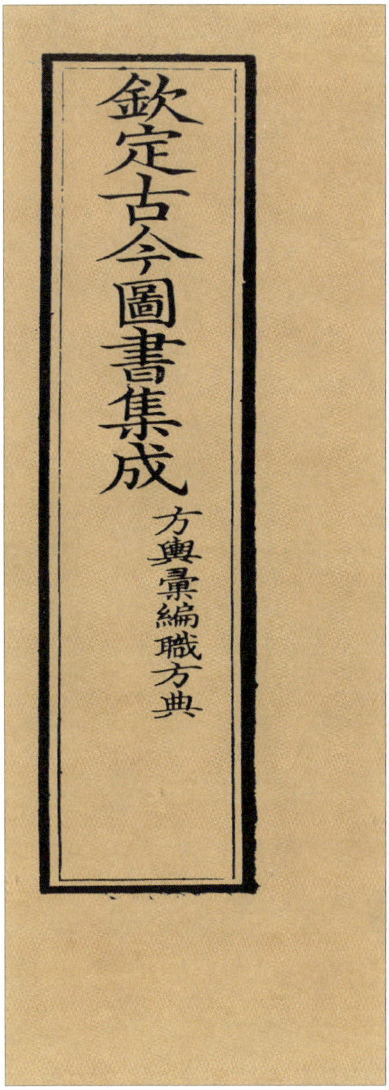

等十六省，省下分府，按府逐一記述建置沿革、疆域、星野、山川、公署、學校、賦役、風俗等，共一千五百四十四卷。三爲《山川典》，包括山、水兩部，記載了二百八十三座山、一百七十七條江河海湖，共三百二十卷。四爲《邊裔典》，記載了周邊各少數民族的政權，共一百四十四卷。

安順府，明洪武十六年（一三八三）置安順州，萬曆三十年（一六〇二）改爲安順府。《古今圖書集成·方輿彙編·職方典·安順府部彙考》自第一千五百三十五卷至一千五百三十八卷，詳載安順府建置沿革、疆域、星野考、山川、城池、學校、田賦、藝文、紀事等内容，是今所見最早全面記録安順地方之資料。

今據清雍正時期内府銅活字刊本影印本。

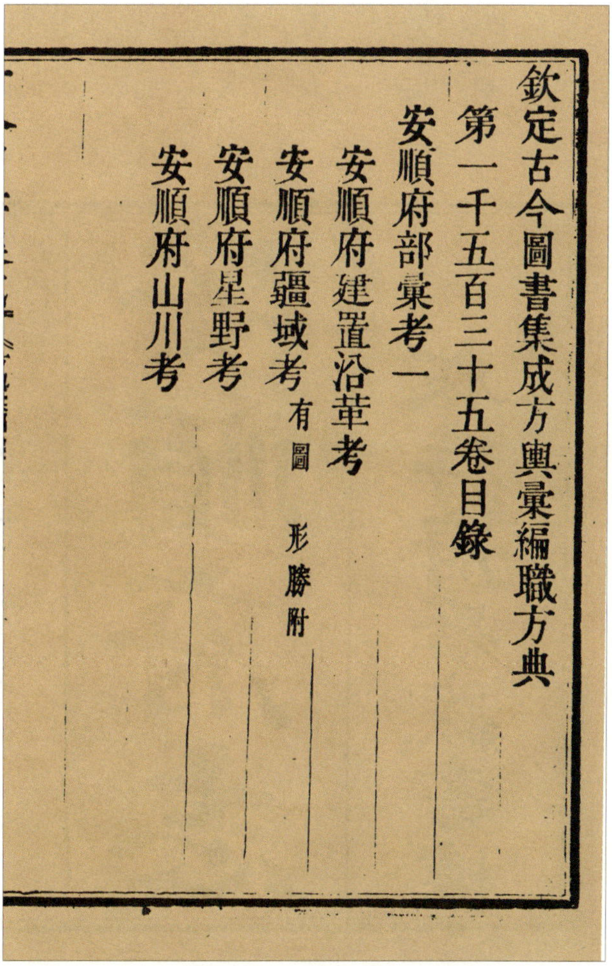
欽定古今圖書集成方輿彙編職方典

第一千五百三十五卷目錄

安順府部彙考一

安順府建置沿革考

安順府疆域考 有圖 形勝附

安順府星野考

安順府山川考

（閆平凡）

（咸豐）安順府志

咸豐《安順府志》五十四卷，清常恩總纂，鄒漢勳、吴寅邦總修。

常恩，字沛霖。道光二十六年（一八四六）冬，由筆帖式選授安順知府。勤於爲治，培修公署，改建考棚。道光二十八年（一八四八）任黎平府知府，二十九年（一八四九）再任安順原職，主修郡志，躬任總纂，咸豐元年（一八五一）成。另著有《放養山蠶法》一卷。

鄒漢勳，字叔績，湖南新化人。生於嘉慶十年（一八〇五），咸豐元年（一八五一）中舉。咸豐三年（一八五三）在廬州被太平軍殺害。道光

咸豐元年新鐫
安順府志
板存府署藏書樓

二十五年（一八四五），與鄧顯鶴編纂湖南《寶慶府志》。後應貴州巡撫賀長齡之邀入貴州，先後纂修道光《貴陽府志》、道光《大定府志》、咸丰《興義府志》、咸豐《安順府志》，時有「西南方志大家」之稱。著有《五均論》《讀書偶識》《學藝齋文存》等，後人刊爲《鄒叔子遺書七種》。吴寅邦，字清臣，永寧州人，道光丁酉（一八三七）拔貢。歷主安順、清鎮、貞豐書院講席。修咸豐《安順府志》。辦理保甲，井井有條。刊有《詩禮家課》《訓蒙五家經》，并與貴陽人盧戊原同輯《所至録》。行年七十餘，奉養太孺人，孺慕不衰。晚年選授銅仁府教授，歸家後，偕郡人建立尚節堂，凡有義舉，以身倡之。郡自來無志，自有此書，一郡千百年來文獻、史實，賴以保存，光緒《鎮寧州志》、民國《平壩縣志》等即取資於此志。

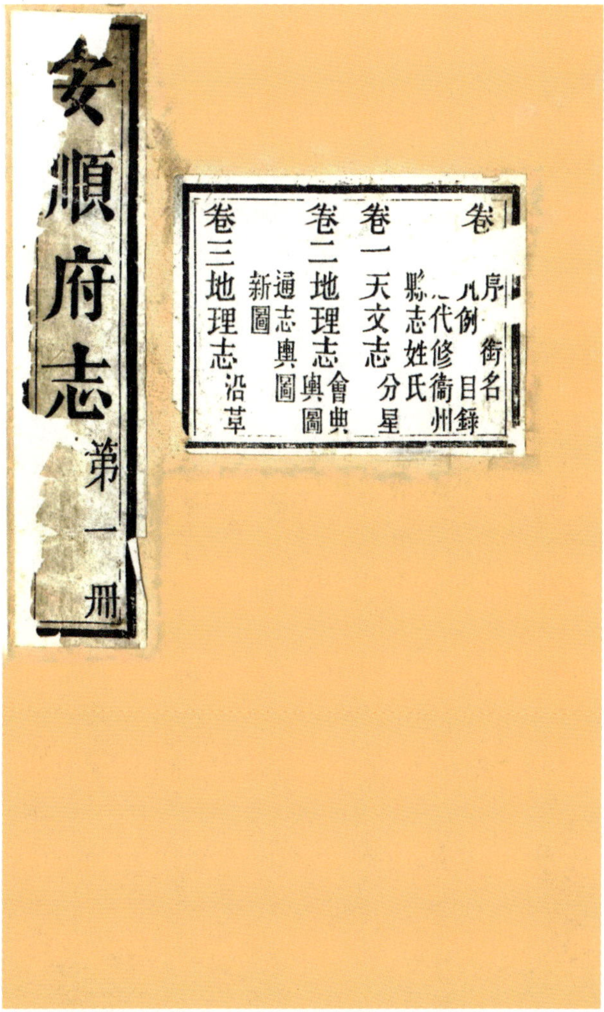

是書肇修於道光三十年（一八五〇），次年即咸豐元年（一八五一）成書。是書今存版本有三：一是咸豐元年（一八五一）初版，每半頁十行，行二十二字，雙絲欄，單魚尾。扉頁題「咸豐元年新鐫，板存府署藏書樓」。凡五十四卷，首一卷。二是光緒十七年（一八九一）重印本。其時雖經咸同之亂，板片尚存於府署藏書樓，但「大半脱落」。滿洲正紅旗人安順府知府文海在光緒重刊本《自記》中叙其始末説：「光緒十六年檢閲《府志》，遍求幾無全部。板片雖存府署，亦大半脱落。因思愈久而愈失，更難考核，遂集斷簡殘編而重刊之。越數月而成，得完璧焉。」但是卷首中縫題序有五篇，序二仍脱，僅有四篇，不爲全璧。三是一九八六年貴州省安順地區檔案館集合「兩種版本進行了校對檢查，描圖修復，并照原版光電掃描，最後謄印出書」（《謄印説明》）的謄印本，亦脱序二，而書中附圖，是單獨印製後粘上去的。惟重印本板片字有漫漶，而謄印本以之爲底，不免仍其錯訛。

今據咸豐元年（一八五一）初刻本影印。

（柴其斌）

安順府輿圖

《安順府輿圖》不分卷，鄒漢勳、吴寅邦修。

是書有《安順府輿圖則例》，有十幅地圖以及圖说十篇，即《安順府總轄疆域圖説》《山水總圖説》《安順府親轄地輿圖説》《郎岱廳輿圖説》《歸化廳輿圖説》《鎮寧州輿圖説》《永寧州輿圖説》《普定縣輿圖説》《安平縣輿圖説》《清鎮縣輿圖説》，與《安順府志·地理志》同。

相較於《安順府志》，此《安順府輿圖》少《輿圖恭録大清會典安順府輿圖并説》《貴州通志安順府輿圖并説》二图并说的内容，或为最早刻本。

今據清刻本影印。

（柴其斌）

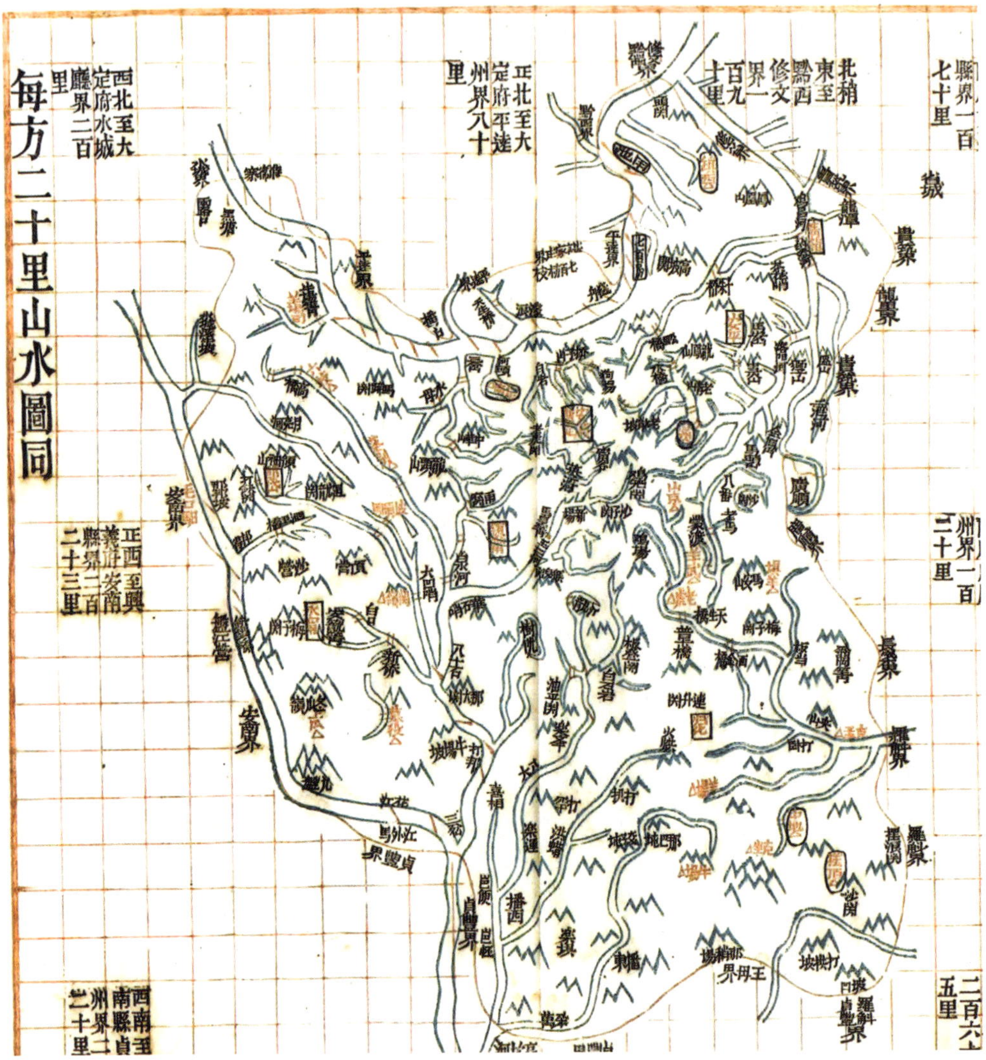
每方二十里山水圖同
西北至大定府水城廳界二百里
正北至大定府平遠州界八十里
北稍東至黔西修文界一百九十里
正西至興義府安南縣界二百二十三里

（道光）安平縣志

道光《安平縣志》十卷，清劉祖憲修、何思貴等纂。

祖憲，福建閩清縣人。楊宗彩等纂民國《閩清縣志》卷六：「劉祖憲，字爲憲，一字守齋，號仲矩，邑人。清乾隆甲寅（一七九四）舉人。嘉慶丁丑（一八一七），大挑分發貴州，歷署永從、龍里、婺川、普安等縣及丹江通判，補安平縣知縣。祖憲教以種橡養蠶之法，導以集匠織絲之利，作《橡繭圖説》四十一條，蠶利大興，民賴之。重修治平書院，延師講學，親第甲乙。自乙酉至壬辰科，獲雋者九人，掄元者二人，文風大振。又設立義倉三十九處、義塾三十六所，農桑學校，政無不舉。其署婺川，刁風歇。雲

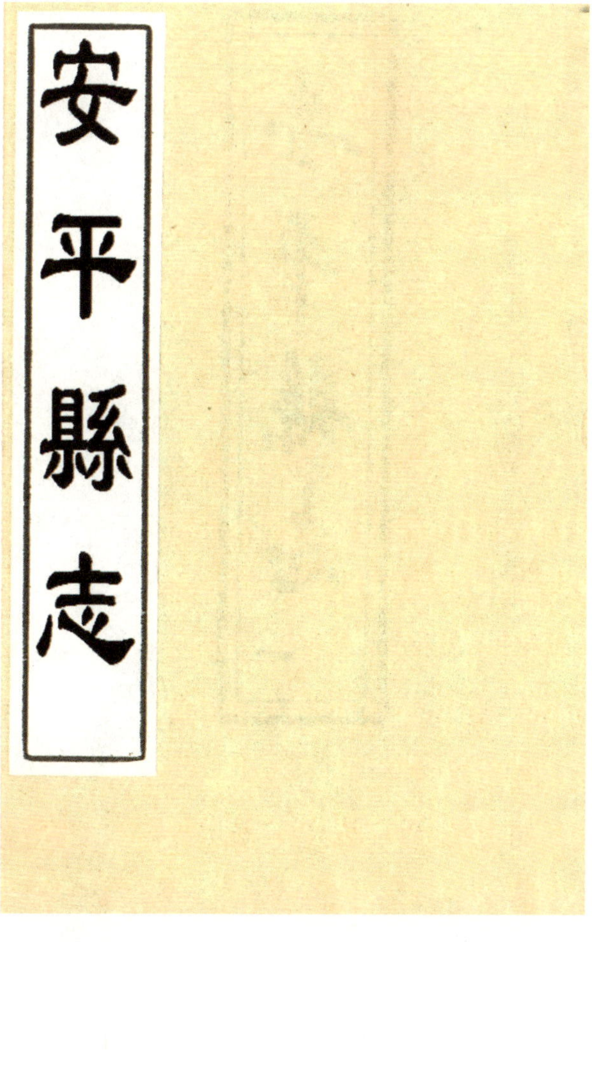

貴趙慎畛總督，保舉三人，祖憲得首擢。摺已繕而慎畛卒，遂中止。繼任總督阮元題調普定，擬卓薦，以母憂歸，後就督學陳用光西席。卒於道光十一年，年五十七，祀名宦、鄉賢。」此書是其晚年之作，另著有《橡繭圖説》二卷、《論語紀聞》八卷、《三禮纂要》十二卷。何思貴，字天爵，貴州黔西人，優貢，受聘共纂縣志。

道光《安平縣志》首一卷，有慶林、劉祖憲《序》各一篇。十卷之目爲《天文》、《地理》、《營建》、《食貨》、《風土》、《文治》（正文稱《學校》）、《武備》、《秩官》、《人物》、《藝文》。材料來源，有「因舊志稿之舊者」，是采盧大濟的一卷、黃亮的四十篇、徐玉章的七十二篇，另采自《明史》、道光《貴州通志》等書；亦有當時鄉賢文人如劉德丕、譚焜等的采訪資料。其延修、繕寫、校謄、梓人、紙張、印刷諸費，概係祖憲自捐，毫不派累邑民。祖憲實心實政，關注民

新輯安平縣志敘

邑之有志非欲以飾美觀矜博識侈華藻也將以使生於斯者念先疇而綿世澤景芳型而美風俗也將以使官於斯者覽其疆域風土山川險隘戶口田賦兵防郵傳以及節烈之芳軌政治之因革學校選舉之盛衰莫不瞭如指掌而後得以識張弛之異勢緩急之異宜也獨是平壩自明洪武設衛以後志乘缺如康熙三十年前縣黃亮輯有志稿四十篇道光二年前縣徐

生實際，故本志於學校、義倉之類記述尤詳。是書刻成於道光七年（一八二七），其價值如平壩區政協《安平縣志·整理點校説明》所言：「平壩之有志，實始於此；安郡之有志，亦始之於此——即原安順府八屬之地，道光《安平縣志》亦是開先河的領跑之作，填補了安順各屬長期無志的空白。」道光《永寧州志》、咸豐《安順府志》引用了其中不少材料。

其版本有三。一爲上海圖書館藏道光七年（一八二七）原刻本，十卷六册，每半頁八行，行二十三字，雙絲欄，單魚尾。此本卷三脱首頁，貴州省圖書館一九六四年複製時用北京圖書館藏抄本補齊。一爲北京圖書館藏抄本，每半頁九行，行十八字。一爲貴州省圖書館一九六四年複製本，據《複製説明》，謂一依原刻本，然字句亦有擅改原刻處，蓋「複製」而非「複印」也。

今據上海圖書館藏道光七年（一八二七）原刻本、北京圖書館藏抄本、貴州省圖書館藏一九六四年複製本影印。

（柴其斌）

（道光）永寧州志

道光《永寧州志》十二卷，清黄培杰撰。

黄培杰，字植圃，一字克俊，浙江會稽人也。幼有夙慧，讀書能十行下。年十二，好覽《綱目》。及長，博通經史，尤精内典。工詩文，善書法，林文忠公、陳玉芳諸先輩見而器重之，俱命從學門下。嘉慶己卯（一八一九）科鄉試，挑取謄録，後供職國史館。道光乙酉（一八二五）中式順天舉人，由謄録議叙知縣，復承辦臣工列傳，議叙知州。甲午（一八三四）選授貴州永寧州知州，乙未（一八三五）蒞任。丙申（一八三六）調任黄平。己亥（一八三九）升授松桃同知，政績卓异，奏署思南府事。癸卯（一八四三）候補都匀府知府。己酉（一八四九）奉委署思州府事。庚戌（一八五〇）坐補都匀府原缺，旋調任石阡府事。所至政聲卓卓，吏治始終如一，僚屬奉爲表率。辛酉（一八六一）八月以疾終於餘慶縣署。事迹詳見李元度《黄太守培杰傳》（清沈毓蘭《永寧州續志》）。在永寧任上，著績甚多，最大貢獻是修成道光《永寧州志》。

黄培杰以十一個月時間速成《永寧州志》，全賴有謝庭薰舊志爲基礎。謝庭薰，字韶莊，號自南，又號蘭谷，貴陽人。乾隆十六年辛未（一七五一）入郡庠，癸酉（一七五三）舉於鄉，兩上公車，不第，大挑二等，選獨山州

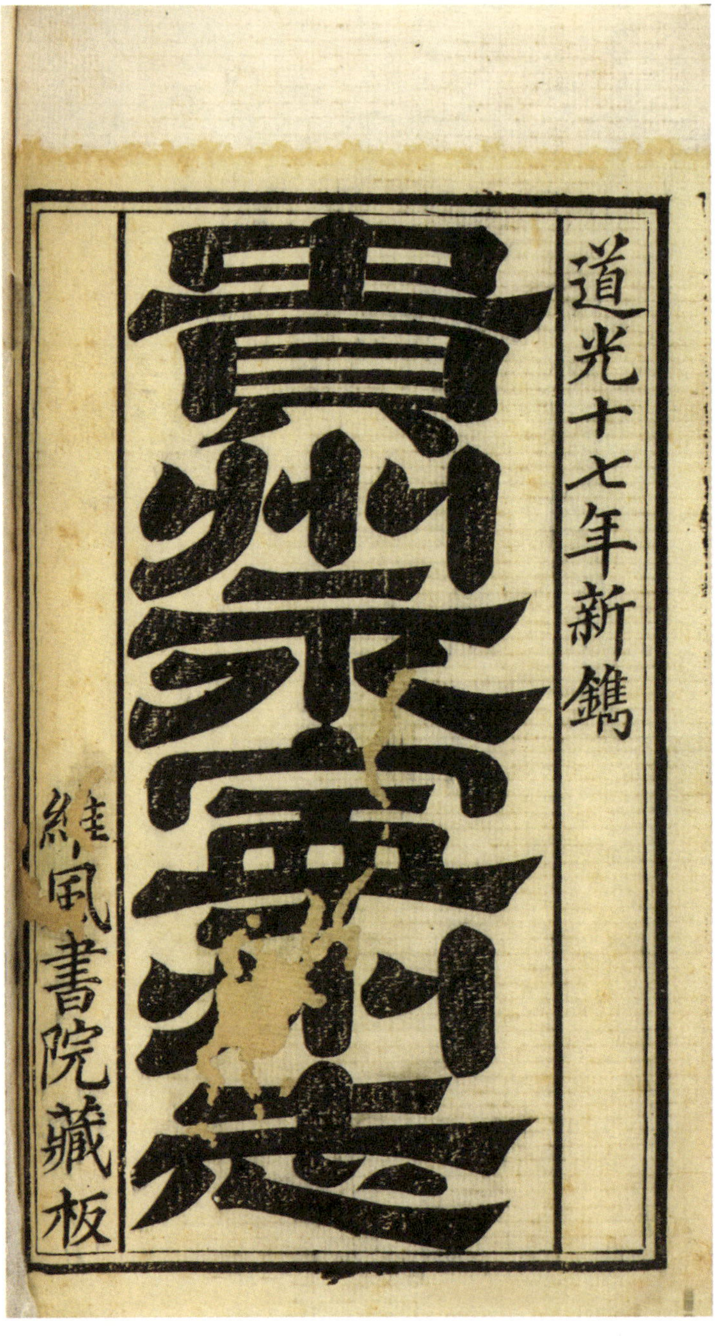
道光十七年新鐫
貴州永寧州志
維風書院藏板

訓導。壬辰（一七七二）補永寧州訓導。鑒於永寧之無志，發奮纂輯，成道光《永寧州志》十二卷。但已殘毁，黄培杰據以補成，刻印傳世，一州歷史文脉，賴以保存。如今關索嶺上的石碑，支離破碎，賴有明胡寶《漢關將軍廟碑記》、劉蔭樞《關嶺新開河渠碑記》等文，方能解讀。又謝庭薰按語説：「永寧州十七馬，（中略）其稱『馬』者何？明代設查城站，官牧站馬，以應站差，即地之廣狹以出站馬之多少，故謂地方爲『馬』。今尚相沿稱之。」可解今人讀舊籍的疑惑。《風土志》中關於土人、屯堡人、諸苗的記載，是不可多得的民俗研究材料。卷首的「紅岩山諸葛碑」，是較早的「紅崖天書」版本。其中關於盤江鐵索橋的圖像和詩文，是滇黔古驛道上一道永不磨滅的人文風景。

是書初版於道光十七年(一八三七)，每半頁九行，行二十字；雙絲欄，單魚尾。有「永寧州全境圖」等插圖十五幅，雲貴總督賀長齡爲作《序》。分《天文志》《地理志》《營建志》《食貨志》《學校志》《武備志》《秩官志》《人物志》《風土志》《藝文志》等十目。咸豐四年(一八五四)永寧人修武謨又作《補遺》五卷。光緒二十年(一八九四)知永寧州事昆明沈毓蘭續修永寧州志，據州署存板修補重刊，并與《永寧州續志》一并刊出，但因舊版漫漶，光緒重刊本每有訛誤。

今據道光十七年（一八三七）本并光緒年間重刻本影印。

（柴其斌）

新修永寧州志序

州有志所以志一州之事實質於今而傳於後可以起化維風所關甚鉅也永寧向無志乾隆壬辰秋學博謝君廷薰始纂輯至丙申秋告成凡十卷署州牧王司馬淵暨紳士朱紘吳擢田永蕃等議刊未果後經南籠逆苗蔓延城被困書遂散軼迄今又六十年矣夫自元代設州以來事歷三

（光緒）永寧州續志

光緒《永寧州續志》十二卷，清沈毓蘭撰。

沈毓蘭（生卒年不詳），光緒間爲永寧州知州。陳鐘華（民國）《關嶺縣志訪册·秩官志·宦迹》載：「沈毓蘭，雲南昆明人。由附生歷保知州，加運同銜。光緒十二年（一八八六）十一月任永寧，續修州志，重修文昌閣、炎帝宫、先農壇、櫺星門。心存愷悌，民皆安業。至光緒十八年（一八九二）普安寇擾，永屬接壤，人皆驚恐，嚴緝奸匪，悉治以法，民賴以安。至光緒二十四年（一八九八）御篆。在任之久，無如公者。」

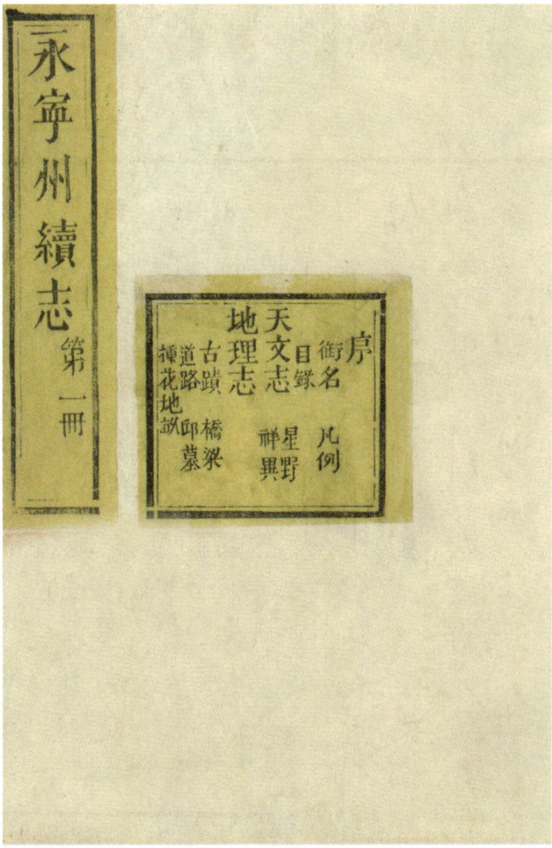

此志體例一仿道光《永寧州志》，分《天文志》《地理志》《營建志》《食貨志》《學校志》《武備志》《秩官志》《人物志》《藝文志》等九目，但資料很少，史識平平，總體水準不高，惟《藝文志》多存地方文獻，較有價值。另外，關於紅崖天書的解讀，鄒漢勳《紅崖碑釋文》雖收録在《鄒叔子遺書七種》中，但外人不識，本地文獻如咸豐《安順府志》圖形失真，道光《永寧州志》有圖無文。此書則經吴寅邦之手，「將原拓高下行列，依式摹出，分陰陽二篆，且有若陰陽合篆者，點畫長短，皆詳列焉」，在原迹無存之情況下，此圖此釋，爲今人研究紅岩碑提供了不可或缺的樣本。此外，關於盤江鐵索橋後期的維修情況，其中收録的曾璧光、松蕃等人的文章，亦提供了不少資訊。

此本藏北京圖書館，每半頁九行，行二十二字，雙

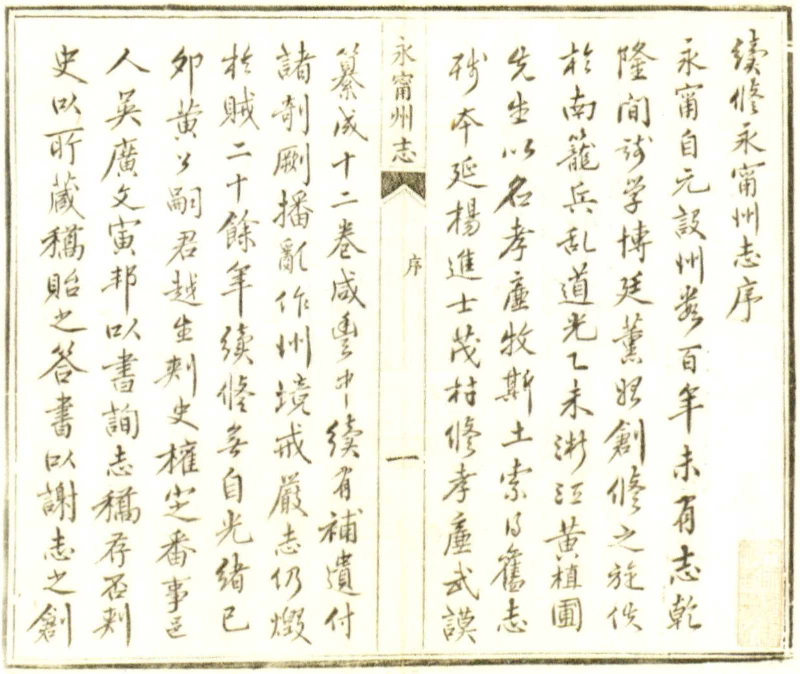
續修永甯州志序
永甯自元設州幾百年未有志乾
隆間訪学博廷薰始創修之嗣後
於南籠兵乱道光乙未淛江黄植園
先生以名孝廉牧斯土索得舊志
殘本延楊進士茂村修孝廉武謨
永甯州志　序　一
纂成十二卷咸豐中續有補遺付
諸剞劂播亂作州境戒嚴志仍燬
於賊二十餘年續修者自光緒己
卯黄少嗣君越生刺史權定番事邑
人吴廣文寅邦以書詢志稿存否刺
史以所藏稿貽之答書以謝志之創

絲欄，單魚尾。《清史稿》卷一四六「地理類都會郡縣之屬」載：「《永寧州志》十二卷，沈毓蘭撰。」此本扉頁題「永甯州續志」。卷數雖有十二，而內容多寡不同，如學校、藝文志，卷帙頗重，食貨、武備諸志，僅四五頁。又卷七秩官志反編在卷八人物志（上）之下，此次影印時已作調整。

今據光緒二十年（一八九四）刻本影印。

（柴其斌）

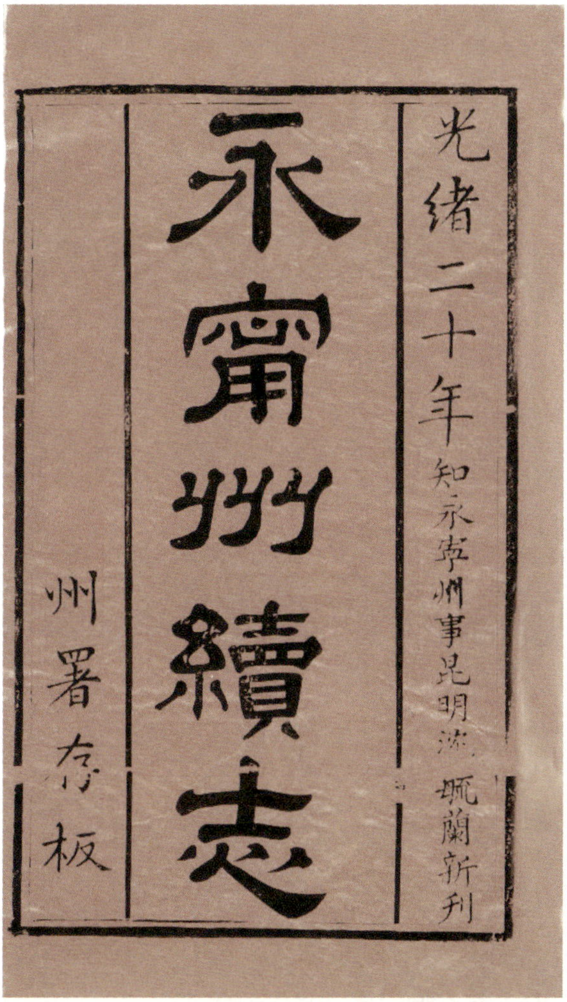
光緒二十年知永寧州事昆明沈毓蘭新刊
永甯州續志
州署存板

（道光）永寧州志補遺

道光《永寧州志補遺》五卷，清修武謨撰。

武謨，字偉堂，永寧州人。由拔貢中道光戊子（一八二八）科舉人，有神童之目。爲諸生時，即留心學校，登賢書後，請廣闢嶺學額，出力甚多。協助黄培杰纂修《州志》，并主講席多年，得士頗盛，前輩以「有爲」稱之。

書中補遺，主要是道光十七年（一八三七）至咸豐四年（一八六一）近二十年間永寧州文廟、學校、坊表等修建事實，并收録州人頌揚知州周夔的詩文如《治永八圖》等，可與《所至録》參照。其中對募役、沙營、頂營三司後人的傳承説明，可補道光《永寧州志》的不足。而《勸捐團練序》、保甲條目等文字，呈現咸同之亂時地方的社會狀況。

是書版本有二：一爲臺灣成文出版社影印道光十七年（一八三七）《永寧州志》本，直接附《補遺》，無目録；一爲貴州省圖書館一九六四年複製五卷本。據修武謨《序》稱：「將邇年紀載近事，據實直書，并《府志》先賢、先儒事迹，彙集成本，呈請鑒閲。囑門生龍運松繕寫，瞿昌期、黄本厚同侄孫元勳校對，刊板書院，以竣纂修州志事」，則修氏底本，當如成文出版社影印本在卷二末有「先賢先儒本末」，然貴圖本將之删去，却在「複製説明」

中稱「悉照原刻本」，又將之稱爲《學校補》別行，想是《補遺》原刻自卷二以下即界劃不明，人得以去取也。今據咸豐四年（一八五四）刻本并貴州省圖書館油印本影印。

（柴其斌）

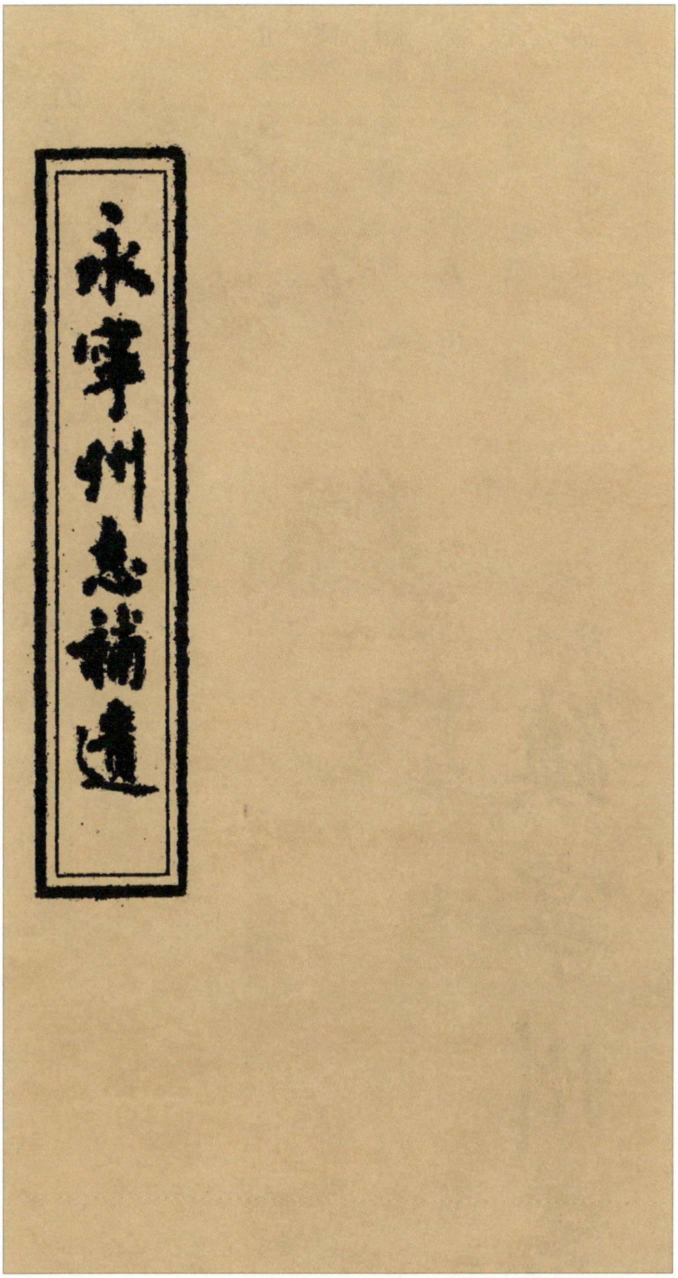

（光緒）鎮寧州志

光緒《鎮寧州志》八卷，清李袒元主修，彭鈺等纂。

顧汝萼光緒《丹棱縣志》卷七載：「李袒元，號竹山。乙卯（一八五五）舉於鄉，聯捷成進士，分工部主事。戊辰（一八六八）黔撫曾璧光函召至黔，襄贊軍政，敘功，保直隸州，留黔補用。庚午（一八七〇）檄署湄潭縣知縣，履任後倡修城垣、衙署，工未竣，調黔西州。

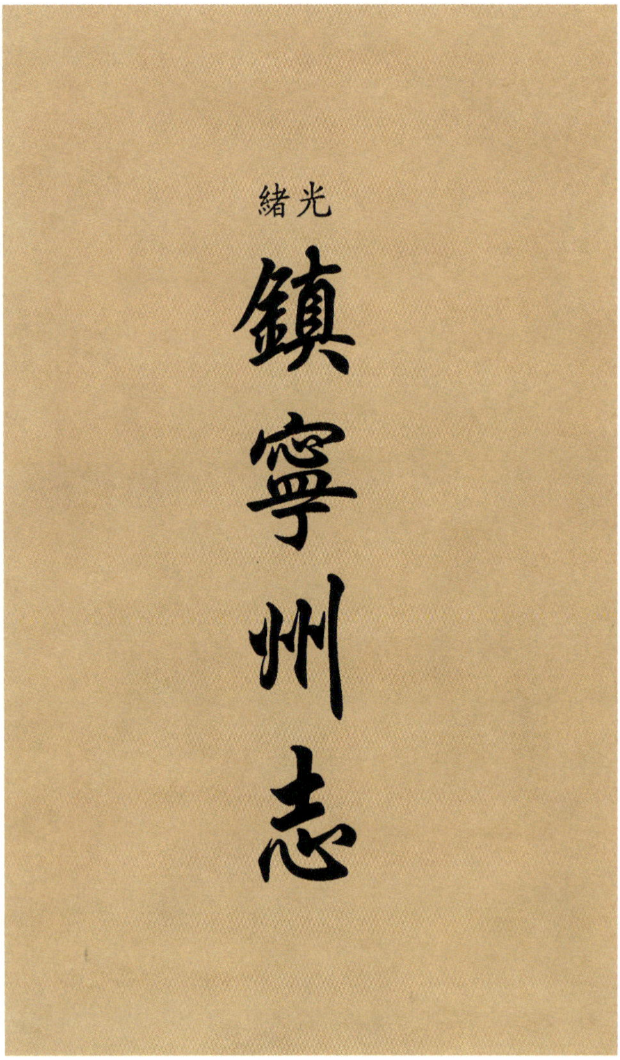

壬申（一八七二）秋赴鎮寧州本任，時回匪肆擾，八閱月而回匪平。叙功，以知府用，遇缺即補，賞戴花翎。公請諮引見。回川，道憲曾及岑、林二宫保屢函召致，公以老辭，不復出，掌巽崖及眉山書院，造士尤多。公爲政，以教養爲先，所至有聲，故漢、苗悉愛戴之。兩校鄉闈，得兩解元，黔中傳爲盛事。著有《修竹山房詩草》行世。」光緒十八年（一八八五）版顧《志》封面題「賜進士出身、知州李昶元鑒定」，則歸老林泉主講書院時參與縣志修訂。卒於清光緒十年（一八八四），贈朝議大夫。

鎮寧雖與習安、永寧、安順同建制於元時，而無志，至李昶元始有方志之修。惜兵連禍接，志雖修成而未刊，僅以抄本傳世。今光緒元年（一八七五）抄本《鎮寧州志》，凡八卷，首一卷，其目爲卷首、天文、地輿、職官、食貨、風教、選舉、人物、藝文。史料多取資之前修成的道光《永寧州志》、咸丰《安順府志》等，稍有補葺，如天文、地輿、藝文等志。較有價值者如「風教」，叙漢、苗諸族風俗，可資屯堡文化、民俗研究；李昶元及州舉人彭鈺、任秋元等人的單篇文字如《陳良模白相清雙節傳》《獨坡坉戰守紀略》，記述咸同之亂史實，爲民國續修安順府志者所取資。

今據光緒抄本影印。

（柴其斌）

鎮寧州志叙

志猶史也春秋以來其文則史迨我
聖朝備員遐濶中外一規同仁自各會垣以至府廳州縣莫不各有志以紀其輿圖之廣狹山川之奇異財賦之贏絀以及風俗人才文章制度備輶軒之採擇所以大一統之義而遠無外之規同軌同文援古可以質今維風並以起化也稽鎮寧自康熙間裁衛併州田土本屬膏腴人民素稱富庶鍾靈毓秀代出偉人未識從來舊故竟未修志昶於壬申歲篆時值城剛初復滿目蒿萊巨憝雖經殲除流亡尚未招集其善後之亟應舉行者不一而足猶惴惴於任之不勝雖有心於此而時已不暇且

（民國）鎮寧縣志

民國《鎮寧縣志》四卷，胡翯主修，饒爕乾等撰。

胡翯，號羽高，貴州三都縣人。國立北京高等師範學校畢業，曾任貴陽、天柱、遵義、鎮遠等縣縣長，貴州省參議員。民國三十五年（一九四六）任鎮寧縣縣長，酬款編纂此志，自任主任委員兼總纂，撰寫「編輯説明」，統緒全書，六閱月而成。饒爕乾，號雲普，鎮寧縣黌學巷人。貴州法政别科畢業，曾任四川資陽，貴州貞豐、甕安、平越等縣縣長。修本志時任副主任委員兼編纂。其餘編纂、采訪者有高維嵩等數十人，多爲鎮寧縣人。

第一卷含序、圖、編纂説明、志首録、地理志、前事志等目；第二卷有經制志、營建志、職官志、銓選志、宗教志；第三卷有祠祀志、人物志、民生志、民風志、物産志；第四卷有庶政志、藝文志、志餘録。每志下又分若干子目，雖只四卷，其實卷帙頗重。

書首有貴州省主席楊森、雲貴監察使張維翰等序。圖有三，依目録順序爲《鎮寧縣區域圖》《鎮寧城市圖》《鎮寧縣山脉河流圖》，國家數個圖書館藏本不誤，而貴州地方志集成本《鎮寧縣區域圖》置於末尾，當乙正。

此志在李昶元《鎮寧州志》基礎上編成，故首列李昶元等舊志編寫者姓名，卷帙亦較舊志繁重。惟經費拮据，校對不精，印成後又復校勘，成《總勘誤表》，置於第一卷之末。而後來者居上，除吸收咸豐《安順府志》、道光《永寧州志》及光緒《鎮寧州志》成果外，復據謝東山《貴州通志》《咸同貴州軍事史》等補録若干材料，故較舊志爲詳明。如《地理志》記海子山、雙明洞、火牛洞、黄果（原作「葛」）樹瀑布，均較他志爲詳。而「撥入懸案」之「灞陵橋」一條，載民國四年（一九一五）五月貴西道尹劉顯潛手諭，著鎮寧、關嶺兩縣勘定縣界，避免剿匪時互相推諉，酌定以灞陵橋爲界，立碑橋上。劉調離後，「關嶺縣陳漸逵指使關索嶺唐心木等，黑夜將界碑抛入灞陵河中，遂成懸案」。此事不載於《關嶺縣志》。數年前，該碑重見於世，殘留「五月十號」「（鎮）寧縣知事申、（關）嶺縣知事吴同奉」「諭以八楞橋爲鎮寧、關嶺兩（屬）」「特此勒石」數字。劉顯潛手諭説：「由本道親臨其地，督同定界，務須克期令石匠將碑刻好，抬至灞陵橋上。本道至時，即與兩位勘明定界，幸勿遲誤。此致坤侯、南屏察照。」史官注曰：「坤侯，系申嵍（婺川人。民國二年四月二十七日任鎮寧縣首任知事）號；南屏，係吴作棻號。」除「八楞橋」爲土人土語，與「灞陵橋」异外，得此石，可知此志不誣。一椿百年懸案，亦因水落石出而得解。其他記述軍事的，可與《續修安順府志》《關嶺縣志訪册》等有關記載參照。此外，宗教志、民生志、民風志等，對瞭解當地風土人情、生産生活等皆有裨益。

今據民國三十六年（一九四七）石印本影印。

（柴其斌）

志首錄

卷一　地理志

前事志

鎮寧縣志

（民國）平壩縣志

民國《平壩縣志》，江鐘岷修，陳廷棻、陳楷纂。

江鐘岷，綏阳人，民国十四年（一九二五）任平壩縣知事。陳廷棻（一八七七—一九三九），字稚蘇，平壩人。清光緒二十七年（一九〇一）舉人。早期任教於貴陽優級師範選科學堂、貴州通省公立中學堂、私立時敏小學堂。貴州憲政預備會成立後，任該會副會長。其文效桐城，詩宗李杜，是貴州憲政預備會的「筆桿子」。清末擔任過《黔報》主筆、《貴州公報》主编、《商報》總主筆。民國時期歷任大漢貴州軍政府樞密院秘書廳長、鎮遠道道尹、貴州高等檢察廳檢察長、省參議會參議員等職。

是書凡六册，第一册包括卷首、志乘志、地理志，第二册爲民生志，第三册包括官治志、自治志、教育志、

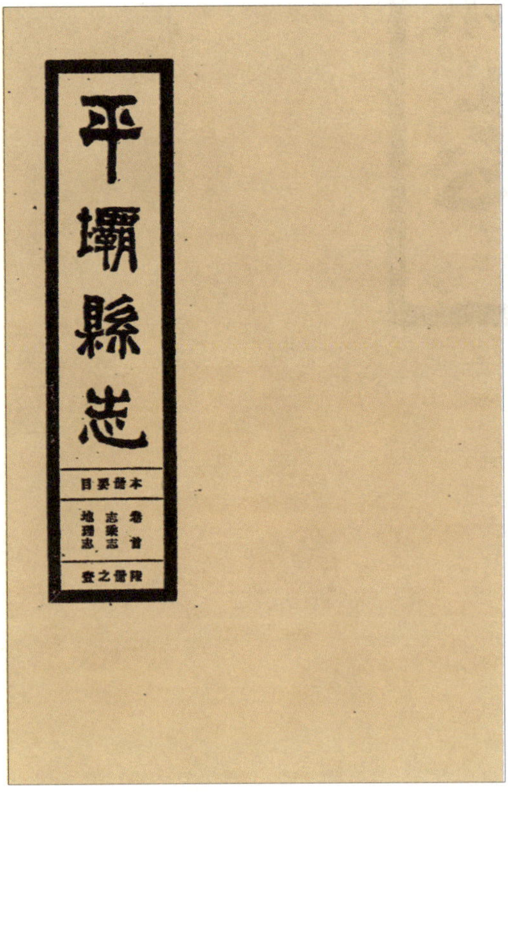

武備志、交通志，第四册包括祀禱志、經費志，第五册包括業産志、人物志，第六册包括藝文志、事變志、雜稽志。民國十四年（一九二五）平壩縣長（時稱知事）江鐘岷肇修，歷劉藩、劉鐘蔭、李鎮坤、劉邕、蔣希仁五任縣長，至民國二十一年（一九三二）成書。總纂爲前清舉人陳廷棻，分纂周維燊、陳楷等，皆平壩人，又經十六人組成的審查委員會審查、整理，共印三百部，内有地圖八幅，悉爲彩色印刷，殊不多見。

卷首列有整理委員會「編輯大意」，闡明修志範圍（包括時、地、人、事、物、地位、取材、語言等），材料性質、分類，編寫形式（包括章節、符號、清單、夾注、排字等的説明），并叙述各門所包含的内容。既繼承了舊志地理、武備、祀禱、人物、藝文的傳統體例，又開闢了志乘、民生、經費、交通、業産、事變等新類目，反映了時代的演進；既承襲了傳統史學「資於治道」的特點，又融入了現代史學的元

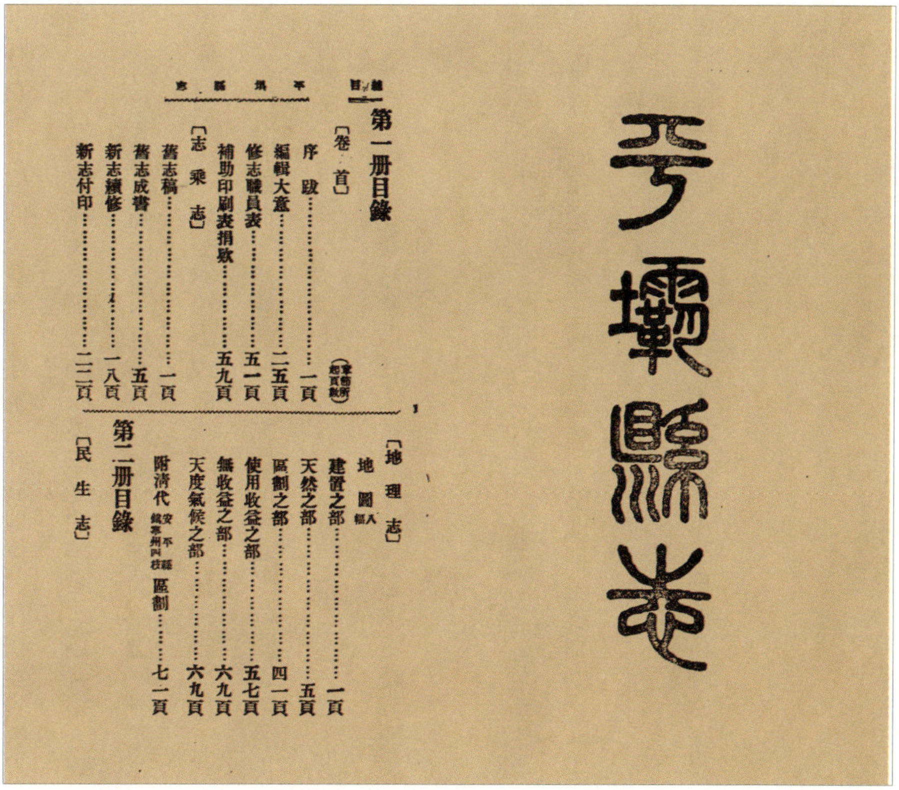
平壩縣志

總目

第一册目錄

〔卷首〕（章節所起頁數）

第二册目錄

〔民生志〕

素。譬如《民生志》，相對於舊日「風土志」叙人口、言語、歲時伏臘、婚喪嫁娶而外，另列「生活」「群衆組織及交際」二目。其中，「生活」述及燃料、衣食住行、衛生及娛樂、信仰、教育、操業、經濟地位、什物器具等，把老百姓的生活介紹得較爲充分，反映了當時人生活的狀態。「群衆組織及交際」則叙述家庭的組織，包含組合規則、取名、秩序、宗祧、財産、分家等；家族的情況、族規、財産、宗戚的情誼；幫會、行業、社團的組織、財産；交際的界限、稱謂等等。平時大家常見却説不清道不明的尋常日用，在這些章節裏或能找到描述。這種「照相」式的寫法，可能使得全書卷帙繁重，但作爲僅記一地的方志言，却是很相宜的，甚至可以説是民國《平壩縣志》的長處。自然，其短處亦很明顯，一是卷帙繁而經費簡，鉛印本的夾注字體過小，不便閲讀；二是道光七年（一八二七）以前的史料，多取自劉祖憲道光《安平縣志》，但引文不嚴謹，本書整理委員會自評缺點時，亦説它「有時弃取原稿，竟點金成石，累己累人，謬誤非淺，僭妄尤無忌憚」。

《藝文志》引録陳祥士詩，題曰「山居雜説十六首」，學者多認爲「説」乃「詩」字之誤。據《黔南陳氏族譜》陳若疇之子陳培《序》稱：「十二世祖考姓陳氏，諱祥士，字賢裔，晚年釋名徹咏，號希聲，學者稱希聲禪師。（中略）五十後解組歸，遂不復出。手葺玉螺山之恒庵，修心净土，深佛海門，所作詩皆隨事説法，鉗槌後學，題曰《玉螺山説集》，蓋如禪家之偈，不欲以詩名也。」則其家居借詩説法而題曰「雜説」，不誤。此志整理委員陳文榮是陳氏後人，并未説明清楚，故并志於此。

今據民國二十一年（一九三二）貴陽文通書局鉛印本影印。

（柴其斌）

郎岱縣訪稿

民國《郎岱縣訪稿》八卷，葛咏谷等采訪。

葛咏谷事迹不詳。是書係一九六六年貴州省圖書館據安順縣圖書館藏稿本編定，凡八卷，其原本是供續修安順府志的訪稿，民國二十五年（一九三六）葛咏谷等采訪。凡分地理、風土、經制、新政、學校、人物、藝文、雜録八志，每志若干目。然據周夔《創修廳志序》曰：「聞其志乘闕如，爰與都人士顧名思義，照《通志》列爲八綱，刻期纂輯，共爲四卷。」其綱列有「天文」「地理」「營建」「食貨」「武備」「秩官」「人物」「文藝」（見《所至録》）。則郎岱舊有志，惟不知葛氏采訪時尚得見否。《貴州古舊文獻提要目録》將此稿與《羊場分縣訪册》著録在六盤水市下，無評述。郎岱舊爲土司盤踞，雍

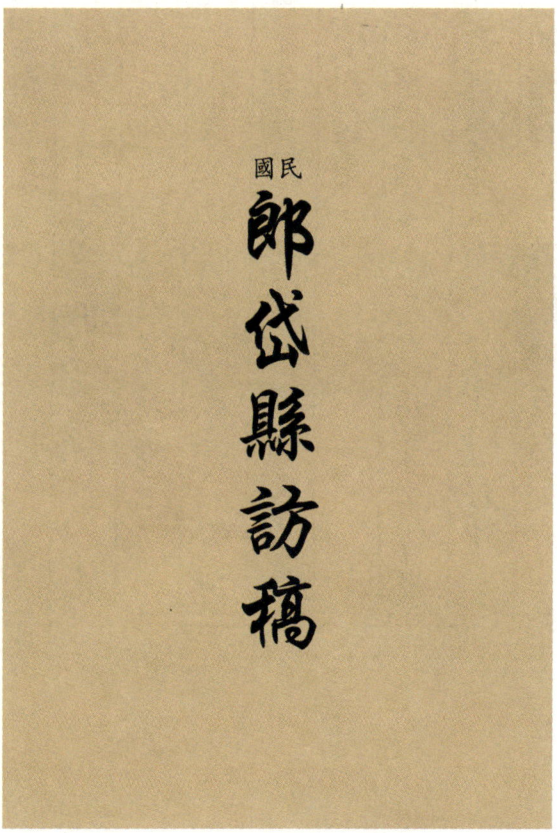

郎岱縣訪稿　複製說明

《郎岱縣訪稿》複製說明

《郎岱縣訪稿》，民國二十五年葛詠谷等採訪，未編纂。現據安順縣圖書館藏稿本編爲八卷複製。

本書爲封建地主階級的代表人物所撰，無論在資料的收集和問題的提法上，都反映了編者的反動觀点和立場，故只能作爲反面資料使用。

我館複製這部書，主要是供領導同志、科學工作者及本省地方資料的研究者作參考，故在複製过程中，僅校正原本中部份明顯的錯別字，餘均照原本刻印。

複製本如有不妥之處，請予批评指正。

正八年（一七三〇）改土歸流，雍正九年（一七三一），移安順府同知分駐郎岱，即爲安順七屬之一，習稱郎岱廳。民國初年改廳爲縣，隸貴西道，始脱離安順。

此稿成書較晚，故編目雖承舊志之例，而叙述則雜有現代觀念。如卷一地理志叙山脉，則有「總綱」，言郎岱爲我國南干山脉所經地，所謂「南干」，即「長江以南、珠江以北」也；有「土質」叙土壤所宜産，有「石質」叙水成岩、火成岩等類，顯已引入現代學科概念及相關知識。叙道路則曰：「全屬主幹石路，東至坡貢六十里，西至毛口四十里，多屬山路。前爲滇黔驛站交通正路，三年修理一次；或遇大員過境，亦特加修築。今則多半頽圮，不堪人行，急待修理者幾及半數。」「馬路一項，民國十六年，貴州路政局擬由安順經普定，由本屬之岩脚、黑塘達水城，但尚未開工。」經坡貢之驛道，雍正六年（一七二八）鄂爾泰改修，從此通滇驛道不再經盤江橋。但此段道路狀況，除嘉慶間王定柱《鴻泥日録》《續録》等偶有記述外，賴此有所保存，而民國時汽車流行，始有修築馬路事。卷二「民族」中叙仲家身穿重甲，音轉爲「仲家」；土人即犵狫，湖廣人爲「那吧子」以及漢、苗習俗之類，皆可助力地方文化研究。卷三經制志叙科田、私田、減則田、土目田、逆田、官莊田、牙厘、屠捐等，據此可認知舊日苛捐雜税之由來。卷四新政雖極簡略，而記團防、警務、郵政、電報電話等事，亦可窺近代風貌之一二。

今據貴州省圖書館一九六六年複製本影印。

（柴其斌）

郎岱縣訪稿卷一

地理志　沿革附位置地勢　土質　山脈附名山洞石　水道附瀑潭井泉　關梁附渡口　道路　區劃　場市　村寨　插花　勝景

沿革附位置地勢

郎岱之得名歷來已久在明初即有是稱有謂因建城於古郎山之間故曰郎岱而前廳丞孫清彥則謂因城西老郎山及城中岱山而名又有謂郎岱係土語喃吡二字之譯音乃兩山間之平地也其位置在貴州之西距省四百里距安順二百里當苗嶺正幹古郎山之經過占北緯二十六度有奇

關嶺縣志訪册

《關嶺縣志訪册》八卷，陳鐘華纂輯。

陳鐘華，貴陽縣孝廉方正。民國四年（一九一五）由威寧縣調至關嶺，十二月一日到任，民國五年（一九一六）九月十六日移駐募役（今關嶺縣花江鎮）新縣治。在任時組織修志，民國八年（一九一九）輯成志稿，未編纂成帙。民國二十五年（一九三六）續修安順府志時，抄録作爲《續修安順府志》之上繳本，題曰《關嶺縣志訪册》。

《訪册》凡八卷，卷一《輿地志》，卷二《風土志》，卷三《食貨志》，卷四《學校志》，卷五《武備志》，卷六《秩官志》，卷七《人物志》，卷八《藝文志》。每志下分子目若干，多依舊志體例，惟「食貨志」下增度量衡、農桑、林業、工業、礦業、商業，「人物志」下增「議員」等目，略有新時代氣息，而其所述内容，仍不出道光《永寧州志》、光緒《永寧州續志》之範圍。如「工業」一目，直言「本屬工業尚形幼稚，所出之貨可供内地之用及足以銷售者僅有四種」，即織品、鐵器、蘆篙席、草席，純係手工業，去今之工業概念甚遠。

其時限上接光緒二十年（一八九四）沈毓蘭《永寧州續志》，下至民國八年（一九一九），歷時較短；又縣雖名「關嶺」（即今關索鎮所在地，明初建守禦所）而地駐募役（花江鎮舊有縣衙門，今毁），既與永寧州（在今關嶺縣永寧鎮）在歷史上割裂，又與關索鎮在地理上睽隔，記述無重心。且兵燹之後，文獻無征，史料多賴耆舊采訪，考據實難，因而記述粗疏，無足怪者。惟石廷棟《重建花江鐵索橋記》、葉在琦《盤江鐵索橋復成寄蔣鎮軍炳堂》等詩，於今人考證盤江鐵索橋、花江鐵索橋尚具參考價值。今盤江鐵索橋無存，花江鐵索橋易地重建，而張德馨、黄漢勳《鐵索橋》詩，或正是吟咏花江鐵索橋之最早者。此外，王憲章《懷關索嶺前輩鄉賢》詩及注，述及劉端甫、王薪盤、周東藩等人，雖隻言片語，猶得考見關嶺之人物云。

一九六六年貴州省圖書館整理時，據安順縣圖書館藏抄本，按其内容歸納爲八志，每志爲一卷。另有安順縣（西秀區）圖書館藏抄本不存（内容已録入《續修安順府志》中，注曰「永寧册報」或「訪册」）。

今據貴州省圖書館一九九六年複製本影印。

（柴其斌）

民國

關嶺縣志訪冊

關嶺縣志訪册複製説明

關嶺縣志訪册，是一些地主階級知識分子於民國八年（一九一九年）在關嶺縣僞縣知事陳鍾華主持下採輯的，未編纂成帙；民國二十五年（一九三六年）續修安順府志時，復鈔錄作為《續修安順府志》之上繳本。現據安順縣圖書館藏鈔本按其内容歸納為八志，每志為一卷。

原書不論是在問題的提法上、在收集資料的範圍上，都是採輯者站在封建地主階級的立場上為封建統治塗脂抹粉，為地主官僚歌功頌德，只能作為反

安順教育

《安順教育》，朱大昌主持，民國安順縣政府編輯。

朱大昌（生卒年不詳），湖南人，全國高等考試普通行政人員考試及格，先任貴州省政府秘書，繼調任安順縣縣長。民國三十年（一九四一）到任，民國三十五年（一九四六）調回貴州省政府。在任期間，適當抗戰，與中央在縣單位相處融洽，主持編輯《安順教育》一書，新修安順至橋子山（產煤區）、安順至塘關屯公、安順至舊州、安順至紫雲等地公路。雖是政績平平，但能適應當時環境，爲民國時期安順縣長任期最長之人。

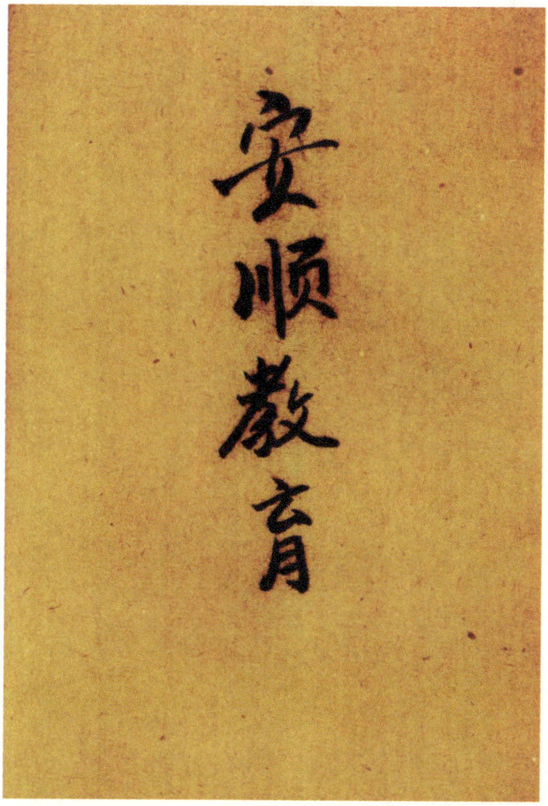

全書分甲乙兩編，書前有黃堯承、朱大昌序兩篇，書後有李耀錦《編輯後記》。甲編記載安順自民國以來三十

年教育實施概況暨三十一年的教育設施計畫，共四章，分别介紹安順縣教育之行政、國民教育、中等教育、社會教育，章下分節，詳述安順縣教育發展歷程及概況。乙編記載安順縣教育單行規程計畫辦法十四條，涉及學校及教師待遇、學校課程、教育實施計畫、校産學委等事宜。黄堯承《序》强調教育與人才培養之關係，其云：「國民教育與人才教育并重，國民教育貴乎普，人才教育貴乎精，前者屬量，後者屬質。」「力謀量的擴充，同時注重質的改進，吾人當三復斯言。」朱大昌《序》介紹本書著述緣起説：「大昌自來主縣政，即爰據斯旨，力謀國民教育之普及，進求實質之提高，（中略）乃責成教育科」「於召開縣國民教育會議之前夕出書，籍供與會諸君研討，所冀全縣教師，咸能深體時艱，各以勇鋭之精神，貫徹國民教育之計畫，完成神聖重大之使命，願共勉之。」

《安順教育》是在時任縣長朱大昌主持下，由安順縣政府教育科彙編的地方教育資料，有重要史料價值。

今據民國三十一年（一九四二）鉛印本影印。

（張帥）

安順教育目次

序一

理想與事實之母清季變法善化瞿祉敬先生適守是邦旁求辦學人才舉行破天荒選舉余與故友柳君惠希當選揭曉日余留於筑以贍平創廣智小學經費迭召乃歸談及吾安教育經費飭主非歲籌鉅萬不爲功惠希固慶將調先生縣之聞者則嫌誇大會當時舉款僅能以千計不能以萬計也民國十一年參與憲法起草之役整理條文分股稱民生教育兩章適議教育案曾本此旨立言慶同鄉者固多然能不以議爲奢望者蓋當時各省教育經費力量惟江蘇足語此餘省難望得備也忽忽今距計前者已三十餘年後者發二十年凡茲理想曾見之事實焉孝澤縣長之來宰吾邑也時在民國二十九年秋伊始下車百端待理獨殷殷以教育爲急務余嘗不避誇大不嫌奢望者仍本前旨進策考諸二十九年實算纔九萬餘耳越數月乃驟增至二十二萬未幾而三十萬餘焉又未幾而七十四萬餘焉於以見孝澤縣長側注教育而主其務者尤既盡最大努力矣茲編規畫井然機構釐然章則燦然披讀之餘瞻望前途曷勝愉快顧余猶有進者國民教育與人才教育並重國民教育貴乎普人才教育貴乎精前者屬量後者屬

（民國）清鎮縣志稿

民國《清鎮縣志稿》十二卷，方中等修，龍在深、楊永燾等纂。

方中，字蔭午，四川成都人。民國二十三年（一九三四）任清鎮縣長，主成初稿，後調任平壩縣。龍在深，字靈夫，清鎮縣人。前清縣丞，師範傳習所畢業，曾任縣長、參議長等職。始參與動議纂修清鎮志，卒任修志局局長蕆其事。

《清鎮縣志稿》動議於民國十五年（一九二六），民國二十三年（一九三四）臘月輯成初稿，而人事頻換，時局蜩螗，經費無著，遷延至民國三十七年（一九四八）始克刊成。其中委曲，悉見書前諸《序》。

全志稿凡十二卷，分九綱若干目。卷一、卷二爲方輿，含地圖、疆域、山脉、水道、物産、地質調查、沿革、八景等目；卷三爲建設，含城垣、公署、道路橋渡、驛塘郵電、公園、市場、坊村等；卷四、卷五爲政治，含明清衛制，舊日戎祀制度、清代田糧、義學及民國縣制，縣級機構如法院、警察局、議會、人民團體及新近團防、員警、公安、游擊隊、保衛團、教育、法團等目，新舊雜遝；卷六爲風土，含清、民國時户口及風俗、夷俗等目；卷七紀事；卷八秩官；卷九登選，含科貢、選政題名、學校畢業題名；卷十爲人物；卷十一爲藝文，卷十二爲雜記。除雜

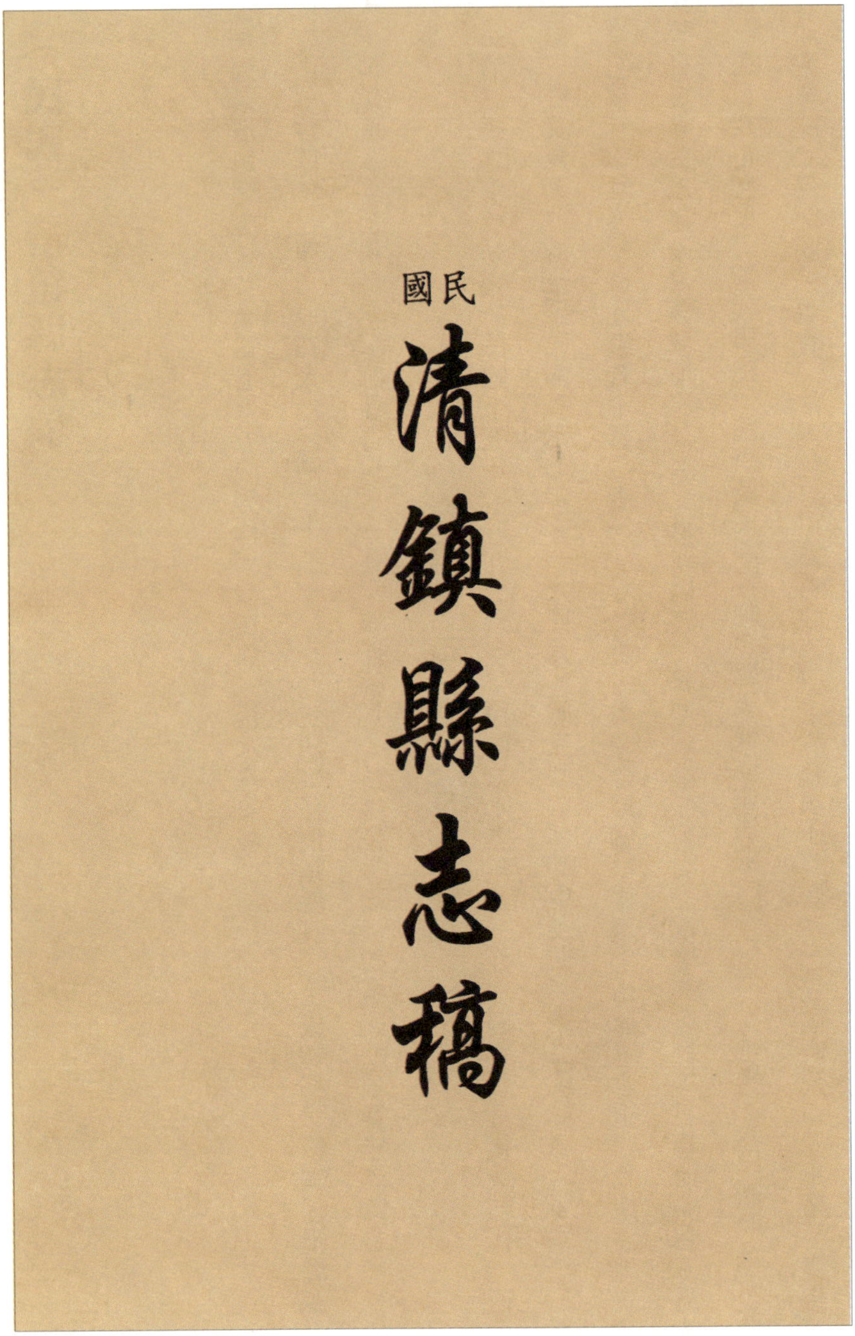

民國

清鎮縣志稿

記外，均綴以「述要」二字，如方輿述要、政治述要等，蓋以掛漏爲懼，稱稿不稱志，「稿可一再易也，志則不可易也」（劉閭《芻言四》），而其中所載，皆其大要而已，不可殫述。可見作者審慎態度。清鎮前此無志，此編在鼎革之後，故所録新舊兼具。

卷二所載「地質調查」，係民國二十八年（一九三九）春經濟部地質調查所研究員、安徽和縣人侯學煜，費時月餘調查所寫，主要針對清鎮全境的土壤進行科學分析，爲作物種植服務，至今仍有利用價值。其他如「人物」所載丁澤安《自得齋老學編序》《迎推遺法序》等，今丁氏著作僅見《自得齋易學四種》，得二序，可以窺見其佚書大略。貴州歷史文獻研究會《貴州古舊文獻提要目録》稱「《政治述要》保存史料較多，其中實業一項，載有農業、畜牧、水利、森林、蠶桑、工業、商業、礦業，其他《風土述要》《紀事述要》紀載翔實，雖有觀點問題，但可利用。」

今據民國鉛印本影印。

（柴其斌）

安順縣歡迎京滇公路周覽團特刊

《安順縣歡迎京滇公路周覽團特刊》，章履和、董叔明等合著。

章履和（一八九四—一九七五），别號消尤，又號筱游，浙江嵊縣人。保定陸軍軍官學校第六期步兵科畢業。一九三六年六月繼唐茂宏派任貴州省第二行政督察專員，即安順專員兼縣長等職。董叔明任安順縣議會議長。

是刊編纂時間爲一九三七年，章履和題寫書名，時間爲一九三七年四月。

一九三七年，全面抗戰爆發前三個月，南京政府行政院組織京滇公路周覽團，沿新建成的京滇公路進行考察，開中央考察團訪問西南邊疆民族地區之先河。周覽團準備充分，組織嚴密，「專家學者無所不包」，是一個高級别、綜合性的考察團。周覽團的考察活動，是南京政府「統一化」政策的重要内容，亦是其抗戰戰略及國防建設的組成部分，對隨後爆發的全面抗日戰争具有重要積極意義。在增進中央政府和國人對西南邊疆的瞭解、增强西南邊疆少數民族的國家認同、推進中國的早期現代化等方面，亦産生了一定的影響。

該刊是當時安順縣政府專爲京滇公路周覽團此次考察組織撰寫的資料，目録前有孫中山與蔣介石肖像，以及安順街道、地標之攝影插图（由徐紹賢、李大茀拍攝）。其中有章履和撰寫《歡迎詞》、董叔明撰寫《貢獻京滇公路周覽會對安順開發之意見》、吴咏泉撰寫《沿革》《縣政概況》、羅首明撰寫《名勝古迹》與《物産》、黄元操撰寫《風俗》、戴子如撰寫《商情》、杜伯塤撰寫《中國國民黨貴州省第二區黨務組織及現狀》、穆潤琴撰寫《安順新生活運動促進會工作概況》、羅勝祥撰寫《安順社會教育概況》。從歷史、古迹、民風、物産、黨務、社會、教育等方面描述安順地區之情况，是記録民國時期安順社會狀況的重要史料。

今據民國鉛印本影印。

（姜兆睿）

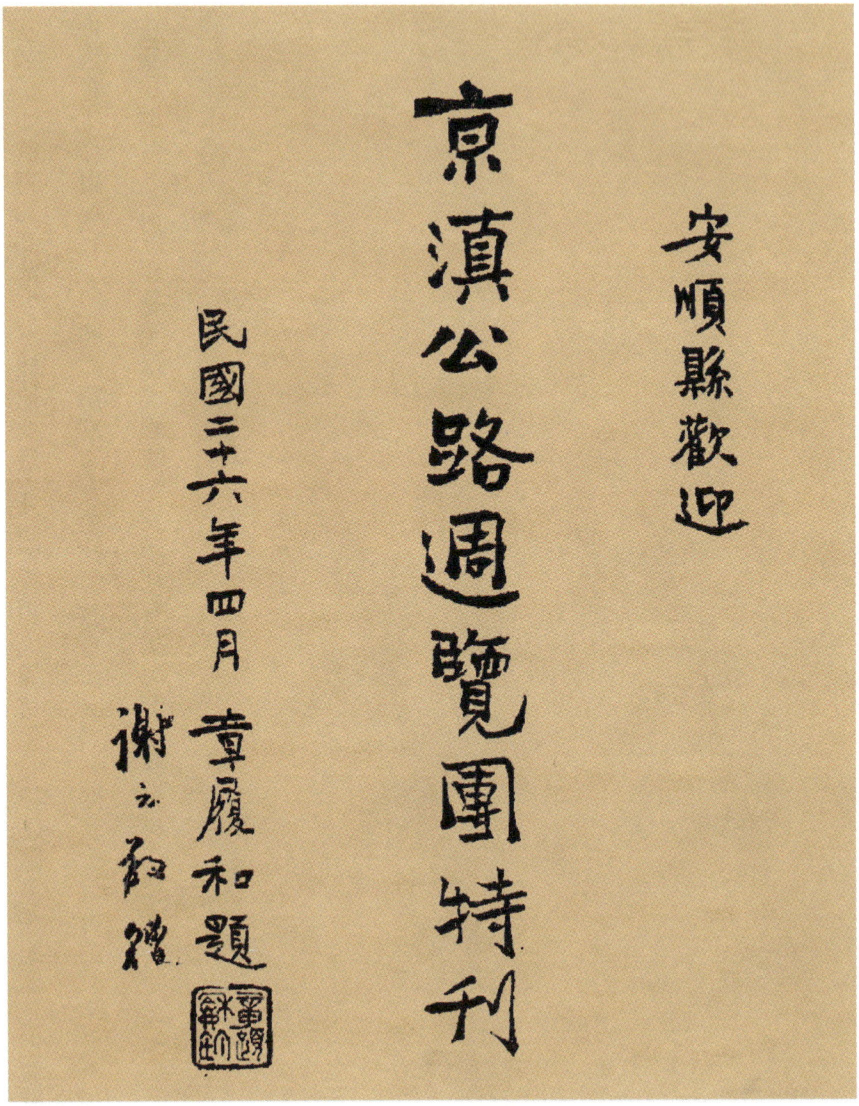
安順縣歡迎
京滇公路週覽團特刊
民國二十六年四月
章履和題

清鎮縣政彙刊

《清鎮縣政彙刊》，李大光編纂。

李大光（一九〇四—一九九〇），廣東省始興縣人。中華人民共和國成立以前曾任清鎮、興義、貴陽等縣縣長。民國二十六年（一九三七）三月李大光主政清鎮縣，編纂《清鎮縣政彙刊》一册。中華人民共和國成立以後任貴州省文史研究館館員、貴州省方志辦顧問等。

大光有序曰：「以一年來施政狀況，彙爲一編，謀所以檢查過去，策勵將來；且以清鎮縣志缺如，現經纂修，而書成有待，乃將沿革、疆域、風俗、人口、城垣、村寨，各項有關文獻者，附入卷首，以待考訂。」

其内容有八個部分，一、插圖：總理遺像、遺囑、清鎮縣疆域圖。二、概況：疆域、沿革、山川、城垣、市鎮、村寨。附表、人口、名勝插圖、種族、風俗。三、民政：行政組織、行政經費。附預算、保甲。附表：編查情况、團隊、禁烟。附表：市廟登記、倉儲、建修監獄、創修縣志；四、財政：國税。附表：省税。附表：田賦。附表：地方財務經費。五、教育：教育行政、小學教育。附表：義務教育、社會教育。六、建設：交通、農林水利；七、附録。八、贅言。

《清鎮縣政彙刊》雖爲「報告一年來經過之工作」，却是民國時期關於清鎮的重要史料。如其插圖《鎮西衛扶風閣》，保留了扶風閣大門的面貌。其因年久失修，於一九五六年拆除，後重建，可以參照。

今據民國二十六年（一九三七）鉛印本影印。

（姜兆睿）

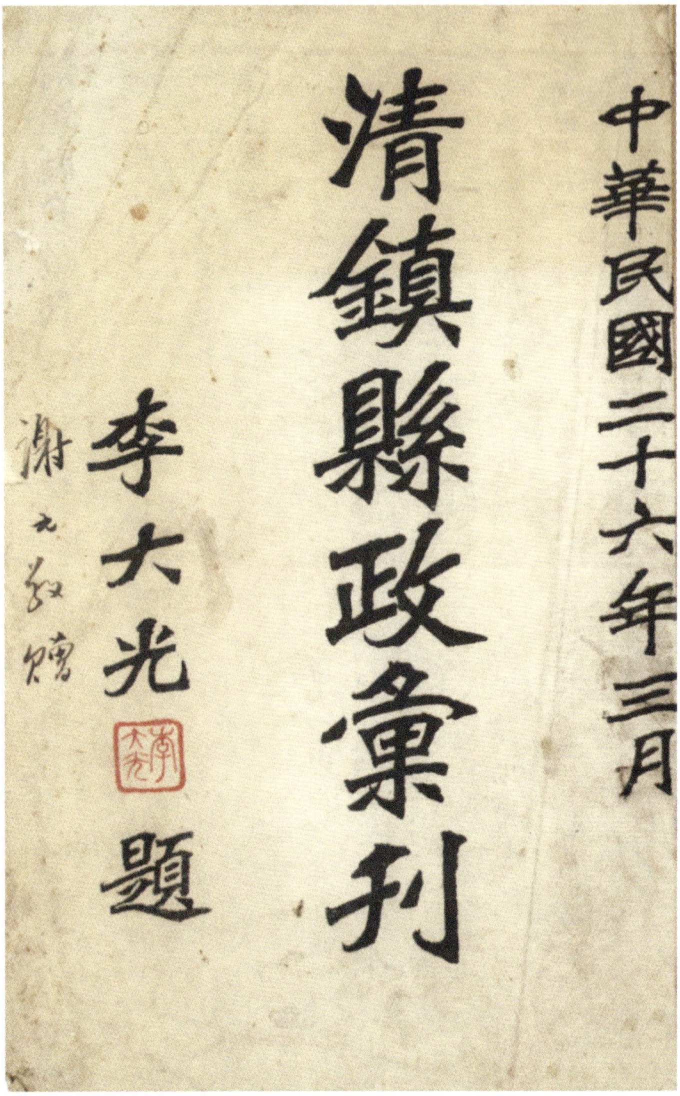

貴州省清鎮縣縣政彙刊目錄

插圖

概況

民

紫雲縣社會調查

《紫雲縣社會調查》，劉國璋等編。

劉國璋（生卒年不詳），安徽霍丘人。任紫雲縣縣長；一九四五年成立紫雲縣文獻委員會，任主任，編《紫雲縣社會調查》。

全書凡九章。第一章「歷史」，第二章「地理」，第三章「人文」，第四章「經濟」，第五章「政治」，第六章「文化」，第七章「建設」，第八章「軍備」，第九章「動員」。除第一章僅有「沿革」一節外，其餘每章均分若干節，綱舉目張，頗爲條貫。

第一章雖僅有「沿革」一節，而叙清之歸化廳何以更名今之紫雲縣的由來，公安局、建設局、財政局、教育局等機關的成立。第二章「地理」，在傳統《地理志》記録疆域、山脉、河流、關隘、城垣、官舍、名勝之外，别增地勢、地質、土壤等目，較有現代科學意識。第三章「人文」增「宗教」「生活習慣」等目，第四章「經濟」增地方預算、决算，礦業、工業、商業、出口、合作社、貨幣與金融等目，第五章「政治」述倉儲、兵役、糧政、工役、衛生、司法等，第六章「文化」分述國民教育、社會教育、中等教育，頗見社會分工的細密。第七章「建設」，記述郵局、電報電話及多條縣道公路的建設，第九章記述征工二千二百人修築關索嶺壩陵橋一帶滇黔公路、民國二十九年（一九四〇）九月一日至三十年（一九四〇）五月修築安順飛機場等，爲周邊地方志所不載，較有價值。尤其是第八章「軍備」記述紅軍過境，曰：「二十四年（一九三五）四月，紅軍路過縣境，歷時三日。壩陽、板當、縣城、羊場、火烘各處均有大批經過。斯時人民因聽訛傳，不明真像，趨避者多。」客觀記録，用語審慎，殊爲難得。

原本藏紫雲縣檔案館，一九六六年貴州省圖書館藉以複製。

今據貴州省圖書館一九六六年複製本重印。

（柴其斌）

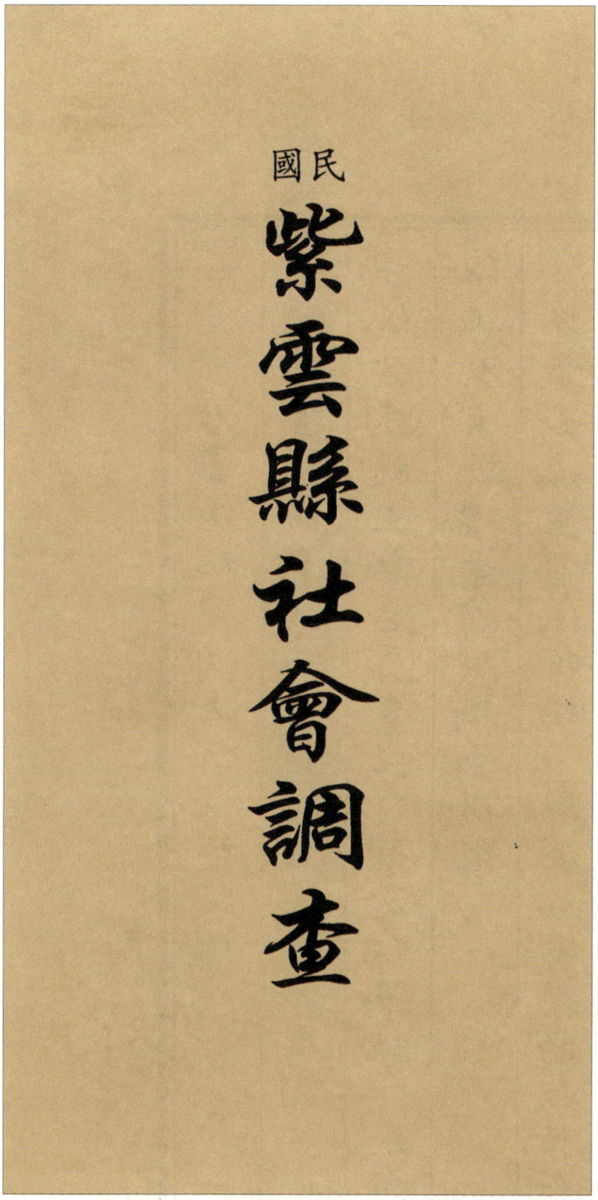

《紫雲縣社會調查》複製說明

《紫雲縣社會調查》，全書九章，民國三十四年偽紫雲縣文獻委員會主任劉國璋等編，未刊，現據紫雲縣檔案館藏稿本複製。

本書為地主官僚所編，無論在資料的收集和問題的提法上，都反映了編者的反動觀點和立場，故只能作為反面資料使用。

我館複製這本書，主要是供領導同志 科學工

紫雲縣社會 複製說明

羊場分縣訪册

《羊場分縣訪册》四卷，黄華清撰。

黄華清（一八六七—一九四一）字伴松，號十八公，貴州盤縣樂民所人。光緒中期，兩次下科未中，仍誦讀不輟，後在岩脚自行設館教書，同期從張鴻奎研習中醫。光緒三十一年（一九〇五）赴省城，肄業於貴州師範傳習所。民國十五年至二十二年（一九二六—一九三三）先後任郎岱縣政府科長等職，後在郎岱城内平街住宅開中藥鋪并行中醫。在任期間爲續修《安順府志》纂寫《羊場分縣訪册》萬餘字，另有《十八公詩集》四卷傳世。

羊場即郎岱縣岩脚區，乾隆十九年（一七五四）設巡檢，先隸安順府，後改屬郎岱廳。民國三年（一九一四）

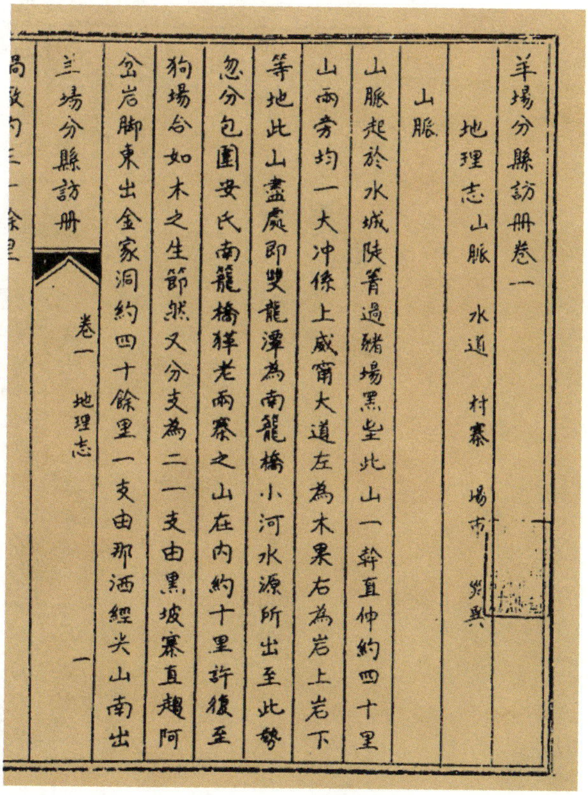
羊場分縣訪册卷一

地理志　山脈　水道　村寨　場市　災異

山脈

山脈起於水城陡箐過豬場黑㘭此山一幹直伸約四十里山兩旁均一大冲條上威甯大道左為木果右為岩上岩下等地此山盡處即雙龍潭為南龍橋小河水源所出至此勢忽分包圍安氏南龍橋祥老兩寨之山在內約十里許復至狗場谷如木之生節然又分支為二一支由黑坡寨直趨阿岔岩脚東出金家洞約四十餘里一支由那洒經尖山南出

羊場分縣訪册　卷一　地理志　一

設羊場分縣，駐縣丞於岩脚。民國二十五年（一九三六）并入郎岱縣。羊場雖名縣，而地極褊小，除縣治岩脚一地外，所轄村寨僅田家寨、羊場後寨、杉樹林、馬家坉、野馬洞、羅家寨、蘇家寨，屈指可盡，可記者自無多。又黄華清一人所纂輯，故書僅四卷，卷一地理志，卷二建置志，卷三人物志，卷四藝文志。記述簡略，如卷二「官署」「橋梁」均止一條。卷三「名宦」只張鴻逵一人。卷四藝文志占大半篇幅，除張鴻逵《恤隱堂記》一文及《郎岱四景詩》四絶外，其餘詩文皆黄華清之作，故《貴州古舊文獻提要目録》以爲「形同私人文集，甚屬無謂」。

據一九六六年貴州省圖書館《複製説明》，原稿藏安順縣圖書館，係民國二十五年（一九三六）續修安順府志時郎岱所進訪稿，複製時又删去壽序兩篇。

今據貴州省圖書館一九六六年複製本影印。

（柴其斌）

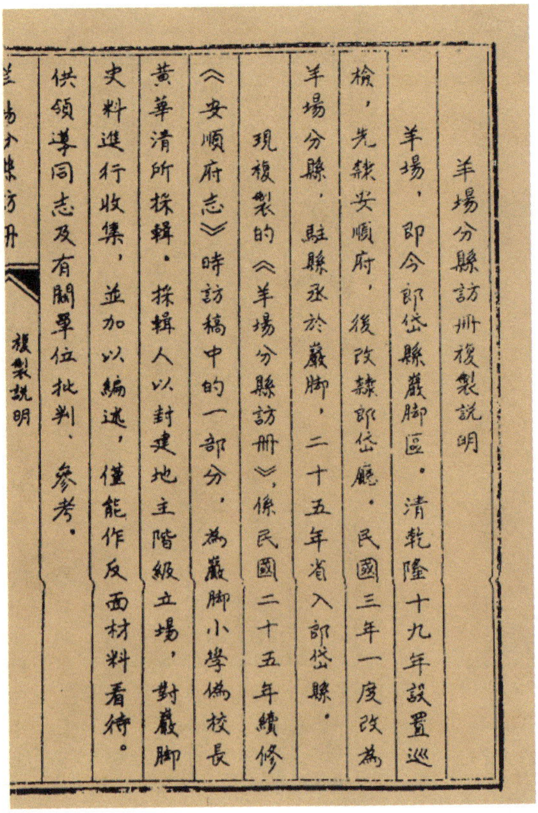
羊場分縣訪册複製説明

羊場，即今郎岱縣巖脚區。清乾隆十九年設置巡檢，先隸安順府，後改隸郎岱廳。民國三年一度改為羊場分縣，駐縣丞於巖脚，二十五年省入郎岱縣。

現複製的《羊場分縣訪册》，係民國二十五年續修《安順府志》時訪稿中的一部分，為巖脚小學偽校長黄華清所採輯。採輯人以封建地主階級立場，對巖脚史料進行收集，並加以編述，僅能作反面材料看待。供領導同志及有關單位批判、參考。

羊場分縣訪册

複製説明

（民國）續修安順府志稿

民國《續修安順府志稿》，任可澄總纂編修。

民國二十六年（一九三七）安順府志局聘請任可澄總纂編修，全書體例結構并未最終定型。所記史實起自清代咸豐，而迄於民國前期（約一八五一至一九四〇年）。其内容涵蓋原安順府親轄地（即今安順市西秀區）及府屬各州、縣、廳即郎岱、歸化（今紫雲）、鎮寧、永寧（今關嶺）、普定、安平（今平壩）、清鎮等地社會、政治、經濟、文化、民生、教育、民俗、宗教、人物等各個方面，爲後人存留了此期安順境域内若干珍貴史料。

現藏於安順市圖書館的民國《續修安順府志》稿本有兩類：一爲「初稿」六十册（各册内容長短不一，訪稿同），内容已經過初步梳理，體例基本成型；二是「訪稿」（一百四十七册），尚未梳理成型。「初稿」有地理志（五册）、古迹志（七册）、職官志（二册）、選舉志（二册）、列女志（十九册）、民生志（十六册）、土民志（三册）、新政志（一册）、雜志（一册）、營建志（署「志材」）（二册）、祠祀志（署「志材」）（二册），共十一個分志；「訪稿」有風土志（六册）、紀事志（五册）、經制志（十册）、人物志（六册）、學校志（十六册）、藝文志（六册）、金石志（一册），共七個分志。還有地理志（二十册）、職官志（六册）、選舉志（三册）、列女志

（十五册）、民生志（二十八册）、土民志（六册）、新政志（四册）、雜志（三册）、零散資料（一册）；此外，稿本尚有《續修安順府志經始概要》（内含《續修安順府志計畫書》《續修安順府志草例》《續修安順府志組織表》三項内容）及《續修安順府志采訪條例叙》兩個文本附件。現存稿本除幾份附件爲刻印件之外，其正文部分「初稿」「訪稿」均爲手钞件。

該志起自清咸豐而迄於民國初年，詳細記載了清咸豐至辛亥革命時期安順府所屬各縣的自然、社會、政治、經濟、文化、民生、教育、民俗、宗教、人物等方面的内容，是民國時期安順地方重要的史籍文獻資料。

一九八〇年由安順市（今西秀區）地方志編纂委員會組織對《續修安順府志》安順縣屬部分進行整理，獨立成志，以《續修安順府志·安順志》冠名。二〇〇九年七月，安順市地方志辦聘請貴州大學教授袁本良、安順職業技術學院教師杜應國兩位專家，對《續修安順府志》進行整理點校，題名爲《續修安順府志輯稿》，於二〇一二年十月由貴州人民出版社出版。

今據《續修安順府志輯稿》編排順序影印稿本。

（閆平凡）

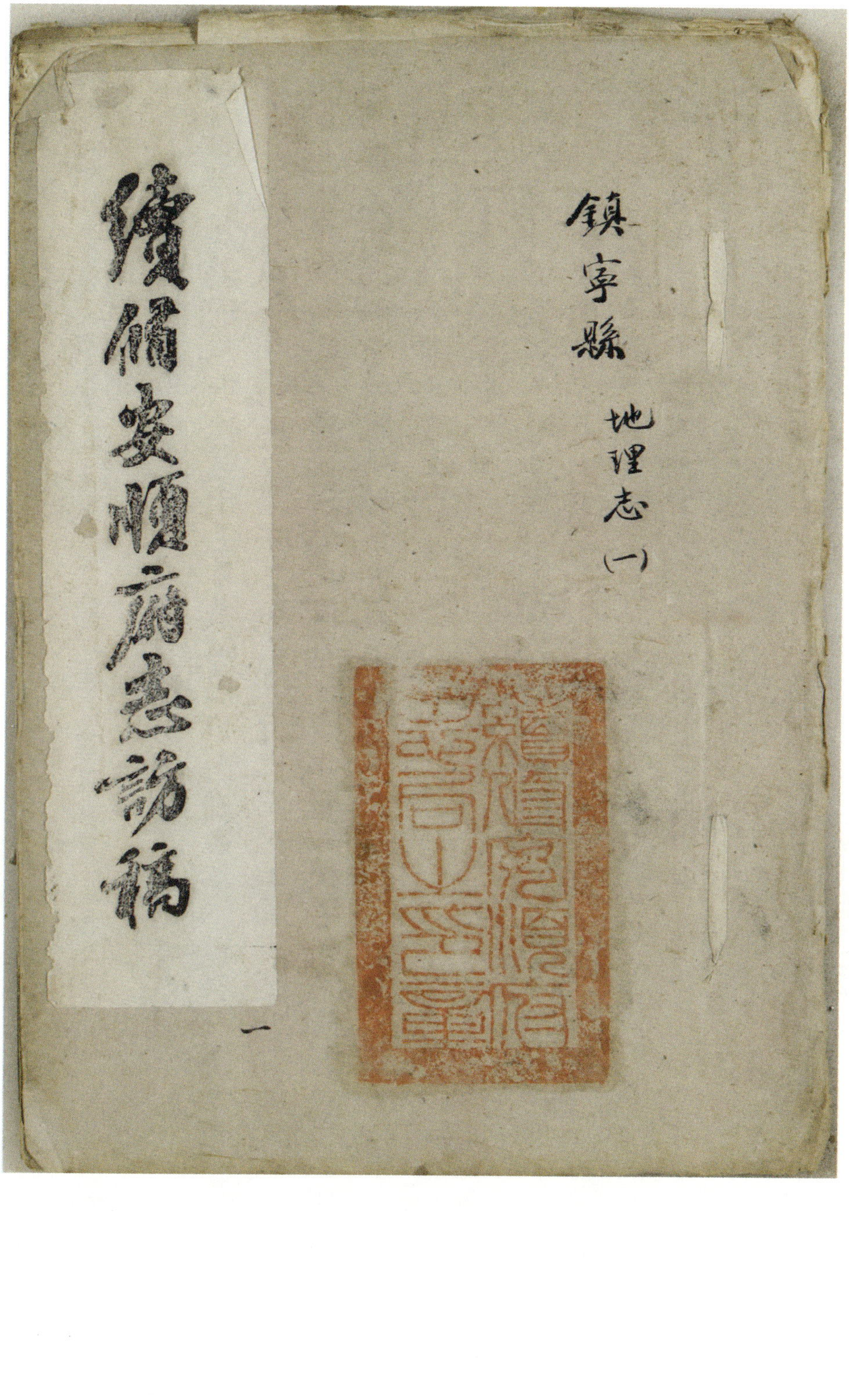
續修安順府志訪稿

鎮寧縣

地理志（一）

一

地理

地圖說明書

地面較大用二十里開方前駐歸化通判民國三年改為二等縣境地亦與舊府志前載略同惟民國四年劃撥捧花小有出入而疆里方隅亦有廣狹遠近之不同山脈水道詳於北而略於南以採訪所及僅在北方而輶軒使者又復難擬班揚補直罅漏待諸下期云爾

至省三百五十里

至本道駐所六百一十里

東至長寨界八十里舊府志圖以洛水洞居正東稱為羅斛州界非

西至關嶺界五十里

南至貞豐界二百里

北至安順界七十里

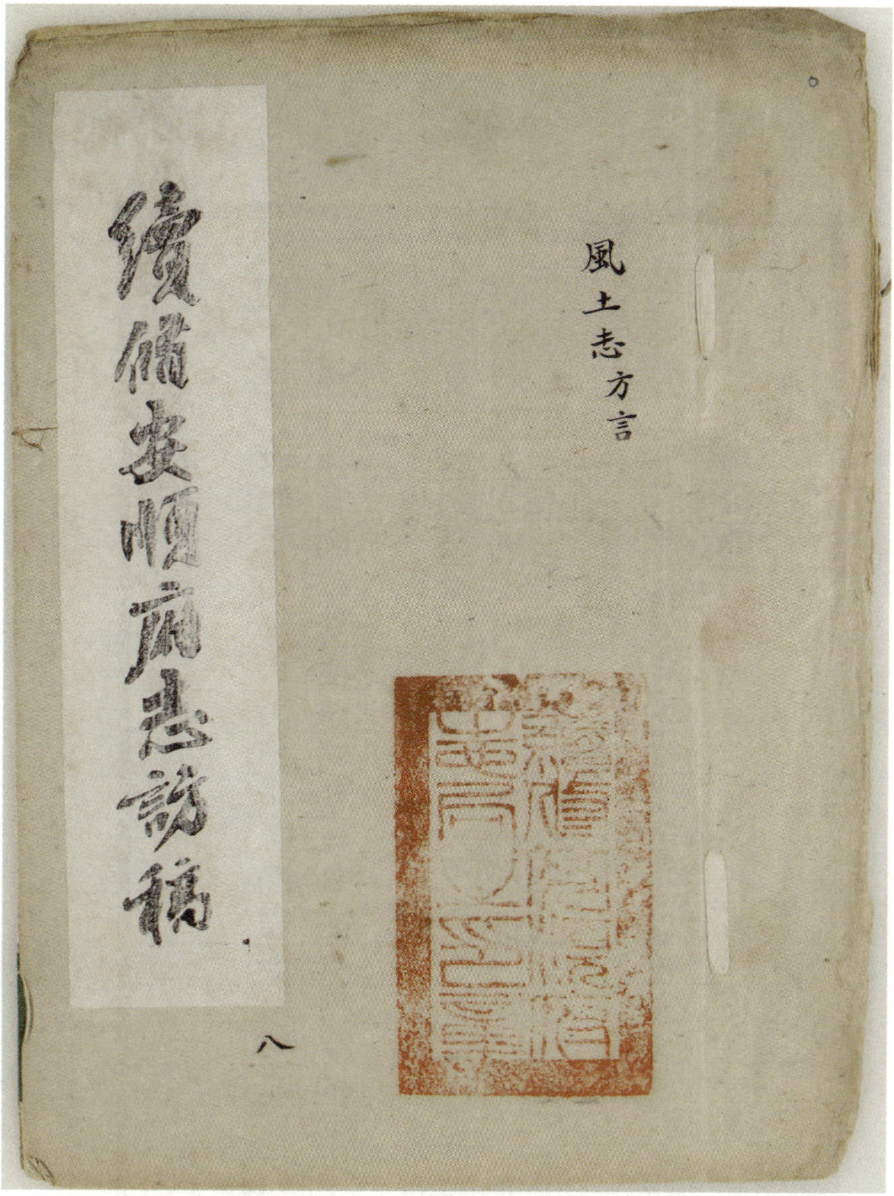

續脩安順府志訪稿

風土志方言

八

方言

諺謠

東街一枝花西街賽過他北街平平生南街苦蕎粑

按此諺謠蓋言街市繁盛彼勝於此自然之趨勢也係民國以前謠今畧異

哩哩喇董董腔討媳婦嫁姑孃

按此諺謠蓋言迎娶須管樂以成婚禮也

一顆豆子圓又圓推成豆腐賣成錢人人說我生意小小小

生意賺大錢

按此諺謠蓋言社會經濟勿以大而爭之勿以小而忽之

少小讀書不用心不知書內有黃金早知書中黃金貴高點

明燈到五更

續修安順府志稿

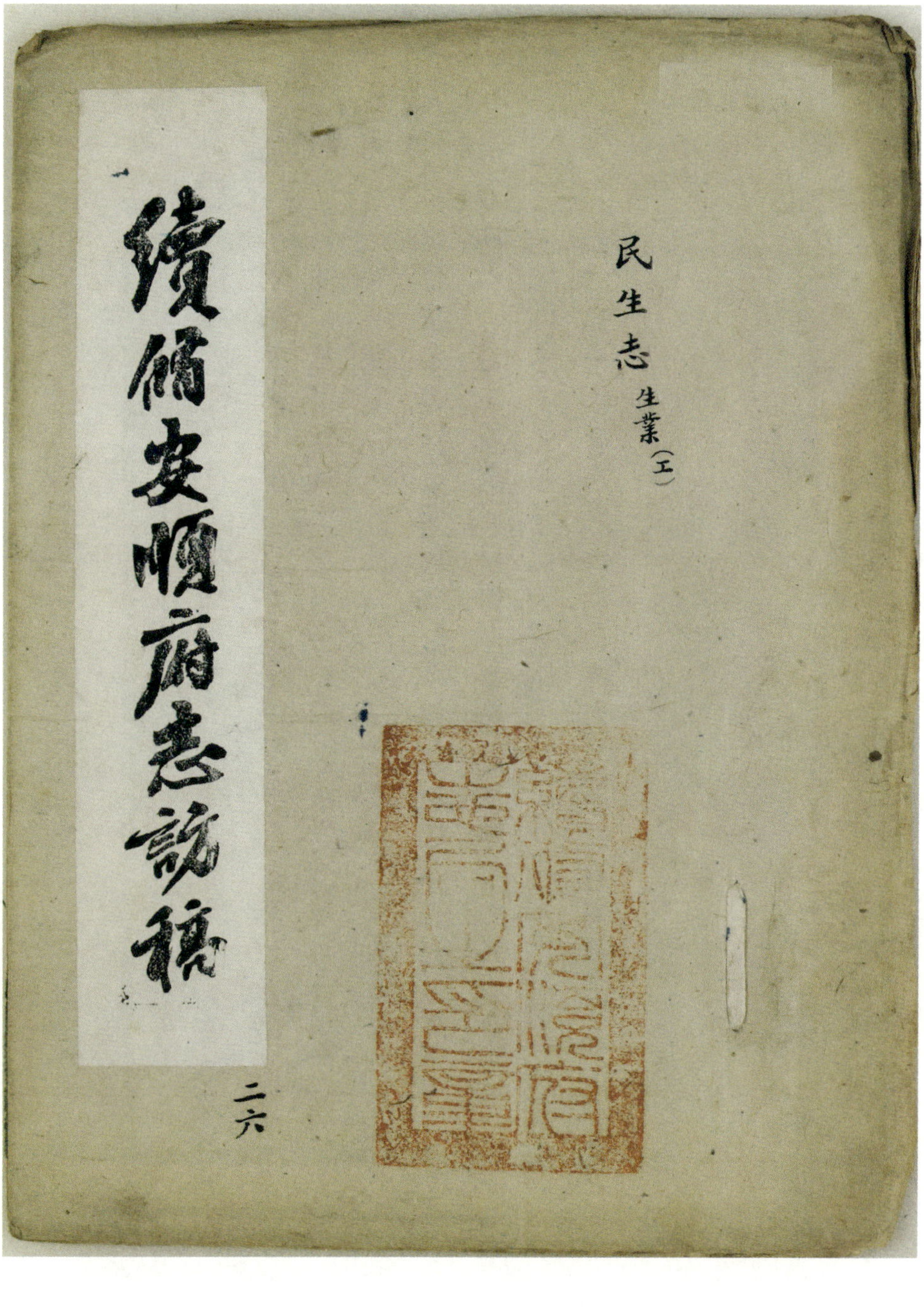
續修安順府志稿
民生志
生業（工）
二六

善舉

福建會館供俸天后聖母神像係福建客人黃葵黃謙等捐資修理創於康熙年間沿至宣統末年俱有培修改造之事如夏曆七月十五日中元勝會必須召集僧道諷經捧懺秉燭焚香鳴炮化錢已五晝夜為限名曰超度孤魂埜鬼凡名列孤魂牌者按名送給包袱錢紙金銀錁錠此外有義園三處一在大營盤一在小坡脚一在鳳凰山脚凡同鄉有願埋葬者皆可到此地埋葬是亦善舉之一端也

江西會館有義園三處一在龍井山一在鳳凰山前面一在江西坡前面

兩廣會館有義園一處在爾家冲寨子左側

以上各處義園均立有界石為限

續修安順府志稿

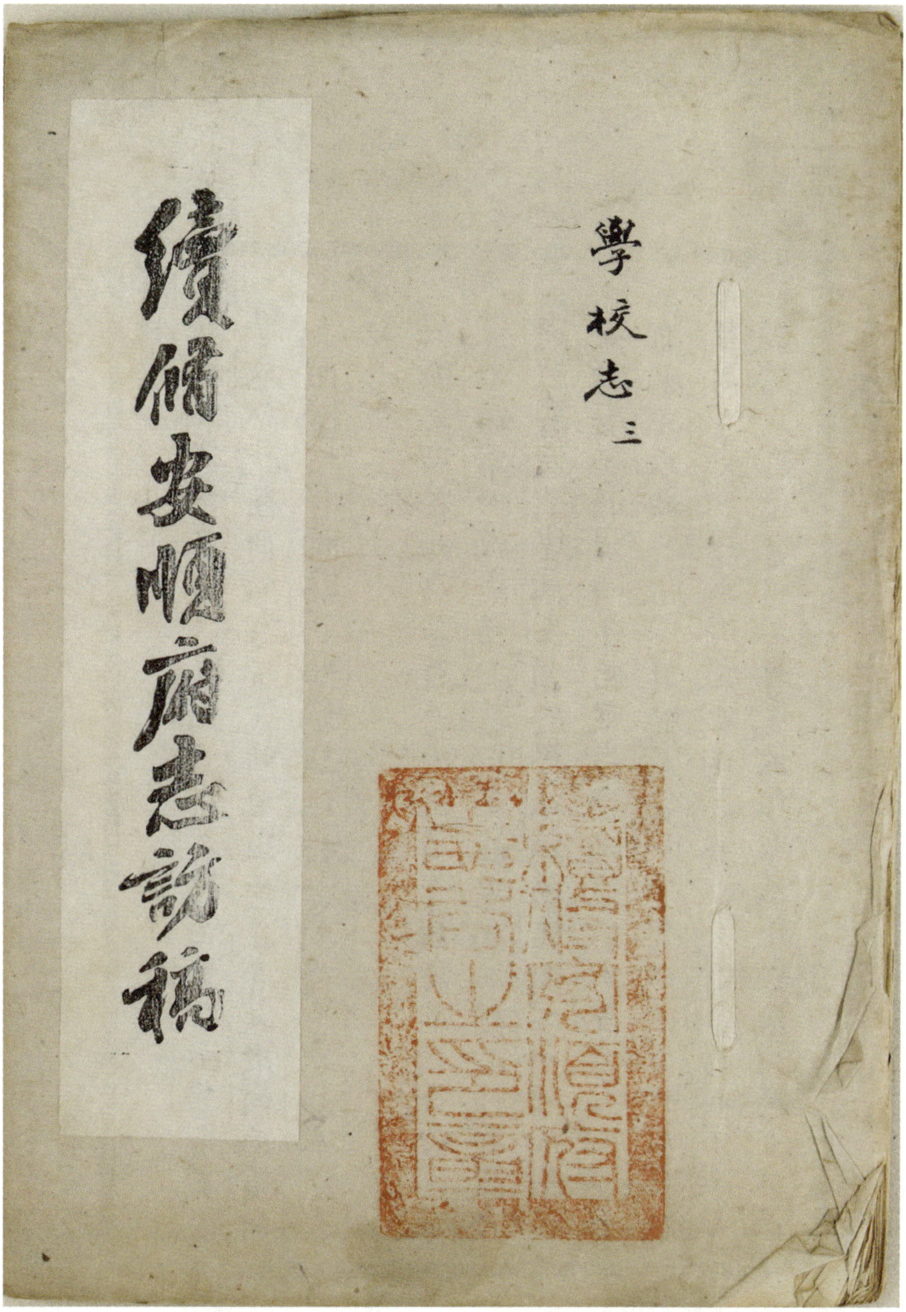
續修安順府志稿
學校志 三

學校書院第十一

例以從前科舉時代學額若干名學田若干畝學官幾員學政試院在何所書院幾所地址何在膏火從何取資何人所修何時所廢均細察兹以採訪所得彙次如左

學額

安順之地於明初盖有普定威清平壩安莊四衛學而永寧州鎮寧州咸無學附普定安莊安南三衛厥後普定升府改普定衛學為安順府學及鎮西建衛亦無學而附於安順府學順治四年始定歲科兩試取附學生之例安順自順治末始入版圖其時有安順府學威清平壩安莊三衛學康熙三十八年巡按王燕奏請增貴州學校於是始設普定縣永甯州二學是時鎮寧為中學歲科試入文武

書名索引

（以漢语拼音爲序）

A

H

S

Y

Z

著者索引

（以漢语拼音爲序）

C

D

F

G

H

安順亡佚著作存目

《安順亡佚著作存目》（以下簡稱《存目》）彙集清代安順府所轄八屬之地，即府親轄地；郎岱（今六枝特區）、歸化（今紫雲縣）二廳；鎮寧、永寧（今關嶺縣）二州；普定、安平（今平壩區）、清鎮（今清鎮市）三縣範圍内或已亡佚但有目可查的著述。

《存目》所録書目，主要依據《中國古籍總目》《民國時期總書目》《貴州省古籍聯合目録》《貴州通志·藝文志》《貴州古舊文獻提要目録》、（咸豐）《安順府志》《續修安順府志輯稿》、（民國）《貴州通志·人物志》（安順部分）等的目録以及其他傳記著作進行統計，府州縣地方志所載録之書目，新編方志人物志，和海内外公共圖書館、博物館、大專院校圖書館收藏的與上述安順地域有關之各類著作爲基礎編制。

《存目》收録範圍，主要爲一九四九年以前安順籍作者之著作及外籍作者與安順相關之著作。

《存目》按照時代，分明、清、民國三節，亡佚方志列於文末。

另有家譜一類，多藏於私家，寓目無多，無以描述，未列入存目。

存目所收著述，著者資料多有不全者，僅就所見作出記述；另有《提要》部分已收作者，以「事迹見《提要》所記」提示。

因公私藏書，或有未公布書目者，或有書目而未能寓目者，亡佚之書未能遍收，又此所言「亡佚」或有存世者，待日後補充修訂并請方家指正。

◆明代

《宋元品藻》 汪大有撰。大有，安順人。正德十一年（一五一六）舉人，官金華縣知縣。

《陶陶亭集》 汪大有撰。

《棄遺集》 黄裳撰。裳，字魏門，平壩人。隆慶元年（一五六七）拔貢，萬曆副榜，官雲南定遠知縣。

《官箴便覽》 黄裳撰。

《寶善堂制藝》 黄宇撰。宇，字禮門，平壩人。萬曆四年（一五六七）舉人。官廣西潯州知府。

《閩紀》 黄運昌撰。運昌，字鼇潭，平壩人。萬曆三十四年（一六〇六）舉人，官北直隸永平府知府。

《黔紀》 黄運昌撰。約成書於萬曆年間。

《七愛三羞集》 黄運寧撰。運寧，字瑶潭，平壩人。萬曆三十四年（一六〇六）丙午科副榜。

《三元秘訣》 伍維新撰。維新，鎮寧人。萬曆二十二年（一五九四）舉人。

《峨石齋集》 蔣勸善撰。勸善，字夢範，清鎮人。萬曆四十三年（一六一五）舉人。

《秦游草》 蔣勸善撰。

《養志堂集》 黄衷湛撰。衷湛，字隗初（《平壩縣志》作浣初），平壩人。天啓四年（一六二四）舉人。

《燕翼集》 黄鼐撰。鼐，字其章，平壩人，崇禎十二年（一六三九）己卯拔貢。

《煙霞集》 黄皚撰。皚，字赤城，平壩人。崇禎間選貢，官湖廣黔陽知縣。

《太和記》四卷 何三鳳撰。三鳳，平壩人。明季廩生。天啓、崇禎間隱於九家堡等鄉間，明亡不復出。《安順府志·人物志》入「隱逸」。

《透意録》 何三鳳撰。

《正氣歌詩》 何三鳳撰。

《稱泉詩集》 王珣撰。珣，原籍四川廣安，崇禎間仕安，後居永寧州募役司。

《攻玉集》 趙維垣撰。維垣，關嶺人。

《花關索貶雲南傳》（説唱本） 作者佚名。選自成化十四年（一四七八）永順書堂重刊新編全相説唱足本《花關索傳》。

◆清代

《益老堂詩集》　梅建撰。梅建事迹見《提要》所記。

《常集》　梅建撰。

《夢草軒集》　梅廷標撰。廷標，安順人。康熙二十五年（一六八六）舉人，三十九年（一七〇〇）進士。

《璞岩集》　潘熙撰。熙，又名珍，字席待，一字殿衡，號璞岩，晚號平山，清鎮人。康熙二十六年（一六八七）丁卯科副榜，官湄潭、施秉教諭，遷清浪衛教授。原有光緒初家刻本，佚。今所存潘熙《學釣詩集》見貴州省圖書館藏原金沙潘氏家藏《潘氏八世詩集》本，已收録。

《懷歸集》　吴君爵撰。君爵，關嶺人。康熙二十九年（一六九〇）副榜，授貴陽教授。

《吴教授集》二卷　吴君爵撰。

《公餘集》　王道撰。道，字無近，一字聖謨，平壩人。康熙三十五年（一六九六）進士，官知縣。

《雲何山人詩鈔》　王恩誥撰。恩誥，字雲軸，號雲何山人，安順人。諸生，官四川知縣。

《雲何山人文鈔》　王恩誥撰。

《雲何山人詩文集》　王恩誥撰。

《金篦録》十二卷　王複撰。複，字芳亭，號七來，安順人，諸生。

《軒歧外傳》　謝學全撰。學全，字貫之，關嶺人。

《藥性歌》　謝學全撰。

《脉要》　謝學全撰。

《毓英堂文集》　陳恭錫撰。恭錫，字遜菴，號允軒，平壩人。康熙三十八年（一六九九）舉人。官直隸豐潤知縣。娶同里槎頭堡譚瑞女爲妻，生三子：法、浩、澄。

《止軒詩集》任衡撰。衡，字長鈞，一字止軒，清鎮人。康熙三十八年（一六九九）舉人，官樂昌知縣。

《止軒詩話》　任衡撰。

康熙《樂昌縣志》十卷　任衡撰。

《授鶴草》六卷　陳浩撰。浩，字集生，號雨泉，平壩人。康熙中貢生，選昌平知州，後升正定知府。原稿佚，《黔南陳氏族譜》僅存自序。

《敬臨堂案稿》八卷　陳浩撰。公牘文集，未付梓，已佚。

《坐嘯軒集》　梅廷楨撰。廷楨，字仔宸，安順人，康熙中歲貢，官平遠州學正。

《坐嘯軒次集》　梅廷楨撰。

《毛詩集解》　吴奭撰。奭，字召虎，號廣被，別字循南，康熙中歲貢，官清鎮訓導。

《四書注疏》 吳奭撰。

《樵隱詩集》 吳奭撰。

《硯莊文集》 吳奭撰。

《白雲文集》 吳奭撰。

《皇途游草》 黄士騆撰。，字季士，平壩人。康熙四十七年（一七〇八）舉人。

《藉鑑軒》 黄士騆撰。

《病餘草》 黄士騆撰。

《杜詩集注》 梅瑋撰。瑋，字葉鳴，安順人。康熙四十七年（一七〇八）舉人

《松園詩集》 譚廷愷撰。廷愷，字松園，平壩人。康熙五十二年（一七一三）舉人，由舉人官學正。原稿佚，僅存陳法序，題《舅父松園先生集序》。

《性理解》 何泌撰。泌，字次季，平壩人。雍正四年（一七二六）舉人。

《養和文集》四卷 何泌撰。

《蠹餘詩鈔》 陳澂撰。澂，字秋潭，號珠泉，平壩人。乾隆二年（一七三七）進士，官溧水知縣。道光間陳體正整理。於蠹蟲蝕餘中得稿，已大半不全，僅據完好者抄存，故名之曰《蠹

餘詩鈔》。原稿佚，《黔南陳氏族譜》僅存陳銛序。

《素履堂文稿》 譚盤基撰。盤基，字石安，平壩人。乾隆十八年（一七五三）舉人。歷官廣東開建知縣、天水府知府。

《獺集》 黄燮撰。燮，字季士，平壩人。嘉慶四年（一七九九）進士。

《時文遺稿》 黄燮撰。

《聞之時文鈔》二卷 陳若疇撰。陳若疇事迹見《提要》所記。

《敬和堂文稿續集》 陳體正撰。體正，字貞堂，平壩人。嘉慶十二年（一八〇七）舉人。原稿佚，《黔南陳氏族譜》僅存穰大田序。

《琅圃遺詩》 蕭培琳撰。琳，字琅圃，關嶺人，嘉慶十二年（一八〇七）舉人，授開州學正，遷鎮遠教授，改大定，卒官。

《庶常集》二卷 張日晸撰。張日晸事迹見《提要》所記。

《編修集》一卷 張日晸撰。

《儀禮韵言》 張日晸撰。

《周易常解》 梅克芳撰。克芳，字雨坪，安順人。嘉慶二十四年（一八一九）進士，官内閣中書。

《琅圃遺詩》 蕭培琳撰。培琳，字琅圃，關嶺人，嘉慶十二年（一八〇七）舉人，授開州學正，遷鎮遠教授，改大定，

卒官。

《讀史録鈔》二十四卷 梅占元撰。占元，安順人。道光元年（一八二一）舉人。

《存心章》 楊茂材撰。茂材，字梓圃，關嶺人。道光二年（一八二二）進士，選授廣東西寧知縣。

《存心章制藝二十一藝》 楊茂材撰。

《間架結構》一册 梅希之撰。希之，字汝賢，安順人。道光九年（一八二九）拔貢。

《了我軒詩文集》 何榮章撰。榮章，又名焺，清鎮人。何威鳳祖父，寄學貴筑。道光九年（一八二九）進士，官直隸廣平知府。

《逢春賦草》 李逢春撰。逢春，平壩人。道光十五年（一八三五）舉人，曾主講貞豐州書院。

《讀史管見》 黄晋陞撰。晋陞，平壩人。廩生。

《研精室詩文集》 黄晋陞撰。

《心海文稿》 黄錦源撰。錦源，平壩人。廩生。

《河干見聞録》 黄心培撰。心培，安順人。道咸間庠生。

《胡盧集》 黄心培撰。

《讀書管見》 張志正撰。志正，字矩堂，平壩人。貢生。書成於道光間。

《軍事紀略》二册 岳韓川撰。韓川，字東之，安順人。道光二十三年（一八四三）解元。

《瓣香齋詩集》 周培錦撰。培錦，字焕之，平壩人。道光二十三年（一八四三）舉人，官直隸遷安知縣。

《東屏文集》 周培錦撰。

《槎頭小志》二卷 譚烺撰。烺，字曉村，平壩人，道光間廩生。

《五經析疑》 周培澤撰。培澤，字潤之，平壩人。廩生，卒於咸豐四年（一八五四）。

《南北游小草》 龍運光撰。運光，字伯榮，關嶺人，道光二十九年（一八四九）拔貢，朝考授教官。

《餘慶堂詩文集》 陳嵩齡撰。嵩齡，鎮寧人。咸豐五年（一八五五）舉人。

《硯耕堂文集》 白玉章撰。玉章，字文林，號琢庵，鎮寧人。同治元年（一八六二）貢生。

《迎推遺法》 丁澤安撰。丁澤安事迹見《提要》所記。

《晚香雜著》 張承陶撰。承陶，字欽五，平壩人。同治六年（一八六七）舉人，主講治平書院。

《檇莊詩鉢》 張承陶撰。

《楹聯集語》二卷 楊樹撰。楊樹事迹見《提要》所記。

《松窗小志》三卷　楊樹撰。

按：楊樹手繕書存目：《古文讀本》三十二卷，《古詩選》四卷，《紀平蘇詩》八卷，李、杜、陳後山、陳簡齋、陸務觀詩各二卷，虞伯生、劉靜修詩各一卷，《古今懿訓録》八卷，《駢體文》八卷，《水經注摘録》八卷，《唐詩選本》八卷，《晋書鈔雋》四卷。共約百卷，佚。

《經驗救急便方》　楊志仕撰。志仕，《貴州通志·藝文志》作志仁，安順人。歲貢。成書年代未詳。

《四書正字訓蒙》　葉增光撰。增光，號益齋。永寧州學明經。

《詩禮家課》　吴寅邦撰。吴寅邦事迹見《提要》所記。

《訓蒙五家經》　吴寅邦撰。

《圍爐絮語》四卷　郭臨江撰。臨江，字春帆，安順人。同治九年（一八七〇）副貢，官思南訓導兼印江教諭。

《石農遺詩》二卷　郭臨江撰。

《濃花野館詩鈔》　郭臨江撰。

《思南吟草》　郭臨江撰。

《黎峨吟草》　郭臨江撰。

《北上紀録》　羅興士撰。興士，字志先，平壩人。同治十二年（一八七三）舉人，官廣順州學正。

《長春山房文集》十卷　段雲光撰。雲光，字緝熙，鎮寧人。光緒元年（一八七五）恩貢，官都匀教授。

《長春山房詩集》十卷　段雲光撰。

《四書精義》二十卷　段雲光撰。

《虚者實之》四卷　段雲光撰。

《詩韵可讀》二卷　段雲光撰。

《游於藝》十六卷　段雲光撰。

《制藝正宗》　黄明撰。明，字鏡虚，安順人。光緒二年（一八七六）舉人，官湄潭教諭，曾主講安順鳳儀書院。

《漢書箋釋》　黄明撰。

《陳修園公餘十六種辨正》　黄明撰。

《卒歲樓文集》　梅有心撰。有心，鎮寧人，光緒二年（一八七六）舉人。

《力古堂文集》　梅瑀撰。瑀，字慕蘧，安順人。

《宋儒學案節録》　李錦心撰。錦心，字少白，郎岱人。光緒二年（一八七六）舉人。曾主講岱山書院。

《理學實踐録》　李錦心撰。

《雲山房詩稿》　李錦心撰。

《張天如史論詳注》十二卷　李錦心撰。

《金山衛廟學紀略》一卷　任焕奎撰。焕奎，原名秋元，字實之，又作石芝，安順人。光緒三年（一八七七）進士，官江蘇吴縣知縣。

《孝悌録》　任焕奎撰。

《五服圖制考》 任焕奎撰。

《江南鳳陽府籍屯田農民不入夷家考辨》 任焕奎撰。

《芸窗首戒文》 宋德淵撰。德淵，安順人。庠生。

《鹿筵詩鈔》 趙廷賓撰。廷賓，字鹿筵，平壩人。光緒四年（一八七八）歲貢。

《思誠齋文集》 羅興仁撰。興仁，字壽安，平壩人。光緒四年（一八七八）歲貢，主講治平書院。

《蘭香山館詩文集》 蔣錫周撰。錫周，鎮寧人。光緒六年（一八八〇）貢生。

《兵燹事略》 王汝震撰。汝震，字東甫，平壩人。歲貢生，光緒中卒。該書又名《安平兵燹紀略》。

《史腴評要》十二卷 董懋藩撰。懋藩，字次屏，安順人。光緒十一年（一八八五）舉人，官修文訓導。

《養晦書屋詩稿》二十二卷 董懋藩撰。

《何東閣詩草》 何威鳳撰。何威鳳事迹見《提要》所記。

《啖芋軒詩文稿》六卷 何威鳳撰。

《醒心集》 張建勛撰。建勛，安順人。歲貢，官訓導。

《寒碧堂詩文集》 陳鳳儀撰。鳳儀，字鳴歧，安順人。光緒十五年（一八八九）舉人。曾主講鳳儀書院。

《公篤草堂遺稿》 劉懋森撰。懋森，字瑞堂，桐梓人，寄籍清鎮。光緒十五年（一八八九）舉人，官教授。

《拙樓詩文賦鈔》 周慊撰。慊，字蓬舫，平壩人。光緒二十年（一八九四）舉人。

《禽言》 周慊撰。

《鐙虎》 周慊撰。

《汲清香稿》一册 賴爲藩撰。爲藩，號平章，清鎮人。

《覺世經詩集》 陳雲龍撰。雲龍，字雨蒼，安順人。拔貢。歷任印江、務川、遵義、安南教官。

《劍氣齋文集》 陳鳳崗撰。鳳崗，字藻騫，安順人。光緒二十三年（一八九七）舉人。

《紉秋小草》一卷 陳蘭脩撰。蘭脩，女，安順人。適同邑舉人任同熙。

《正始集》 陳淑秀撰。陳淑秀事迹見《提要》所記。

《瓊花仙館詩集》 封焕文撰。焕文，字藴卿，安順人。主要活動在光緒年間。該書由《筆峰草堂筆記》和《國香醉紅録》總成，手訂者凡三百三十六卷，未刊行。民國《續修安順府志輯稿·藝文志》存姚大榮序。

《南鳩行詩稿》 龔克端撰。克端，字正之，安順人。諸生。

《惜字編》 郭鴻模撰。鴻模，字炯然，别號得一居士，安順人。民國《續修安順府志·人物志》入「隱逸」。

《**家食制録譜**》　郭鴻模撰。

《**松軒集**》　黄建中撰。建中，號立夫，安順人。曾任荔波縣教諭。

《**醒世録**》　趙鐘棫撰。鐘棫，字友莪，安順人。

《**二勿齋文稿**》　張轓新撰。轓新，清鎮人。庠生。

《**鳴竹軒詩草**》　張軺新撰。

◆民國時期

《**黑水三危考**》　黄元操撰。黄元操事迹見《提要》所記。

《**楓業山館遺集**》　羅崑崎撰。崑崎，字黔山，安順人。一九〇三年留學日本。

《**留東見聞志**》　羅崑崎撰。

《**教育瑣言**》　羅崑崎撰。

《**貴州辛亥革命憶略**》　陳純齋撰。純齋，平壩人，貴州自治學社負責人之一，辛亥革命後曾任大漢貴州軍政府參謀、中華民國總統府諮議兼國史館編修。

《**中國上古音樂史論叢**》　張清常撰。清常，安順人。一九三〇至一九三八年先後在北平師範大學、清華大學研究院學習，歷任浙江大學、西南聯大、南開大學教職。該書一九四四年重慶獨立出版社出版。

《**實用土壤學**》　龍幼安撰。幼安，又名繼平，郎岱人。早年留學日本，早稻田大學農學系畢業，又入東京帝國大學農學系深造。曾任貴州省立職業學校校長、貴州省農業學校校長。有《植物病理學》《果樹原理學》《實用總論》等譯著，皆佚。

《**名言類輯**》　楊錫光撰。錫光，原籍織金，入安順福音堂教會學校學習後，於民國初年到普定、等堆主持敬一學校（教會辦）校務。

《**酒色財氣**》　楊錫光撰。

《**中國文學史雛論**》　曾叔凡撰。叔凡，又名昭斌，平壩人。清末畢業於昆明礦業大學。曾任總統府顧問、國會衆議員，一九三〇年任平壩教育局局長。

《**平壩詩集**》　曾叔凡撰。

《**物質觀之革命**》　胡星伯撰。胡星伯事迹見《提要》所記。

《**機電學基礎**》　胡星伯撰。

《**何小新**》　吴泰封撰。泰封，原名吴汝勵，號勵生，布依族，普定人。一九三八年組織普定民族文化促進會，任常務理事長。

《**文盲**》　吴泰封撰。

《**子光死裏逃生**》　吴泰封撰。

《作文要訣》 吴永鑫撰。永鑫，號雲麓，平壩人。清末秀才，長期在安順平壩一帶任教。

《段公雲光傳》 魯士杰撰。魯士杰事迹見《提要》所記。

◆亡佚地方志存目

（明）《安順州志》 編修者及卷帙無考。未見文獻著録。有佚文存。弘治《貴州圖經新志》有引文。

（明）《威清衛志》 編修者無考。未见著録，存佚文。弘治《貴州圖經新志》有引文。

（同治）《清鎮縣志稿》 （清）熊人惠撰。人惠，清鎮儒士，勤於教學，留心志乘。聞作有本縣志稿，今失。

（崇禎）《平壩衛志》 （明）譚先召撰。先召，字賓綸，平壩人。崇禎十五年（一六四二）舉人，官四川叙州知府。

（康熙）《平壩衛志稿》 （清）盧大濟撰。大濟，湖廣沔陽人，舉人出身，能文善詩。康熙三年（一六六四）任平壩衛守備，創《志稿》以交後任。學問淵博，才識明敏。安平肇造之功，自大濟始有傳。

（康熙）《安平縣志》 （清）黄亮撰。亮，漢川人，進士，輯有志稿四十篇。

（道光）《安平縣志》 （清）徐玉章撰。玉章，字厚之，號南坨，浙江歸安人，嘉慶四年（一七九九）任安平知縣，創建治平講堂三間，設社倉，捐買東門外義蜍，除暴安良，道光二年（一八二二）手輯志稿七十二篇。

（正統）《普定衛志》 孫鐸撰。鐸，字文振，洛陽人。正統間任職普定衛學。《貴州圖經新志》載其：「嘗典衛學，訓迪勤懇，士以科第多出其門。」

（弘治）《普定衛志》 汪大章撰。大章，安順人。弘治十二年（一四九九）進士，歷官參議。

《景泰以下志稿》 婁廣撰。廣，安順人。《黔記》入「隱逸」，載其「甘老布衣，隱大林山」。或曰普安人。

（正德）《普定衛志》 潘瑞撰。瑞，安順人。正德十一年（一五一六）舉人，歷官雲南參議。

（正德）《普定衛志》 汪大有撰。大有，見前。

（乾隆）《永寧州志》 （清）謝庭薰撰。庭薰（一七二八—一七九九），字自南，號韶莊，別號捧日生，貴陽人。在任永寧訓導時作《永寧州志》十卷。

（咸丰）《鎮寧州志稿》 （清）石均撰。均，字竹生，直隸灤州人。咸豐元年（一八五一）鎮寧知州任上主持撰修《鎮寧州志稿》。

（康熙）《平壩衛志》 盧大濟撰。大濟，沔陽人。康熙三年（一六六四）平壩衛守備。創修《平壩衛志》，佚。咸豐《安順府志·藝文志》存盧大濟序。

（康熙）《安平縣志》 黄亮撰。亮，漢川人，康熙三十年（一六九一）任安平知縣。

（乾隆）《威寧州志》 牟嶽齡撰。嶽齡，字象五，安順人，舉人，官威寧學正。

（道光）《安平縣志》 何思貴等撰。思貴，黔西人，優貢。同撰者羅國良。集稿十卷。

（道光）《安平縣志》 徐玉章撰。玉章，浙江人。嘉慶二十四年（一八一九）任安平知縣，輯稿七十二篇。